Jörg Lauer

Die Bank in der Kundeninsolvenz

RWS-Skript 219

RA Dr. Jörg Lauer, Mannheim

Die Bank in der Kundeninsolvenz

3., neu bearbeitete Auflage

RWS Verlag Kommunikationsforum · Köln

Die Deutsche Bibliothek - CIP-Einheitsaufnahme

Lauer, Jörg:
Die Bank in der Kundeninsolvenz / von Jörg Lauer. -
3., neu bearb. Aufl. - Köln: RWS -Verl. Kommunikations-
forum, 2003
 (RWS-Skript ; 219)
 ISBN 3-8145-1219-7

© 2003 RWS Verlag Kommunikationsforum GmbH
Postfach 27 01 25, 50508 Köln
E-Mail: info@rws-verlag.de, Internet: http://www.rws-verlag.de

Alle Rechte vorbehalten. Ohne ausdrückliche Genehmigung des Verlages ist es auch nicht gestattet, das Skript oder Teile daraus in irgendeiner Form (durch Fotokopie, Mikrofilm oder ein anderes Verfahren) zu vervielfältigen.

Umschlaggestaltung: Jan P. Lichtenford, Mettmann

Inhaltsverzeichnis

		Rz.	Seite
I.	Vorbereitende Maßnahmen	1	1
II.	Antragstellung	23	11
1.	Voraussetzungen	25	11
	a) Fällige Forderung	28	12
	b) Eröffnungsgrund	32	13
	c) Rechtsschutzbedürfnis	55	22
	d) Glaubhaftmachung	60	23
2.	Weiterer Antragsinhalt	65	25
3.	Haftungsgefahren	67	25
4.	Kostendeckung	73	27
III.	Insolvenzen mit Auslandsbezug	80	29
1.	Auswirkungen von Inlandsinsolvenzen auf ausländisches Vermögen	81	29
2.	Auswirkungen ausländischer Insolvenzverfahren	89	31
3.	Verordnung (EG) Nr. 1346/2000	95	32
4.	Gesetzesentwurf zur Regelung des Internationalen Insolvenzrechts	99a	34
IV.	Rechtsfragen im Insolvenzeröffnungsverfahren	100	35
1.	Befugnisse des vorläufigen Insolvenzverwalters	102	36
2.	Weitere Rechtsfolgen	129	46
3.	Finanzierungsfragen	141	51
4.	Umsatzsteuer	160	56
V.	Folgen der Verfahrenseröffnung	167	59
1.	Materiellrechtliche Konsequenzen	167	59
2.	Verfahrensrechtliche Konsequenzen	194	67
VI.	Aus- und Absonderungsrechte	216	73
1.	Aussonderungsrechte	218	73
	a) Eigentumsvorbehalt	219	73
	b) Treuhandvermögen	227	76
	c) Echtes Factoring	235	78

			Rz.	Seite
2.	Absonderungsrechte		262	86
	a)	Maßgeblicher Entstehungszeitpunkt	265	86
	b)	Unwirksamkeit	269	88
	c)	Sittenwidrigkeit von Krediten bei Konzernen	278	90
	d)	Unterdeckungnahme	285	92
	e)	Drittsicherheiten	292	94
	f)	Zinsen und Kosten der Verwertung	296	95
	g)	Auskunftsanspruch	298	95
	h)	Nutzung	303	96
	i)	Verwaltung und Sicherung	309	98
	j)	Verwertung/Kosten der Aus- und Absonderung	312	99
	k)	Sicherheitenpooling	327	106
	l)	Ersatzabsonderung	339	109
VII.	**Grundpfandrechte**		**355**	**115**
	1.	Entstehungszeitpunkt	357	115
	2.	Zubehör	361	116
	3.	Miet-/Pachtzinsansprüche	375	119
	4.	Verwertung	382	121
	5.	Rückgewähransprüche und Übererlös	399	128
VIII.	**Sicherungsübereignung**		**407**	**131**
1.	Kollisionsfälle		409	131
	a)	Eigentumsvorbehalt	409	131
	b)	Zubehörhaftung	423	134
	c)	Vermieterpfandrecht	426	135
2.	Verwertung		430	136
3.	Umsatzsteuer		434	138
	a)	Verwertung durch den Sicherungsnehmer	435	138
	b)	Modifizierte Freigabe	442	140
	c)	Echte Freigabe	447	141
	d)	Verwertung durch Insolvenzverwalter	449	142
IX.	**Sicherungsabtretung**		**454**	**143**
1.	§ 81 InsO bei Zessionen		455	143
	a)	Mantelzessionsvertrag	456	143

		Rz.	Seite
b)	Globalzession	457	143
c)	Abtretungsausschluss	459	143
d)	Wahlrecht des Insolvenzverwalters	464	145
e)	Besonderheiten	466	147
f)	Ansprüche aus Leasingverträgen	472	148
2.	Kollisionsfälle	473	148
3.	Verwertung	485	151

X. Pfandrechte ... 492   153

1. Mehraktige Entstehungstatbestände/ Rückschlagsperre ... 493   153
2. Ausschluss des AGB-Pfandrechts ... 501   154
3. Kein Pfandrechtserwerb ... 507   158
4. AGB-Pfandrecht ... 509   158
5. Verwertung ... 511   159

XI. Personensicherheiten ... 517   161

1. Insolvenz des Hauptschuldners ... 517   161
2. Insolvenz des Bürgen/Mithaftenden ... 530   164
3. Insolvenz des Hauptschuldners und des Bürgen/Mithaftenden ... 533   165
4. Insolvenz des Gläubigers ... 533a   165

XII. Aufrechnung ... 534   167

1. Rechtslage ... 534   167
2. Einzelfälle ... 545   169

XIII. Ersatzsicherheiten ... 559   173

1. Patronatserklärungen ... 560   173
2. Gewinnabführungsverträge/Organschaftserklärungen ... 566   174
3. Rangrücktrittsvereinbarungen ... 570   176
4. Abkaufverpflichtung ... 577   178
5. Negativ-/Positiverklärung ... 581   179

XIV. Anfechtung ... 585   181

1. Allgemeine Voraussetzungen ... 587   181
2. Überblick über die Anfechtungstatbestände ... 597   185

		Rz.	Seite
3.	Die einzelnen Anfechtungstatbestände	598	187
	a) Kongruente Deckung	598	187
	b) Inkongruente Deckung	617	192
	c) Unmittelbar nachteilige Rechtshandlungen	624	197
	d) Anfechtung nach vorsätzlicher Benachteiligung	627	198
	e) Kapitalersetzendes Darlehen	631	200
4.	Vereinbarungen mit Insolvenzverwalter	632	200
XV.	**Finanzierung in der Insolvenz**	**635**	**203**
XVI.	**Insolvenzplan**	**648**	**207**
XVII.	**Restschuldbefreiung und Verbraucherinsolvenz**	**671**	**215**
1.	Restschuldbefreiung	672	215
2.	Verbraucherinsolvenz	696	223
XVIII.	**Kapitalersetzende Finanzierungen in der Insolvenz**	**719**	**237**
1.	Gesetzliche Regelungen	719	237
2.	Rechtsprechung zu kapitalersetzenden Darlehen	733	241
3.	Rechtsfolgen	741	245
4.	Vergleichbare Finanzierungsleistungen	749	246
5.	Finanzierung mit Sicherheiten aus Gesellschafterkreis	757	249
XIX.	**Haftungsfragen**	**760**	**251**
1.	Insolvenzverwalter	760	251
	a) Haftung der Masse (Abgrenzung)	763	252
	b) Verwalter-Haftung	766	253
2.	Gläubigerausschuss-Mitglied	788	260
3.	Sonstige Haftungsfälle	791	261
XX.	**Grundsätze zur Sicherheitenverwertung**	**802**	**267**
XXI.	**Rechtsstellung der Bank nach Verfahrensbeendigung**	**826**	**273**

	Seite
Anhang..	277
Literaturverzeichnis.......................................	291
Entscheidungsregister..................................	303
Stichwortverzeichnis.....................................	321

I. Vorbereitende Maßnahmen

Im Falle einer sich abzeichnenden Insolvenz des Kunden besteht die erste Maßnahme einer Bank/Sparkasse darin, 1

- ihre Ansprüche gegen den Kunden (i. S. d. § 19 Abs. 2 KWG) festzustellen und zu überprüfen,
- wobei etwaige Auszahlungsansprüche des Kunden (offene Linien) separat festzuhalten und

  der Umfang der Teilnahme am Lastschrifteinzugsverfahren zu berücksichtigen sind, sowie
- die vereinbarten Sicherheiten im Hinblick auf
  - rechtswirksame Bestellung und Bestand,
  - den tatsächlichen Umfang und die Werthaltigkeit,
  - eine etwaige Anfechtbarkeit

zu überprüfen.

Darüber hinaus müssen bankintern 2

- die Auswirkungen der Eröffnung eines Insolvenzverfahrens über das Schuldnervermögen geklärt

  sowie
- Verwertungsalternativen und Verhandlungsstrategien festgelegt werden.

Bei der Überprüfung der rechtlichen Wirksamkeit geschlossener Vereinbarungen ist besonderes Augenmerk zu richten auf 3

- Unterschriften,
- Gesellschaftszusätze,
- Vertretungsverhältnisse,
- Haftungsverhältnisse (z. B. quotal, gesamtschuldnerisch, Haftung ausgeschiedener Gesellschafter),
- Inhalt und Umfang von Sicherungszweckerklärungen.

Die bestellten Kreditsicherheiten müssen auf einer wirksamen schuld- und – Personalsicherheiten ausgenommen – sachenrechtlichen Grundlage beruhen. Als allgemeiner Prüfungsaspekt ist die Sittenwidrigkeit zu nennen. 4

Vgl. *Lauer*, Notleidender Kredit, S. 126, Rz. 465.

I. Vorbereitende Maßnahmen

5 Zum weitgehend zu vernachlässigenden Thema der Vermögensübernahme nach § 419 BGB durch Sicherheitenbestellung,

vgl. *Lauer*, Notleidender Kredit, S. 25, Rz. 117.

6 Bei der Überprüfung von Sicherungsverträgen, welche den §§ 305 ff BGB a. F./§§ 311 ff BGB n. F. unterfallen, ist aufgrund der Rechtsprechung zwischen

– Unwirksamkeit wegen ursprünglicher Übersicherung und

– Unwirksamkeit aufgrund nachträglich eingetretener Übersicherung

zu differenzieren.

7 Im Falle der ursprünglichen Übersicherung können die Sicherheitenverträge gemäß § 138 Abs. 1 BGB unwirksam sein. Eine ursprüngliche Übersicherung liegt vor, wenn bereits bei Vertragsschluss gewiss ist, dass im noch ungewissen Verwertungsfall ein auffälliges Missverhältnis zwischen dem realisierbaren Wert der Sicherheit und der gesicherten Forderung bestehen wird. Die ursprüngliche Übersicherung lässt das Geschäft als sittenwidrig erscheinen, wenn es im Zeitpunkt seines Abschlusses nach seinem Gesamtcharakter mit den guten Sitten nicht vereinbar ist. Dies beurteilt sich aus der Zusammenfassung von Inhalt, Beweggrund und Zweck. Insbesondere muss die Übersicherung auf einer verwerflichen Gesinnung des Sicherungsnehmers beruhen; hiervon kann ausgegangen werden, wenn der Sicherungsnehmer aus eigensüchtigen Gründen eine Rücksichtslosigkeit gegenüber den berechtigten Belangen des Sicherungsgebers an den Tag legt, die nach sittlichen Maßstäben unerträglich ist.

BGH, Urt. v. 12. 3. 1998 – IX ZR 74/95,
ZIP 1998, 684, 685;
dazu EWIR 1998, 627 (*Medicus*).

8 Das Gericht hebt hervor, dass – im Gegensatz zur Rechtsprechung in den Fällen nachträglicher Übersicherung – hier nicht die Vermutung gilt, wonach für das Verhältnis zwischen dem realisierbaren Wert der Sicherheiten und der gesicherten Forderung dem Sicherungsbedürfnis des Gläubigers ausreichend Rechnung getragen wird, wenn ein Abschlag von einem Drittel des Nennwertes abgetretener Forderungen oder vom Schätzwert sicherungsübereigneter Waren vorgenommen wird. Vielmehr können Branchen- und Einzelfallumstände enorme Prozentsätze erfordern, zu denen die Nominalwerte der Sicherheiten die Forderungen übersteigen.

I. Vorbereitende Maßnahmen

> Vgl. BGH, Urt. v. 21. 11. 1995 – XI ZR 255/94,
> ZIP 1996, 17:
> Hier wurde ein Aufschlag von 200 % über den Verbindlichkeiten des Kreditnehmers gegenüber der Bank anerkannt.
> Dazu auch EWiR 1996, 193 (*Wissmann*).

Ebenfalls anerkannt ist der Grundsatz, dass sich die Bank immer an dem für sie schlimmsten Fall – der Insolvenz des Sicherungsgebers – orientieren darf. **9**

> BGH, Urt. v. 19. 3. 1992 – IX ZR 166/91,
> BGHZ 117, 374 = ZIP 1992, 629;
> dazu EWiR 1992, 687 (*Uhlenbruck*);
> BGH, Urt. v. 2. 12. 1992 – VIII ZR 241/91,
> BGHZ 120, 300 = ZIP 1993, 105, 106;
> dazu EWiR 1993, 625 (*Hensen*);
> BGH, Beschl. v. 27. 11. 1997 – GSZ 1 u. 2/97,
> ZIP 1998, 235, 240;
> dazu EWiR 1998, 155 (*Medicus*).

Die Unwirksamkeit kann sich auch ergeben wegen mangelnder Vorsorge für den Fall nachträglicher Übersicherung. Insoweit hat der Bundesgerichtshof, **10**

> BGH, Beschl. v. 27. 11. 1997 – GSZ 1 u. 2/97,
> ZIP 1998, 235,

die frühere kontroverse Rechtsprechung zur Frage der Freigabeklauseln und der Deckungsgrenzen endgültig entschieden. Danach müssen formularmäßig bestellte, revolvierende globale Sicherungen weder eine ausdrückliche Freigaberegelung noch eine zahlenmäßig bestimmte Deckungsgrenze noch eine Klausel für die Bewertung der Sicherungsgegenstände enthalten, um wirksam zu sein. Vielmehr stellt sich das Gericht auf den Standpunkt, dass der Sicherungsgeber bei individuell und formularmäßig bestellten, revolvierenden Globalsicherungen im Falle nachträglicher Übersicherung einen ermessensunabhängigen Freigabeanspruch hat, selbst wenn der Sicherungsvertrag keine oder eine ermessensabhängig ausgestaltete Freigabeklausel enthält. Die Grundlage hierfür liegt in dem mit solchen Sicherheiten verbundenen Treuhandverhältnis, und zwar auch ohne ausdrückliche Regelung. Damit muss der Sicherungsnehmer solche Sicherheiten freigeben, die endgültig nicht mehr benötigt werden. Diese Entscheidung liegt nicht im Ermessen des Sicherungsnehmers; ein Ermessensspielraum besteht nur dahingehend, welche von mehreren Sicherheiten freigegeben werden soll. Eine abweichende formularmäßige Regelung ist zwar nach § 9 AGBG/§ 307 BGB n. F. unwirksam, dies führt jedoch nach § 6 AGBG/§ 306 BGB n. F. nicht zur Gesamtnichtigkeit der Sicherungsübertragung. Vielmehr ist nur die Einschränkung des Freigabeanspruchs unwirksam, wobei diese durch den unbeschränkten Freigabeanspruch ersetzt wird (§ 6 Abs. 2 AGBG/§ 306 Abs. 2 BGB n. F.).

BGH, Beschl. v. 27. 11. 1997 – GSZ 1 u. 2/97,
ZIP 1998, 235, 238;

vgl. BGH, Urt. v. 3. 7. 2002 – IV ZR 227/01,
ZIP 2002, 1390, 1391, wonach der Sicherungsnehmer das Wahlrecht nach § 262 BGB hat, welche von mehreren selbständigen Sicherheiten er im Falle teilweiser Übersicherung an den Sicherungsgeber zurückgibt. Er ist auch grundsätzlich nicht verpflichtet, sich für die Freigabe einer nachrangigen Sicherheit zu entscheiden;
dazu auch EWiR 2002, 849 (*Weber/Madaus*).

11 Enthält die formularmäßige Bestellung revolvierender Globalsicherungen keine ausdrückliche oder eine unangemessene Deckungsgrenze, so beträgt diese Grenze – unter Berücksichtigung der Kosten für die Verwaltung und Verwertung der Sicherheit –, bezogen auf den realisierbaren Wert der Sicherungsgegenstände, 110 % der gesicherten Forderungen. Hierbei orientiert sich das Gericht an § 171 Abs. 1 Satz 2, Abs. 2 Satz 1 InsO, der Feststellungskosten mit 4 % und Verwertungskosten mit 5 % des Erlöses festsetzt. Wird der Sicherungsgeber nach §§ 170 Abs. 2, 171 Abs. 2 Satz 3 InsO mit der Umsatzsteuer belastet, muss ein entsprechender Aufschlag auf die Deckungsgrenze von 110 % vorgenommen werden.

BGH, Beschl. v. 27. 11. 1997 – GSZ 1 u. 2/97,
ZIP 1998, 235, 241.

12 Eine höhere Bemessung im Formularvertrag ist nach § 9 AGBG/§ 307 BGB n. F. unwirksam. Hiervon ist jedoch der Sicherungswert zu unterscheiden, also der Erlös, der bei der Verwertung der Sicherheiten voraussichtlich erzielt werden kann. Dabei wird anerkannt, dass es allgemein gültige branchenunabhängige Maßstäbe zur Bestimmung des realisierbaren Wertes von Sicherungsgegenständen weder für global abgetretene Forderungen noch für sicherungsübereignete Waren gibt.

BGH, Beschl. v. 27. 11. 1997 – GSZ 1 u. 2/97,
ZIP 1998, 235, 241.

Jedoch soll mit den 150 % im Interesse des Sicherungsgebers eine einfache **13** Vermutungs- und Beweislastregelung zur Verfügung gestellt werden. Als Grenze für das Entstehen eines Freigabeanspruchs für Sicherungsgut gibt das Gericht 150 % des Schätzwertes an (§ 237 Satz 1 BGB). Gleiches gilt für abgetretene Forderungen, hier allerdings bezogen auf deren Nennwert. Das Bestehen von Einreden ist aber besonders zu berücksichtigen. In diesem Zuschlag von 50 % ist der Anteil von 10 % für die Feststellung und Verwertung der Sicherheit enthalten, nicht jedoch eine Belastung mit der Umsatzsteuer.

> BGH, Beschl. v. 27. 11. 1997 – GSZ 1 u. 2/97,
> ZIP 1998, 235, 243;
> BGH, Urt. v. 5. 5. 1998 – XI ZR 234/95,
> WM 1998, 1280;
> dazu EWiR 1998, 629 (*Pfeiffer*).

Bei der Überprüfung des rechtlichen Bestandes und der wirtschaftlichen **14** Werthaltigkeit der einzelnen Sicherungsrechte ist zu beachten:

Bei **Zessionen**: **15**

– die Wirksamkeit des Sicherungsvertrages;

– der Gesamtbestand der abgetretenen existenten Forderungen;

– etwaige Abtretungsverbote oder vereinbarte abgeschwächte Abtretungsausschlüsse (vgl. § 354a HGB),

> vgl. BGH, Urt. v. 29. 6. 1989 – VII ZR 211/89,
> BGHZ 108, 172 = ZIP 1989, 1137
> zur Frage der Zulässigkeit modifizierter Abtretungsausschlüsse und zur ex nunc-Wirkung nachträglich erteilter „Genehmigungen" derartiger Zessionen;
> dazu EWiR 1989, 861 (*Bülow*);

– die Konkurrenz abgetretener Forderungen mit verlängerten Eigentumsvorbehalten.

Nach feststehender Rechtsprechung des Bundesgerichtshofs ist eine zur Kreditsicherung vereinbarte Globalzession in der Regel sittenwidrig und damit nichtig, wenn sie nach dem Willen der Vertragspartner auch solche Forderungen umfassen soll, die der Schuldner und seine Lieferanten aufgrund verlängerten Eigentumsvorbehalts häufig abtreten muss und abtritt. Ausnahmen gelten nur, wenn der Abtretungsempfänger nach den Umständen des Einzelfalles – insbesondere wegen Unüblichkeit des verlängerten Eigentumsvorbehaltes in der betreffenden Wirtschaftsbranche – eine Kollision der Sicherungsrechte für ausgeschlossen halten darf oder wenn der verlängerte Eigentumsvorbehalt nach dem Willen der Vertragspartner von Anfang an Vorrang behalten soll. Dieser Vorrang muss aber im Verhältnis zwischen dem Vorbehaltslieferanten und dem Sicherungsnehmer in jedem Fall **und mit dinglicher Wirkung bestehen**, um die Durchsetzung der Rechte des Vorbehaltskäufers nicht unangemessen zu erschweren. Diese Grundsätze gelten unabhängig davon, ob der Empfänger der Globalabtretung eine Bank oder selbst ein Warenlieferant ist;

> zuletzt BGH, Urt. v. 21. 4. 1999 – VIII ZR 128/98,
> ZIP 1999, 997, 998 m. w. N;
> dazu EWiR 1999, 677 (*Medicus*);
> BGH, Urt. v. 8. 12. 1998 – XI ZR 302/97,
> ZIP 1999, 101, 102;
> dazu EWiR 99, 299 (*Medicus*).

- geleistete Teilzahlungen;

- bestehende Einreden und Einwendungen (Häufigkeit der Reklamationen);

- Streuung, Bonität und Nationalität der Drittschuldner;

- Eingänge der Rechnungsbeträge auf den Konten bei der Bank/Sparkasse;

- ergänzend: Sicherungsübereignung von Schecks, welche die Drittschuldner über die Rechnungsbeträge ausstellen.

> Vgl. OLG München, Urt. v. 18. 6. 1997
> – 7 U 1943/97, ZIP 1997, 1878, 1879
> zum Inkassoauftrag (n. rkr.);
> dazu EWiR 1998, 81 (*Zeller*).

16 – Vgl. zur Rechtslage, wenn die zedierte Forderung aus einem Vertrag resultiert, der bei Insolvenz des Schuldners beiderseits nicht oder nicht vollständig erfüllt ist und somit dem Wahlrecht des Insolvenzverwalters nach § 103 InsO unterliegt,

> BGH, Urt. v. 25. 4. 2002 – IX ZR 313/99,
> ZIP 2002, 1093, 1094;
> dazu EWiR 2002, 125 (*Tintelnot*);
> siehe unten Rz. 465.

I. Vorbereitende Maßnahmen

Bei der Überprüfung des **Sicherungseigentums** geht es vorrangig um folgende Fragestellungen: **17**

- die Wirksamkeit des Sicherungsvertrages (Einhaltung des Bestimmtheitsgrundsatzes),
- den Gesamtbestand der sicherungsübereigneten Sachen;
- etwaige Rechte Dritter (Eigentumsvorbehalte, gesetzliche Pfandrechte, Zubehörhaftung);
- Stand-, Lagerort (Übereinstimmung vertraglicher Festlegungen mit der Realität; räumliche Trennung von gleichartigen Artikeln Dritter), Markierungen;
- die Bestände;
- besondere Regelungen bei verarbeitenden Betrieben;
- die Bewertung des Sicherungsgutes:
  - Waren: eingeschränkte Verwertbarkeit (Ladenhüter, Luxus-, Mode-Saisonartikel; Marktpreise; Güteabschläge);
  - selbstproduzierte Vorräte: Bewertungsansätze, Prüfung der Herstellkosten, Eliminierung von Zukäufen;
  - Halbfertigwaren: Produktionsstufe, Transportfähigkeit;
  - Maschinen: Alter, technischer Stand, Lager-, Demontage-, Montagekosten; jeweilige Bedeutung unter dem Aspekt der Fortführung;
  - Roh-, Hilfs-, Betriebsstoffe: ggf. unterschiedliche Bewertungsansätze, wenn mit Aufträgen belegt oder nicht;
- Versicherungsschutz;
- etwaige Sicherstellung.

Im Zusammenhang mit **Grundpfandrechten**: **18**

- Feststellung vor- und nachrangiger Gläubiger anhand aktueller Grundbuchauszüge;
- wirksame Bestellung oder Abtretung des Grundpfandrechts;
- kein Löschungsanspruch gemäß § 1179a BGB;
- Überprüfung der Beleihungswerte (Ertragswerte bei vermieteten Grundstücken und grundstücksgleichen Rechten, Bauzustand, Renovierungsbedarf, Bautenstände, Gefahr kontaminierter Böden etc.);

I. Vorbereitende Maßnahmen

- Umfang und Wirksamkeit der Sicherungszweckerklärung,

  vgl. BGH, Urt. v. 24. 6. 1997 – XI ZR 288/96,
  ZIP 1997, 1538, 1539 = ZfIR 1997, 543, 544;
  dazu EWiR 1997, 1105 (*Hadding*);

- Bewertung des Zubehörs (Alter, technischer Stand, keine Freigabeerklärungen, keine Leasingverträge über Ersatzmaschinen);
- Überprüfung der Mietverträge;
- Versicherungsschutz;
- Berechnung des Haftungsrahmens des Grundpfandrechts unter Berücksichtigung der Regelungen des ZVG.

19 Bei hereingenommenen **Personalsicherheiten** in Form von Bürgschaften, Garantien, Mithaftungs- und harten Patronatserklärungen ist die Wirksamkeit des Vertrages, der Umfang der übernommenen Haftung und die Bonität der Haftenden zu überprüfen. Zur Frage der Wirksamkeit weiter Sicherungszweckerklärungen siehe unten Rz. 287.

19a Nach gefestigter Rechtsprechung des Bundesgerichtshofs kann eine solche Personalsicherheit sittenwidrig sein, wenn ihr Verpflichtungsumfang die finanzielle Leistungsfähigkeit des Haftenden erheblich übersteigt und weitere Umstände hinzukommen, durch die ein unerträgliches Ungleichgewicht zwischen den Vertragspartnern hervorgerufen wird. Dies gilt besonders für eine Haftungsübernahme, die aus emotionaler Verbundenheit mit dem Schuldner erfolgt;

BGH, Urt. v. 11. 2. 2003 – XI ZR 214/01,
ZIP 2003, 796, 797 m. w. N.;
BGH, Urt. v. 19. 6. 2002 – IV ZR 168/01,
ZIP 2002, 1439 m. w. N.;
dazu EWiR 2002, 845 (*Joswig*).

Diese Grundsätze zu Personalsicherheiten von finanziell überforderten Angehörigen gelten grundsätzlich nicht für Kommanditisten und GmbH-Gesellschafter,

BGH, Urt. v. 10. 12. 2002 – XI ZR 82/02,
ZIP 2003, 288, 289;
BGH, Urt. v. 28. 5. 2002 – XI ZR 199/01,
ZIP 2002, 1395;
dazu EWiR 2003, 19(*Chr. Klaas*),

es sei denn, die finanzielle Überforderung eines finanziell **nicht** Beteiligten ist für das Kreditinstitut offensichtlich,

> BGH, Urt. v. 17. 9. 2002 – XI ZR 306/01,
> ZIP 2002, 2249, 2251 f;
> dazu EWiR 2003, 209 (*T: Keil*).

Eine derartige Bestandsaufnahme dient dazu, einen gegebenenfalls erforderlichen Handlungsbedarf zu ermitteln. **20**

> Vgl. *Lauer*, Notleidender Kredit, S. 23, Rz. 77.

Sie ist aber auch wesentliche Grundlage für die Entscheidung über etwaige Sanierungsbeiträge der Bank oder aber – wenn die Sanierungsfähigkeit nicht gegeben ist – für die Verwertung der Sicherheiten, sei es unter Mithilfe des Insolvenzverwalters, sei es außerhalb des Insolvenzverfahrens. **21**

Entscheidet sich die Bank für ein Insolvenzverfahren, ist weiterhin zu empfehlen, **22**

- die Auswirkungen eines Insolvenzverfahrens auf Verträge, die der insolvenzbedrohte Kunde mit Dritten geschlossen hat, zu überprüfen;

- in erster Linie sind hier Gestaltungsrechte der Geschäftspartner des Schuldners von Interesse, wie z. B. nach § 8 Nr. 2 Abs. 1 VOB/B,

  > vgl. hierzu *Schmitz*, ZIP 1998, 1421, 1423, 1424;

- verwirklichte Sachverhalte, insbesondere gesellschaftsrechtlicher Natur während der Krise des Kunden (z. B. aus Umwandlung von Forderungen in Kapital), auf Haftungstatbestände zu untersuchen.

II. Antragstellung

Für den Fall, dass anderweitig eine geordnete Abwicklung nicht gewährleistet erscheint und/oder die Gefahr von Vermögensverschiebungen besteht oder diese bereits eingetreten sind, kann es notwendig sein, dass ein Kreditinstitut selbst einen Insolvenzantrag gegen seinen Kunden stellen muss. 23

Wird ein Insolvenzantrag nach dem 1. Januar 1999 (vgl. Art. 103 Satz 1 EGInsO) gestellt, schließen sich folgende Phasen des Verfahrens an: 24

- das Zulassungsverfahren, in welchem die Zulässigkeit der Verfahrensart, die formal richtige Antragstellung, die Antragsberechtigung, das Rechtsschutzinteresse, die Glaubhaftmachung der Forderung und des Insolvenzgrundes sowie die Insolvenzfähigkeit des Schuldners geprüft werden (vgl. § 14 Abs. 1 InsO),

- das Insolvenzeröffnungsverfahren mit dem Schwerpunkt der Anordnung von Sicherungsmaßnahmen nach § 21 InsO und – sofern nicht eine Abweisung mangels Masse nach § 26 InsO angezeigt ist –,

- das eigentliche Insolvenzverfahren, das mit dem Eröffnungsbeschluss nach § 27 InsO beginnt.

1. Voraussetzungen

Ein Insolvenzverfahren wird nur auf Antrag eröffnet. Antragsberechtigt sind die Gläubiger und der Schuldner (§ 13 Abs. 1 InsO). Die Rücknahme eines Antrags ist möglich, bis das Insolvenzverfahren entweder eröffnet oder der Antrag rechtskräftig abgewiesen ist (§ 13 Abs. 2 InsO). 25

Der Antrag eines Gläubigers ist nach § 14 Abs. 1 InsO zulässig, wenn er 26

a) eine Forderung hat, die fällig sein muss,

b) ein Eröffnungsgrund vorliegt,

c) ein rechtliches Interesse an der Verfahrenseröffnung besteht und er

d) sowohl die Forderung als auch den Eröffnungsgrund glaubhaft macht.

Vgl. *Henckel*, ZIP 2000, 2045 ff.

Ist der Gläubigerantrag zulässig, hat das Insolvenzgericht den Schuldner zu hören (§ 14 Abs. 2 InsO). Bei juristischen Personen gilt dies für dieje- 27 nigen, die zur Vertretung der Gesellschaft berechtigt oder an ihr beteiligt sind. Die Anhörung kann jedoch unterbleiben – und insoweit wird das Verfahren erleichtert –, wenn sich der Schuldner im Ausland aufhält und die Anordnung das Verfahren übermäßig verzögern würde oder wenn der Aufenthalt des Schuldners unbekannt ist. Dann soll ein Vertreter oder Angehöriger des Schuldners gehört werden (§ 10 Abs. 1 InsO); dies gilt entsprechend für die Vertreter und Gesellschafter einer juristischen Person.

a) Fällige Forderung

28 Bevor ein Gläubiger die ausstehende Leistung nicht verlangen kann, kann er gegen den Schuldner weder bezüglich einer Titulierung noch einer Vollstreckung vorgehen. Daher kann nur eine fällige Forderung einen Gläubigerantrag rechtfertigen. Antragsberechtigt ist jeder Gläubiger einer solchen Forderung. Auch der absonderungsberechtigte Gläubiger wird – wenn der Schuldner auch persönlich haftet – als Insolvenzgläubiger behandelt (vgl. § 57 InsO); daher ist auch er mit Blick auf seine persönliche Forderung antragsberechtigt, auch ohne vorherigen Verzicht auf die abgesonderte Befriedigung und ohne den Nachweis eines möglichen Ausfalles.

29 Die antragstellende Bank muss – wie jeder Gläubiger – berücksichtigen, dass das Insolvenzverfahren als streitiges Parteiverfahren ausgestaltet ist (vgl. § 14 Abs. 2 InsO), in welchem sich der Schuldner zur Wehr setzen kann. So kann er einwenden, die Antragsvoraussetzungen seien nicht erfüllt, insbesondere

– bestehe die geltend gemachte Forderung nicht,

– deren Fälligkeit sei nicht eingetreten,

– dem Gläubiger fehle das Rechtsschutzinteresse und

– die Voraussetzungen für das Vorliegen eines Eröffnungsgrundes seien nicht gegeben.

30 Damit werden materielle Rechtsfragen in die Prüfung des Antrages einbezogen, für welche das Kreditinstitut darlegungs- und beweispflichtig sein kann, so z. B.

– für das Bestehen und die Höhe einer Forderung,

– für die Wirksamkeit einer ausgesprochenen Kreditkündigung,

– für die rechtlich wirksame und die tatsächliche Beendigung von Überbrückungsmaßnahmen und Liquiditätshilfen.

1. Voraussetzungen

Wenn ein Antrag bis zur Eröffnung des Insolvenzverfahrens nach § 13 Abs. 2 InsO zurückgenommen werden kann, dürfen bis zu diesem Zeitpunkt auch Forderungen ausgewechselt oder nachgeschoben werden. **31**

> Vgl. zur Konkursordnung
> LG Göttingen, Beschl. v. 8. 3. 1993
> – 6 T 37/93, ZIP 1993, 446, 447.

b) Eröffnungsgrund

Die Eröffnung des Insolvenzverfahrens setzt voraus, dass ein Eröffnungsgrund gegeben ist (§ 16 InsO). Eröffnungsgründe sind die Zahlungsunfähigkeit (§ 17 InsO), die drohende Zahlungsunfähigkeit, allerdings nur beim Antrag des Schuldners (§ 18 Abs. 1 InsO) und die Überschuldung (§ 19 InsO). **32**

Ein Schuldner ist nach § 17 Abs. 2 InsO zahlungsunfähig, wenn er nicht in der Lage ist, die fälligen Zahlungspflichten zu erfüllen. Zahlungsunfähigkeit ist in der Regel anzunehmen, wenn der Schuldner seine Zahlungen eingestellt hat. Die Legaldefinition der Insolvenzordnung nimmt damit die Merkmale der zur Konkursordnung von Rechtsprechung und Literatur entwickelten Definition „auf Dauer" und „im Wesentlichen" nicht auf. Gleichwohl ist aus nachfolgenden Gründen keine Änderung eingetreten. **33**

– Eine Zahlungsstockung begründet keine Zahlungsunfähigkeit. Eine Zahlungsstockung liegt vor, wenn ein nur vorübergehender, also momentaner oder kurzfristiger Mangel an liquiden Mitteln gegeben ist. **34**

> BGH, Urt. v. 15. 11. 1990 – IX ZR 92/90,
> WM 1991, 150, 151;
> BGH, Urt. v. 21. 11. 1990 – IX ZR 103/90,
> ZIP 1991, 39, 40;
> dazu EWiR 1991, 277 (*Wellensiek/Oberle*);
> BGH, Urt. v. 11. 7. 1991 – IX ZR 230/90,
> ZIP 1991, 1014;
> dazu EWiR 1991, 1107 (*Flessner*);
> BGH, Urt. v. 30. 4. 1992 – IX ZR 176/91,
> BGHZ 118, 171 = ZIP 1992, 778, 779;
> dazu EWiR 1992, 683 (*Canaris*);
> BayObLG, Beschl. v. 14. 4. 1987
> – RReg 4 St 34/87, BB 1988, 1840.

II. Antragstellung

Da diese Abgrenzung auch im aktuellen Insolvenzrecht erforderlich ist, muss zusätzlich auf einen Zeitraum abgestellt werden.

Lutter, ZIP 1999, 641, 642;
Breutigam/Tanz, ZIP 1998, 717, 718.

Die Auffassungen zum Zeitraum, innerhalb dessen eine insolvenzrechtlich unbeachtliche Zahlungsstockung vorliegt, reichen von ein bis drei Wochen,

Wengel, DStR 2001, 1769, 1770,
Pape, ZIP 2002, 2277, 2286.

bis zu einem Monat,

IDW, WPg 1999, 250, 525;
BGH, Urt. v. 20. 11. 2001 – IX ZR 48/01,
BGHZ 149, 178 = ZIP 2002, 87, 90;
dazu EWiR 2002, 219 (*Gerhard Wagner*).

Nach

BGH, Urt. v. 3. 12. 1998 – IX ZR 313/97,
ZIP 1999, 76, 78;
dazu EWiR 1999, 169 (*U. Haas*)

können Anlagevermögen und Außenstände des Schuldners seine Zahlungsunfähigkeit ausschließen, soweit sie innerhalb eines Zeitraums von etwa einem Monat ab Eintritt einer Zahlungsstockung in Zahlungsmittel umzuwandeln sind; bei längerer Dauer liegt Zahlungsunfähigkeit vor. Anlagevermögen, das nur in längeren Zeiträumen zu versilbern oder zur Schuldentilgung zu beleihen ist, mag zwar eine Überschuldung ausschließen, nicht aber eine Zahlungsunfähigkeit.

35 – Um die Zahlungsunfähigkeit anzunehmen, muss stets ein wesentlicher Teil der fälligen Geldschulden nicht gezahlt werden können. Danach muss der Schuldner in der Lage sein, 95 % der gegen ihn gerichteten Ansprüche zu erfüllen, will er nicht als zahlungsunfähig gelten;

Pape, ZIP 2002, 2277, 2287.

1. Voraussetzungen

Vereinzelte Zahlungen des Schuldners stehen – selbst wenn sie beträchtliche Beträge erreichen – einer Zahlungsunfähikeit nicht entgegen;

BGH, Urt. v. 17. 5. 2001 – IX ZR 188/98,
ZIP 2001, 1155;
dazu EWiR 2001, 821 (*Eckhardt*);
vgl. Rz. 37.

In Abgrenzung von „lediglich geringfügigen Liquiditätslücken", stellt auch

BGH, Urt. v. 9. 1. 2003 – IX ZR 175/02,
ZIP 2003, 410, 411;
dazu EWiR 2003, 379 (*G. Hölzle*)

auf „erhebliche" rückständige Beträge ab.

Die Fälligkeit einer unbedeutenden Forderung kann – schon aus Gründen des fehlenden Rechtsschutzinteresses – nicht zu einem Verfahren führen, dessen Zweck darin liegt, sämtliche Gläubiger gemeinschaftlich zu befriedigen. Auf das Merkmal des „ernsthaften Erforderns" kommt es allerdings nicht mehr an.

36 Die in § 17 Abs. 2 InsO erwähnte Zahlungseinstellung führt zur regelmäßigen Annahme der Zahlungsunfähigkeit. Zahlungseinstellung ist dasjenige nach außen hervortretende Verhalten des Schuldners, in dem sich typischerweise ausdrückt, dass er nicht in der Lage ist, seine fälligen Zahlungen in nicht unerheblicher Höhe zu erfüllen. Die Nichtzahlung gegenüber einem einzelnen Gläubiger kann ausreichen, wenn dessen Forderung von insgesamt nicht unerheblicher Höhe ist.

BGH, Urt. v. 20. 11. 2001 – IX ZR 48/01,
ZIP 2002, 87, 89.

Vgl. auch
BGH, Urt. v. 30. 4. 1992 – IX ZR 176/91,
BGHZ 118, 171 = ZIP 1992, 778;
dazu EWiR 1992, 683 (*Canaris*);

BGH, Urt. v. 25. 9. 1997 – IX ZR 231/96,
ZIP 1997, 1926, 1927;
dazu EWiR 1998, 121 (*Paulus*).

37 Einer Zahlungseinstellung steht nicht entgegen, dass der Schuldner überhaupt noch Zahlungen leistet; die Voraussetzungen sind erfüllt, wenn das

II. Antragstellung

Unvermögen zur Zahlung den wesentlichen Teil der Verbindlichkeiten betrifft.

BGH, Urt. v. 10. 1. 1985 – IX ZR 4/84,
ZIP 1985, 363 = WM 1985, 396;
dazu EWiR 1995, 195 (*Merz*);
BGH, Urt. v. 25. 9. 1997 – IX ZR 231/96,
ZIP 1997, 1926, 1928;
BGH, Urt. v. 13. 4. 2000 – IX ZR 144/99,
ZIP 2000, 1016, 1017;
dazu EWiR 2000, 819 (*Eckardt*);
BGH, Urt. v. 25. 1. 2001 – IX ZR 6/00,
ZIP 2001, 524, 525;
dazu EWiR 2001, 321 (*Eckardt*);
BGH Urt. v. 17. 5. 2001 – IX ZR 188/98,
ZIP 2001, 1155, wonach vereinzelte Zahlungen selbst in beträchtlicher Höhe einer Zahlungseinstellung nicht entgegenstehen;
BGH, Urt. v. 20. 11. 2001 – IX ZR 159/00,
ZIP 2002, 228;
dazu EWiR 2002, 297 (*Grothe*).

38 Folgende Indizien sprechen für eine Zahlungseinstellung:

– Nichtzahlung von Löhnen und Gehältern;
– unterbleibende Abführung von Sozialbeiträgen;
– ausbleibende Zahlung von Steuern;
– ausbleibende Einlösung von Schecks mangels Deckung;
– Wechsel- und Scheckproteste;
– Zwangsvollstreckungen;
– Kreditkündigungen und Geltendmachen dieser Forderungen;
– Einstellung des Geschäftsbetriebes;
– Ladung zur Abgabe der eidesstattlichen Versicherung;
– Mahn- und Vollstreckungsbescheide.

39 Eine einmal eingetretene Zahlungsunfähigkeit wird regelmäßig erst beseitigt, wenn die geschuldeten Zahlungen an die Gesamtheit der Gläubiger im Allgemeinen wieder aufgenommen werden können. Ein Gläubiger, der nach dem von ihm gestellten Eröffnungsantrag von dem betroffenen Schuldner Zahlungen erhält, darf deswegen allein grundsätzlich nicht davon ausgehen, dass auch die anderen nicht antragstellenden Gläubiger in vergleichbarer Weise Zahlungen erhalten.

1. Voraussetzungen

BGH, Urt. v. 20. 11. 2001 – IX ZR 48/01,
ZIP 2002, 87, 90 f;
dazu EWiR 2002, 219 (*G. Wagner*).

Diese Rechtsprechung ist für den antragstellenden Gläubiger in zweifacher **40**
Hinsicht relevant:

Zum einem ermöglicht sie dem Schuldner eine Gestaltungs- und damit eine Verteidigungsmöglichkeit gegen einen gestellten Insolvenzantrag; die Beweislast liegt bei der Partei, die sich auf den nachträglichen Wegfall der Zahlungsunfähigkeit beruft.

Auch: BGH, Urt. v. 25. 10. 2001 – IX ZR 17/01,
ZIP 2001, 2235, 2238;
dazu EWiR 2002, 207 (*Molitz*).

Zum anderen kann ein Gläubiger, der einen Insolvenzantrag zulässigerweise stellt, um Druck auf den Schuldner auszuüben und ihn nach Tilgung der eigenen Forderung wieder zurücknimmt oder für erledigt erklärt, nicht sicher sein, die erhaltenen Zahlungen auch endgültig behalten zu können; stellen konkurrierende Gläubiger Insolvenzanträge, kann der Insolvenzverwalter diese Zahlungen anfechten.

Die drohende Zahlungsunfähigkeit nach § 18 Abs. 2 InsO ist gegeben, **41**
wenn der Schuldner voraussichtlich nicht in der Lage sein wird, die bestehenden Zahlungspflichten im Zeitpunkt der Fälligkeit zu erfüllen. Mit diesem nur beim Schuldnerantrag zulässigen Eröffnungsgrund soll der verspäteten Antragstellung entgegengewirkt werden. Damit ist ein Insolvenzgrund schon dann gegeben, wenn zwar die gegenwärtig fälligen Forderungen noch beglichen werden können, aber eine hinreichende Wahrscheinlichkeit dafür spricht, dass der Schuldner seine bestehenden, aber erst künftig fälligen Verbindlichkeiten nicht wird erfüllen können.

Breutigam/Tanz, ZIP 1998, 717, 718.

Die drohende Zahlungsunfähigkeit kann nur auf der Grundlage eines Fi- **42**
nanz- und Liquiditätsplanes festgestellt werden, in welchem die künftigen Einnahmen und Ausgaben erfasst sind. Neben diesem Kernstück umfasst die Finanzplanung Aufwand und Ertrag, also die für die Gewinn- und Verlust-Rechnung relevanten Positionen.

Vgl. zu den inhaltlichen Anforderungen
Lauer, Das Kreditengagement zwischen Sanierung
und Liquidation, S. 141 ff;

> *Bork*, ZIP 2000, 1709;
> *Wengel*, DStR 2001, 1769, 1771.

43 Der zweite Eröffnungsgrund für einen Gläubigerantrag ist die Überschuldung.

Diese liegt nach § 19 Abs. 2 InsO vor, wenn das Vermögen des Schuldners die bestehenden Verbindlichkeiten nicht mehr deckt. Das vorhandene Vermögen ist dabei im Überschuldungsstatus realistisch zu bewerten; die für Jahresabschlüsse geltenden Regeln sind dabei nicht zwingend anzuwenden. Abweichungen stellen sich meist bei der Bewertung der Aktiva ein mit dem Ziel, im Überschuldungsstatus stille Reserven aufzudecken, bei der Bewertung von Vorräten und Grundstücken z. B., aber auch beim Ansatz von Passivpositionen, wie z. B. bei passiven Rechnungsabgrenzungsposten und Rückstellungen mit dem Ziel, diese auf den voraussichtlich realistischen Betrag zu begrenzen. Abweichend von den Bilanzierungsregeln können im Überschuldungsstatus auch für Dritte verwertbare Rechtspositionen (z. B. selbst geschaffene Marken- und Firmenwerte) aktiviert werden.

> *Früh/Wagner*, WPg 1998, 907, 912.

44 Eine in der Jahresbilanz ausgewiesene Überschuldung hat bei der Prüfung der Insolvenzreife der Gesellschaft allenfalls indizielle Bedeutung und ist lediglich Ausgangspunkt für die weitere Ermittlung des wahren Wertes des Gesellschaftsvermögens.

> BGH, Urt. v. 2. 4. 2001 – II ZR 261/99,
> ZIP 2001, 839.

45 Fortführungswerte dürfen nur dann angesetzt werden, wenn die Fortführung des Unternehmens beabsichtigt ist, das Unternehmen wirtschaftlich lebensfähig erscheint und die Fortführung nach den Umständen überwiegend wahrscheinlich ist (§ 19 Abs. 2 Satz 2 InsO). Anderenfalls sind diejenigen Werte zugrunde zu legen, die bei einer Liquidation zu erzielen wären. Dies hat der Bundesgerichtshof in

> BGH, Urt. v. 29. 9. 1997 – II ZR 245/96,
> ZIP 1997, 2008, 2009;
> dazu EWiR 1998, 33 (*Wilhelm*)

ausdrücklich ausgesprochen, indem er bei einer negativen Fortbestehensprognose für den Ansatz der Aktiva von Veräußerungswerten ausgeht. Jede andere Vorgehensweise würde zu einer Überbewertung führen. Damit gilt in der Insolvenzordnung der von der Rechtsprechung 1992 entwickelte Überschuldungsbegriff, bestehend aus Kriterien der rechnerischen Überschuldung und der Fortbestehensprognose.

> BGH, Urt. v. 13. 7. 1992 – II ZR 269/91,
> BGHZ 119, 201 = ZIP 1922, 1382, 1386;
> dazu EWiR 1992, 1093 (*Hunecke*);
>
> BGH, Urt. v. 21. 2. 1994 – II ZR 60/93,
> BGHZ 125, 141 = ZIP 1994, 701, 702;
> dazu EWiR 1994, 467 (*v. Gerkan*);
>
> *Harrmann*, BBK Fach 28, 757, 761;
> zu den Wertansatzgrenzen vgl.
> *Schedlbauer*, DB 1984, 2205, 2210.

Die Fortführungsprognose basiert auf einem Unternehmenskonzept, aus dem Finanz- und Ertragspläne abgeleitet werden. Da die „überwiegende Wahrscheinlichkeit" der Überlebensfähigkeit des Unternehmens überprüft wird, muss das Konzept und das darauf basierende Zahlenmaterial realistisch sein. Das Ergebnis der Fortbestehensprognose spiegelt sich im Ansatz der Aktiva und Passiva wider: Bei positiver Prognose wird das Reinvermögen anhand der Fortführungswerte ermittelt, bei negativer anhand der Liquidationswerte. **46**

Für die Prüfung der Überschuldung ist nicht eine nach § 240 HGB aufzustellende Handelsbilanz maßgeblich, sondern ein Überschuldungsstatus, in den die von der Prognose abhängigen realisierbaren Werte einfließen. **47**

Dabei gelten folgende Grundsätze: **48**

- Aktiva sind mit realisierbaren Verkehrswerten unter Auflösung der stillen Reserven anzusetzen;
- immaterielle Vermögenswerte entfallen, soweit diese nicht verwertbar sind;
- Rechnungsabgrenzungsposten entfallen, ebenso aktivierte Aufwendungen für die Ingangsetzung des Unternehmens (§ 269 HGB);
- eigene Aktien und Geschäftsanteile entfallen;
- bei den Passiva sind nur die echten Verbindlichkeiten anzusetzen;

> vgl. *Höffner*, ZIP 1999, 2088 ff;

II. Antragstellung

- umstritten war die Behandlung eigenkapitalersetzender Gesellschafterdarlehen im Überschuldungsstatus. Nach § 39 Abs. 1 Nr. 5 und Abs. 2 InsO sind solche Verbindlichkeiten aus Unternehmenssicht nachrangige Insolvenzforderungen aus Gläubigersicht. Die Qualifizierung als Insolvenzforderung sprach für die Aufnahme in den Überschuldungsstatus. Jedoch folgt aus der Einordnung als nachrangige Insolvenzforderung, dass eine vorrangige Befriedigung aller anderen Insolvenzgläubiger möglich sein muss. Schon aus diesem Grund konnte von einer Aufnahme in den Überschuldungsstatus abgesehen werden.

    Vgl. *Lutter*, ZIP 1999, 641, 645, 646.

Demgegenüber hat der Bundesgerichtshof in einer neueren grundsätzlichen Entscheidung ausgesprochen, dass Gesellschafterforderungen aus der Gewährung eigenkapitalersetzender Leistungen in der Überschuldungsbilanz der Gesellschaft zu passivieren sind, soweit für sie keine Rücktrittserklärungen abgegeben wurden.

    BGH, Urt. v. 8. 1. 2001 – II ZR 88/99,
    ZIP 2001, 235;
    dazu EWiR 2001, 329 (*Priester*);
    vgl. auch OLG Dresden, Beschl. v. 25. 2. 2002
    – 13 W 2009/01, EWiR 2002, 489 (*Steinecke*).

Den Gesellschaftern wird damit die Aufgabe zugewiesen, insoweit für Klarheit zu sorgen, ob solche Forderungen vorrangig zum Eigenkapital stehen oder mit diesen die gleiche Stufe einnehmen sollen. Beanspruchen sie einen Vorrang vor anderen Gesellschafts-Gläubiger-Gruppen, ist die Passivierung im Überschuldungsstatus unumgänglich.

49 Mangels Kenntnis des internen Rechnungswesens des Schuldners ist es für einen antragstellenden Gläubiger wesentlich schwieriger, den Eröffnungsgrund der Überschuldung als den der Zahlungsunfähigkeit glaubhaft zu machen. Das Insolvenzgericht hat aber nach § 5 Abs. 1 InsO von Amts wegen alle Umstände zu ermitteln, die für das Insolvenzverfahren von Bedeutung sind. Hierzu kann es auch Zeugen und Sachverständige vernehmen. Insgesamt besteht die Ermittlungspflicht des Insolvenzgerichtes insbesondere dann, wenn der Schuldner die Voraussetzungen für einen Insolvenzgrund bestreitet oder sich nicht äußert. Wegen der wesentlichen Voraussetzungen für die Verfahrenseröffnung wird ein Insolvenzgericht re-

1. Voraussetzungen

gelmäßig ein Gutachten erstellen lassen und hierzu einen zu ernennenden vorläufigen Verwalter als Sachverständigen beauftragen (§ 22 Abs. 1 Nr. 3 InsO).

> Vgl. *Früh/Wagner*, WPg 1998, 907 ff.

Außerdem hat der Schuldner dem Insolvenzgericht sämtliche erforderlichen Auskünfte zu erteilen, welche das Gericht zur Entscheidung über den Antrag benötigt (§ 20 InsO). Dieses inhaltlich durch § 97 InsO konkretisierte Recht des Gerichtes kann auch nach § 98 InsO zwangsweise durchgesetzt werden (§ 20 Satz 2 InsO). 50

Die „Verteidigungsstrategie" des Schuldners bei Zahlungsunfähigkeit kann darauf gerichtet sein, 51

– entweder die Fälligkeit der Forderung oder deren Bestand zu bestreiten (siehe oben unter Rz. 29)

– oder zu versuchen, die Zahlungseinstellung wieder zu beseitigen. So kann er durch Stundungs- und Erlassvereinbarungen mit Gläubigern seine fälligen Verpflichtungen reduzieren und auf die verbleibenden Verbindlichkeiten ins Gewicht fallende Zahlungen leisten. Zahlungsunfähigkeit liegt dann nicht vor.

> Siehe oben Rz. 39, 40;
> AG Holzminden, Beschl. v. 9. 7. 1987
> – 8 N 8/87, ZIP 1987, 1272, 1274;
> dazu EWiR 1987, 807 (*G. Pape*).

Werden jedoch nur vereinzelt und angesichts des gesamten Schuldenvolumens unerhebliche Zahlungen geleistet, sind die Voraussetzungen der Zahlungsunfähigkeit weiterhin erfüllt.

Steht fest, dass ein Insolvenzgrund nicht mehr vorliegt oder dass das Antragsrecht des Gläubigers nach Zahlung weggefallen ist, wird in der Literatur die Zulässigkeit der einseitigen Erledigungserklärung im Eröffnungsverfahren mit unterschiedlicher Begründung und Unterschieden in den Folgen bejaht. 52

> Vgl. LG Bonn, Beschl. v. 8. 1. 2001 – 2 T 58/00,
> ZIP 2001, 342, 344 f m. w. N.

Der Bundesgerichtshof, 53

> BGH, Urt. v. 20. 11. 2001 – IX ZR 48/01,
> ZIP 2002, 87, 88,

II. Antragstellung

hält Erledigungserklärungen des Antragstellers für wirksam, gleichgültig, ob der Antragsgegner zustimmt oder ob sie einseitig bleiben.

54 Die Verfahrenskosten sind dann – folgerichtig – dem Schuldner aufzuerlegen, wenn nach den bis zur Erledigungserklärung getroffenen Feststellungen der Eröffnungsantrag zulässig und begründet war.

> Vgl. ferner
> AG Hamburg, Beschl. v. 11. 12. 2000
> – 67c IN 257/00, ZIP 2001, 257;
> dazu EWiR 2001, 679 (*Huber*).

c) Rechtsschutzbedürfnis

55 Fehlt ein schutzwürdiges Interesse des antragstellenden Gläubigers an der Eröffnung des Insolvenzverfahrens über das Schuldnervermögen, ist der Antrag unzulässig und abzulehnen (§ 14 Abs. 1 InsO).

> AG Holzminden, Beschl. v. 9. 7. 1987
> – 8 N 8/87, ZIP 1987, 1272, 1273 m. w. N.

56 Regelmäßig legitimiert die Gläubigereigenschaft zur Antragstellung; dies gilt auch dann, wenn der Gläubiger ein Kleingläubiger ist.

> *Meyer-Cording*, ZIP 1989, 485, 486.

57 Mit dieser Voraussetzung wird Missbräuchen bei Insolvenzanträgen entgegengewirkt; Missbräuche werden angenommen, wenn

– Forderungen verjährt sind,

– der Insolvenzantrag als Druckmittel eingesetzt wird, Zahlungen zu erhalten,

> AG Hamburg, Beschl. v. 11. 12. 2000
> – 67c IN 257/00, ZIP 2001, 257,

– der Gläubiger schnell und kostengünstig dadurch ein lästiges Vertragsverhältnis abwickeln bzw. beenden möchte,

– der Antrag zu dem Zweck gestellt wird, pfändbares Schuldnervermögen zu ermitteln,

> vgl. *Uhlenbruck*, NJW 1968, 685 f,

wenn also insolvenzfremde Zwecke verfolgt werden sollen oder das Verfahren als Druckmittel dienen soll.

Teilweise versuchen Schuldner, das rechtliche Interesse des Antragstellers **58** mit dem Hinweis auf wertmäßige Deckung der Forderung durch Sicherheiten oder auf Übersicherung in Zweifel zu ziehen. Bei der Sicherheitenbewertung darf das Kreditinstitut in diesem Stadium von Zerschlagungswerten ausgehen.

> BGH, Urt. v. 19. 3. 1992 – IX ZR 166/91,
> BGHZ 117, 374 = ZIP 1992, 629
> = ZBB 1992, 307;
> dazu EWiR 1992, 687 (*Uhlenbruck*).

Ein Insolvenzantrag ist auch nicht deshalb unzulässig, weil der Gläubiger **59** zuvor nicht versucht hat, für seine titulierte Forderung im Wege der Einzelzwangsvollstreckung Befriedigung zu erlangen.

> LG Göttingen, Beschl. v. 8. 3. 1993
> – 6 T 37/93, ZIP 1993, 446, 447.

d) Glaubhaftmachung

Bezüglich der Glaubhaftmachung der Forderung, **60**

> vgl. § 4 InsO i. V. m. § 294 ZPO;
> OLG Köln, Beschl. v. 29. 2. 1988 – 2 W 9/88,
> ZIP 1988, 664;
> dazu EWiR 1988, 603 (*Stürner/Stadler*),

ist zu beachten, dass die Versicherung an Eides Statt über Bestand und Höhe der Forderung nicht nur Hinweise auf Akten und Belege, welche von dem antragstellenden Institut selbst erstellt wurden, beinhaltet oder Rechtsansichten wiedergibt; ein solcher Inhalt ist einer Glaubhaftmachung nicht zugänglich.

> AG Stuttgart, Beschl. v. 10. 9. 1985
> – 3 N 689/85, nicht veröffentlicht, S. 2.

Wenn der Insolvenzgrund unabhängig davon gegeben ist, ob die Forderung **61** des Antragstellers gegen den Gemeinschuldner besteht, setzt die Verfahrenseröffnung nicht voraus, dass der Richter vom Bestehen dieser Forderung überzeugt ist; wenn die Überzeugung des Richters bezüglich des Insolvenzgrundes gegeben ist, genügt es, dass diese Forderung glaubhaft gemacht ist.

II. Antragstellung

OLG Köln, Beschl. v. 3. 1. 2000
– 2 W 268/99, ZIP 2000, 151, 152;
dazu EWiR 2000, 349 (*Frind*).

62 Schon nach der bisherigen Rechtsprechung bedarf die Forderung dann des vollen Beweises, wenn die Zahlungsunfähigkeit gerade vom Bestehen dieser Forderung abhängt.

OLG Hamm, Beschl. v. 13. 3. 1980
– 15 W 308/79, ZIP 1980, 258, 259;
OLG Köln, Beschl. v. 29. 2. 1988
– 2 W 9/88, ZIP 1988, 664, 665 m. w. N.;
OLG Köln, Beschl. Beschl. v. 3. 1. 2000
– 2 W 268/99, ZIP 2000, 151, 152;
Uhlenbruck, ZAP Fach 14, 95, 99.

Anderer Auffassung – allerdings ohne Begründung – ist

AG Göttingen, Beschl. v. 26. 7. 1999
– 71/74 IN 145/99, ZIP 1999, 1566, 1567;
dazu EWiR 1999, 897 (*Eckardt*).

63 Vergleiche insgesamt zur Glaubhaftmachung der Forderung beim Gläubigerantrag

Henckel, ZIP 2000, 2045, 2047,

der auch auf die so genannte Gegenglaubhaftmachung durch den Schuldner aufmerksam macht; danach wird der Insolvenzantrag unzulässig, wenn es dem Schuldner gelingt, die Überzeugungskraft der Glaubhaftmachung des Gläubigers zu erschüttern.

64 Nach

OLG Köln, Beschl. v. 29. 12. 1999
– 2 W 188/99, ZIP 2000, 504;
dazu EWiR 2000, 401 (*A. Schmidt*),

kommen Sicherungsmaßnahmen nach §§ 21, 22 InsO erst in Betracht, wenn dem Schuldner Gelegenheit zur Gegenglaubhaftmachung gegeben wurde; dies gilt insbesondere dann, wenn mit Rücksicht auf die Person des Gläubigers – z. B. eines Sozialversicherungsträgers – geringere Anforderungen an die Glaubhaftmachung einer Forderung i. S. d. § 14 InsO zu stellen sind. Dafür muss das Insolvenzgericht allerdings verstärkt sicherstellen, dass das Rechtsschutzbedürfnis gegeben ist.

2. Weiterer Antragsinhalt

Neben den vorgenannten Voraussetzungen, die im Antrag enthalten sein müssen, können zwei Anregungen an das Gericht aufgenommen werden: 65

– Der Antragsteller kann auf die Notwendigkeit eines vorläufigen Insolvenzverwalters nach § 21 Abs. 2 InsO, eines allgemeinen Verfügungsverbotes oder anderer Sicherungsmaßnahmen nach § 21 Abs. 1 InsO hinweisen (früher § 106 Abs. 1 Satz 3 KO). Das Gericht trifft diese Entscheidungen nach pflichtgemäßem Ermessen. Ein zulässiger Insolvenzantrag ist Voraussetzung.

> OLG Köln, Beschl. v. 29. 2. 1988
> – 2 W 9/88, ZIP 1988, 664.

– Als Begründung kann die Gefahr masseschädigender oder anfechtbarer Handlungen des Schuldners dargelegt werden.

Ferner kann angeregt werden, eine bestimmte erfahrene und branchenkundige Person als Insolvenzverwalter zu bestellen. In § 56 Abs. 1 InsO ist darüber hinaus die Unabhängigkeit von Schuldner und Gläubigern als weiteres Qualifikationsmerkmal herausgestellt. Abgesehen davon, dass die erste Gläubigerversammlung bei fehlender Eignung des Verwalters über die Bestellung einer anderen Person beschließen kann (§ 57 Satz 2 InsO), kann sich die „falsche Person" in der Insolvenz als weitere Verlustursache auswirken. 66

> Vgl. *Graeber*, ZIP 2000, 1465.

3. Haftungsgefahren

Bei Missbrauch des Insolvenzverfahrens zur Erreichung insolvenzfremder Zwecke kommt die Haftung des Antragstellers nach § 826 BGB in Betracht. 67

> *Palandt/Thomas*, BGB, § 826 Rz. 63.

Rechtfertigen jedoch die Umstände und das Verhalten des Schuldners die Annahme der – objektiv tatsächlich nicht gegebenen – Zahlungsunfähigkeit, so macht sich der Antragsteller grundsätzlich nicht schadensersatzpflichtig. 68

> OLG Düsseldorf, Urt. v. 28. 10. 1993
> – 10 U 17/93, ZIP 1994, 479, 480.

II. Antragstellung

69 Auch wenn eine Bank erkennt, dass das Unternehmen vor dem Zusammenbruch steht und an sich insolvent ist, ist sie nicht verpflichtet, einen Kredit fällig zu stellen, um so den Schuldner zu zwingen, das Insolvenzverfahren zu beantragen.

> BGH, Urt. v. 29. 5. 2001 – VI ZR 114/00,
> ZIP 2001, 1412;
> dazu EWiR 2001, 909 (*Balzer*);
> OLG Hamm, Urt. v. 24. 4. 1972
> – 3 U 237/71, BB 1972, 1028.

70 Dies reicht im Allgemeinen nicht zu einer Haftung nach § 826 BGB aus, selbst wenn sie voraussieht, dass andere Gläubiger infolge neuer Geschäfte oder unterlassener Beitreibung zu Schaden kommen könnten.

71 Andererseits handelt eine Bank auch dann nicht grundsätzlich sittenwidrig, wenn sie einen Kredit kündigt und zurückfordert, obwohl ihr bekannt ist, dass dadurch andere Gläubiger des Kreditnehmers gefährdet werden. Eine Haftung nach § 826 BGB kann aber in Betracht kommen, wenn sie über eine dominierende Stellung gegenüber dem Kreditnehmer verfügt, praktisch die finanzielle Disposition trifft und diese Position bewusst und gewollt zu Lasten eines Mitgläubigers zum eigenen Vorteil ausnutzt.

> OLG Köln, Urt. v. 10. 9. 1999
> – 19 U 93/97, ZIP 2000, 742, 744 f;
> EWiR 2000, 767 (*Steiner*).

72 In

> BGH, Urt. v. 29. 5. 2001 – VI ZR 114/00,
> ZIP 2001, 1412, 1412 (m. w. N.);
> dazu EWiR 2001, 909 (*Balzer*)

wurden die Fallgruppen, in denen weitere Umstände zu einer Haftung der Bank wegen sittenwidriger Schädigung nach § 826 BGB führen können, wie folgt anschaulich umschrieben:

– beim Ausspielen wirtschaftlicher Macht im Verhältnis zum Kreditnehmer,

– bei Ausübung von Druck oder bei sonstiger Einflussnahme auf die Geschäftsleitung,

– bei Täuschung sonstiger Gläubiger über die Kreditwürdigkeit des Kreditnehmers, wenn sich die Bank über ihre Finanzierungsfunktion hinaus in die Bemühungen des Kreditnehmers um die Gewinnung

Dritter als Partner für weitere Kredit- oder Leistungsverträge aktiv einschaltet,

- bei Gewährung weiterer Kredite um eine absehbare Insolvenz zu verzögern,

jeweils um eigener Vorteile willen Risiken auf Dritte bewusst und gewollt zu verschieben.

4. Kostendeckung

Nach § 26 InsO weist das Insolvenzgericht den Antrag auf Eröffnung des Insolvenzverfahrens ab, wenn das Vermögen des Schuldners voraussichtlich nicht ausreichen wird, um die Kosten des Verfahrens zu decken. Die Abweisung unterbleibt, wenn ein ausreichender Geldbetrag vorgeschossen wird. Ob und in welchen Fällen sich das Insolvenzgericht mit einer Massekostengarantie begnügt, liegt nach 73

> BGH, Beschl. v. 5. 8. 2002 – IX ZB 51/02,
> ZIP 2002, 1695, 1696 (a. E.)

im Ermessen des Gerichts. Auf jeden Fall muss das Angebot, einen Massekostenvorschuss zu leisten, rechtlich bindend und unbedingt sein.

Kosten des Verfahrens sind nach § 54 InsO 74

- die Gerichtskosten für das Insolvenzverfahren,
- die Vergütungen und die Auslagen des vorläufigen Insolvenzverwalters, des Insolvenzverwalters und der Mitglieder des Gläubigerausschusses.

Der Wortlaut des § 26 InsO – „Kosten des Verfahrens" – i. V. m. § 54 InsO lässt meines Erachtens eine Ausdehnung auf weitere Massekosten i. S. d. § 55 InsO nicht zu. Die frühere Rechtslage nach § 58 Nr. 2 KO, die auch die Ausgaben für die Verwaltung, Verwertung und Verteilung der Masse bei den Massekosten erfasste, gilt also nicht mehr; diese Ausgaben gehören nunmehr zu den sonstigen Masseverbindlichkeiten nach § 55 Abs. 1 InsO. Können diese weiteren Masseverbindlichkeiten im eröffneten Verfahren nicht gedeckt werden, wird die Anzeige der Masseunzulänglichkeit nach § 208 InsO erhoben. 75

> Zu den sog. „unausweichlichen Verwaltungskosten",
> vgl. *Pape*, ZIP 2002, 2277, 2279.

II. Antragstellung

76 Wie § 207 InsO zeigt, kann das Gericht nach Eröffnung des Verfahrens dieses einstellen, sobald sich herausstellt, dass die Insolvenzmasse nicht ausreicht, um die Kosten des Verfahrens zu decken. Auch in jedem späteren Stadium des Insolvenzverfahrens kann diese Einstellung durch Vorschuss eines ausreichenden Geldbetrages abgewendet werden (§ 207 Abs. 1 Satz 2 InsO). Wurde ein Eröffnungsantrag mangels kostendeckender Masse abgewiesen, ist ein erneuter Eröffnungsantrag zulässig, wenn glaubhaft gemacht wird, dass zwischenzeitlich ausreichendes Schuldnervermögen ermittelt wurde; auch die Einzahlung eines Kostenvorschusses genügt,

> BGH, Beschl. v. 5. 8. 2002 – IX ZB 51/02,
> ZIP 2002, 1695, 1696.

77 So kann für einen die Insolvenz beantragenden Gläubiger schon von Interesse sein, den ersten Berichtstermin (§ 156 InsO) zu erreichen, um eine Basis für weitere Entscheidungen zu erhalten.

78 Wird ein ausreichender Vorschuss zur Deckung der Verfahrenskosten geleistet, kann die Erstattung des vorgeschossenen Betrages von jeder Person verlangt werden, die entgegen den gesellschaftsrechtlichen Vorschriften den Antrag auf Eröffnung des Insolvenzverfahrens pflichtwidrig und schuldhaft nicht gestellt hat (§ 26 Abs. 3 Satz 1 InsO sowie § 207 Abs. 1 Satz 2 InsO).

79 Anstelle eines Vorschusses dürfte auch – entsprechend der zurzeit der Geltung des alten Konkursrechts praktizierten Verfahrensweise – eine Garantie bezüglich der Kosten des Verfahrens ausreichen. Zahlt ein Gläubiger einen Vorschuss oder wird eine Garantie in Anspruch genommen, tritt der Zahlende in den Rang des § 54 InsO ein; er wird wie ein Verfahrenskostengläubiger behandelt.

> *Dinstühler,* ZIP 1998, 1697, 1699

III. Insolvenzen mit Auslandsbezug

Im Zuge der Internationalisierung rücken Fragen des internationalen Insolvenzrechts mehr und mehr in den Vordergrund. Dabei sind folgende Themenkomplexe zu unterscheiden: **80**

- Auswirkungen der Insolvenz in Deutschland auf im Ausland gelegenes Vermögen;
- Auswirkungen ausländischer Insolvenzverfahren auf das Inlandsvermögen des Schuldners.

1. Auswirkungen von Inlandsinsolvenzen auf ausländisches Vermögen

Nach § 35 InsO erfasst das Insolvenzverfahren das gesamte Vermögen, das dem Schuldner zurzeit der Verfahrenseröffnung gehört und das er während des Verfahrens erlangt. Aus dieser Definition folgt, dass – entsprechend der zu § 1 Abs. 1 KO vertretenen Auffassung – auch das Auslandsvermögen des Schuldners zur Insolvenzmasse der Inlandsinsolvenz gehört, soweit es nach ausländischem Recht der Zwangsvollstreckung unterliegt. **81**

Prütting, ZIP 1996, 1277, 1279.

Dabei ist jedoch zu beachten, dass rechtlich selbständige Tochtergesellschaften durch die Inlandsinsolvenz nicht ohne weiteres in anderen Ländern insolvent werden. **82**

Auch bezüglich dieses Auslandsvermögens, an welchem der Verwalter durch die Verfahrenseröffnung ein Besitzrecht erlangt, besteht die Verpflichtung des Schuldners, Auskünfte zu erteilen, die Gegenstände herauszugeben und – wenn im ausländischen Staat die Rechtsmacht des Insolvenzverwalters nicht anerkannt wird – eine umfassende Vollmacht zur Verwertung zu erteilen. **83**

LG Köln, Urt. v. 31. 10. 1997
– 16 O 197/97, ZIP 1997, 2161, 2162;
dazu EWiR 1998, 507 (*G. Pape*).

Konsequenterweise entschied der Bundesgerichtshof, **84**

BGH, Urt. v. 30. 4. 1992 – IX ZR 233/90,
BGHZ 118, 151 = ZIP 1992, 781, 783;
dazu EWiR 1992, 589 (*Hanisch*),

dass ein (nach § 106 Abs. 1 KO) erlassenes allgemeines Veräußerungsverbot das im Ausland gelegene Vermögen des Schuldners erfasst.

85 Diese Rechtslage wirkt sich auch auf die Kollision der Insolvenz mit Einzelvollstreckungsmaßnahmen aus. So hat das OG Luzern entschieden,

> OG Luzern, Entscheid v. 14. 5. 1997
> – SK 96 154/54, ZIP 1998, 116;
> dazu EWiR 1998, 71 (*Hanisch*),

dass eine Einzelzwangsvollstreckung, die gegen das in der Schweiz befindliche Vermögen eines deutschen Schuldners anhängig war, durch die rechtskräftige Anerkennung eines in Deutschland eröffneten Konkurses infolgedessen in der Schweiz aufzuheben war. Nach den einschlägigen Regelungen bildet das in der Schweiz gelegene Vermögen eine vom Hauptverfahren separierte Konkursmasse, über die der Schuldner nicht mehr disponieren kann.

86 Wiederum konsequent hierzu muss ein deutscher Gläubiger, der durch eine im Ausland zulässige Einzelzwangsvollstreckung in dort gelegenes, zur Masse gehörendes Vermögen Vorteile erlangt hat, diese nach den Regelungen über die ungerechtfertigte Bereicherung an den Insolvenzverwalter herausgeben.

> *Vallender*, ZIP 1997, 1993, 2001 m. w. N.

87 Aufgrund dieser vom nationalen Standpunkt aus einheitlichen Betrachtung kommt es für die Beurteilung, ob bei einem international tätigen Unternehmen eine Zahlungseinstellung vorliegt, nicht allein auf die Verhältnisse der inländischen Betriebsstätte(n) an, sondern auf das gesamte Zahlungsverhalten im In- und Ausland.

> BGH, Urt. v. 11. 7. 1991 – IX ZR 230/90,
> ZIP 1991, 1014;
> dazu EWiR 1991, 1107 (*Flessner*).

88 Unabhängig von den bislang behandelten Themen stellt sich die Frage, welche formellen Voraussetzungen zu erfüllen sind, damit ein deutsches Insolvenzverfahren im Ausland anerkannt wird.

> Vgl. für die Schweiz
> BezG Zürich, Beschl. v. 8. 12. 2000
> – U/EK 002090, ZIP 2001, 165, 166 ff;
> dazu EWiR 2001, 289 (*Paulus*).

2. Auswirkungen ausländischer Insolvenzverfahren

Nach Art. 102 Abs. 1 EGInsO erfasst ein ausländisches Insolvenzverfahren auch das im Inland befindliche Schuldnervermögen. Hierzu müssen folgende Voraussetzungen erfüllt sein: **89**

- bei dem ausländischen Verfahren muss es sich um ein Insolvenzverfahren handeln;
- das Gericht des Staates der Verfahrenseröffnung, also das ausländische Insolvenzgericht, muss international zuständig gewesen sein;
- die Anerkennung des ausländischen Verfahrens darf nicht mit wesentlichen Grundsätzen inklusive der Grundrechte – so genannter ordre public – unvereinbar sein.

Dabei schließt die Anerkennung eines ausländischen Verfahrens es nicht aus, dass im Inland ein gesondertes Insolvenzverfahren eröffnet wird, welches nur das inländische Vermögen des Schuldners erfasst. Art. 102 Abs. 3 Satz 2 EGInsO regelt ferner, dass es im Inland nicht mehr zur Eröffnung eines inländischen Insolvenzverfahrens des Nachweises der Zahlungsunfähigkeit oder der Überschuldung bedarf, wenn bereits im Ausland ein solches Verfahren eröffnet wurde. **90**

Wird danach ein ausländischer Eröffnungsbeschluss anerkannt, ist damit noch nicht verbunden, dass sich diese Anerkennung auf alle verfahrensrechtlichen Folgen erstreckt. **91**

BGH, Urt. v. 27. 5. 1993 – IX ZR 254/92,
BGHZ 122, 373 = ZIP 1993, 1094;
dazu EWiR 1993, 803 (*Ackmann*);
Reinhart, ZIP 1997, 1734, 1735.

Zu der Frage, ob die Eröffnung eines Insolvenzverfahrens im Ausland dazu führt, dass ein im Inland vom Schuldner geführter Prozess unterbrochen wird, vgl. **92**

BGH, Vorlagebeschl. v. 26. 11. 1997
– IX ZR 309/96, ZIP 1998, 659;
dazu EWiR 1998, 447 (*Hanisch*);
vgl. § 352 InsO-E, abgedruckt in:
ZIP 2002, 2331, 2341.

Geklärt ist jedenfalls, dass eine administration order nach englischem Recht nicht zur Unterbrechung eines in Deutschland schwebenden Prozes- **93** ses führt, da es sich hierbei nicht um ein Insolvenz-, sondern um ein Sanierungsverfahren handelt.

>OLG Düsseldorf, Urt. v. 18. 7. 1997
>– 22 U 271/96, NJW-RR 1998, 283;
>dazu EWiR 1998, 47 (*Geimer*).
>Vgl. ferner
>*Hanisch*, ZIP 1992, 1125 ff.

94 Zur Abwicklung einer grenzüberschreitenden Insolvenz durch Vereinbarung und Beispiel eines solchen Protocol

>ZIP 1998, 1013 ff.

3. Verordnung (EG) Nr. 1346/2000

95 Mit In-Kraft-Treten der europarechtlichen Verordnung Nr. 1346/2000 über Insolvenzverfahren am 31. Mai 2002 besteht ein einheitlicher Rechtsrahmen für die Anerkennung der Verfahrenseröffnung innerhalb eines Mitgliedstaates auch für die anderen Mitgliedstaaten, für die Klärung der Beteiligungsrechte im Insolvenzverfahren, Festlegung der Befugnisse der Verwalter sowie – mit seinen Kollisionsnormen – eine weit über Art. 102 EGInsO hinausgehende Rechtsgrundlage für Insolvenzverfahren mit Auslandsbezug. Die Verordnung ist als europarechtliches Instrument in all seinen Teilen verbindlich und gilt unmittelbar in jedem Mitgliedstaat.

>Art. 249 Abs. 2 EG-Vertrag von Amsterdam
>v. 2. 10. 1997, BGBl II 1998, 387 ff.

Damit ist ihre einheitliche Anwendung sichergestellt.

96 Sachlich umfasst die Verordnung sämtliche Liquidations- und Sanierungsverfahren; hinsichtlich des persönlichen Anwendungsbereiches erstreckt sie sich grundsätzlich auf alle Insolvenzverfahren natürlicher und juristischer Personen (Ausnahmen: Art. 1 Abs. 2 der Verordnung). Konzerninsolvenzen wurden allerdings ausgeklammert (*Paulus*, ZIP 2002, 729, 730).

97 Grundgedanke ist, dass ein Hauptinsolvenzverfahren, das am Mittelpunkt der hauptsächlichen Interessen des Schuldners eröffnet wird, das gesamte schuldnerische Vermögen im Eröffnungsstaat und in den Mitgliedstaaten einbezieht. Das Recht des Eröffnungsstaates für das Hauptverfahren ist grundsätzlich maßgebend für das Insolvenzverfahren insgesamt, wobei die Verordnung ein oder mehrere selbständige Nebenverfahren in den Mitgliedstaaten zulässt; besondere Rechtsanknüpfungen unterliegen in diesen Nebenverfahren dem jeweiligen nationalem Recht des Mitgliedstaates. Infolge der automatischen verfahrensrechtlichen Anerkennung des Hauptinsolvenzverfahrens in allen Mitgliedstaaten (Art. 16 der Verordnung) wird in den Nebenverfahren nicht mehr die Frage des Insolvenzgrundes, des Vermögensbeschlages, der Ernennung des Verwalters etc. geprüft. Antragsberechtigt für Nebenverfahren sind der Verwalter des Hauptverfahrens sowie jede Person, die nach dem Recht des Hauptverfahrens antragsberechtigt ist (Art. 29 der Verordnung).

Die Nebenverfahren sind materiellrechtlich insbesondere relevant für **98**

– die Verwertung dinglicher Rechte (lex rei sitae),

– Kollisionen mit dem ordre public eines Mitgliedstaates,

– besondere in der Verordnung enthaltene Kollisionsnormen, die für besondere Rechte (z. B. eintragungspflichtige Rechte an unbeweglichen Gegenständen, Eigentumsvorbehalte, Arbeitsverhältnisse etc.) sowie für Zahlungssysteme und Finanzmärkte das jeweilige nationale Recht vorsehen.

Bei einer Verzahnung von Haupt- und Nebenverfahren muss ein effizienter **99** Ablauf insgesamt sichergestellt sein. Demzufolge enthält die Verordnung Bestimmungen, welche

– die eingesetzten Verwalter zur Zusammenarbeit und gegenseitigen Unterrichtung verpflichten (Art. 31 der Verordnung),

– dem Verwalter des Hauptverfahrens besondere Antragsrechte in den Nebenverfahren einräumen (Art. 33, 34, 37 der Verordnung),

– Unterrichtungspflichten der Gläubiger vorsehen,

– sowie insbesondere regeln, dass ein Gläubiger seine Forderungen in sämtlichen Verfahren anmelden kann; aus Effizienzgründen kann dies grundsätzlich unter den Voraussetzungen des Hauptverfahrens hinsichtlich Form, Inhalt und Frist geschehen (Art. 4 Abs. 2 der Verordnung). Die besondere Vorschrift des Art. 39 für ausländische Gläubiger ist zu beachten (Schriftform, Angaben zu Art, Entstehungszeitpunkt, Betrag der Forderung; u. U. kann die Übersetzung seiner Anmeldung in die Amtssprache des Mitgliedstaates verlangt werden).

Vgl. *Kemper*, ZIP 2001, 1609 ff;
Paulus, ZIP 2002, 729 ff.

III. Insolvenzen mit Auslandsbezug

4. Gesetzesentwurf zur Regelung des Internationalen Insolvenzrechts

99a Die wesentlichen Grundlinien des Gesetzentwurfes,

vgl. ZIP 2002, 2331,

können wie folgt dargestellt werden:

- Das Insolvenzverfahren soll regelmäßig in dem Mitgliedstaat eröffnet und durchgeführt werden, in dem sich aller Voraussicht nach die Masse des schuldnerischen Vermögens und der Großteil der Gläubiger befinden werden. Befindet sich Vermögen des Schuldners in einem anderen Mitgliedstaat der Europäischen Union, sollen im Eröffnungsbeschluss die tatsächlichen Feststellungen und rechtlichen Erwägungen dargestellt werden, aus denen sich die Zuständigkeit nach Art. 3 der Verordnung (EG) Nr. 1346/2000 für die deutschen Gerichte ergibt. Die §§ 3 und 4 des Entwurfes enthalten Regelungen zur Vermeidung von Kompetenzkonflikten.

- Die in §§ 335 ff InsO sollen das Internationale Insolvenzrecht beinhalten. Ausgangspunkt ist, dass grundsätzlich das Recht des Staates gilt, in dem das Verfahren eröffnet wurde. Dies gilt sowohl für das Verfahrensrecht, als auch für materielle Rechtsfragen. Bei Verträgen über unbewegliche Gegenstände ist das Recht des Staates zu berücksichtigen, in dem der Gegenstand belegen ist (§ 336 InsO). Für Aufrechnungen gilt das für die Forderung des Schuldners maßgebliche Recht; ein Aufrechnungsrecht wird von der Verfahrenseröffnung nicht berührt (§ 338 InsO). Anfechtungsrechte bestimmen sich nach dem Recht des Staates der Verfahrenseröffnung (§ 339 InsO).

- Ausländische Insolvenzverfahren werden nach § 343 InsO grundsätzlich anerkannt, es sei denn, ein Verstoß gegen den ordre public läge vor. Im Rahmen eines solchen Verfahrens können im Interesse der Sicherung der Insolvenzmasse die Sicherungsmaßnahmen nach § 21 InsO angeordnet werden. Für solche Entscheidungen wäre die Zuständigkeit des Insolvenzgerichtes nach § 348 InsO zu bestimmen.

- Aus- und Absonderungsrechte im Inland werden durch ein ausländisches Insolvenzverfahren nicht berührt (§ 351 InsO).

- Die Anerkennung eines ausländischen Hauptinsolvenzverfahrens schließt ein Sekundärinsolvenzverfahren über das inländische Vermögen nicht aus (§ 356 InsO).

IV. Rechtsfragen im Insolvenzeröffnungsverfahren

Ist der Insolvenzantrag zulässig, kann das Gericht im Rahmen des Insolvenzeröffnungsverfahrens alle Maßnahmen treffen, die ihm erforderlich erscheinen, um bis zur Entscheidung über den Antrag eine für die Gläubiger nachteilige Veränderung in der Vermögenslage des Schuldners zu vermeiden (§ 21 Abs. 1 InsO). Das Ziel solcher Sicherungsmaßnahmen ist es zu vermeiden, dass 100

- der Schuldner die Haftungsmasse manipuliert oder durch Vermögensumschichtungen vermindert,
- durch Bilanzmanipulation Vermögenswerte verschleiert,
- diese beiseite schafft,
- Gläubiger Vermögenswerte oder Sicherheiten an sich nehmen, um zu versuchen, sich eine verbesserte Situation zu verschaffen oder angebliche Eigentumsrechte geltend zu machen.

Als vorläufige Sicherungsmaßnahmen, deren Anordnungen im freien, pflichtgemäßen Ermessen des Insolvenzgerichts stehen, kommen zum Schutz der Masse folgende in Betracht: 101

- die Bestellung eines fachlich und geschäftsmäßig geeigneten vorläufigen Insolvenzverwalters (§ 21 Abs. 2 Nr. 1 InsO);
- ein allgemeines Verfügungsverbot für den Schuldner oder eine Anordnung dahingehend, dass Verfügungen nur mit Zustimmung des vorläufigen Insolvenzverwalters wirksam sein sollen (§ 21 Abs. 2 Nr. 2 InsO);
- die Untersagung und die einstweilige Einstellung von Zwangsvollstreckungsmaßnahmen in das bewegliche Vermögen (§ 21 Abs. 2 Nr. 3 InsO);

vgl. *Steder*, ZIP 2002, 65 ff;

allein durch diese Anordnung sind Sicherungsnehmer nicht gehindert, ihre vertraglichen Rechte ohne Vollstreckungsmaßnahmen durchzusetzen, da die Durchsetzung einer rechtsgeschäftlich erklärten Abtretung von einem Erlass i. S. v. § 21 Abs. 2 Nr. 3 InsO grundsätzlich nicht berührt wird.

BGH, Urt. v. 20. 2. 2003 – IX ZR 81/02,
ZIP 2003, 632, 636;
dazu EWiR 2003, 425 (*Rolf Schumacher*).

- Erlass eines auf einzelne Vermögensgegenstände bezogenen Verfügungsverbotes nach § 21 Abs. 2 Nr. 2 InsO;
- Inbesitznahme von Vermögensgegenständen nach § 22 Abs. 1 Satz 2 Nr. 1 InsO i. V. m. § 883 ZPO;
- Fortführung der Geschäfte (§ 22 Abs. 1 Satz 2 Nr. 2 InsO);
- eine Postsperre (§ 21 Abs. 2 Nr. 4 InsO);
- besondere Verfügungsverbote;
- Beschlagnahme einzelner Vermögenswerte;
- Siegelung von Räumen und deren Schließung;
- zwangsweise Vorführung oder Inhaftierung des Schuldners (§ 21 Abs. 3 InsO).

101a Ergänzend zu sämtlichen Alternativen der Verfügungsbeschränkungen nach § 21 Abs. 2 Nr. 2 InsO regelt § 23 Abs. 1 Satz 3 InsO, dass die Schuldner des Schuldners mit der Bekanntmachung der Verfügungsbeschränkung aufzufordern sind, nur noch unter Beachtung des Beschlusses zu leisten. In einem Fall, in dem der vorläufige Insolvenzverwalter ermächtigt wurde, Bankguthaben und sonstige Forderungen der Schuldnerin einzuziehen und eingehende Gelder entgegenzunehmen und die Drittschuldner aufgefordert wurden, nur noch unter Beachtung dieser Anordnung zu leisten, hat der Bundesgerichtshof in

> BGH, Urt. v. 20. 2. 2003 – IX ZR 81/02,
> ZIP 2003, 632, 635 f.

ausgesprochen, dass die Beschlüsse des Insolvenzgerichts nicht die Rechte des vorläufigen Insolvenzverwalters gegenüber Gläubigern des Schuldners erweitern. Eine Anordnung nach § 23 Abs. 1 Satz 3 InsO regelt allein die Empfangszuständigkeit zwischem dem Schuldner und dem vorläufigen Insolvenzverwalter gegenüber Drittschuldnern in einer Weise, die inhaltlich den §§ 80 Abs. 1, 82 InsO entspricht. In Rechtsbeziehungen des Schuldners gegenüber seinen Sicherungsnehmern wirken sich derartige Beschlüsse – abgesehen von ihrer **sichernden** Funktion – nicht aus.

1. Befugnisse des vorläufigen Insolvenzverwalters

102 Wird ein vorläufiger Insolvenzverwalter bestellt und dem Schuldner ein allgemeines Verfügungsverbot auferlegt, führt dieses zu folgenden Konsequenzen:

1. Befugnisse des vorläufigen Insolvenzverwalters

- Die Verwaltungs- und Verfügungsbefugnis über das Vermögen des Schuldners geht auf den vorläufigen Insolvenzverwalter über – sog. „starker" vorläufiger Verwalter – (§ 22 Abs. 1 Satz 1 i. V. m. § 21 Abs. 2 Nr. 1 und 2 InsO). Verfügungen des Schuldners ohne Zustimmung des vorläufigen Insolvenzverwalters sind nach §§ 24 Abs. 1, 81 Abs. 1 InsO unwirksam. Leistet ein Dritter zur Erfüllung einer Verbindlichkeit gleichwohl an den Schuldner statt zur Masse, wird er nur dann von seiner Verbindlichkeit befreit, wenn er zurzeit der Leistung die Maßnahme des Insolvenzgerichtes noch nicht kannte (§§ 24 Abs. 1, 82 InsO). **103**

- Der vorläufige Insolvenzverwalter hat das Schuldnervermögen zu sichten, es in Besitz zu nehmen, zu verwalten und zu sichern; die Erhaltung des Vermögens ist das primäre Ziel. **104**

    Vgl. BGH, Urt. v. 11. 4. 1988 – II ZR 313/87,
    BGHZ 104, 151 = ZIP 1988, 727, 728;
    dazu EWiR 1988, 811 (*Joost*);
    OLG Hamm, Urt. v. 2. 2. 1999
    – 27 U 246/98, ZIP 1999, 807, 808 (rkr.).

- Ein vom Schuldner betriebenes Unternehmen ist grundsätzlich bis zur Entscheidung über die Eröffnung des Insolvenzverfahrens fortzuführen. **105**

- Bestellt das Insolvenzgericht einen vorläufigen Insolvenzverwalter mit den Befugnissen des § 21 Abs. 2 Nr. 2 InsO, ist er aufgrund der übergegangenen Verwaltungs- und Verfügungsbefugnis berechtigt, Forderungen einzuziehen. Dies gilt auch für still an Kreditinstitute zedierte Forderungen (vgl. unten Rz. 314). Gleiches gilt, wenn das Gericht durch den vorläufigen Verwalter ein Unternehmen fortführen lässt (§ 22 Abs. 1 InsO) oder die Einziehung von Forderungen als Einzelmaßnahme nach § 22 Abs. 2 InsO beschließt. Nach derartigen Anordnungen kann die Bank allerdings die im Sicherungsvertrag verankerte Einziehungsermächtigung für den Schuldner nicht mehr widerrufen; **106**

    Mitlehner, ZIP 2001, 677, 678, 679;

    die gerichtliche Sicherungsanordnung kann nicht nachträglich außer kraft gesetzt werden. Dieses Ergebnis entspricht zum einen der Wertung des § 166 Abs. 2 InsO, zum anderen dem generellen gesetzgeberischen Zweck, Sanierungen zu ermöglichen. Die materielle

Berechtigung des Sicherungnehmers wird dadurch jedoch nicht aufgehoben. Deswegen kann und sollte er die Einziehungsermächtigung nur widerrufen, um das vertragliche Einziehungsrecht des Schuldners zu beseitigen und damit die Voraussetzungen einer Ersatzabsonderung und für eine Abrechnung durch den vorläufigen Verwalter zu schaffen.

Mitlehner, ZIP 2001, 677, 679.

107 Bei der Forderungseinziehung durch den vorläufigen Verwalter handelt es sich auch nicht um eine Maßnahme der Verwertung, sondern um eine solche der Masseverwaltung und -sicherung. Deshalb ist der vorläufige Insolvenzverwalter – und nach Verfahrenseröffnung der endgültige Verwalter – nur solange berechtigt, die Auszahlung der den Absonderungsgläubigern zustehenden Beträge zurückzustellen, bis Klarheit darüber besteht, ob und in welchem Umfang das Schuldnerunternehmen weitergeführt werden kann; erst für nach Verfahrenseröffnung eingehende Beträge gelten die §§ 170, 171 InsO.

BGH, Urt. v. 20. 2. 2003 – IX ZR 81/02,
ZIP 2003, 632, 634 f.

108 – Nur mit Zustimmung des Insolvenzgerichts darf der vorläufige Insolvenzverwalter das Unternehmen stilllegen, um eine erhebliche Vermögensverminderung zu vermeiden (§ 22 Abs. 1 Satz 2 InsO);

AG Aachen, Beschl. v. 29. 3. 1999
– 19 IN 53/99. ZIP 1999, 1494;
dazu EWiR 1999, 899 (*Bähr*).

109 – Eine weitere Aufgabe des vorläufigen Insolvenzverwalters ist es zu prüfen, ob das Vermögen des Schuldners die Kosten des Verfahrens decken wird; darüber hinaus kann das Gericht ihn beauftragen, als Sachverständiger zu klären, ob ein Eröffnungsgrund vorliegt und welche Aussichten für eine Fortführung des Unternehmens bestehen.

110 – Wesentlich ist auch, dass der vorläufige Insolvenzverwalter berechtigt ist, die Geschäftsräume des Schuldners zu betreten, dort Nachforschungen anzustellen, insbesondere Einsicht in die Bücher und Geschäftspapiere zu nehmen. Der Schuldner hat alle erforderlichen

1. Befugnisse des vorläufigen Insolvenzverwalters

Auskünfte zu erteilen, die gegebenenfalls auch zwangsweise durchgesetzt werden können (§ 22 Abs. 3 InsO).

– Aus § 55 Abs. 2 InsO ergibt sich ferner, dass ein vorläufiger Insolvenzverwalter, auf den die Verfügungsbefugnis über das Vermögen des Schuldners übergegangen ist, auch Verbindlichkeiten eingehen darf, welche nach der Verfahrenseröffnung als Masseverbindlichkeiten gelten. **111**

– Ebenso darf er Dauerschuldverhältnisse mit den gleichen Rechtsfolgen fortsetzen. **112**

– Schließlich geht mit Anordnung eines Verfügungsverbotes auch die Arbeitgeberfunktion auf den bestellten vorläufigen Insolvenzverwalter über (vgl. §§ 22 Abs. 1 Satz 1, 80 Abs. 1 InsO). Dieser ist damit u. a. befugt, Kündigungen auszusprechen, um eine Sanierung zu erreichen. Ferner ist er berechtigt, einen Interessenausgleich und einen Sozialplan abzuschließen und alle Maßnahmen zu ergreifen, um nicht erforderliche Masseverbindlichkeiten zu vermeiden und so die Masse zu sichern. **113**

Vgl. LAG Baden-Württemberg, Urt. v. 18. 6. 1996
– 10 Sa 98/94, ZIP 1996, 1387 (rkr.);
dazu EWiR 1996, 855 (*Uhlenbruck*);
Berscheid, ZIP 1997, 1569, 1574, 1575, 1580;
ders., ZInsO 1998, 9 ff.

– Aus der Primäraufgabe, den Bestand des schuldnerischen Vermögens zu sichern, folgt, dass der vorläufige Verwalter grundsätzlich nicht befugt ist, Gegenstände der Masse zu verwerten. Zur Abgrenzung zur Verwaltung, siehe oben Rz. 107 sowie **113a**

OLG Hamm, Urt. v. 2. 2. 1999
– 27 U 246/88, ZIP 1999, 807, 808;
dazu EWiR 1999, 959 (*Undritz*),

das – zu Recht – darauf hinweist, dass der vorläufige Verwalter nur durch Umsatzgeschäfte die Grundlagen für eine Unternehmensfortführung schaffen kann; mit dem Warenverkauf oder dem Forderungseinzug schafft er jedoch gleichzeitig bezüglich dieser Vermögenswerte endgültige Zustände;

vgl. auch BGH, Urt. v. 20. 2. 2003
– IX ZR 81/02, ZIP 2003, 632, 634,
der darauf hinweist, dass dem vorläufigen Verwalter – von

besonderen gerichtlichen Anordnungen abgesehen – nur die zwischen Gläubiger und Schuldner vertraglich vereinbarten Rechte am Sicherungsgut zustehen.

114 Somit ist festzustellen, dass die Insolvenzordnung im Wesentlichen die Aufgaben und Befugnisse übernommen hat, die zurzeit der Geltung der Konkursordnung dem Sequester zukamen.

> *Gerhardt*, ZIP 1982, 1, 2.
> Vgl. ferner OLG Düsseldorf, Urt. v. 13. 12. 1991
> – 22 U 202/91, ZIP 1992, 344, 346;
> dazu EWiR 1992, 493 (*Johlke*).

115 Will ein vorläufiger Insolvenzverwalter in diesem Stadium eine übertragende Sanierung des Unternehmens, eines Betriebes oder einzelner Betriebsteile durchführen, muss er beachten, dass § 22 Abs. 1 Satz 2 Nr. 2 InsO die Betriebsfortführung bis zur Verfahrenseröffnung vorsieht. Eine übertragende Sanierung vor diesem Zeitpunkt stetzt meines Erachtens die Wahrung der Schuldner- als auch der Gläubigerinteressen bei dieser Verwertungsmaßnahme voraus. Hierzu bietet sich das Insolvenzplanverfahren an.

116 Wurde hingegen ein vorläufiger Insolvenzverwalter bestellt, ohne dass gleichzeitig dem Schuldner ein allgemeines Verfügungsverbot auferlegt wird, bestimmt das Gericht nach § 22 Abs. 2 InsO die Pflichten des vorläufigen Insolvenzverwalters. Diese dürfen nicht zu einer besseren Rechtsstellung führen, als sie einem vorläufigen Verwalter bei gleichzeitig verfügtem Verfügungsverbot zukommt.

117 Verliert der Schuldner beim Einsetzen eines sog. „schwachen" vorläufigen Verwalters also nicht gleichzeitig die Verfügungsbefugnis über sein Vermögen, ist zu beachten, dass

– Verbindlichkeiten, die durch den „schwachen" vorläufigen Insolvenzverwalter begründet werden, im nachfolgenden Insolvenzverfahren gerade keine Masseverbindlichkeiten sind (vgl. § 55 Abs. 2 Satz 1 InsO),

– ein ausnahmsweise erforderlicher Beschluss zu einer Betriebsstilllegung nur mit Zustimmung des Schuldners wirksam ist,

> LAG Hamm, Urt. v. 15. 6. 1998
> – 10 Sa 2282/96, EWiR 1998, 1097 (*Berscheid*) (rkr.),

1. Befugnisse des vorläufigen Insolvenzverwalters

– der Schuldner aufgrund eines solchen Beschlusses nicht die in der Sicherungsvereinbarung mit einer Bank eingeräumte Befugnis verliert, als Zendent weiterhin die an die Bank abgetretenen Forderungen einzuziehen.

> BGH, Urt. v. 6. 4. 2000 – IX ZR 422/98,
> ZIP 2000, 835 = BB 2000, 2222, 2224;
> dazu EWiR 2000, 643 (*Eckardt*).
>
> Vgl. *Foltis*, ZInsO 1999, 386, 388 ff zu den Verwertungsbefugnissen des „Sicherungsverwalters."

Dies folgt aus dem Grundsatz, dass dem vorläufigen Verwalter – von besonderen gerichtlichen Anordnungen und Sicherungsmöglichkeiten abgesehen – nur die zwischen Gläubiger und Schuldner vertraglich vereinbarten Rechte am Sicherungsgut zustehen. Selbst mit einer dem vorläufigen Verwalter erlaubten Verwaltungstätigkeit ist keine Befugnis zum Eingriff in Rechte Dritter, insbesondere in diejenigen absonderungsberechtigter Gläubiger, verbunden.

> BGH, Urt. v. 20. 2. 2003 – IX ZR 81/02,
> ZIP 2003, 632, 634, 635.

– Umstritten war, ob der „schwache" vorläufige Insolvenzverwalter **118** dann in entsprechender Anwendung des § 55 Abs. 2 InsO Masseverbindlichkeiten begründen kann, wenn er gerichtlich ermächtigt ist, „mit rechtlicher Wirkung für den Schuldner zu handeln". Die Befürworter dieser Frage stellten auf die materiellrechtlichen Befugnisse des Insolvenzverwalters ab und leiteten aus der Übertragung der Befugnisse ab, dass dann auch Masseverbindlichkeiten infolge der Ermächtigung begründet werden müssten.

> Vgl. OLG Hamm, Urt. v. 17. 1. 2002
> – 27 U 150/01, ZIP 2002, 676, 678 (n. rkr.);
> dazu EWiR 2002, 487 (*Tetzlaff*);
> AG Neumünster, Urt. v. 15. 3. 2002
> – 31 C 1750/01, ZIP 2002, 720, 721 (n. rkr.);
> dazu EWiR 2002, 725 (*G. Pape*).

Die entgegengesetzte Auffassung ging vom Wortlaut des § 55 **119** Abs. 2 Satz 2 InsO aus, wendete die Vorschrift somit nur auf den „starken" Insolvenzverwalter an und verneinte eine Analogie im Falle der Anordnung eines allgemeinen Zustimmungsvorbehaltes.

OLG Köln, Urt. v. 29. 6. 2001
- 19 U 199/00 (n. rkr.), ZIP 2001, 1422, 1425;
dazu EWiR 2001, 1011 (*H.-G. Eckert*);
AG Wuppertal, Urt. v. 13. 6. 2001
- 96 C 96/01, ZIP 2001, 1335 (rkr.);
dazu EWiR 2002, 113 (*Ringstmeier*).

Dabei erkannte das OLG Köln an, dass der „schwache" vorläufige Insolvenzverwalter über den Wortlaut des § 55 Abs. 2 Satz 2 InsO hinaus Masseverbindlichkeiten begründen könne, wenn er hierzu durch das Gericht ausdrücklich ermächtigt worden ist, mit rechtlicher Wirkung für den Schuldner zu handeln.

OLG Köln, Urt. v. 29. 6. 2001
- 19 U 199/00 ZIP 2001, 1422, 1426 (n. rkr.).

Der Bundesgerichtshof hat in

BGH, Urt. v. 18. 7. 2002 – IX ZR 195/01,
ZIP 2002, 1625, 1627 ff;
dazu EWiR 2002, 919 (*Spliedt*)

entschieden, dass § 55 Abs. 2 Satz 2 InsO grundsätzlich weder unmittelbar noch analog auf Rechtshandlungen eines „schwachen" vorläufigen Insolvenzverwalters anwendbar ist. Hierbei knüpft das Gericht am Verfügungsrecht des „starken" vorläufigen Insolvenzverwalters über das Schuldnervermögen an und sieht hierin den entscheidenden Grund für die Begründung von Masseverbindlichkeiten. Damit sollte Geschäftspartnern des insolventen Unternehmers ein Anreiz gegeben werden, die Geschäftsbeziehungen mit einem vorläufigen Insolvenzverwalter fortzusetzen und ihm Geld- und Warenkredite zu gewähren.

Daher gilt § 55 Abs. 2 InsO nur für diesen Sachverhalt und nur aufgrund des Erlasses eines allgemeinen Verfügungsverbots kann der vorläufige Insolvenzverwalter gemäß § 22 Abs. 1 Satz 1 InsO umfassend für den Schuldner handeln.

Demgegenüber bewirkt der Zustimmungsvorbehalt (§ 21 Abs. 2 Nr. 2 InsO) nur, dass der vorläufige Insolvenzverwalter wirksam rechtsgeschäftliche Verfügungen des Schuldners verhindern kann. Den Abschluss wirksamer Verpflichtungsgeschäfte durch den Schuldner während des Eröffnungsverfahrens vermag er nicht zu verhindern; dementsprechend können solche Verbindlichkeiten –

1. Befugnisse des vorläufigen Insolvenzverwalters

anders als nach § 55 Abs. 2 Satz 1 InsO – auch nur Insolvenzforderungen begründen. Erlässt das Insolvenzgericht im Eröffnungsverfahren kein allgemeines Verfügungsverbot, ist eine dem vorläufigen Verwalter erteilte umfassende Ermächtigung, „für den Schuldner zu handeln", unzulässig; das Insolvenzgericht muss vielmehr die Befugnisse dieses vorläufigen Verwalters selbst einzeln festlegen. Das Insolvenzgericht kann den vorläufigen Insolvenzverwalter auch ohne begleitendes allgemeines Verfügungsverbot dazu ermächtigen, einzelne, im Voraus genau festgelegte Verpflichtungen zu Lasten der späteren Insolvenzmasse einzugehen, soweit dies für eine erfolgreiche Verwaltung erforderlich ist. Demzufolge muss die Bank in dieser Konstellation die einschlägigen Beschlüsse überprüfen.

> Vgl. die Urteilsbesprechung von
> *Prütting/Stickelbrock*, ZIP 2002, 1608 ff
> sowie EWiR 2002, 919 (*Spliedt*).
> Vgl. ferner
> BAG, Urt. v. 31. 7. 2002 – 10 AZR 275/01,
> ZIP 2002, 2051, 2053;
> dazu EWiR 2003, 283 (*Moll/Langhoff*);
> OLG Frankfurt/M., Urt. v. 29. 1. 2002
> – 5 U 170/00, ZIP 2002, 2185, 2186.

– Anzumerken ist schließlich, dass die Rechtshandlungen eines „schwachen" vorläufigen Insolvenzverwalters durch den späteren endgültigen Insolvenzverwalter – auch bei Personenidentität – anfechtbar sind. **120**

> LG Karlsruhe, Urt. v. 6. 2. 2002
> – 1 S 141/01, ZIP 2002, 362 (n. rkr.)
> mit weiteren Hinweisen zur BGH-Rechtsprechung, wonach
> der personengleiche Konkursverwalter seine als Sequester
> vorgenommenen Handlungen ebenfalls anfechten konnte.
> Dazu EWiR 2002, 351 (*Marotzke*);
> OLG Stuttgart, Urt. v. 24. 7. 2002
> – 3 U 14/02, ZIP 2002, 1900, 1901.

Eine Anfechtbarkeit von Handlungen eines vorläufigen Verwalters mit allgemeinem Verfügungsverbot wird im anschließenden Insolvenzverfahren verneint, weil dann der vorläufige Verwalter gerade nicht nur im Zusammenwirken mit dem Schuldner und in dessen Namen gehandelt hat.

Das

OLG Celle, Urt. v. 12. 12. 2002
– 13 U 56/02, ZIP 2003, 412, 413;
dazu EWiR 2003, 235 (*Grundlach/Frenzel*)

berücksichtigt bei Handlungen des „schwachen" vorläufigen Verwalters im Zusammenhang mit deren Anfechtbarkeit ferner, dass die Anfechtbarkeit ausnahmsweise aufgrund eines schutzwürdigen Gläubigervertrauens im Einzelfall ausscheiden kann. So kann für ein schutzwürdiges Vertrauen die Tatsache sprechen, dass der vorläufige Insolvenzverwalter der angefochtenen Verfügung des Schuldners zugestimmt hat, sofern es sich hierbei um ein Neugeschäft handelt.

121 Aus dem grundsätzlichen Zweck der Sicherungsmaßnahmen, der in der Sicherung und Erhaltung der Insolvenzmasse liegt, folgt gleichzeitig, dass

- der vorläufige Insolvenzverwalter das Vermögen des Schuldners auch nicht veräußern darf, um dadurch Barmittel zur Verteilung an die Gläubiger zu erhalten.

    BGH, Urt. v. 11. 4. 1988 – II ZR 313/87,
    BGHZ 104, 151 = ZIP 1988, 727, 728;
    dazu EWiR 1988, 811 (*Joost*).

- Er ist nicht berechtigt, das Wahlrecht nach § 103 InsO mit den sich daraus ergebenden Konsequenzen auszuüben, insbesondere nicht, Vertragserfüllungen abzulehnen,

    BGH, Urt. v. 11. 4. 1988 – II ZR 313/87,
    ZIP 1988, 727, 728,

- oder Schuldnervermögen, ohne dass dies der Sicherung der Masse dienen würde, zu verwerten oder ein Unternehmen zu liquidieren.

- Auch die Verwertung von Sicherungsgut gehört nicht zu den Aufgaben des vorläufigen Insolvenzverwalters. Überwiegend wird in der Frage, ob er Aus- und Absonderungsansprüche befriedigen kann, zur Zurückhaltung geraten, da er anderenfalls riskiert, Rechte anderer Gläubiger zu verletzen (u. U. hat er noch keine genaue Kenntnis über die Rechtslage an Einzelgegenständen, über ein Fortführungskonzept oder über Verwertungsalternativen).

    Wessel, NWB Fach 19, 1297, 1299;
    Kilger, in: Festschrift 100 Jahre Konkursordnung, S. 189, 198.

Besonderheiten ergeben sich bezüglich der Sanierungsmaßnahmen 122
im Eröffnungsverfahren, wenn mit dem Insolvenzantrag ein Antrag
auf Eigenverwaltung verbunden ist. Die §§ 270 ff InsO enthalten
hierzu keine Sonderregelungen.

Wird aber als Sicherungsmaßnahme ein vorläufiger Insolvenzver- 123
walter bestellt und dem Schuldner gleichzeitig ein allgemeines Verfügungsverbot auferlegt (§§ 21 Abs. 2 Nr. 1, 22 Abs. 1 InsO), steht
dies der Eigenverwaltung entgegen; denn zumindest im Eröffnungsverfahren werden dann die Geschäfte vom vorläufigen Insolvenzverwalter rechtlich und faktisch geführt. Der bisherigen Geschäftsleitung käme allenfalls eine Beratungsfunktion zu.

Um einem Sicherungsbedürfnis des Gläubigers zu entsprechen, kann 124
daher allenfalls ein vorläufiger Insolvenzverwalter ohne Vertretungs- und Verfügungsbefugnis bestellt werden; die durch ihn begründeten Verbindlichkeiten sind jedoch im nachfolgenden Insolvenzverfahren keine Masseverbindlichkeit.

Alternativ bleibt die Einsetzung eines vorläufigen Sachverwalters 125
mit den Befugnissen eines endgültig bestellten Sachwalters i. S. d.
§ 274 InsO.

Ehricke, ZIP 2002, 782, 786.

Da die Eigenverwaltung nur durch Beschluss über die Eröffnung des 126
Insolvenzverfahrens angeordnet werden kann (§ 270 Abs. 1 Satz 1
InsO), kann es sich in diesem Verfahrensstadium nur um eine vorläufige Sicherungsmaßnahme handeln.

Um dem Bedürfnis nach vorläufigen Sicherungsmaßnahmen zu 127
Gunsten der Gläubiger zu entgehen, bietet sich als dritte Möglichkeit an, dass spätestens mit dem Antrag auf Eigenverwaltung eine
neue Geschäftsleitung eingesetzt wird, die personell zwischen der
bislang handelnden Geschäftsleitung und zumindest den wesentlichen Gläubigern abgestimmt ist. Genießt die neue Geschäftsführung
das Vertrauen der Gläubiger, werden diese die Sanierung unterstützen. Etwaiger Fremdmittelbedarf kann durch Darlehen dargestellt
werden, da diese nach § 270 Abs. 1 Satz 2 i. V. m. § 55 Abs. 1 InsO
als Masseverbindlichkeit behandelt werden.

Da auch im Eröffnungsverfahren Finanzmittelbedarf auftreten kann, 128
stünden kreditierende Gläubiger vor Rechtsunsicherheiten: Zum

einen gelten die §§ 270 ff InsO nur für das eröffnete Verfahren, so dass der Schuldner über eine Analogie hierzu im Antragsverfahren keine Masseverbindlichkeiten begründen kann. Zum anderen gilt § 55 Abs. 1 InsO nicht für den „schwachen" vorläufigen Insolvenzverwalter. Selbst wenn der rechtlichen Konstruktion über die Begründung von Masseverbindlichkeiten im Antragsverfahren durch den Schuldner gefolgt werden sollte,

vgl. *Ehricke*, ZIP 2002, 782, 787,

wird allein schon das Risiko, dass ein Insolvenzverfahren anschließend nicht eröffnet wird (so dass Massevebindlichkeiten nicht entstehen können), für eine Zurückhaltung der Finanzierer sorgen. Unsicherheiten bezüglich der rechtlichen Beurteilung der Argumentation bilden ein weiteres Hindernis.

Demnach ist auch unter diesem Aspekt die vorherige Einigung auf eine zuverlässige und das Vertrauen der Gläubiger genießende neue Geschäftsleitung unumgänglich.

2. Weitere Rechtsfolgen

129 Die Anordnung eines allgemeinen Verfügungsverbotes gegen den Schuldner wirkt sich wie folgt auf die Geschäftsverbindung zu einem Kreditinstitut aus:

130 – Ein Giroverhältnis erlischt nach Anordnung eines allgemeinen Verfügungsverbotes im Insolvenzeröffnungsverfahren – im Gegensatz zur Wirkung infolge der Verfahrenseröffnung – nicht. Die §§ 115, 116 InsO sehen diese Rechtsfolge nur bei Eröffnung des Insolvenzverfahrens vor; daher sind diese Vorschriften auch nicht entsprechend anwendbar.

131 – Umstritten ist allerdings die Auswirkung eines allgemeinen Verfügungsverbotes auf das Kontokorrentverhältnis und damit auf die Saldierungsbefugnis einer Bank.

132 Ausgangspunkt ist, dass das Kontokorrentverhältnis als Teil des Giroverhältnisses durch das allgemeine Verfügungsverbot nicht erlischt. Ferner liegt bei Eingang einer Gutschrift seitens eines Dritten auf dem Konto des Schuldners keine Verfügung vor, so dass das Verfügungsverbot insoweit einem solchen Vorgang nicht entgegen-

stehen kann; die §§ 24 Abs. 1, 81 InsO sind daher mangels einer Verfügung des Schuldners nicht anwendbar. Allenfalls kann die vor dem Insolvenzantrag erteilte Verrechnungsbefugnis als Vorausverfügung angesehen werden, die dann durch den Erlass des Verfügungsverbotes unwirksam geworden sein müsste. Dies ist aber nach der bisherigen Rechtsprechung nicht der Fall.

> OLG Celle, Urt. v. 22. 4. 1998
> – 3 U 168/97, ZIP 1998, 1232;
> unter Hinweis auf
> BGH, Urt. v. 20. 3. 1997 – IX ZR 71/96,
> BGHZ 135, 140 = ZIP 1997, 737, 738,
> wonach ein Pfändungspfandrecht durch Erlass eines allgemeinen Veräußerungsverbotes auch insoweit nicht beeinträchtigt werden konnte, als es sich auf erst danach fällig werdende oder entstehende Forderungen des Schuldners aus einem Kontokorrentverhältnis bezog.
> Dazu auch EWiR 1997, 943 (*Henckel*).

Der Grund liegt darin, dass es der Zweck des allgemeinen Verfügungsverbotes, der in der Verhinderung von Rechtshandlungen des Schuldners mit massemindernden Folgen liegt, nicht rechtfertigt, Vorausverfügungen aus der Zeit vor der Anordnung hinfällig werden zu lassen, selbst wenn sich die Vorausverfügungen erst nach der Anordnung auswirken. Bereits abgeschlossene Rechtshandlungen bleiben unberührt. Aus dem Wortlaut und der Entstehungsgeschichte der Insolvenzordnung lässt sich – so der Bundesgerichtshof – nichts entnehmen, was zu einer Änderung führen würde. **133**

Zurzeit der Geltung der Konkursordnung wurde auch die Vorverlagerung der Aufrechnungsschranken des § 55 Nr. 1 KO auf den Zeitpunkt der Sequestration mit dem Hinweis auf das Fehlen einer entsprechenden Vorschrift für die Zeit vor Verfahrenseröffnung und mit der damit verbundenen Wertung des Gesetzgebers, in dieser Phase nur durch die Anwendung der Anfechtungsvorschriften eine Korrektur zu erreichen, abgelehnt. Hieran hat sich bei der Insolvenzordnung nichts geändert. **134**

> BGH, Nichtannahmebeschl. v. 4. 6. 1998
> – IX ZR 165/97, ZIP 1998, 1319;
> dazu EWiR 1998, 755 (*Steinecke*);
> auch *Steinhoff*, ZIP 2000, 1141, 1146.

135 Zur Anfechtbarkeit von Kontokorrentverrechnungen zur Rückführung eines ungekündigten Bankkredits liegen nun grundlegende Entscheidungen vor. Ausgangspunkt dabei ist, dass die Giro- oder Kontokorrentabrede den Kreditgeber auch verpflichtet, den Kontoinhaber jederzeit über den eingeräumten Kredit innerhalb der verabredeten Grenzen verfügen zu lassen. Aufgrund der Giroabrede ist die Bank berechtigt und verpflichtet, für den Kunden bestimmte Geldeingänge entgegenzunehmen und gutzuschreiben. Gleichzeitig folgt daraus das Recht der Bank, bei einem debitorischen Girokonto den Soll-Saldo zu verringern. Dies hat jedoch mit der Fälligkeit und der damit verbundenen Rückzahlung eines ausgereichten Kredits nichts zu tun. Denn umgekehrt ist die Bank auch vepflichtet, Überweisungsaufträge des Kunden zu Lasten seines Kontos auszuführen, sofern es eine ausreichende Deckung aufweist. Durch die Kontokorrentabrede werden die einzelnen Gut- und Lastschriftverfahren mit dem Ziel der Verrechnung und Saldofestellung in einer einheitlichen Rechnung zusammengefasst. Indem die Bank diese Absprachen einhält und den Giroverkehr fortsetzt, handelt sie vertragsgemäß, also kongruent. Das setzt insbesondere voraus, dass sie den Kunden weiter in der vereinbarten Weise Verfügungen vornehmen lässt und ihm auch einen vertraglich eingeräumten Kreditrahmen offen lässt. Erst wenn die Bank Verfügungen des Kunden nicht mehr in der vereinbarten Weise zulässt, kann sie mit Verrechnungen vertragswidrig, also inkongruent handeln, soweit dadurch im Ergebnis ihre Darlehensforderung vor deren Fälligkeit durch die saldierten Gutschriften zurückgeführt wird.

BGH, Urt. v. 7. 3. 2002 – IX ZR 223/01,
ZIP 2002, 812, 813, 814;
dazu EWiR 2002, 685 (*Ringstmeier/Rigol*);
BGH, Urt. v. 25. 2. 1999 – IX ZR 353/98,
ZIP 1999, 665, 667, 668 (m. w. N.);
dazu EWiR 1999, 789 (*Tappmeier*).

In dem unmittelbaren zeitlichen Wechsel zwischen Gutschriften und Belastungen mit der Folge, dass dadurch sowohl ein Überschreiten des Kreditlimits verhindert wurde als auch der weitere Zahlungsverkehr ermöglicht werden konnte, sieht das Gericht die Voraussetzungen eines unanfechtbaren Bargeschäftes i. S. d. § 142 InsO zu Recht als erfüllt an. Denn die erneute Kreditgewährung ist jeweils die Gegenleistung für die eingegangenen Gutschriften. Hierzu reicht die

2. Weitere Rechtsfolgen

allgemeine Kontokorrentabrede aus; eine besondere zweiseitige Absprache über jede einzelne Gut- und Lastschrift ist nicht erforderlich;

> BGH, Urt. v. 25. 2. 1999 – IX ZR 353/98,
> ZIP 1999, 665, 668;
> BGH, Urt. v. 7. 3. 2002 – IX ZR 223/01,
> ZIP 2002, 812, 814;
> BGH, Urt. v. 1. 10. 2002 – IX ZR 360/99,
> ZIP 2002, 2182;
> dazu EWiR 2003, 29 (*Michael Huber*).

Dabei kann ein unanfechtbares Bargeschäft auch insoweit vorliegen, als das Kreditinstitut zwar nicht alle, aber einzelne Verfügungen des Schuldners über sein im Soll geführtes Konto im Ausgleich gegen verrechnete Eingänge ausführt,

> BGH, Urt. v. 1. 10. 2002 – IX ZR 360/99,
> ZIP 2002, 2182.

Die genaue Reihenfolge zwischen den Ein- und Auszahlungen ist ebenfalls unerheblich. Für die Erfüllung des Erfordernisses der jeweils „unmittelbaren" Verrechnung genügt ein enger zeitlicher Zusammenhang mit den jeweiligen Überweisungen; jedenfalls übersteigt ein Zeitraum von zwei Wochen zwischen Ein- und Auszahlungen nicht den Rahmen des geforderten engen zeitlichen Zusammenhangs.

Die Frage, ob ein Bargeschäft zu verneinen ist, wenn die vereinbarte Kreditlinie auch ohne die Verrechnungen nie überschritten worden wäre, ist unerheblich. Nach

> BGH, Urt. v. 7. 3. 2002 – IX ZR 223/01,
> ZIP 2002, 812, 815;
> BGH, Urt. v. 6. 2. 2003 – IX ZR 449/99,
> ZIP 2003, 675, 676

erfüllt das Kreditinstitut seine gleichwertige Pflicht aus dem Kontokorrentvertrag regelmäßig schon, wenn es den Schuldner innerhalb des Kreditrahmens vereinbarungsgemäß wieder verfügen lässt. § 142 InsO stellt auf eine objektive Gleichwertigkeit ab. Solange die Kreditlinie offengehalten wird, liegt die Entscheidung über ihre Ausnutzung alleine beim Bankkunden. Danach ist es unerheblich,

136

ob der Schuldner den vereinbarten Kreditrahmen voll ausnutzt oder nicht. § 142 InsO soll es dem Schuldner gerade in Zeiten seiner wirtschaftlichen Krise noch ermöglichen, Rechtsgeschäfte, welche die Insolvenzgläubiger nicht unmittelbar benachteiligen, zeitnah abzuwickeln. Eine Anfechtung bei nicht voll ausgenutzter Kreditlinie würde zum einen einem vorläufigen Insolvenzverwalter ohne begleitendes Verfügungsverbot die Möglichkeit nehmen, im Wege des Bargeschäfts unanfechtbare Kredite aufzunehmen; auch dem Schuldner würde die Chance genommen, in einer riskanten, aber noch nicht aussichtslosen Lage planmäßig weiteren Kredit in Anspruch zu nehmen.

137 – Nach Anordnung der Sicherungsmaßnahme sind Sicherheitenbestellungen durch den Schuldner zugunsten eines Gläubigers unwirksam und darüber hinaus sowohl nach § 130 InsO als auch nach § 131 InsO anfechtbar.

138 – Neu ist, dass das Gericht im Rahmen der Anordnung von Sicherungsmaßnahmen eine Zwangsvollstreckung gegen den Schuldner versagen oder einstweilen einstellen kann, soweit nicht unbewegliche Gegenstände betroffen sind (§ 21 Abs. 2 Nr. 3 InsO).

139 – Verbindlichkeiten, die von einem vorläufigen Insolvenzverwalter, auf den die Verfügungsbefugnis über das Schuldnervermögen übergegangen ist, begründet wurden, gelten nach § 55 Abs. 2 InsO im nachfolgenden Insolvenzverfahren als Masseverbindlichkeiten.

> Vgl. zu § 59 Nr. 1 KO.
> BGH, Urt. v. 30. 1. 1986 – IX ZR 79/85,
> BGHZ 97, 87 = ZIP 1986, 448, 450 m. w. N.;
> dazu auch EWiR 1986, 387 (*Kilger*).

140 Insoweit trifft den vorläufigen Insolvenzverwalter auch die Haftung gemäß § 61 InsO, wenn eine begründete Masseverbindlichkeit aus der Insolvenzmasse später nicht voll erfüllt werden kann.

> Vgl. zur Sequestration nach bisherigem Konkursrecht
> *Pape*, ZIP 1994, 89, 95, sowie
> OLG Hamburg, Urt. v. 26. 10. 1984
> – 11 U 168/83, ZIP 1984, 1373, 1374
> = DB 1984, 2684, 2685;

BGH, Urt. v. 11. 4. 1988 – II ZR 313/87,
BGHZ 104, 151 = ZIP 1988, 727, 728;
dazu EWiR 1988, 811 (Joost);
BGH, Urt. 11. 6. 1992 – IX ZR 147/91,
ZIP 1992, 1008 = BB 1992, 1457;
dazu EWiR 1992, 907 (*Häsemeyer*);
BGH, Urt. v. 11. 6. 1992 – IX ZR 255/91,
BGHZ 118, 374 = ZIP 1992, 1005, 1006
= BB 1992, 1590, 1591;
dazu EWiR 1992, 807 (*Gerhardt*);
Vallender, ZIP 1997, 345, 348 f.

3. Finanzierungsfragen

Wurde dem vorläufigen Insolvenzverwalter die Verfügungsbefugnis über 141
das Schuldnervermögen übertragen – und gegebenenfalls bei ausdrücklicher gerichtlicher Ermächtigung, Masseverbindlichkeiten zu begründen (Nachweis dieser Befugnisse!) –, werden eingegangene Verbindlichkeiten im nachfolgenden Insolvenzverfahren als Masseverbindlichkeiten nach § 55 Abs. 2 InsO behandelt. Demzufolge wird der vorläufige Insolvenzverwalter – insbesondere bei Betriebsfortführung – die Finanzplanung so ausrichten, dass sämtliche durch seine Tätigkeit bedingten Verbindlichkeiten befriedigt werden können. Die Gefahr der persönlichen Haftung nach § 61 InsO – vgl. Rz. 762 – dürfte dazu beitragen, dass Finanzplanungen in diesem Stadium sehr konservativ erstellt werden.

Wird aber das Insolvenzverfahren nicht eröffnet, entsteht für die Gläubiger 142
aus dem Eröffnungsverfahren keine privilegierte Situation. Insoweit kommt es wesentlich auf die Vertragsverhandlungen und die anschließende Vertragsgestaltung an. Entscheidend wird sein, ob ein Gläubiger bei einer Einstellung des Verfahrens mangels Masse als gesicherter oder ungesicherter Gläubiger seine Rechte verfolgen muss.

Da aber im Zeitpunkt der Entstehung einer solchen Verbindlichkeit in aller 143
Regel noch nicht feststeht, ob das Verfahren eröffnet wird oder ein Einstellungsgrund vorliegt, müssen der Gläubiger und der vorläufige Verwalter auch das mögliche rechtliche Schicksal einer solchen Besicherung im Falle einer nachfolgenden Verfahrenseröffnung mit beurteilen. Im Gegensatz zum bislang geltenden Konkursrecht erstreckt sich nach § 35 InsO die Masse nun auch auf das Vermögen, das der Schuldner während des Verfahrens erlangen wird. Meines Erachtens ist es aber nicht ausgeschlossen,

dass der vorläufige Verwalter über Gegenstände der künftigen Masse verfügt. Denn § 81 Abs. 1 InsO regelt als Folge des Verlustes der Verwaltungs- und Verfügungsbefugnis des Schuldners die Unwirksamkeit von dessen Verfügungen nach der Verfahrenseröffnung. Entsprechendes gilt bei der Anordnung eines Verfügungsverbotes im Eröffnungsverfahren. Damit ist allerdings nicht die Verfügungsbefugnis des vorläufigen Insolvenzverwalters untersagt. Dieser darf aber keine Verfügungen vornehmen, welche die Rechte anderer Insolvenzgläubiger verletzen. Jedoch werden in aller Regel bei sorgfältig ermitteltem Finanzierungsbedarf gegen angemessene Sicherheiten – gerade auch aus neuproduzierten Gegenständen – keine Rechte Dritter verletzt. Vielmehr dienen diese Maßnahmen einer zusätzlichen Wertschöpfung zur Anreicherung der künftigen Masse. Schließlich sind derartige Sicherungsgeschäfte auch der Anfechtung entzogen, wenn die Voraussetzungen eines Bargeschäftes vorliegen. Unter diesen Voraussetzungen steht demnach einer Sicherheitenstellung kein rechtliches Hindernis entgegen, wenn das Insolvenzverfahren später eröffnet werden sollte.

BGH, Urt. v. 7. 3. 2002 – IX ZR 223/01,
BGHZ 150, 122 = ZIP 2002, 812, 815;
dazu EWiR 2002, 685 (*Ringstmeier/Rigol*).

144 Aus Sicht der Bank muss der vorläufige Insolvenzverwalter vor Aufnahme von Kreditmitteln den Betrieb summarisch analysieren, Verlustquellen feststellen, Nachweise über vorhandene Auftragsbestände sowie einen Finanzbedarfsplan vorlegen, in welchem der Bedarf für die Lohn-/Gehaltskosten, Material- und Fertigungskosten sowie für die Gemeinkosten ausgewiesen ist. Diese Pflicht zur summarischen Prüfung folgt auch schon aus § 22 Abs. 1 Satz 2 InsO. Schließlich kann ein Unternehmen nicht um jeden Preis – u. U. zu Lasten der finanzierenden Institute – fortgeführt werden. Der vorläufige Verwalter muss den Betrieb schließen, wenn er die Illiquidität und das Fehlen von Sicherungsrechten feststellt und eine Fortführung zu Schädigungen der Masse und anderer Gläubiger führen würde.

Kilger, in: Festschrift 100 Jahre Konkursordnung, S. 189, 196.

145 Als weitere Finanzierungsmöglichkeit während der vorläufigen Verwaltung ist das Insolvenzgeld zu erwähnen. Hiermit sind folgende Fragestellungen verbunden:

146 – Aus der Befugnis des vorläufigen Verwalters nach § 22 Abs. 1 InsO, ein Unternehmen zu verwalten und fortzuführen, folgt, dass Arbeit-

nehmer, die ein „starker" vorläufiger Verwalter beschäftigt, Masseansprüche über § 55 Abs. 2 Satz 1 InsO erwerben,

> BAG, Urt. v. 3. 4. 2001 – 9 AZR 301/00,
> ZIP 2001, 1964, 1965;
> dazu EWiR 2001, 1063 (*Bork*);

hingegen kann ein „schwacher" vorläufiger Insolvenzverwalter ohne ausdrückliche gerichtliche Ermächtigung keine Masseverbindlichkeit begründen.

> Vgl. OLG Köln, Urt. v. 29. 6. 2001
> – 19 U 199/00, ZIP 2001, 1422, 1424 f (n. rkr.).

147 Wird für einen Zeitraum von bis zu drei Monaten vor dem Insolvenzereignis das Entgelt der Arbeitnehmer durch ein diesen gewährtes Bankdarlehen finanziert und werden die entstehenden Ansprüche der Arbeitnehmer nach §§ 188 Abs. 4 SGB III an die vorfinanzierende Bank abgetreten, kann diese sich ohne ein Insolvenzrisiko an das Arbeitsamt halten. Mit der Beantragung von Insolvenzgeld gehen die Arbeitsentgeltansprüche nach §§ 187 Satz 1 SGB III auf das Arbeitsamt über, welches die Forderungen im Insolvenzverfahren geltend machen kann.

148 Die lange Zeit kontrovers diskutierte Streitfrage, ob dem Arbeitsamt – zumindest dann, wenn ein „starker" Insolvenzverwalter die Arbeitnehmer im Insolvenzeröffnungsverfahren weiterbeschäftigt hat – dann auch die Vorzugsstellung des § 55 Abs. 2 Satz 1, 2 InsO bei der Anmeldung der Ansprüche zum Insolvenzverfahren zukommt (begründet mit dem Rechtsgedanken aus §§ 412, 401 Abs. 2, 398 Satz 2 BGB), ist nunmehr gesetzgeberisch entschieden: Seit dem 1. Dezember 2001 gilt § 55 Abs. 3 InsO, wonach die Bundesanstalt für Arbeit auf sie übergegangene Ansprüche auf Arbeitsentgelt nach § 187 SGB III im Insolvenzverfahren geltend machen kann.

149 Damit ist gleichzeitig eine Differenzierung zwischen „starken" und „schwachen" vorläufigen Insolvenzverwaltern, welche Arbeitnehmer weiterbeschäftigt und die dann Insolvenzgeld beantragt haben, ausgeschlossen.

150 In den Motiven des Gesetzgebers zur Ergänzung des § 55 InsO in Absatz 3 wird zutreffend hervorgehoben, dass im Falle der Anerkennung von Masseforderungen der Bundesanstalt für Arbeit ein

Großteil der Masse aufgezehrt werden würde, was mit der gebotenen Förderung der Sanierung insolventer Unternehmen unvereinbar wäre.

Vgl. Änderungsgesetz 2001 zur InsO,
ZIP 2001, 1606, 1607.

Vgl. zum Sach- und Streitstand vor Ergänzung des § 55 InsO
Berscheid, ZInsO 1998, 259 ff;
BAG, Urt. v. 3. 4. 2001 – 9 AZR 301/00,
ZIP 2001, 1964, 1966 f;

vgl. ferner
Braun/Wierzioch, ZInsO 1999, 496, 505;
Zwanziger, ZIP 1998, 2135, 2137;
Bork, ZIP 1999, 781, 785;
Kirchhof, ZInsO 1999, 365, 368, 369;
Jaffé/Hellert, ZIP 1999, 1204, 1207.

151 – Kann sich also eine das Insolvenzgeld vorfinanzierende Bank grundsätzlich ohne ein Insolvenzrisiko aufgrund übergegangener Ansprüche für den Zeitraum von drei Monaten an das Arbeitsamt halten, stellt sich die Frage, welche Voraussetzungen hierfür erfüllt werden müssen.

152 Nach der Neuregelung des § 188 SGB III ist die Abtretung oder Verpfändung des Anspruchs auf Insolvenzgeld **vor** dem Insolvenzereignis grundsätzlich zulässig (vgl. § 188 Abs. 1, Abs. 2, Abs. 3 SGB III); somit können Dritte nach Erwerb des Anspruchs oder eines Pfandrechtes daraus die Auszahlung des dem Arbeitnehmer zustehenden Insolvenzgeldes an sich ganz oder teilweise verlangen (§ 188 Abs. 3 SGB III).

153 Jedoch besteht ein Anspruch auf Insolvenzgeld aus einem vor dem Insolvenzereignis zur Vorfinanzierung übertragenen oder verpfändeten Anspruch auf Arbeitsentgelt nur dann, wenn das Arbeitsamt der Übertragung oder Verpfändung (voher) zugestimmt hat (§ 188 Abs. 4 SGB III). Die Übertragung bzw. Verpfändung der Ansprüche muss vor der Eröffnung des Insolvenzverfahrens oder vor seiner Einstellung bzw. Antragsabweisung mangels Masse erfolgt sein.

154 Im Interesse der Aufrechterhaltung der Betriebsgemeinschaft sollen die Arbeitnehmer möglichst geschlossen zur befristeten Weiterarbeit angehalten werden und sich regelmäßig auch nur einem Vorfinanzierungspartner gegenüber sehen.

3. Finanzierungsfragen

Zur Finanzierung lässt das Gesetz zwei Konstruktionsmöglichkeiten zu: **155**

(1) Entweder räumt der Vorfinanzierer dem Arbeitnehmer ein Darlehen in Höhe der fälligen oder künftig insolvenzgeldfähigen Netto-Entgelte gegen Abtretung der Ansprüche auf Arbeitsentgelt ein,

> vgl. hierzu
> BSG, Urt. v. 8. 4. 1992 – 10 RAr 12/91,
> BSG 70, 265 = ZIP 1992, 941, 943, 944,
> dessen Vorbehalte gegen diese Konstruktion m. E.
> nicht auszuschließen sind,

(2) oder der Vorfinanzierer kauft den Arbeitnehmern ihre fälligen und künftigen Ansprüche auf Arbeitsentgelt gegen den Arbeitgeber ab und lässt sich diese Ansprüche in Erfüllung des Kaufvertrages abtreten.

§ 185 SGB III stellt klar, dass Insolvenzgeld dem Nettoarbeitsentgelt entspricht. Sind Zinsen vereinbart, werden diese in aller Regel nicht vom Arbeitnehmer getragen, sondern vom Arbeitgeber oder von dem für seine Rechnung Handelnden (z. B. vorläufigen Insolvenzverwalter). In keinem Fall darf dem Arbeitgeber ein Darlehen gewährt werden. **156**

Die Zustimmung des Arbeitsamtes soll nach § 188 Abs. 4 SGB III an seine positive Prognoseentscheidung über den erheblichen Erhalt von Arbeitsplätzen im Rahmen des Sanierungsversuches geknüpft sein. Entsprechende Tatsachen, die glaubhaft gemacht werden müssen, haben diese Annahme zu rechtfertigen. Damit wird sichergestellt, dass das Arbeitsamt frühzeitig im Vorfeld der Sanierungsbemühungen einbezogen wird. Daher sollte der Vorfinanzierer von einer rechtlich möglichen nachträglichen Zustimmung keinen Gebrauch machen. **157**

Beurteilungsgrundlage für das Arbeitsamt sind die wirtschaftlichen Verhältnisse des Unternehmens sowie das Sanierungskonzept. **158**

> Vgl. Einzelheiten in dem neuen Durchführungsanweisungen der BA zum Insolvenzgeld,
> ZIP 1999, 205, 211 f.

Werden die Sicherungsmaßnahmen – insbesondere das allgemeine Verfügungsverbot – aufgehoben, muss der vorläufige Verwalter nach § 25 **159**

Abs. 2 Satz 2 InsO die von ihm begründeten Verbindlichkeiten aus Dauerschuldverhältnissen erfüllen, wenn er die jeweilige Gegenleistung in Anspruch genommen hat. Durch diese Regelung werden die Arbeitnehmer geschützt, welche der vorläufige Insolvenzverwalter weiterbeschäftigt hat. Wurde Insolvenzgeld gezahlt, muss der Verwalter den Rückgriffsanspruch der Bundesanstalt für Arbeit erfüllen.

> RefE-InsO, 3. Teil (B), S. 29.

4. Umsatzsteuer

160 Nahm der Sequester Verwertungshandlungen vor, so begründete der daraus resultierende Umsatzsteueranspruch nach dem alten Konkursrecht keine Masse-, sondern eine Konkursforderung.

> BFH, Urt. v. 21. 12. 1988 – V R 29/86,
> BFHE 155, 475 = ZIP 1989, 384, 385;
> dazu EWiR 1989, 385 (*Frotscher*);
> BGH, Urt. v. 12. 11. 1992 – IX ZR 68/92,
> ZIP 1993, 48, 49 = BB 1993, 97;
> dazu EWiR 1993, 71 (*Onusseit*);
> BGH, Urt. v. 25. 3. 1993 – IX ZR 164/92,
> ZIP 1993, 687, 688;
> dazu EWiR 1993, 479 (*Smid*).

161 Entscheidend war, ob der den Umsatzsteueranspruch begründende Tatbestand im Zeitpunkt der Konkurseröffnung vollständig verwirklicht, also abgeschlossen war. Auf den Ablauf des Voranmeldungszeitraumes (vgl. § 13 UStG) kam es nicht an.

162 Führte also der Sequester Lieferungen und sonstige Leistungen gegen Entgelt vor Konkurseröffnung aus, war der umsatzsteuerrechtlich relevante Tatbestand erfüllt. Dies galt auch und gerade für Verwertungshandlungen des Sequesters.

163 Nach der Neuregelung des § 55 Abs. 2 InsO, nach der die von einem vorläufigen Insolvenzverwalter mit entsprechender Verfügungsbefugnis über das Schuldnervermögen begründeten Verbindlichkeiten nach Verfahrenseröffnung als Masseverbindlichkeiten gelten, tritt hier eine Änderung ein.

164 Da zu diesen Verbindlichkeiten nach § 55 Abs. 1 Nr. 1 InsO auch solche gehören, die u. a. durch Verwertung der Insolvenzmasse (vgl. § 35 InsO)

4. Umsatzsteuer

begründet werden, sind meines Erachtens auch daraus resultierende Umsatzsteueransprüche erfasst.

165 Mit der Fiktion des § 55 Abs. 2 InsO für den Fall der Verfahrenseröffnung kommt es nicht mehr auf die Entscheidung an, ob das Geschäft, das der Umsatzsteuer unterliegt und mit dem der Tatbestand, an den die Besteuerung anknüpft, verwirklicht wurde, vor oder nach Verfahrenseröffnung vorgenommen wurde.

166 Während des Eröffnungsverfahrens anfallende Steuern – insbesondere bei Betriebsfortführung – müssen abgeführt werden. Dies gilt nicht nur für die Lohnsteuer, sondern auch für die Umsatzsteuer und andere Steuerarten. Diese Pflicht hat der vorläufige Insolvenzverwalter nach § 34 Abs. 3 AO als Vermögensverwalter zu erfüllen. Die Pflichten – die Erfüllung der Steuerverbindlichkeiten und die Entrichtung aus den Mitteln, die verwaltet werden – sind in § 34 Abs. 1 AO konkretisiert.

Vgl. *Onusseit*, ZIP 1995, 1798 ff.

V. Folgen der Verfahrenseröffnung

1. Materiellrechtliche Konsequenzen

Mit der Verfahrenseröffnung verliert der Schuldner die Befugnis, das zur Insolvenzmasse gehörende Vermögen zu verwalten und darüber zu verfügen (§ 80 Abs. 1 InsO). Diese Befugnisse gehen auf den Insolvenzverwalter über. Damit tritt die Beschlagnahme des Vermögens ein. Ergänzend regelt § 148 InsO, dass das gesamte zur Insolvenzmasse gehörende Vermögen sofort in Besitz und in Verwaltung zu nehmen ist. Nach § 35 InsO erfasst die Insolvenzmasse das gesamte Vermögen, das dem Schuldner zurzeit der Verfahrenseröffnung gehört und das er während des Verfahrens erlangt. Rechtshandlungen des Schuldners, die er nach Verfahrenseröffnung über Gegenstände der Insolvenzmasse vornimmt, sind nach § 81 Abs. 1 Satz 1 InsO unwirksam. Diese Unwirksamkeit wirkt absolut. Leistet ein Drittschuldner nach Eröffnung des Verfahrens etwas zur Erfüllung seiner Verbindlichkeit und gelangt das Geleistete nicht in die Insolvenzmasse, wird der Schuldner nur befreit, wenn er im Leistungszeitpunkt die Verfahrenseröffnung nicht kannte; bei einer Leistung vor der öffentlichen Bekanntmachung wird vermutet, dass ihm die Eröffnung nicht bekannt war (§ 82 InsO).

167

Im Verhältnis zwischen dem Kreditinstitut und seinem Kunden sind folgende Auswirkungen der Insolvenzeröffnung festzuhalten:

168

– Gemäß §§ 115, 116 InsO erlöschen die vom Schuldner erteilten Aufträge und Geschäftsbesorgungsverträge. Da der Girovertrag als Geschäftsbesorgungsvertrag i. S. d. § 675 BGB angesehen wird, unterfällt auch dieser den genannten Vorschriften der Insolvenzordnung. Nach herrschender Meinung erlischt gleichzeitig die Kontokorrentabrede.

169

Vgl. *Steinhoff*, ZIP 2000, 1141, 1142 (m. w. N. in Fn. 9).

Damit sind folgende Konsequenzen verbunden:
– Mit Erlöschen des Kontokorrentverhältnisses muss das Kreditinstitut einen Saldenabschluss durchführen;
– ein Debetsaldo ist als einfache Insolvenzforderung geltend zu machen;
– eine Verrechnung des Debetsaldos mit Gutschriften mit der Folge der Rückführung des fälligen Kredites nach der Verfah-

renseröffnung ist nach § 96 Abs. 1 Nr. 1 und nach Nr. 3 i. V. m. § 130 InsO grundsätzlich nicht zulässig. Im Übrigen steht § 91 Abs. 1 InsO entgegen, wonach nach Verfahrenseröffnung niemand mehr vom Schuldner Rechte an Gegenständen der Insolvenzmasse erwerben kann, auch nicht durch Rechtshandlungen Dritter.

> Vgl. BGH, Urt. v. 4. 5. 1979 – I ZR 127/77,
> BGHZ 74, 253, 254
> zum Erlöschen des Kontokorrentverhältnisses;
> vgl. weiter
> AG Königswinter, Urt. v. 6. 12. 1995
> – 3 C 440/95, ZIP 1996, 243;
> dazu EWiR 1996, 131 (*Uhlenbruck*, mit dem Hinweis, dass nach einem Erlöschen des Kontokorrentvertrages die Bank nach § 23 Abs. 1 Satz 2 KO – nun § 115 Abs. 2 Satz 1, 2 InsO – i. V. m. § 672 BGB noch verpflichtet sein kann, Gutschriften auf dem Schuldnerkonto vorzunehmen.

Widerspricht der Insolvenzverwalter Belastungen des im Soll geführten Schuldnerkontos, welche im Lastschriftverfahren erfolgt sind, kann er lediglich deren Beseitigung verlangen. Es entsteht kein Auszahlungsanspruch, sondern nur ein Anspruch auf Korrektur. Mit Erfüllung dieser Verpflichtung nimmt die Bank daher auch keine Aufrechnung vor;

> BGH, Beschl. v. 1. 10. 2002 – IX ZR 125/02,
> ZIP 2002, 2184, 2185;
> dazu EWiR 2002, 1097 (*Bork*).

Vgl. zur Rückgängigmachung einer vorläufig vorgenommenen Belastungsbuchung mit gleichen Ergebnis

> OLG Koblenz, Urt. v. 10. 10. 2002
> – 5 U 364/02, ZIP 2002, 2091;
> dazu EWiR 2003, 25 (*Homann*).

Unanfechtbar begründete Absonderungsrechte nach § 51 Nr. 1 InsO im Wege einer Globalzession ermöglichen auch nach Verfahrenseröffnung die Reduzierung der Kreditinanspruchnahme;

> BGH, Urt. v. 1. 10. 2002 – IX ZR 360/99,
> ZIP 2002, 2182, 2183;
> *Steinhoff*, ZIP 2000, 1141, 1148 f.

1. Materiellrechtliche Konsequenzen

- Nach herrschender Meinung erlischt mit Verfahrenseröffnung auch **170**
  ein Factoring-Vertrag, der gerade wegen der Inkassotätigkeit eine
  Geschäftsbesorgung des Factors für seinen Kunden gemäß § 116
  InsO umfasst.

  OLG Koblenz, Urt. v. 26. 7. 1988
  – 3 U 1352/87, WM 1988, 1355, 1357
  zur Rechtslage nach KO.

- Für Finanztermingeschäfte gilt § 104 Abs. 2, Abs. 3 InsO. Die Vor- **170a**
  schrift ist anwendbar auf Finanzleistungen, die als Termin- (§ 104
  Abs. 2 Satz 2 Nr. 1-4 InsO) und Optionsgeschäfte (Nr. 5) ausgestaltet sind. Voraussetzung ist ferner, dass die Finanzleistungen einen
  Markt- und Börsenpreis haben (vgl. § 104 Abs. 3 InsO). War nun für
  die Finanzleistungen eine bestimmte Zeit oder eine bestimmte Frist
  vereinbart, die erst nach dem Zeitpunkt der Verfahrenseröffnung
  endet, so werden diese Geschäfte mit Verfahrenseröffnung fällig gestellt und beendet; damit kann keine Erfüllung mehr, sondern nur
  noch eine Forderung wegen der Nichterfüllung nach § 104 Abs. 2
  InsO geltend gemacht werden. Der Differenzschaden wird nach
  § 104 Abs. 3 InsO berechnet.

  Bestehen zwischen den Vertragspartnern mehrere wechselseitige
  Geschäfte innerhalb eines Rahmenvertrages, gilt § 104 Abs. 2 Satz 3
  InsO, wonach die Einzelgeschäfte nur insgesamt abgerechnet werden.

  Vgl. vertiefend
  Ehricke, ZIP 2003, 273.

- Vom Schuldner erteilte Vollmachten, die sich auf das zur Insol- **171**
  venzmasse gehörende Vermögen beziehen, erlöschen ebenfalls
  durch die Eröffnung des Verfahrens (§ 117 Abs. 1 InsO).

- Nicht fällige Forderungen gelten nach § 41 Abs. 1 InsO als fällig. **172**
  § 95 Abs. 1 Satz 2 InsO stellt klar, dass für die Zwecke einer Aufrechnung diese Regelung nicht gilt.

- Auflösend bedingte Forderungen werden im eröffneten Insolvenz- **173**
  verfahren wie unbedingte Forderungen berücksichtigt, solange die
  Bedingung nicht eingetreten ist (§ 42 InsO). Hingegen werden aufschiebend bedingte Forderungen (nur hinsichtlich des Stimmrechts)
  insoweit in § 77 Abs. 3 Nr. 1 InsO geregelt, als sich in der Gläubi-

gerversammlung der Verwalter und die erschienenen stimmberechtigten Gläubiger über das Stimmrecht geeinigt haben müssen.

174 – Fremdwährungsverbindlichkeiten sind nach § 45 Satz 2 InsO zum Stichtag der Verfahrenseröffnung in die inländische Währung umzurechnen, ohne dass sich dadurch der Charakter der Forderung ändert.

LG Köln, Urt. v. 16. 9. 1987
– 20 O 60/86, ZIP 1988, 122 = WM 1988, 802;
dazu EWiR 1988, 87 (*Arend*).

Auch diese Regelung gilt nach § 95 Abs. 1 Satz 2 InsO nicht im Zusammenhang mit der Aufrechnung.

Zur Auswirkung der Verfahrenseröffnung auf Leasingverträge siehe unten Rz. 238 ff.

175 – Im Falle der Verfahrenseröffnung über das Vermögen des Bezogenen besteht nach Art. 44 Abs. 6 WG die Möglichkeit, auch ohne vorherige Protesterhebung Wechselrückgriff zu nehmen.

OLG Frankfurt/M., Urt. v. 31. 3. 1987
– 5 U 233/86, ZIP 1987, 1107
zur analogen Anwendbarkeit der Vorschrift bei Nichteröffnung des Verfahrens mangels Masse;
dazu auch EWiR 1987, 935 (*Schücking*).

176 – Nach § 89 Abs. 1 InsO sind Zwangsvollstreckungen für einzelne Insolvenzgläubiger während der Dauer des Verfahrens weder in die Insolvenzmasse noch in das sonstige Vermögen des Schuldners zulässig.

177 Entsprechend der Zielrichtung der Insolvenzordnung, die Sanierungsmöglichkeiten auszuloten und eine frühzeitige Zerschlagung der Wirtschaftseinheit zu vermeiden, wurden weitergehende Regelungen eingearbeitet.

178 – Neben der Möglichkeit, bereits im Antragsverfahren eine Zwangsvollstreckung in das bewegliche Vermögen einstweilen einstellen zu lassen, wird nach § 88 InsO eine Sicherung, die ein Insolvenzgläubiger im letzten Monat vor dem Eröffnungsantrag oder danach durch Zwangsvollstreckung an dem zur Insolvenzmasse gehörenden Vermögen erlangt hat, mit Verfahrenseröffnung unwirksam (Rückschlagsperre).

1. Materiellrechtliche Konsequenzen

Zu Einzelheiten vgl.
Vallender, ZIP 1997, 1993, 1994.

Herauszustellen ist, dass nach § 88 InsO nicht das durch die Zwangsvollstreckung erlangte Recht als solches unwirksam wird; vielmehr wird mit Verfahrenseröffnung die erlangte Sicherung unwirksam, **179**

BayObLG, Beschl. v. 15. 6. 2000
– 22 BR 46/00, ZIP 2000, 1263, 1264,
dazu EWiR 2000, 887, 888 (*Hintzen*);
vgl. *Keller*, ZIP 2000, 1324 ff,

mit der Folge, dass z. B. eine im Laufe eines Monats vor dem Insolvenzantrag erlangte Zwangshypothek nach § 88 InsO unwirksam wird, dann aber nicht gelöscht werden darf, sondern über die Grundbuchberichtigung als Eigentümergrundschuld umgeschrieben werden muss.

Da die Rückschlagsperre mit der Verfahrenseröffnung einsetzt, ist es für die Fristberechnung unschädlich, wenn der Insolvenzantrag zunächst mangelhaft war, schließlich aber zur Verfahrenseröffnung geführt hat. **180**

Die einstweilige Einstellung einer anhängigen Zwangsvollstreckungsmaßnahme kann auch dazu dienen, den Zugriff eines absonderungsberechtigten Gläubigers auf entsprechende Vermögensgegenstände zu verhindern (zum Wertersatz bei längerdauernder Beeinträchtigung vgl. §§ 169 Satz 2, 172 InsO). **181**

– Bezüglich der Zwangsvollstreckung in das unbewegliche Vermögen bestehen besondere Regelungen. Danach kann der Insolvenzverwalter im eröffneten Verfahren nach § 30d Abs. 1 ZVG, Art. 20 EGInsO die Einstellung der Immobiliarvollstreckung beantragen, wenn der Berichtstermin (§ 29 Abs. 1 Satz 1 InsO) noch bevorsteht oder das Grundstück für eine Unternehmensfortführung oder eine Betriebsveräußerung benötigt wird, eine Versteigerung die Durchführung eines Insolvenzplanes gefährden oder eine angemessene Verwertung der Masse erschweren würde. Für die Zeit nach dem Berichtstermin kann der Gläubiger laufend die geschuldeten Zinsen binnen zwei Wochen nach Eintritt der Fälligkeit beanspruchen (§ 30e Abs. 1 Satz 1 ZVG), jedoch keine Tilgungsleistungen. **182**

V. Folgen der Verfahrenseröffnung

Zur einstweiligen Einstellung der Zwangsverwaltung vgl. § 153b Abs. 1 ZVG. (Die einstweilige Einstellung der Zwangsversteigerung im Eröffnungsverfahren regelt § 30d Abs. 4 ZVG).

183 – Weitere Vollstreckungsverbote ergeben sich aus § 90 InsO für Masseverbindlichkeiten, § 123 Abs. 3 Satz 2 InsO für Sozialansprüche und aus § 210 InsO für Verbindlichkeiten nach Anzeige der Masseunzulänglichkeit.

184 – Nach Verfahrenseröffnung über das Vermögen des Schuldners ist für einen Bürgen die Einrede der Vorausklage ausgeschlossen (§ 773 Abs. 1 Nr. 3 BGB).

185 – Gesellschaftsrechtlich hat die Eröffnung des Insolvenzverfahrens die Konsequenz, dass sämtliche juristischen Personen aufzulösen und daran anschließend im Handelsregister zu löschen sind. Die gleiche Folge tritt bei Nichteröffnung des Verfahrens mangels Masse ein. Die Rechtsgrundlagen hierfür finden sich in den durch das Einführungsgesetz zur Insolvenzordnung geänderten § 728 BGB, § 262 Abs. 1 AktG, § 60 Abs. 1 Nr. 4 GmbHG, § 81a des Gesetzes über die Erwerbs- und Wirtschaftsgenossenschaften. Damit endet ein Insolvenzverfahren über das Vermögen einer juristischen Person nicht schon mit der Erlösverteilung, sondern erst mit Beendigung der Gesellschaft, also mit deren Löschungsreife.

186 – Weiterhin enthält § 93 InsO eine wichtige Regelung. Wurde ein Insolvenzverfahren über das Vermögen einer Gesellschaft ohne Rechtspersönlichkeit – also über das Vermögen einer OHG oder einer KG oder einer KGaA – eröffnet, so kann die persönliche Haftung eines Gesellschafters für die Verbindlichkeiten der Gesellschaft während der Dauer des Insolvenzverfahrens nur vom Insolvenzverwalter geltend gemacht werden. Damit wurde die bislang nur bezüglich der Kommanditistenstellung bestehende Rechtslage (vgl. § 171 Abs. 2 HGB) auf die persönlich haftenden Gesellschafter der KG und der OHG ausgedehnt. Die Regelung gilt weiter für persönlich Haftende einer GbR, der Partenreederei und der Europäischen wirtschaftlichen Interessenvereinigung (§ 11 Abs. 2 InsO). In den Fällen der gesetzlichen Haftung der Gesellschafter soll mit dieser Regelung vermieden werden, dass sich einzelne Gläubiger durch schnellen Zugriff Sondervorteile verschaffen, da die persönliche

1. Materiellrechtliche Konsequenzen

Haftung der Gesellschafter der Gesamtheit der Gläubiger zugute kommen soll.

RefE-InsO, 3. Teil (B), S. 96.

Gleichzeitig dient sie der Erweiterung der Insolvenzmasse.

187 Die Frage, ob diese Sperrwirkung des § 93 InsO nur an die gesetzliche Haftung eines Gesellschafters für die Verbindlichkeiten der Gesellschaft anknüpft oder darüber hinaus jedwede Ansprüche der Gläubiger gegen den persönlich haftenden Gesellschafter sperrt, wird einheitlich im Sinne der ersten Alternative beantwortet.

BFH, Beschl. v. 2. 11. 2001 – VII B 155/01,
ZIP 2002, 179;
dazu EWiR 2002, 217 (*Wessel*);
BGH, Urt. v. 4. 7. 2002 – IX ZR 265/01,
ZIP 2002, 1492, 1493 f;
dazu EWiR 2003, 335 (*Welzel*);
Kling, ZIP 2002, 881;
Kesseler, ZIP 2002, 1974.

Ausgehend vom Wortlaut des § 93 InsO und einer engen Auslegung beschränken die Gerichte die Sperrwirkung auf die gesetzliche Haftung als Gesellschafter. Andere Haftungsgrundlagen werden nicht erfasst. In seiner Begründung stellt der Bundesgerichtshof zusätzlich auf § 254 Abs. 2 Satz 1 InsO ab, der den Fortbestand von Personalsicherheiten im Planverfahren regelt, sowie auf die entsprechende Regelung des § 301 Abs. 2 InsO für das Restschuldbefreiungsverfahren. Daraus schließt das Gericht, dass der Gesetzgeber diesen Personalsicherheiten eine Sonderstellung habe einräumen wollen, die sie gegenüber gesellschaftsrechtlichen Haftungstatbeständen auf rechtlicher Grundlage privilegiere.

188 Damit werden aber nicht besondere Rechte eines Gläubigers aufgrund eines rechtsgeschäftlichen Verpflichtungsgrundes (z. B. Bürgschaft, Garantie, Schuldbeitritt, harte Patronatserklärung etc.) ausgehöhlt; hierfür gilt vielmehr § 43 InsO mit der Folge, dass der Gläubiger gegen jeden der Haftenden bei Gesamtschuldnerschaft seinen Anspruch geltend machen kann. Jedoch könnte der Insolvenzverwalter selbst ein Insolvenzverfahren gegen den haftenden Gesellschafter einleiten.

Theißen, ZIP 1998, 1625, 1626, 1630.

Zur Realisierung der persönlichen Gesellschafterhaftung im Stadium der Masseinsuffizienz

vgl. *Dinstühler*, ZIP 1998, 1697, 1706.

189 Nach allgemeiner Auffassung ist § 93 InsO auch bezüglich eines ausgeschiedenen Gesellschafters anwendbar, solange er für Gesellschaftsverbindlichkeiten haftet. Dies wird – zu Recht – aus dem Gesetzeszweck der Vorschrift gefolgert, der in der gleichmäßigen Befriedigung aller Gläubiger liegt.

Gerhardt, ZIP 2000, 2181, 2183 m. w. N. (Fn. 23).

190 § 93 InsO ist analog anwendbar, wenn infolge des Ausscheidens eines von zwei Gesellschaftern keine Gesellschaft mehr besteht, sondern der Geschäftsbetrieb einzelkaufmännisch fortgeführt wird.

Gerhardt, ZIP 2000, 2181, 2183 ff, 2187, 2188.

191 Zu weiteren Fragen im Zusammenhang mit dieser Vorschrift, wie z. B. zum Insolvenzverfahren über das Vermögen des persönlich haftenden Gesellschafters, zur Begleichung von Gesellschaftsschulden und zur Aufrechnung

Fuchs, ZIP 2000, 1089.

192 – Die Insolvenzeröffnung über das Vermögen einer Betriebsgesellschaft führt regelmäßig zur Beendigung der personellen Verflechtung mit dem Besitzunternehmen. Damit endet auch eine bestehende Betriebsaufspaltung. Denn das Verwaltungs- und Verfügungsrecht über die Betriebsgesellschaft geht allein auf den Insolvenzverwalter über; ein einheitlicher geschäftlicher Betätigungswille, der für die Anerkennung einer Betriebsaufspaltung vorausgesetzt wird, kann nicht mehr gebildet werden.

193 Damit einher geht die Betriebsaufgabe des Besitzunternehmens mit der Folge, dass die im Anlagevermögen ruhenden stillen Reserven aufzulösen und zu versteuern sind, es sei denn, die personelle Verflechtung wird – nach Aufhebung oder Einstellung des Verfahrens – wieder unverändert fortgesetzt.

BFH, Urt. v. 6. 3. 1997 – XI R 2/96,
ZIP 1997, 1199;
dazu EWiR 1997, 789 (*Frotscher*);

BFH, Urt. v. 13. 3. 1997 – V R 96/96,
ZIP 1997, 1656, 1657 zur Beendigung der Betriebsaufspaltung in der Sequestration;
dazu auch EWiR 1997, 857 (*Onusseit*).

2. Verfahrensrechtliche Konsequenzen

Verfahrensrechtlich muss die Bank innerhalb der vom Gericht gesetzten **194**
Frist zwischen zwei Wochen und höchstens drei Monaten ab Wirksamwerden des Eröffnungsbeschlusses gemäß Aufforderung des Gerichts ihre
Forderungen beim Insolvenzverwalter anmelden (§ 28 Abs. 1 InsO). Dabei
sind der Grund der Forderung und der Betrag anzugeben. Die Anmeldung
muss schriftlich beim Insolvenzverwalter erfolgen; der Anmeldung sollen
die Urkunden, aus denen sich die Forderung ergibt, in Kopie beigefügt
werden (§ 174 Abs. 1, 2 InsO). Alle Forderungen sind in festen Beträgen
in inländischer Währung geltend zu machen und abschließend zu einer Ge-
samtsumme zusammenzufassen. Zinsen können grundsätzlich (vgl. § 39
InsO) nur für die Zeit bis zur Eröffnung des Verfahrens (Datum des Eröffnungsbeschlusses) angemeldet werden. Unter Angabe von Zinssatz und
Zeitraum sind sie auszurechnen und in einem festen Betrag anzumelden.

Forderungen in ausländischer Währung sind zum Kurswert im Zeitpunkt **195**
der Verfahrenseröffnung in inländische Währung umzurechnen (§ 45
InsO).

Eine Sonderregelung gilt für die nachrangigen Insolvenzgläubiger nach **196**
§ 39 InsO. Nachrangige Forderungen sind u. a. die während des Verfahrens laufenden Zinsen, die Kosten der Verfahrensteilnahme und – insbesondere – die Forderungen auf Rückgewähr eines kapitalersetzenden Ge-
sellschafterdarlehens oder gleichgestellte Forderungen.

Solche nachrangigen Forderungen können nur angemeldet werden, wenn **197**
das Gericht die Gläubiger hierzu ausdrücklich aufgefordert hat (§ 174
Abs. 3 InsO). Bei der Anmeldung ist auf den Nachrang hinzuweisen sowie
auf die vom Gläubiger beanspruchte Rangstelle.

Gleichfalls müssen die Gläubiger dem Verwalter unverzüglich mitteilen, **198**
welche Sicherungsrechte sie an beweglichen Sachen oder an Rechten des
Schuldners in Anspruch nehmen; die Sicherungsrechte sind zu konkreti-
sieren sowie in Verbindung mit der gesicherten Forderung darzustellen
(§ 28 Abs. 2 InsO). Unterlässt das Kreditinstitut diese Mitteilung schuldhaft oder verzögert es sie schuldhaft, haftet es für den daraus entstehenden

Schaden (§ 28 Abs. 2 Satz 3 InsO). Mit dem Eröffnungsbeschluss ergeht gleichzeitig eine Aufforderung, nicht mehr an den Schuldner zu leisten, sondern nur noch an den Verwalter.

199 Ein absonderungsberechtigtes Institut kann gemäß § 52 InsO seine Forderung zur Insolvenzmasse geltend machen, wenn der Schuldner auch persönlich für sie haftet. Es kann nur für den Betrag verhältnismäßige Befriedigung aus der Masse verlangen, zu dem es auf die abgesonderte Befriedigung verzichtet oder mit welchem es nach Verwertung der Sicherheiten tatsächlich ausgefallen ist. Absonderungsberechtigte Gläubiger sind allerdings nur insoweit stimmberechtigt, als sich in der Gläubigerversammlung der Verwalter und die erschienenen stimmberechtigten Gläubiger über das Stimmrecht geeinigt haben (§ 77 Abs. 3 Nr. 2, Abs. 2 InsO).

200 Mit dem Eröffnungsbeschluss bestimmt das Gericht gleichzeitig eine Gläubigerversammlung, in der über den Fortgang des Insolvenzverfahrens beschlossen werden soll (Berichtstermin; § 29 Abs. 1 Nr. 1 InsO). Dieser Termin soll zwischen sechs Wochen und drei Monaten nach Eröffnungsbeschluss liegen. Das Stimmrecht in der Gläubigerversammlung richtet sich nach den angemeldeten und nicht bestrittenen Forderungen (§ 77 Abs. 1 InsO); Nachranggläubiger i. S. d. § 39 InsO sind nicht stimmberechtigt. Kommt es bei absonderungsberechtigten Gläubigern nicht zu einer Einigung zwischen dem Verwalter und den stimmberechtigten Gläubigern hinsichtlich des Stimmrechtes (§ 77 Abs. 3 Nr. 1 InsO), entscheidet das Insolvenzgericht über das Stimmrecht. Dieses muss sich meines Erachtens nach dem mutmaßlichen Ausfall, im Falle des Verzichts auf die abgesonderte Befriedigung nach der Forderung insgesamt richten.

201 Zu beachten ist, dass die Forderungen stets vor der ersten Gläubigerversammlung angemeldet werden; nur dann hat der Gläubiger ein Stimmrecht (vgl. § 77 InsO).

202 Die angemeldeten Forderungen werden in einer weiteren mit dem Eröffnungsbeschluss anzuberaumenden Gläubigerversammlung (Prüfungstermin) geprüft. Dieser Termin soll mindestens eine Woche und höchstens zwei Monate nach dem Ablauf der Anmeldefrist liegen. Grundlage der Prüfung sind die angemeldeten Forderungen, die in die Tabelle einzutragen sind (§ 175 InsO). Mit der Anmeldung des Anspruches im Insolvenzverfahren wird im Übrigen die Verjährung nach §§ 209 Abs. 2 Nr. 2 BGB, 214 InsO unterbrochen. Im Prüfungstermin werden die angemeldeten Forderungen ihrem Betrag und ihrem Rang nach geprüft. Die Forderungen,

2. Verfahrensrechtliche Konsequenzen

die vom Insolvenzverwalter, vom Schuldner oder von einem Insolvenzgläubiger bestritten werden, werden einzeln erörtert (§ 176 InsO).

203 Meldet die Bank verspätet nach dem Ablauf der Anmeldefrist Forderungen an, werden diese im Prüfungstermin gleichwohl geprüft; widerspricht jedoch der Insolvenzverwalter oder ein Insolvenzgläubiger dieser Prüfung oder wird sogar eine Forderung erst nach dem Prüfungstermin angemeldet, hat das Insolvenzgericht auf Kosten des säumigen Gläubigers entweder einen besonderen Prüfungstermin zu bestimmen oder die Prüfung im schriftlichen Verfahren anzuordnen. Entsprechendes gilt für nachträgliche Änderungen der Anmeldung (§ 177 Abs. 1 InsO).

204 Widerspricht der Schuldner während des Prüfungstermins der Forderungsfeststellung, steht dies der Feststellung der Forderung nicht entgegen (§ 178 Abs. 1 Satz 2 InsO). Hingegen muss der Gläubiger nach Widerspruch seitens des Insolvenzverwalters oder eines anderen Insolvenzgläubigers die Feststellung gegen den Bestreitenden betreiben, so dass ein solcher Widerspruch beachtlich ist. Der betroffene Gläubiger kann Feststellungsklage nach §§ 179, 180 InsO erheben, sofern für die Forderung ein Schuldtitel noch nicht vorliegt. Liegt für die Forderung hingegen ein vollstreckbarer Schuldtitel bereits vor, muss der Bestreitende seinen Widerspruch mit den allgemein zulässigen rechtlichen Mitteln weiterverfolgen.

205 Eine Besonderheit regelt § 283 Abs. 1 Satz 2 InsO im Falle angeordneter Eigenverwaltung: Ein Widerspruch des Schuldners hindert hier die Feststellung der Forderung.

206 Wie schon nach bisheriger Rechtslage wirkt die Eintragung in die Tabelle für die unbestrittenen und daher festgestellten Forderungen ihrem Betrag und ihrem Rang nach wie ein rechtskräftiges Urteil gegenüber dem Insolvenzverwalter und allen Insolvenzgläubigern (§ 178 Abs. 3 InsO).

207 Im Rahmen der Gläubigerversammlung werden nicht nur die Forderungen festgestellt; sie ist auch mit Entscheidungsbefugnissen und Initiativrechten ausgestattet, so u. a.

– die Wahl eines anderen Insolvenzverwalters (§ 57 InsO) oder Antrag auf dessen Entlassung (§ 59 Abs. 1 Satz 2 InsO),

– Mitwirkung bei der Rechnungslegung des Insolvenzverwalters (§ 66 InsO),

- Einflussnahme auf die Zusammensetzung des Gläubigerausschusses und – sofern nicht das Insolvenzgericht bereits einen eingesetzt hat – über dessen Bildung (§ 68 InsO),

    vgl. *Uhlenbruck*, ZIP 2002, 1373 ff
    zu Pflichten und Befugnissen des Gläubigerausschusses;

- Beschluss über die Unternehmensfortführung oder über die Stilllegung (§ 158, 157 InsO),
- Zustimmung zur Betriebsveräußerung an besonders Interessierte (§ 162 InsO) oder bei einer Veräußerung unter Wert (§ 163 InsO),
- Genehmigung von Darlehensaufnahmen, bestimmten Verwertungsmaßnahmen (Immobilien, Warenlager, Unternehmen) oder anderen besonderen Geschäften gemäß § 160 InsO,
- Rechte im Schlusstermin (§ 197 InsO),
- Mitwirkung beim Insolvenzplan (§§ 218 Abs. 2, 231, 235, 237 InsO),
- Entgegennahme des Rechenschaftsberichtes des Insolvenzverwalters (§ 66 InsO).

208 Mit diesen Rechten, die eine umfassende Information der Gläubiger voraussetzen (vgl. zur Berichterstattung durch den Insolvenzverwalter § 79 InsO), sollte die Bank als Gläubiger stets in der Gläubigerversammlung vertreten sein. Eine Pflicht, am Prüfungstermin teilzunehmen oder sich vertreten zu lassen, besteht nicht. Nach der Forderungsprüfung informiert das Gericht allerdings nur diejenigen Gläubiger, deren Forderungen ganz oder teilweise bestritten worden sind. Nach § 179 Abs. 3 InsO erhalten Gläubiger, deren angemeldete Forderungen unbestritten blieben, keine besondere Nachricht. Das Gericht erteilt einen Auszug aus der Insolvenztabelle.

209 Zur weiteren Information der Gläubiger besteht mit der Eröffnung des Verfahrens in entsprechender Anwendung des § 299 ZPO (vgl. § 4 InsO) das Recht eines jeden Gläubigers, Einsicht in die Insolvenzakten des Gerichtes zu nehmen. Vor dem Hintergrund der verstärkten Gläubigerautonomie im Verfahren und einer damit korrespondierenden Mitwirkung und Einflussnahme muss diesem Informationsrecht der Vorrang vor Schuldnerschutz-Aspekten eingeräumt werden.

Vgl. *Pape*, ZIP 1997, 1367, 1371;
Holzer, ZIP 1998, 1333, 1336.

2. Verfahrensrechtliche Konsequenzen

Vom Einsichtsrecht in die Insolvenzakten ist nach überwiegender Meinung auch das Insolvenzgutachten umfasst. **210**

> *Graf/Wunsch*, ZIP 2001, 1800, 1803 m. w. N. (Fn. 37).

Umstritten ist jedoch die Akteneinsicht – insbesondere in das Insolvenzgutachten –, wenn der Gläubiger dadurch die Aussichten einer Schadensersatzklage gegen den Geschäftsführer des insolventen Unternehmens wegen verspäteter Antragstellung erforschen möchte. **211**

> Bejahend *Graf/Wunsch*, ZIP 2001, 1800, 1802, 1803;
> verneinend OLG Brandenburg, Beschl. v. 10. 8. 2001
> – 11 VA 10/01, ZIP 2001, 1922, 1924;
> dazu EWiR 2002, 173 (*G. Pape*);
> OLG Brandenburg, Beschl. v. 5. 9. 2002
> – 11 VA 11/02, ZIP 2002, 2320, 2321.

Die ein Einsichtsrecht in diesem Falle verneinende Auffassung begründet dies damit, dass das gegen einen früheren Geschäftsführer gerichtete Ermittlungsinteresse keinen rechtlichen Bezug zum Streitstoff der Akte habe; dieses sei bei Insolvenzakten nur auf den Insolvenzgrund und eine die Verfahrenskosten deckende Masse gerichtet.

Diese Begründung ist meines Erachtens nicht zutreffend. Wie die Vorschriften über die Insolvenzanfechtung zeigen, kommt es entscheidend auf den Zeitpunkt der Zahlungsunfähigkeit an (vgl. § 130 Abs. 1, § 131 Abs. 1 InsO), so dass auch diese Tatsache zum Streit- und Erkenntnisstoff der Insolvenzakte gehören muss. Ferner ergibt sich aus § 97 Abs. 1 Satz 2 InsO, dass der Schuldner auch Tatsachen zu offenbaren hat, die geeignet sind, ihn wegen einer Straftat oder einer Ordnungswidrigkeit zu verfolgen; nach § 101 InsO gilt die Vorschrift bei organschaftlichen Vertretern entsprechend. Da es für Schadensersatzansprüche gegen Geschäftsführer auf den Zeitpunkt des Vorliegens des Insolvenzgrundes entscheidend ankommt, würde die Durchsetzung dieser Ansprüche ohne Einsichtsrecht erschwert (aber nicht verhindert), so dass auch kein besonderes Schutzbedürfnis des Organs anzuerkennen ist. Schließlich ist zu bedenken, dass unterschiedliche Gründe zur Akteneinsicht angegeben werden könnten und ein Gläubiger auf diese Weise auch an die erwünschten Erkenntnisse gelangen kann. **212**

Wird ein Insolvenzverfahren mangels Masse nicht eröffnet, besteht nach **213**

> OLG Celle, Beschl. v. 21. 12. 2001
> – 2 W 102/01, ZIP 2002, 446, 447

ein rechtliches Interesse des Gläubigers eines titulierten Anspruchs an der Einsicht in die Akten des Insolvenzantragsverfahrens, wenn er im Falle der Verfahrenseröffnung Insolvenzgläubiger gewesen wäre. Das Gericht hebt ausdrücklich hervor, dass das Gutachten des Sachverständigen zu den Insolvenzgründen und zur Frage der Masse Bestandteil der Akten ist und § 299 Abs. 3 ZPO keine Anwendung findet.

214 Dem Inhaber einer titulierten Forderung wird auch die Einsicht in die Akten einer gelöschten Gesellschaft gestattet, um aus den Akten nähere Kenntnisse über mögliche Erfolgsaussichten weiterer Rechtsverfolgung – auch gegenüber dem Geschäftsführer – oder weitere Vollstreckungsschritte gewinnen zu können.

> OLG Hamburg, Beschl. v. 14. 8. 2001
> – 2 VA 6/00, ZIP 2002, 266, 267, 268;
> dazu EWiR 2002, 267 (*Bork*);
> OLG Dresden, Beschl. v. 10. 12. 2002
> – 6 VA 0004/02, ZIP 2003, 39, 40 f (n. rkr.)

Auch diese Entscheidungen bejahen ausdrücklich die Einsichtnahme in das Gutachten.

215 Im Verfahren kann das Insolvenzgericht nach § 5 Abs. 1 Satz 2 InsO zur Sachverhaltsaufklärung Ermittlungen anordnen, wozu auch die Ladung von Zeugen gehört. Nach

> AG Hamburg, Beschl. v. 11. 12. 1987
> – 65 b N 97/97, WM 1988, 1008, und
> LG Hamburg, Beschl. v. 21. 3. 1988
> – 76 T 8, 18/88, WM 1988, 1009 (rkr.)

kann sich ein Bankangestellter auf die Frage des Insolvenzgerichts, welche Bürgschaften oder sonstigen Sicherheiten die Gesellschafter einer GmbH & Co. KG für Kredite der Bank an die Schuldnerin gestellt haben, nicht auf ein Zeugnisverweigerungsrecht berufen, wenn der Insolvenzverwalter ihn wirksam von seiner Verschwiegenheitspflicht entbunden hat. Ist die Aufklärung der Tatsachen, über die der Zeuge vernommen werden soll, für die Insolvenzmasse von Bedeutung, ist der Insolvenzverwalter berechtigt, ihn von der Schweigepflicht zu entbinden.

> OLG Nürnberg, Beschl. v. 19. 7. 1976
> – 5 W 21/76, MDR 1977, 144, 145 m. w. N.

VI. Aus- und Absonderungsrechte

Gegenüber dem früheren Konkursrecht hat die Insolvenzordnung hinsichtlich der Anerkennung von Aus- und Absonderungsrechten keine wesentlichen Änderungen gebracht. Die wesentlichen Änderungen ergeben sich – gerade aus Sicht der Kreditwirtschaft – aus den Regelungen über die Verwertung der zur Absonderung berechtigenden Vermögensgegenstände. 216

Dadurch soll eines der Reformziele – die gleichmäßigere Befriedigung gesicherter und ungesicherter Gläubiger – erreicht werden. Diesem Ziel dient auch der Fortfall der früheren allgemeinen Konkursvorrechte ungesicherter Gläubiger, welche in den Rangklassen des § 61 KO geregelt waren. Dadurch entfällt nach der Insolvenzordnung die Vorwegbefriedigung einzelner Gläubigergruppen. 217

1. Aussonderungsrechte

Gegenstände, die dem Schuldner nicht gehören, sind auszusondern. Gegenstand des Aussonderungsanspruchs können Sachen, dingliche und persönliche Rechte sowie Forderungen sein. In der Kundeninsolvenz kann das Kreditinstitut insbesondere in folgenden Fällen mit Aussonderungsansprüchen nach § 47 InsO konfrontiert sein: 218

a) Eigentumsvorbehalt

– Hat sich das Kreditinstitut einen Gegenstand „sicherungsübereignen" lassen, an dem noch ein einfacher Eigentumsvorbehalt des Verkäufers besteht, ist dieser in der Insolvenz des Käufers zur Aussonderung berechtigt, es sei denn, der Insolvenzverwalter erfüllt den Kaufvertrag nach § 103 InsO. 219

Grundsätzlich kann nach § 103 Abs. 2 Satz 2 InsO der Vertragspartner des Schuldners den Insolvenzverwalter zur Ausübung des Wahlrechts auffordern, worauf sich dieser unverzüglich entscheiden muss. Für den Fall, dass der Schuldner vor Verfahrenseröffnung eine bewegliche Sache unter Eigentumsvorbehalt gekauft hat und bereits im Besitz der Sache ist, enthält § 107 Abs. 2 InsO eine Sonderregelung dahingehend, dass der Verwalter die Erklärung nach § 103 Abs. 2 Satz 2 InsO erst unverzüglich nach dem Berichtstermin abzugeben hat. Etwas anderes gilt nur, wenn in dieser Zeitspanne eine erhebliche Wertminderung der Sache zu erwarten ist und der 220

Gläubiger den Verwalter auf diesen Umstand aufmerksam gemacht hat (§ 107 Abs. 2 Satz 2 InsO).

221 Wählt der Verwalter die Erfüllung, begründet er eine Masseverbindlichkeit nach § 55 Abs. 1 Nr. 1 InsO. Mit der Zahlung zu Lasten der Masse bewirkt er, dass der Inhaber des Anwartschaftsrechtes ohne weiteres das Vollrecht erwirbt. War dieses Anwartschaftsrecht bereits über eine antizipierte Sicherungsübereignung zugunsten des Kreditinstitutes erfasst und tritt die Bedingung der Restkaufpreiszahlung nach Eröffnung des Insolvenzverfahrens über das Vermögen des Vorbehaltskäufers ein, erwirbt der Anwartschaftsberechtigte das Vollrecht direkt, d. h. ohne Durchgang durch das Vermögen des insolvenzrechtlichen Vorbehaltskäufers. Da das Anwartschaftsrecht lediglich zu Sicherungszwecken übertragen wurde, entsteht in der Person des Sicherungsnehmers ein Absonderungsrecht nach § 51 Nr. 1 InsO.

222 Sehr anschaulich ist das Urteil des Bundesgerichtshofs,

BGH, Urt. v. 8. 1. 1998 – IX ZR 131/97,
ZIP 1998, 298, 299;
dazu EWiR 1998, 321 (*Undritz*),

in welchem die Gestaltungsmöglichkeiten des Insolvenzverwalters und die jeweiligen Rechtsfolgen dargestellt sind. Ausgangspunkt ist die Feststellung, dass ein Insolvenzverwalter, der im Rahmen einer einheitlichen Veräußerung des gesamten Warenbestandes bewusst auch Vorbehaltsware veräußert, nicht gleichzeitig ohne weiteres die Erfüllung des Kaufvertrages mit dem Vorbehaltsverkäufer und Eigentümer wählt.

223 In Betracht kommen:

Aussonderung	mit der Folge der Verwertung außerhalb des Insolvenzverfahrens nach § 47 Satz 2 InsO;
Wahl der Erfüllung (§ 103 InsO)	dadurch entsteht ein Masseanspruch nach § 55 Abs. 1 Nr. 2 InsO;

1. Aussonderungsrechte

Veräußerung mit Zustimmung des Berechtigten	hier entsteht nach § 48 InsO analog ein Ersatzabsonderungsrecht oder nach § 184 BGB – bei Verfügung über den Erlös – ein Massebereicherungsanspruch nach § 55 Abs. 1 Nr. 3 InsO;
Veräußerung als Nichtberechtigter mit Genehmigung nach § 185 Abs. 2 BGB	dto.;
Veräußerung unter Verletzung der dinglichen Rechte des Vorbehaltsverkäufers	neben Ersatzabsonderungsrecht und Massebereicherungsanspruch können nach allgemeinem Recht (z. B. §§ 990 Abs. 1 Satz 2, 989 BGB) Schadensersatzansprüche auf die Masse zukommen (§ 55 Abs. 1 Nr. 1 InsO) oder bei schuldhafter Verletzung der insolvenzspezifischen Pflichten die persönliche Haftung nach § 60 InsO oder nach § 823 Abs. 2 BGB.

Die Bank kann auch selbst den Restkaufpreis zahlen (Ablösung, 224 § 268 BGB).

Anzumerken ist, dass der verlängerte Eigentumsvorbehalt, bei dem 225 der Verkäufer einer Ware mit deren Weiterveräußerung, Verarbeitung oder Vermischung unter der Voraussetzung einverstanden ist, dass ihm die Forderung aus Weiterveräußerung zediert wird oder die Verarbeitung für ihn als Hersteller erfolgt, ein Absonderungsrecht begründet.

Kilger/Karsten Schmidt, KO/VglO/GesO, § 43 KO Anm. 3b.

Der im Referentenentwurf enthaltene Regelungsvorschlag, wonach 226 der Eigentumsvorbehaltsgläubiger lediglich absonderungsberechtigt sein sollte, auch wenn er nur den einfachen Eigentumsvorbehalt vereinbart hat (§ 55 EInsO), wurde nicht in die Insolvenzordnung übernommen (§ 51 InsO).

b) Treuhandvermögen

227 – In der Insolvenz des Kunden, der für das Kreditinstitut erkennbar Vermögenswerte Dritter auf einem echten Treuhand- oder Anderkonto unterhält, steht den Treugebern ein Aussonderungsanspruch zu.

BGH, Urt. v. 19. 11. 1992 – IX ZR 45/92,
ZIP 1993, 213, 214 = BB 1993, 96, 97 m. w. N.;
dazu EWiR 1993, 163 (*Paulus*);
BGH, Urt. v. 5. 3. 1998 – IX ZR 265/97,
WM 1998, 838, 839.

228 Einen Aussonderungsanspruch bejaht die Rechtsprechung unter folgenden – alternativen – Voraussetzungen:

– es handelt sich um eine uneigennützige (Verwaltungs-)Treuhand, bei der das Treugut rechtlich zum Vermögen des Treuhänders gehört, sachlich und wirtschaftlich jedoch dem des Treugebers zuzuordnen ist;

BGH, Urt. v. 7. 4. 1959 – VIII ZR 219/57,
NJW 1959, 1223, 1224;
BGH, Urt. v. 19. 11. 1992 – IX ZR 45/92,
ZIP 1993, 213, 214;

– der Treuhänder erhielt das Treugut unmittelbar aus dem Vermögen des Treugebers übertragen oder aber es handelt sich offenkundig um die Verwaltung fremden Vermögens (z. B. von dritter Seite wird Geld auf ein Anderkonto überwiesen, das offenkundig zu dem Zweck geführt wird, fremde Gelder zu verwalten).

229 Liegen hingegen keine offenkundigen Treuhandkonten vor und basieren die auf das Konto geleisteten Zahlungen auf Forderungen, die nicht in der Person eines Dritten, sondern in der des Schuldners entstanden sind, kann kein Aussonderungsrecht begründet werden.

BGH, Urt. v. 19. 11. 1992 – IX ZR 45/92,
ZIP 1993, 213, 214.

230 Ein vergleichbares Abgrenzungskriterium enthält

BGH, Urt. v. 20. 11. 1997 – IX ZR 152/96,
ZIP 1998, 294 = ZfIR 1998, 15;
dazu EWiR 1998, 143 (*Hintzen*),

indem mit einer Zahlung auf ein Anderkonto nur treuhänderische Zwecke verfolgt werden dürfen, um den Zugriff Dritter auszuschließen; kommt einem solchen Vorgang der Charakter einer Hinterlegung zu, mit der eine Erfüllungswirkung verbunden ist, ist diese Sicherheit nicht gegeben – hierzu müssen im zugrunde liegenden Vertrag aber eindeutige Vereinbarungen getroffen sein.

Vgl. ferner

> OLG Köln, Urt. v. 18. 4. 2002
> – 12 U 95/01, ZIP 2002, 947, 948;
> dazu EWiR 2002, 633 (*Gundlach/Frenzel*),

das zur Anerkennung von aussonderungsfähigem Treugut auf einem Konto voraussetzt, dass dieses ausschließlich eingerichtet worden ist, um fremde Gelder aufzunehmen und auch dementsprechend geführt worden ist.

In Fällen der mehrseitigen Treuhand ist zu differenzieren: **231**

Beispiel: Ein Bauherr leistet seine Zahlungen auf das offene Treuhandkonto eines Verwalters. Dieser vereinbart mit den Subunternehmern, deren Forderungen aus diesem Konto zu befriedigen.

Hat der Bauherr Vorauszahlungen auf das Anderkonto geleistet, kann er im Anschlusskonkurs ein Aussonderungsrecht geltend machen, wenn der jeweilige Betrag noch nicht fällig war. **232**

Aber auch in Höhe der berechtigten Forderungen der Subunternehmer steht das Guthaben weder rechtlich noch wirtschaftlich dem Schuldner zu. In Höhe dieser Ansprüche handelt es sich um eine Sicherungstreuhand im Interesse eines Dritten. Der Verwalter kann als Treuhänder der Subunternehmer in der Insolvenz an den Guthaben „jedenfalls ein Absonderungsrecht" geltend machen. **233**

> BGH, Urt. v. 12. 10. 1989 – IX ZR 184/88,
> BGHZ 109, 47 = ZIP 1989, 1466, 1468;
> dazu EWiR 1989, 1235 (*Canaris*).

Der Bundesgerichtshof lässt offenbar auch ein Aussonderungsrecht zu. **234**

c) Echtes Factoring

235 – Hat sich das Kreditinstitut über ein echtes Factoringverhältnis in Erfüllung des Factoringvertrages im Voraus Forderungen abtreten lassen, steht ihm in der Insolvenz des Forderungsverkäufers ein Aussonderungsrecht zu.

Brink, ZIP 1987, 817, 820.

236 Entscheidend ist im Einzelfall, dass die angekaufte Forderung vor Insolvenzeröffnung entstanden und an die Bank/Sparkasse zediert ist. Beim Factoring-Rahmenvertrag kommt es somit auf die Bedingungen an, unter denen die angekauften Forderungen auf den Factor übergehen.

237 Erlangt der Factor vor Verfahrenseröffnung ein Anwartschaftsrecht, ist dieser Rechtserwerb insolvenzfest.

238 Zum Ankauf und zur Abtretung von Leasingforderungen gelten folgende Grundsätze:

239 Im Zusammenhang mit dem Ankauf und der Abtretung von Leasingforderungen begründet zunächst grundsätzlich der regresslose Ankauf für das refinanzierende Institut ein Aussonderungsrecht an der Forderung. Ob und inwieweit diese Rechte in der Insolvenz bestehen, hängt davon ab, ob

– der Leasingvertrag über die abgeschlossene Dauer auch gegenüber der Insolvenzmasse während des Verfahrens wirksam bleibt und ob

– es eines Gestaltungsrechtes des Insolvenzverwalters bedarf, um im Rahmen seines Wahlrechtes nach § 103 InsO Forderungen aus dem Leasingvertragsverhältnis entstehen zu lassen.

240 Die Regelungen der Insolvenzordnung sind unterschiedlich, je nachdem, ob der Leasinggeber oder der Leasingnehmer insolvent wird.

241 Wird der Leasinggeber insolvent, bevor der Leasingnehmer im Besitz des Leasinggutes ist, besteht das Wahlrecht des Insolvenzverwalters nach § 103 Abs. 1 InsO, ob er den nicht oder jedenfalls nicht vollständig erfüllten Leasingvertrag seinerseits erfüllt oder nicht. Sein Gestaltungsrecht hat nach

BGH, Urt. v. 25. 4. 2002 – IX ZR 313/99,
ZIP 2002, 1093, 1094

zur Folge, dass die Ansprüche aus dem Leasingvertrag bei gewählter Erfüllung die Rechtsqualität von originären Forderungen der Masse erhalten, so dass ein Kreditinstitut – sollte es bereits den Kaufpreis für die Leasingforderungen valutiert haben – infolge einer Vorausabtretung keine Rechte an diesen Forderungen erwerben kann (§ 91 InsO). Es könnte dann allenfalls Masseansprüche wegen ungerechtfertigter Bereicherung der Masse nach § 55 Abs. 1 Nr. 3 InsO geltend machen.

Wird der Leasinggeber insolvent, nachdem der Leasingnehmer Besitzer des Leasinggutes geworden ist, bleibt der Vertrag auch der Insolvenzmasse gegenüber wirksam. Dieses ergibt sich aus dem § 108 Abs. 1 Satz 2 InsO, wonach Miet- und Pachtverhältnisse – somit auch Leasingverhältnisse – fortbestehen, welche der Schuldner als Vermieter oder Verpächter eingegangen war und bewegliche Gegenstände betreffen, die einem Dritten, der ihre Anschaffung oder Herstellung finanziert hat, zur Sicherheit übertragen wurden. Mit dieser Ergänzung sollte den Leasinggesellschaften wieder eine adäquate Refinanzierung durch insolvenzfeste Vorausabtretungen der Leasingraten ermöglicht und Rechtssicherheit geschaffen werden. **242**

Bien, ZIP 1998, 1017.

Nach einer anderen Auffassung soll der Verwalter nach § 103 InsO die weitere Erfüllung selbst dann ablehnen können, wenn die Sache bereits überlassen wurde. **243**

Eckert, ZIP 1996, 879, 907.

Dieser Auffassung ist jedoch entgegenzuhalten, dass die vollständige Erfüllung auch nur seitens einer Partei nach dem Wortlaut des § 103 Abs. 1 InsO – wie schon beim früheren § 17 Abs. 1 KO – das Wahlrecht auslöst. Zwar schuldet der Leasinggeber die Gebrauchsüberlassung für die gesamte Mietzeit, jedoch ist diese in der Grundmietzeit unkündbar, so dass insoweit Erfüllung seitens des Leasinggebers anzunehmen ist. Im Übrigen ist das uneingeschränkte Wahlrecht des § 103 InsO gerade im Falle der Insolvenz des Leasinggebers durch § 108 Abs. 1 Satz 2 InsO beschränkt. **244**

§ 108 Abs. 1 Satz 2 InsO setzt voraus, dass die Leasingforderungen
- rechtswirksam an einen Dritten abgetreten sind,
- dieser Dritte die Anschaffung oder Herstellung der Leasinggegenstände finanziert hat
- und ihm die Leasinggüter rechtswirksam sicherungsübereignet wurden; kennt ein gegebenenfalls anwendbares ausländisches Recht die Sicherungsübereignung nicht, findet die Vorschrift bei entsprechenden Sicherungsformen analog Anwendung.

Peters, ZIP 2000, 1759, 1763.

245 Wird der Leasingnehmer insolvent, bevor das Leasinggut übergeben wurde, besteht das Wahlrecht des Insolvenzverwalters nach § 103 InsO. Praktisch bedeutsam ist noch die Kündigungssperre nach § 112 InsO, wonach bei Leasingnehmer-Insolvenz nach dem Eröffnungsantrag ein solches Rechtsverhältnis nicht wegen Verzugs mit Raten aus der Zeit vor dem Eröffnungsantrag und nicht wegen Verschlechterung der Vermögensverhältnisse des Schuldners gekündigt werden kann. Diese Neuregelung dient dem Zweck, die wirtschaftliche Einheit des Schuldnervermögens zu erhalten. Der Wortlaut des § 112 InsO unterscheidet nicht, ob das Leasinggut bereits dem Leasingnehmer überlassen war oder nicht. Wie sich aus dem klaren Wortlaut des § 112 InsO bereits entnehmen lässt, kann der Gläubiger als Vermieter sehr wohl wegen Rückständen kündigen, die zeitlich nach dem Eröffnungsantrag aufgelaufen sind. Dies gilt auch dann, wenn ein etwaiges Wahlrecht des Insolvenzverwalters nach § 103 InsO noch in der Schwebe ist; denn ein zur Ausübung des Wahlrechts aufgeforderter Verwalter kann mit der Durchführung bis nach dem Berichtstermin warten, wenn die Weiterführung der Verträge nur bei Betriebsfortführung wirtschaftlich sinnvoll ist;

OLG Köln, Beschl. v. 2. 12. 2002
– 15 W 93/02, ZIP 2003, 543, 544 (rkr.);
vgl. auch
BGH, Urt. v. 18. 7. 2002 – IX ZR 195/01,
ZIP 2002, 1625, Leitsatz 5.

246 Tritt die Insolvenz des Leasingnehmers nach Übernahme des Leasinggegenstandes ein, entfällt das Wahlrecht des Insolvenzverwalters nach § 103 InsO. Jedoch gilt die Kündigungssperre des § 112

InsO. Um den Leasinggeber bzw. die refinanzierende Bank in der Insolvenz des Leasingnehmers nicht rechtlos zu stellen, ist es erforderlich, die Ansprüche aus dem der Masse gegenüber wirksamen Leasingvertrag als Masseschulden nach § 55 Abs. 1 Nr. 1, 2 InsO zu qualifizieren.

Lauer, Das Kreditengagement zwischen Sanierung und Liquidation, Rz. 3.56;
Schmid-Burgk, ZIP 1998, 1022, 1023.

In der Insolvenz des Leasingnehmers ist bezüglich des Aussonderungsrechtes am Leasinggegenstand stets zu prüfen, ob dieser Gegenstand besonderer Rechte sein kann bzw. geworden ist. So wurde ein Ersatzaussonderungsrecht des Leasinggebers bei Veräußerung des Grundstücks mit dem fest verbundenen Leasinggut verneint. **247**

OLG Düsseldorf, Urt. v. 30. 1. 1998
– 16 U 12/97, ZIP 1998, 701, 702.

Bislang wurden Leasingverträge über bewegliche Gegenstände behandelt. Für Leasingverträge über unbewegliche Gegenstände und Räume gelten die besonderen Vorschriften der §§ 108–111 InsO. Danach bestehen diese Schuldverhältnisse sowohl in der Insolvenz des Leasingnehmers als auch in der des Leasinggebers mit Wirkung für die Insolvenzmasse fort. Ist der Schuldner Leasingnehmer, kann der Verwalter den Vertrag nach Überlassung des unbeweglichen Gegenstandes ohne Rücksicht auf die vereinbarte Vertragsdauer mit gesetzlicher Frist kündigen; der Leasinggeber kann dann Schadensersatz nach § 109 Abs. 1 InsO verlangen. Waren hingegen die Räume zurzeit der Verfahrenseröffnung dem Leasingnehmer noch nicht überlassen, können der Leasinggeber, aber auch der Insolvenzverwalter über das Leasingnehmer-Vermögen vom Vertrag zurücktreten (§ 109 Abs. 2 Satz 1 InsO). In der letztgenannten Alternative kann der Leasinggeber wegen der vorzeitigen Beendigung des Vertragsverhältnisses als Insolvenzgläubiger Schadensersatz verlangen (§ 109 Abs. 2 Satz 2 InsO). Das Rücktrittsrecht geht für jede Partei verloren, wenn sie sich nicht auf Verlangen des anderen Teils binnen zwei Wochen hierüber erklärt (§ 109 Abs. 2 Satz 2 InsO). **248**

Nach § 110 Abs. 1 InsO sind in der Insolvenz des Leasinggebers bei Verträgen über unbewegliche Gegenstände und Räume Vorausver- **249** fügungen über Leasingforderungen für die Zeit nach Insolvenzeröffnung maximal für einen Zeitraum von zwei Kalendermonaten wirksam. Der Zugriff auf die Mietzinsen/Leasingraten muss dann über das Zwangsverwaltungsverfahren erfolgen.

Eckert, ZIP 1996, 897, 908;
Obermüller/Livonius, DB 1995, 27, 32;
Schmid-Burgk, ZIP 1996, 1123, 1125.

250 Ist die grundsätzliche Insolvenzfestigkeit insbesondere der Leasingverträge über bewegliche Vermögensgegenstände festgestellt, stellt sich die Frage, inwieweit die Ansprüche innerhalb der Grundmietzeit und über diese hinaus bis zum Zeitpunkt einer Auflösung des Leasingvertrages insolvenzfest sind und demzufolge an ein refinanzierendes Institut zediert werden konnten. Hierzu sind die Grundsätze der Rechtsprechung entscheidend.

BGH, Urt. v. 14. 12. 1989 – IX ZR 283/88,
BGHZ 109, 368 = ZIP 1990, 180 = ZBB 1991, 28;
dazu EWiR 1990, 173 (*Ackmann*);
BGH, Urt. v. 28. 3. 1990 – VIII ZR 17/89,
BGHZ 111, 84 = ZIP 1990, 646;
dazu EWIR 1990, 559 (*H.-G. Eckert*).

251 – Regelmäßig handelt es sich bei den Leasingraten der Grundmietzeit um betagte Forderungen mit der Folge, dass der Zessionar die künftigen Ansprüche mit ihrer Entstehung, also regelmäßig mit dem Abschluss der die Ansprüche begründenden Verträge – auch wenn die Forderungen erst später fällig werden –, erwirbt. Dies gilt dann, wenn die Ansprüche in jeder Weise durch den Leasingvertrag rechtlich festgelegt sind.

Ebenso:
BGH, Urt. v. 28. 3. 1990 – VIII ZR 17/89,
ZIP 1990, 646.

Demnach handelt es sich bei künftig fällig werdenden Leasingforderungen nicht um befristete Ansprüche; bei aufschiebend befristeten Forderungen, die nach Zeitabschnitten entstehen, würde bei Insolvenzeröffnung noch ein Teil des Erwerbstatbestandes fehlen. Bei späterer Verwirklichung stünde § 91 InsO einem Rechtserwerb entgegen.

1. Aussonderungsrechte

- Wird das Leasingverhältnis entsprechend den vor Verfahrenseröffnung im Leasingvertrag getroffenen Vereinbarungen über den Ablauf der Grundmietzeit hinaus fortgesetzt, weil keine Kündigung durch den Leasingnehmer erfolgt, ist die Vorausverfügung des Leasinggebers auch über diese Leasingraten den Insolvenzgläubigern gegenüber wirksam. Eine Aufspaltung eines Vertrages in eine insolvenzfeste Grundmietzeit und einen nicht mehr insolvenzfesten Verlängerungszeitraum ist nicht möglich. **252**

Enthält der Leasingvertrag eine Kaufoption für den Leasingnehmer und wurde der Anspruch des Leasinggebers gegen den Leasingnehmer auf Zahlung des Restwertes im Rahmen einer Refinanzierung im Voraus abgetreten, wird der Leasingvertrag in der Insolvenz des Leasinggebers aufgespalten: Was die mietrechtliche Gebrauchsüberlassung anbelangt, ist er weiterhin vom Insolvenzverwalter zu erfüllen, bezüglich der Kaufoption, welche auf eine Änderung der sachlichen Zuordnung gerichtet ist, bedarf es der Mitwirkung des Insolvenzverwalters, so dass dieser insoweit ein Wahlrecht nach § 103 InsO hat. Demzufolge entsteht der Anspruch auf die Gegenleistung neu und kann von zeitlich vorausgegangenen Abtretungen oder Ver-/pfändungen nicht erfasst werden. **253**

BGH, Urt. v. 14. 12. 1989 – IX ZR 238/88,
ZIP 1990, 180, 183.

Diese Auffassung des Bundesgerichtshofs ist jedoch angreifbar: Zum einen wird durch das Optionsrecht einem Vertragspartner die Möglichkeit eingeräumt, ein Vertragsverhältnis, dessen Inhalt vorher genau festgelegt ist, durch einseitige Erklärung zu gestalten und damit die jeweiligen Rechte in Kraft zu setzen. Bei einem solchen Gestaltungsrecht des Leasingnehmers hat der Insolvezverwalter in der Leasinggeber-Insolvenz keine eigenen Gestaltungsmöglichkeiten und daher auch kein eigenes Wahlrecht, so dass § 103 InsO und die daran anknüpfende Rechtsprechung nicht einschlägig sind. Zum anderen hat der Leasinggeber zum Beginn des Leasinggeschäftes die gesamten Finanzierungsmittel vom refinanzierenden Kreditinstitut erhalten. In dem Fall, in dem der Leasingnehmer von seinem Kaufoptionsrecht Gebrauch macht, dient der von ihm zu zahlende Optionspreis der Restamortisation des fremdfinanzierten Leasinggegenstandes. Zug um Zug gegen Zahlung des Optionspreises gibt die refinanzierende Bank den sicherungsübereigneten Gegenstand frei. Würde der Optionserlös der Massse zufließen, entstünde dort ein nicht gerechtfertigter wirtschaftlicher Vorteil gegenüber dem Finanzierungsinstitut. Dieses würde bei der Auffassung des Bundesgerichtshofs dann das Risiko der Restamortisation tragen. Schließlich ist die Insolvenzmasse im Zusammenhang mit dem Erfüllungsanspruch des Leasingnehmers aus seinem Optionsrecht nur insoweit involviert, als sie entweder nach Freigabe des Gegenstandes aus dem Sicherungsrecht des Kreditinstitutes wieder voll Eigentümer wird und dieses dann aufgrund der Kaufoption dem Leasingnehmer übereignen muss oder aber die Bank wird vom Insolvenzverwalter ermächtigt, dem Leasingnehmer das Eigentum direkt zu verschaffen. Dieser Vorgang bedingt nun eine Zusammenarbeit aller Beteiligten. Etwaige Übererlöse stehen selbstverständlich der Masse zu.

Vgl. *Peters*, ZIP 2000, 1759, 1768.

254 – Liegen die Voraussetzungen der §§ 91, 103 InsO nicht vor, sind in der Insolvenz des Leasinggebers nach Übergabe des Leasinggutes Vorausverfügungen des späteren Gemeinschuldners über die nach Verfahrenseröffnung anfallenden Leasingraten wirksam (zu den Sondervorschriften zum Leasing über unbewegliche Vermögensgegenstände siehe oben a) Rz. 248 ff).

255 – In seiner Urteilsanmerkung behandelt

Ackmann, EWiR 1990, 173
(zu BGH, Urt. v. 14. 12. 1989 – IX ZR 283/88,
ZIP 1990, 180),

die Frage, wie die Insolvenzfestigkeit der Vorausabtretung zu beurteilen ist, wenn nach dem Inhalt des Leasingvertrages der Leasinggeber umfangreiche Nebenleistungen (Wartung/Service, Programmpflege, Schulung etc.) zu erbringen hat. Er empfiehlt, mit dem Insolvenzverwalter zu vereinbaren, dass ein Teil der Leasingraten in Höhe des anteiligen Wertes der Nebenleistungen an die Masse abgeführt wird. Dies kann aber meines Erachtens nur gelten, wenn der Insolvenzverwalter diese Leistungen auch erbringt bzw. erbringen lässt.

256 Nach Auffassung von

Bien, ZIP 1998, 1017, 1020

1. Aussonderungsrechte

ist bei Leasingverträgen mit Nebenleistungsverpflichtungen die Gegenleistung für die Leasingrate nicht teilbar, weil die Nebenleistungspflichten, die der Leasingnehmer als Teil der wirtschaftlichen Gesamtleistung erwartet, nicht separat kalkuliert seien und im Übrigen die Nutzungsüberlassung nur in Kombination mit Dienstleistungen sinnvoll sei. Im Ergebnis gelangt auch er zu einem Ausgleich, indem er in Höhe des Wertes der zu erbringenden Nebenleistungen einen bereicherungsrechtlichen Ausgleich zwischen der Masse und der refinanzierenden Bank bejaht. Auch dieser konstruktive Ansatz spricht für eine Vereinbarung mit dem Insolvenzverwalter.

- Nutzt der Insolvenzverwalter nach Verfahrenseröffnung das Leasinggut weiter, entstehen in Höhe der Leasingraten Masseverbindlichkeiten nach § 55 Abs. 1 InsO. **257**

Entsprechendes gilt für Verpflichtungen nach § 557 BGB gegenüber dem Leasinggeber. Dies setzt aber voraus, dass das Leasingverhältnis, auf dem die Verpflichtung beruht, die Verfahrenseröffnung überdauert hat und nicht bereits vorher beendet wurde. **258**

> BGH, Urt. v. 24. 11. 1993 – VIII ZR 240/92,
> ZIP 1993, 1874, 1875 = BB 1994, 239;
> dazu EWiR 1994, 77 (*H.-G. Eckert*);
> OLG Köln, Urt. v. 19. 9. 1995
> – 9 U 398/94, ZIP 1995, 1608, 1609 (rkr.);
> dazu EWiR 1995, 1015 (*H.-G. Eckert*).

- Kündigt ein Insolvenzverwalter in der Insolvenz des Leasingnehmers den Leasingvertrag rechtswirksam und hat sich ein Dritter hinsichtlich der daraus resultierenden Verbindlichkeiten gesamtschuldnerisch mitverpflichtet, kann sich der Dritte bei Schadensersatzansprüchen des Leasinggebers infolge der notwendig gewordenen Kündigung nicht auf § 425 Abs. 2 BGB berufen; vielmehr haftet der Dritte auch für diesen Schaden. **259**

Im Insolvenzverfahren vollzieht sich die Aussonderung außerhalb des Verfahrens (§ 47 Satz 2 InsO). **260**

Zur Ersatzaussonderung vgl. § 48 InsO.

Werden massefremde Gegenstände vom Insolvenzverwalter veräußert und gelangt der Veräußerungserlös hieraus auf ein vom Insolvenzverwalter zu diesem Zweck eingerichtetes Sonderkonto, ist es somit von der übrigen **261**

Masse getrennt und aussonderungsfähig. Gelangt der Erlös aus der Veräußerung massefremder Gegenstände auf ein im Kontokorrent geführtes allgemeines Bankkonto, bleibt dieses grundsätzlich aussonderungsfähig, weil es aufgrund der Buchungen und der dazugehörigen Belege von dem übrigen dort angesammelten Guthaben unterschieden werden kann. Dies gilt, solange ein entsprechend hohes Guthaben vorhanden ist. Daher besteht eine Ersatzaussonderungsmöglichkeit nur bis zur Höhe des in der Zeit danach eingetretenen niedrigsten Tagessaldos; eine spätere Wiederauffüllung des Kontos durch andere Gutschriften lässt den Anspruch nicht wieder aufleben. Zwischenzeitliche Rechnungsabschlüsse sind insoweit unbedeutend; es kommt auf jeden zwischenzeitlichen niedrigeren Tagessaldo an.

BGH, Urt. v. 11. 3. 1999 – IX ZR 164/98,
ZIP 1999, 626, 627, 628;
dazu EWiR 1999, 707 (*Canaris*);
vgl. auch
BGH, Urt. v. 25. 4. 2002 – IX ZR 313/99,
ZIP 2002, 1093, 1097.

2. Absonderungsrechte

262 Absonderungsrechte berechtigen den Gläubiger dazu, aus Gegenständen, die zur Insolvenzmasse gehören, sich wegen seiner persönlichen Forderungen zu befriedigen (§§ 49 ff InsO).

263 Die Absonderung richtet sich nach den allgemeinen Bestimmungen; sie wird außerhalb des Insolvenzverfahrens geltend gemacht.

264 Die Gläubiger haben dem Verwalter ihre Absonderungsrechte mitzuteilen (§ 28 Abs. 2 InsO).

a) Maßgeblicher Entstehungszeitpunkt

265 Voraussetzung für die Geltendmachung des Absonderungsrechtes ist stets, dass das die Absonderung begründende Recht wirksam entstanden ist. Der Entstehungstatbestand muss grundsätzlich bis zur Verfahrenseröffnung verwirklicht worden sein. § 91 InsO steht einem Rechtserwerb nach der Verfahrenseröffnung entgegen.

Probleme bereiten immer wieder mehraktige Entstehungstatbestände. Grundsätzlich müssen alle Voraussetzungen bis zur Verfahrenseröffnung erfüllt sein. Vgl. auch Rz. 611 ff.

2. Absonderungsrechte

Beispiele: 266

– Bei Zessionen künftiger Forderungen muss die Forderung bis zur Verfahrenseröffnung begründet worden sein.

– Bei Pfandrechten an Forderungen muss auch die Anzeige an den Schuldner nach § 1280 BGB bis zur Verfahrenseröffnung bewirkt sein. Bei der Verpfändung künftiger Forderungen muss zusätzlich die Forderung bis zu diesem Zeitpunkt entstanden sein.

– Bei einer Zession entgegen § 399 BGB muss eine nachträgliche Zustimmung seitens des Drittschuldners bis zum Zeitpunkt der Verfahrenseröffnung erteilt worden sein.

– Bei einer antizipierten Sicherungsübereignung ist der Zeitpunkt maßgebend, in dem die später hinzukommenden Waren in den Besitz des Sicherungsgebers gelangt sind.

Ausnahmen: 267

– Unter den Voraussetzungen der §§ 873 Abs. 2, 878 BGB – also: bindende Einigung und Eingang des Eintragungsantrages beim Grundbuchamt vor Verfahrenseröffnung – muss ein Grundpfandrecht auch noch nach Eintritt der Verfügungsbeschränkung im Grundbuch eingetragen werden (§ 91 Abs. 2 InsO).

– Wird der Eintragungsantrag erst nach der Verfahrenseröffnung beim Grundbuchamt eingereicht, kann das Kreditinstitut bei gutem Glauben gleichwohl noch das Grundpfandrecht erlangen (§§ 892, 893 BGB i. V. m. § 91 Abs. 2 InsO).

– Entsprechendes gilt bezüglich der Register für Rechte an Schiffen und Luftfahrzeugen (vgl. § 91 Abs. 2 InsO).

– Hat sich ein Gläubiger seine Ansprüche durch eine Vormerkung gesichert, kann er vom Verwalter die Befriedigung seines Anspruches verlangen (§ 106 InsO). Dies gilt auch für einen zukünftigen Auflassungsanspruch, der durch eine Vormerkung gesichert ist,

vgl. BGH, Urt. v. 14. 9. 2001 – V ZR 231/00,
ZIP 2001, 2008, 2010;

hier wurde der künftige Auflassungsanspruch aus einem notariell beurkundeten unwiderruflichen Angebot zum Abschluss eines Grundstückskaufvertrages durch eine Vormerkung gesichert und dieses Angebot nach Insolvenzeintritt angenommen.

– Bedingt begründete Rechte werden in der Insolvenz als bereits bestehende behandelt. Der spätere Eintritt der Bedingung löst nicht die Rechtsfolgen der §§ 81 Abs. 1, 91 Abs. 1 InsO aus.

Vgl. unten Rz. 411 f.

268 Nicht wirksam sind aber Sicherheitenbestellungen, die durch die Eröffnung eines Insolvenzverfahrens aufschiebend bedingt vorgenommen werden sollen. Die Unwirksamkeit ergibt sich daraus, dass solche Vertragsgestaltungen auf eine Vorzugsstellung in der Insolvenz abzielen, die mit dem Grundgedanken der gleichmäßigen Gläubigerbefriedigung unvereinbar ist.

b) Unwirksamkeit

269 Sicherungsvereinbarungen mit dem Schuldner sind unwirksam, wenn sie

– gegen Vorschriften des AGB-Gesetzes/§§ 305 ff BGB verstoßen,

siehe oben Kapitel I Rz. 6–13,

– Formvorschriften nicht entsprechen,

– die materiellen Entstehungsvoraussetzungen nicht erfüllt sind,

– sie sittenwidrig sind

oder wenn sie

– nur für den Fall der Zahlungseinstellung, aufschiebend bedingt durch die Eröffnung des Insolvenzverfahrens oder mit einer Verwertungsmöglichkeit nur im Insolvenzfall vereinbart worden sind.

270 Von den Fallgruppen, welche die Rechtsprechung zur Sittenwidrigkeit entwickelt hat, sind insoweit insbesondere

– die Knebelung und

– die Gläubigergefährdung von Bedeutung.

271 Knebelung ist gegeben, wenn infolge einer Sicherheitenbestellung oder -verstärkung die wirtschaftliche Bewegungsfreiheit des Schuldners vollständig oder wesentlich gelähmt und dadurch eine rechtlich zu missbilligende Abhängigkeit begründet wird. Weiterhin ist erforderlich, dass das Kreditinstitut in sittenwidriger Weise eigennützige Ziele verfolgt, indem es sich dabei über die Interessen des Schuldners und seiner anderen Gläubiger hinwegsetzt, „die mit dem Anstandsgefühl aller billig und gerecht denkenden Kaufleute unvereinbar" sind.

2. Absonderungsrechte

BGH, Urt. v .9. 11. 1955 – IV ZR 196/54,
BGHZ 19, 12, 17;
BGH, Urt. v. 19. 3. 1998 – IX ZR 22/97,
ZIP 1998, 793, 797 m. w. N.

So können insbesondere Sicherungsvereinbarungen nichtig sein, wenn eine **272**
Bank sämtliche Einnahmen eines Unternehmers an sich zieht – z. B. aus einem konkreten Bauvorhaben –, es ihr aber dabei gleichgültig ist, ob und wie diejenigen Gläubiger, die durch die Fortsetzung der Bauarbeiten in dieser Phase noch Forderungen erwerben, Befriedigung erlangen und die Bank bereits zuvor das gesamte pfändbare Vermögen des Unternehmers an sich gebracht hat. Die Zession der Gesamtforderung aus einem konkreten Projekt führt allein nicht schon zur Sittenwidrigkeit; etwas anderes gilt, wenn die Abtretung unter Ausnutzung einer wirtschaftlichen Machtstellung geschieht.

Um ein Mindestmaß an wirtschaftlicher Bewegungsfreiheit zu gewährleis- **273**
ten, darf der Kreditnehmer in seiner Entscheidung, andere Gläubiger durch freiwillige Leistungen zu befriedigen, nicht beeinträchtigt werden. Weiter muss der Kreditnehmer noch über die zur Sicherheit übertragenen Gegenstände und Rechte in seinem Geschäftsbetrieb im Rahmen ordnungsmäßiger Geschäftsführung weiter verfügen können.

Obermüller, ZIP 1981, 352, 353.

Für die Annahme der Sittenwidrigkeit ist weiter erforderlich, dass die **274**
Bank/Sparkasse die Umstände, welche den Vorwurf der Sittenwidrigkeit begründen, kennt oder sich dieser Kenntnis grob fahrlässig verschließt.

BGH, Urt. v. 22. 1. 1962 – III ZR 198/60,
WM 1962, 527, 529;
OLG Köln, Urt. v. 25. 10. 1985
– 19 U 75/82, ZIP 1985, 1472, 1474 (n. rkr.);
dazu EWiR 1986, 23 (*Meyer-Cording*).

Gläubigergefährdung ist gegeben, wenn die Bank/Sparkasse mit ihren **275**
Rechtsgeschäften darauf abzielt, die Befriedigung anderer Gläubiger zu erschweren oder zu vereiteln, indem sie sich zu deren Nachteil übermäßige Sicherheiten bestellen lässt oder die Kreditwürdigkeit des Schuldners zum Schaden Dritter vortäuscht.

BGH, Urt. v. 19. 3. 1998 – IX ZR 22/97,
ZIP 1998, 793, 796 m. w. N.

276 Demnach kann eine Gläubigergefährdung bejaht werden, wenn die bestellten Sicherheiten wertmäßig die Höhe der zu sichernden Forderungen erheblich übersteigen. Bei der Bewertung der Sicherungsrechte darf das Kreditinstitut auch vom ungünstigsten Fall ausgehen und Zerschlagungswerte zugrunde legen – dabei gilt immer eine einzelfallbezogene Beurteilung. Siehe oben Rz. 9;

> BGH, Urt. v. 19. 3. 1992 – IX ZR 166/91,
> BGHZ 117, 374 = ZIP 1992, 629
> = ZBB 1992, 307;
> dazu EWiR 1992, 687 (*Uhlenbruck*);
> BGH, Urt. v. 2. 12. 1992 – VIII ZR 241/91,
> BGHZ 120, 300 = ZIP 1993, 105, 106;
> dazu EWiR 1993, 625 (*Hensen*);
> BGH, Beschl. v. 27. 11. 1997 – GSZ 1 u. 2/97,
> ZIP 1998, 235, 240;
> dazu EWiR 1998, 155 (*Medicus*);
> OLG Celle, Urt. v. 30. 6. 1982 – 3 U 258/81,
> ZIP 1982, 942, 946 (n. rkr.).

277 Zur Prüfung, ob ein Rechtsgeschäft sittenwidrig ist, muss auf den Zeitpunkt seiner Vornahme abgestellt werden.

c) Sittenwidrigkeit von Krediten bei Konzernen

278 Besichert eine Tochtergesellschaft einen Kredit, welcher der Muttergesellschaft gewährt wurde, ist das Sicherungsgeschäft nicht schon deshalb sittenwidrig, weil die GmbH gegebenenfalls im Falle einer Verwertung der Sicherheit danach nicht mehr genügend freies Vermögen hat, um ihre Gläubiger zu befriedigen.

279 – Unter dem Aspekt der Verpflichtung, das Gesellschaftskapital zu erhalten, ergibt sich direkt kein Ansatzpunkt, eine Sittenwidrigkeit herzuleiten, da sich die Kapitalschutzvorschriften lediglich an die Gesellschafter und an die Geschäftsführung der GmbH sowie an nahe stehende Personen wenden. Da die entsprechenden Vorschriften auch keine Verbotsgesetze i. S. d. § 134 BGB sind, hat eine Mitwirkung an einer verbotenen Einlagenrückgewähr seitens Personen, die wie ein Kreditgeber grundsätzlich nicht der Gesellschaft oder einem Gesellschafter nahe stehen, keine negative Auswirkung.

280 – Die zu einer Einlagenrückgewähr führende Kreditbesicherung kann dann sittenwidrig sein, wenn das sicherungsnehmende Kreditinstitut

mit dem Gesellschafter, welcher den Kredit aufnimmt, bewusst zum Schaden der Gesellschaft oder der Gläubiger zusammenwirkt.

- Die Auffassung, wonach auch ohne dieses bewusste Zusammenwirken der Vorwurf der Sittenwidrigkeit erhoben werden kann, wenn der Kreditgeber eine stammkapitalmindernde Kreditsicherheit entgegennimmt, ist abzulehnen. Zum einen reicht ein Verstoß gegen gesetzliche Vorschriften grundsätzlich für einen Sittenverstoß nicht aus. Zum anderen ist die Stellung von Sicherheiten für Dritte grundsätzlich nicht geeignet, eine Täuschungsabsicht oder einen Schädigungsvorsatz zu indizieren. Ein Schädigungsvorsatz könnte allenfalls dann in Betracht kommen, wenn bei Abschluss des Sicherungsgeschäftes der wirtschaftliche Zusammenbruch der Muttergesellschaft absehbar wäre. Außerdem fehlt es schon an einer Kapitalminderung, wenn eine Gesellschaft im Rahmen des Cash-Managements Sicherheit für eine andere Gesellschaft stellt, welcher die Mittel zufließen. Ob und inwieweit aufgenommene Gelder der sicherungsgebenden Gesellschaft letztlich zugute kommen, ist in aller Regel für eine kreditgebende Bank nicht erkennbar. Nur dann, wenn es sich für eine kreditgebende Bank aufdrängt, dass in solchen Fällen ein Rückgewähranspruch aufgrund der schlechten wirtschaftlichen Situation der Konzernmutter nichts wert ist, so dass letztlich der gesamte Konzern Not leidend wird, kommt eine Haftung der Bank gegenüber anderen Gläubigern der Konzerngesellschaft in Betracht. Dies gilt insbesondere, wenn eine mit dem Kredit angestrebte Sanierung keine Aussicht auf Erfolg hat. **281**

- Wie stets im Bereich der Sittenwidrigkeit müssen die Umstände, welche die Sittenwidrigkeit begründen, im Zeitpunkt des Abschlusses des Sicherungsgeschäftes vorliegen. Hinzu kommt die subjektive Seite, wobei es dann ausreicht, wenn die Vertragspartner mit der Möglichkeit gerechnet haben, dass andere Gläubiger geschädigt werden und diese Möglichkeit billigend in Kauf genommen haben. Kennt der begünstigte Gläubiger Umstände, welche den Schluss auf einen bevorstehenden Zusammenbruch aufdrängen, handelt er bereits dann sittenwidrig, wenn er sich über diese Erkenntnis mindestens grob fahrlässig hinwegsetzt. **282**

- Die Tochtergesellschaft, welche die Sicherheit stellt, darf nicht in ihrer wirtschaftlichen Bewegungsfreiheit übermäßig eingeengt werden. Eine sittenwidrige Knebelung würde dann vorliegen, wenn dem Sicherungsgeber keine freien Mittel zur eigenen Verfügung mehr **283** verbleiben würden oder ihm in anderer Weise die Möglichkeit zu wirtschaftlich selbständigem Handeln genommen wäre. Insoweit kommt es auf die Vertragsgestaltung an, welche über Einziehungsermächtigungen und die Einräumung von Verfügungsbefugnissen bis zur Sicherheitenverwertung die wirtschaftliche Bewegungsfreiheit sicherstellt.

284 Anfechtungsrechtlich sind folgende Fallkonstellationen wie folgt zu behandeln:

- Die Bestellung einer Sicherung für eine fremde Schuld ist entgeltlich, wenn dem Sicherungsgeber für seine Leistung die Kreditgewährung an einen Dritten versprochen wird, an welcher ein eigenes wirtschaftliches Interesse besteht.

- Mittelbare Zuwendungen sind dann so zu betrachten, als ob der Dritte unmittelbar vom Schuldner die Vorteile erlangt hätte.

BGH, Urt. v. 19. 3. 1998 – IX ZR 22/97,
ZIP 1998, 793, 795 f;
dazu EWiR 1998, 699 (*Eckardt*).

d) Unterdeckungnahme

285 Abgesonderte Befriedigung aus den einzelnen Sicherungsrechten kann nur wegen der Forderungen verlangt werden, die dem Sicherungsgegenstand zugeordnet sind. Bei den fiduziarischen Sicherheiten ist demnach der Umfang der Sicherungszweckerklärung bedeutsam.

286 Häufig findet sich die so genannte weite Sicherungszweckvereinbarung, zu der eine differenzierte Rechtsprechung existiert:

287 – Bei der Bürgschaft verstößt eine formularmäßige Erstreckung des Sicherungszwecks auf alle gegenwärtigen und künftigen Forderungen der kreditgebenden Bank aus der Geschäftsverbindung gegen § 9 AGBG/§ 307 BGB, unter Umständen auch gegen § 3 AGBG/ § 305c BGB.

BGH, Urt. v. 7. 11. 1995 – XI ZR 235/94,
ZIP 1995, 1976;
dazu EWiR 1996, 3 (*Medicus*);
BGH, Urt. v. 18. 1. 1996 – IX ZR 69/95,
BGHZ 132, 6 = ZIP 1996, 456;
dazu EWiR 1996, 735 (*Hadding*);

2. Absonderungsrechte

BGH, Urt. v. 7. 3. 1996 – IX ZR 43/95,
ZIP 1996, 702;
dazu EWiR 1996, 451 (*Bülow*);
BGH, Beschl. v. 24. 9. 1996 – IX ZR 316/95,
ZIP 1997, 449;
dazu EWiR 1997, 837 (*Medicus*);
BGH, Urt. v. 24. 6. 1997 – XI ZR 288/96,
ZIP 1997, 1538, 1539 = ZfIR 1997, 543;
dazu EWiR 1997, 1105 (*Hadding*);
BGH, Urt. v. 2. 7. 1998 – IX ZR 255/97,
ZIP 1998, 1349;
dazu EWiR 1998, 935 (*Tiedtke*);
BGH, Urt. v. 24. 9. 1998 – IX ZR 425/97,
ZIP 1998, 1868;
dazu EWiR 1998, 1075 (*Luttermann*);
BGH, Urt. v. 15. 7. 1999 – IX ZR 243/98,
ZIP 1999, 1480;
dazu EWiR 1999, 1001 (*Tiedtke*).

– Zur weiten Sicherungszweckerklärung bei Grundschulden ist entschieden worden, dass die formularmäßige Ausdehnung der dinglichen Haftung des Grundstücks für alle bestehenden und künftigen Verbindlichkeiten dann gegen § 3 AGBG/§ 305c BGB – und nicht gegen § 9 AGBG/§ 307 BGB – verstößt, wenn der Sicherungsgeber mit dem Kreditnehmer nicht identisch ist. Der Überraschungseffekt kann jedoch entfallen, wenn der Sicherungsgeber individuell auf die Haftungserweiterung für den Kredit eines Dritten hingewiesen wurde. **288**

BGH, Urt. v. 24. 6. 1997 – XI ZR 288/96,
ZIP 1997, 1538, 1539 = ZfIR 1997, 543;
dazu EWiR 1997, 1105 (*Hadding*);
BGH, Urt. v. 23. 5. 2000
– XI ZR 214/99, ZIP 2000, 1202;
dazu EWiR 2000, 797 (*Weber/Bonin*);
BGH, Urt. v. 30. 1. 2001
– XI ZR 118/00, ZIP 2001, 507, 509;
dazu EWiR 2001, 553 (*Ralph Weber*).

An diese weite Sicherungszweckerklärung – soweit danach zulässig – knüpft die Rechtsprechung zur Unterdeckungnahme von Forderungen an. **289**

290 Eine solche Unterdeckungnahme ist nicht erlaubt, wenn sich das Kreditinstitut eine offene, ungesicherte Forderung eines Dritten gegen den insolventen Schuldner zedieren lässt, um dem Zedenten den – nach Abrechnung der eigenen Forderung – verbleibenden Übererlös gutzuschreiben. Bei Verwertung von Sicherheiten im Drittinteresse handelt das Institut rechtsmissbräuchlich.

> BGH, Urt. v. 30. 10. 1974 – VIII ZR 81/73,
> WM 1974, 1218;
>
> BGH, Urt. v. 27. 2. 1981 – V ZR 48/80,
> ZIP 1981, 486, 487 = BB 1981, 1603, 1604;
>
> BGH, Urt. v. 31. 1. 1983 – II ZR 24/82,
> ZIP 1983, 667, 668;
>
> BGH, Urt. v. 20. 3. 1991 – IV ZR 50/90,
> ZIP 1991, 573;
> dazu EWiR 1991, 539 (*Rehbein*).

291 Hingegen ist die Unterdeckungnahme erlaubt, wenn die Bank/Sparkasse Forderungen eines Dritten gegen den insolventen Schuldner in banküblicher Weise – z. B. aufgrund eines mit ihm im Rahmen eines ebenfalls bestehenden Kreditverhältnisses abgeschlossenen Zessionsvertrages – erworben hat und sie im Verhältnis zum Dritten ebenfalls zur Verwertung der Kreditsicherheit berechtigt ist.

e) Drittsicherheiten

292 Sicherheiten, die dem Kreditinstitut von dritter Seite zur Sicherung seiner Ansprüche gegen den Schuldner gestellt wurden, bleiben vom Insolvenzverfahren grundsätzlich unberührt.

293 Solange die Bank/Sparkasse aus der Verwertung von Drittsicherheiten keine vollständige Befriedigung erlangt, nimmt sie am Insolvenzverfahren mit der Höhe der Forderung teil, die sie im Zeitpunkt der Verfahrenseröffnung hatte. Gleiches gilt bezüglich der Stimmrechte bei Abstimmungen und für die spätere Verteilung. Dies ergab sich früher aus § 68 KO, der bei Sachmithaftung massefremder Gegenstände entsprechend anwendbar war.

294 Da § 44 InsO sachlich unverändert die in § 68 KO getroffene Regelung wiedergibt, ist mit der InsO keine Änderung der Rechtslage eingetreten.

Aus § 52 InsO folgt – wie zuvor aus § 64 KO –, dass der Grundsatz der 295
Ausfallhaftung nicht gilt, wenn dem Gläubiger ein massefremder Gegenstand als Sicherheit haftet.

f) Zinsen und Kosten der Verwertung

§ 39 Abs. 1 Nr. 1 InsO besagt, dass die seit Verfahrenseröffnung laufenden 296
Zinsen als nachrangige Insolvenzforderung im Verfahren geltend gemacht
werden können. Nach der Eröffnung anfallende Zinsen können aber außerhalb des Verfahrens – z. B. im Wege der Geltendmachung von Absonderungsrechten – beansprucht werden.

> BGH, Urt. v. 28. 11. 1986 – V ZR 257/85,
> ZIP 1987, 245, 247;
> dazu EWiR 1987, 343 (*Reimer*);
> BGH, Urt. v. 5. 12. 1996 – IX ZR 53/96,
> BGHZ 134, 195 = ZIP 1997, 120;
> dazu EWiR 1997, 227 (*Henckel*).

Dies ergibt sich aus § 50 Abs. 1 InsO.

Aus den gleichen Vorschriften ergibt sich auch, dass sich das Kreditinstitut 297
wegen anfallender Verwertungskosten aus dem Sicherungsgut befriedigen
kann. Vgl. jedoch §§ 165 ff InsO (Rz. 313 ff). Diese Rechtslage ist auch
für die Berechnung der Ausfallforderung maßgebend.

g) Auskunftsanspruch

Da der Insolvenzverwalter in die Rechtsstellung des Gemeinschuldners 298
eintritt, ist er regelmäßig schon aufgrund der geschlossenen Kredit- und
Kreditsicherungsverträge der Bank/Sparkasse gegenüber auskunftspflichtig. Daneben folgt eine Auskunftspflicht Aus- und Absonderungsberechtigten gegenüber aus §§ 242, 402 BGB, § 6 KO bzw. § 80 InsO sowie aus
den speziellen §§ 79, 167 Abs. 1, 168 InsO. Vgl. zur früheren Rechtslage

> OLG Karlsruhe, Urt. v. 15. 12. 1989
> – 15 U 116/89, ZIP 1990, 187;
> dazu EWiR 1990, 135 (*Hegmanns*).

Der Umfang der Auskunftspflicht bemisst sich nach der Zumutbarkeit. So 299
kann dem Insolvenzverwalter nicht zugemutet werden, „durch komplizierte Nachforschungen die einem Gläubiger vorausabgetretenen Forderungen

zu ermitteln. Er kann den Gläubiger auf Einsichtnahme durch einen zur Verschwiegenheit verpflichteten Buchprüfer verweisen".

OLG Karlsruhe, Urt. v. 15. 12. 1989
– 15 U 116/89, ZIP 1990, 187;
LG Baden-Baden, Urt. v. 20. 6. 1989
– 4 O 111/88, ZIP 1989, 1003, 1004;
dazu EWiR 1990, 75 (*H. Hess*).

300 Weiterhin ist ausdrücklich in § 167 Abs. 1 Satz 2 InsO geregelt, dass der Insolvenzverwalter dem Gläubiger die Möglichkeit eröffnet, selbst Einsicht in die Geschäftsunterlagen zu nehmen, damit er sich die Informationen auf diesem Weg beschaffen kann.

LG Baden-Baden ZIP 1989, 1003.

301 Hat aber der Sicherungsnehmer, der den Sicherungsgeber vertraglich verpflichtet hat, Bestandslisten zu fertigen und fortzuschreiben, es versäumt, sich diese Listen regelmäßig vorlegen zu lassen, kann er – bei sich ergebendem Informationsbedarf in der Insolvenz – dieses Versäumnis nicht auf den Insolvenzverwalter abwälzen.

OLG Stuttgart, Urt. v. 29. 12. 1989
– 9 U 224/89, ZIP 1990, 1091, 1092
= WM 1990, 1260, 1262;
dazu EWiR 1990, 925 (*Lüke*).

302 Aufgrund der Pauschal-Regelung bezüglich der Kostenbeiträge in § 171 InsO sind meines Erachtens keine besonderen Kosten für Auskunftserteilung mehr möglich.

h) Nutzung

303 Nach § 172 InsO darf der Insolvenzverwalter eine bewegliche Sache, zu deren Verwertung er nach § 166 InsO berechtigt ist, für die Insolvenzmasse benutzen, wenn er den dadurch entstehenden Wertverlust von der Eröffnung des Insolvenzverfahrens an durch laufende Zahlungen an die betreffenden Gläubiger ausgleicht. Insoweit begründet der Verwalter Masseverbindlichkeiten nach § 55 Abs. 1 Nr. 1 InsO.

304 Die Verpflichtung zu Ausgleichszahlungen besteht nach § 172 Abs. 1 Satz 2 InsO allerdings nur, soweit der durch die Nutzung entstehende Wertverlust die Sicherung des absonderungsberechtigten Gläubigers beeinträchtigt.

2. Absonderungsrechte

Nach § 172 Abs. 2 InsO ist dem Verwalter die Verbindung, Vermischung **305** oder Verarbeitung einer Sache nach §§ 947 ff BGB gestattet, soweit dadurch die Sicherung des absonderungsberechtigten Gläubigers nicht beeinträchtigt wird. Setzt sich das Recht des Gläubigers an einer anderen Sache fort, hat der Gläubiger die neue Sicherheit insoweit freizugeben, als sie den Wert der bisherigen Sicherheit übersteigt.

Vgl. die Regelung des § 169 InsO, die im Falle einer verzögerten Verwer- **306** tung beweglicher Sachen durch den Insolvenzverwalter ebenfalls die Pflicht vorsieht, aus der Insolvenzmasse laufend die geschuldeten Zinsen zu zahlen.

Eine Verzinsungspflicht für Verzögerungen bei der Verwertung bereits im **306a** Eröffnungsverfahren (§ 169 Satz 2 InsO) setzt voraus, dass gerade der anspruchstellende Gläubiger durch die gerichtliche Anordnung an der Verwertung gehindert worden ist. Die Vorschrift will vermeiden, dass Absonderungsberechtigte durch eine solche im Gesamtinteresse ergangene Maßnahme einen Schaden erleiden;

> BGH, Urt. v. 20. 2. 2003 – IX ZR 81/02,
> ZIP 2003, 632, 636.

Danach kann ein derartiger auszugleichender Nachteil nur eintreten, wenn und soweit die gerichtliche Anordnung Absonderungsberechtigte jeweils an der Durchsetzung ihrer individuellen Sicherungsrechte im Einzelfall hindert, vgl. hierzu Rz. 101.

Die Verzinsung steht dem absonderungsberechtigten Gläubiger grundsätz- **306b** lich erst ab dem Tag nach dem Zahlungseingang zu, sofern sich der Insolvenzverwalter vom Berichtstermin an ordnungsgemäß um den Forderungseinzug bemüht hat. Damit wird sichergestellt, dass die Werthaltigkeit des Sicherungsgutes die Grundlage für den Ausgleich bildet (vgl. § 169 Satz 3 InsO). Mit dem Beginn der Verzinsungpflicht mit Ablauf des Tages, an dem der Erlös eingeht, wird gewährleistet, dass – interessengerecht – nur echte Nutzungsausfälle verzinst werden.

Die Zinszahlungspflicht endet nicht bereits mit der Verwertungshandlung **306c** (z. B. der Einziehung der Forderung), sondern erst mit der Auszahlung des Erlöses an den Absonderungsberechtigten,

> BGH, Urt. v. 20. 2. 2003 – IX ZR 81/02,
> ZIP 2003, 632, 637.

Dem Schutzzweck des § 169 InsO entsprechend soll der Insolvenzverwalter nicht nur angehalten werden, Verwertungshandlungen möglichst schnell durchzuführen; vielmehr sollen die Nachteile des Gläubigers umfassend ausgeglichen werden, die diesem durch den Verlust des eigenen Verwertungsrechts entstehen.

307 Für unbewegliche Vermögensgegenstände enthält § 153b ZVG (Absatz 1 und 2) eine entsprechende Zahlungspflicht des Insolvenzverwalters.

308 Vgl. schließlich § 30e Abs. 1 ZVG für den Fall der einstweiligen Einstellung des Verfahrens, auch vor Eröffnung des Insolvenzverfahrens.

i) **Verwaltung und Sicherung**

309 Häufig entsteht Streit in der Frage, wer die Kosten für die Verwaltung und die Sicherung des Sicherungsgutes zu tragen hat.

310 Beauftragt der Insolvenzverwalter Dritte mit Bewachungs-, Sicherungs-, Reparatur- und Wartungsaufgaben, gehören die dadurch entstehenden Kosten zu den vorrangig zu berichtigenden Masseschulden (§ 55 Abs. 1 Nr. 1 InsO). Wie § 50 Abs. 1 InsO zeigt, gehören die Gegenstände, an denen ein Absonderungsrecht besteht, zur Insolvenzmasse.

311 Reicht die Masse zur Deckung dieser Kosten nicht aus, bestehen mehrere Möglichkeiten:

- Gibt der Insolvenzverwalter das Sicherungsgut frei, muss die absonderungsberechtigte Bank/Sparkasse danach selbst für die Instandhaltung sorgen;

- wird das Sicherungsgut nicht freigegeben und erbringt das Kreditinstitut gleichwohl nach Verfahrenseröffnung insoweit Aufwendungen, kann es dafür mit Ausnahme aus der späteren Sicherheitenverwertung keine Befriedigung erlangen – denn nach Insolvenzeröffnung können keine Vorzugsrechte mehr erworben werden.

- Erwartet der Insolvenzverwalter aus der Verwertung des Sicherungsgutes einen Überschuss für die Masse und lehnt er deswegen eine Freigabe des Sicherungsgutes ab, bleibt die Verpflichtung zur Sicherung und Instandhaltung bei ihm.

j) Verwertung/Kosten der Aus- und Absonderung

Auf der Grundlage der Kreditsicherungsvereinbarungen behält sich das Kreditinstitut regelmäßig das Recht vor, das Sicherungsgut ohne gerichtliches Verfahren zu verwerten und sich aus dem Erlös zu befriedigen. Schon deshalb war der früher vom Gesetz vorgesehene Regelfall der Verwertung durch den Konkursverwalter (§ 127 Abs. 1 KO) zur Ausnahme geworden. Aufgrund des Selbstverwertungsrechts des Gläubigers konnte dieser die Freigabe des Sicherungsgutes aus der Masse vom Konkursverwalter verlangen (z. B. Herausgabe des Sicherungseigentums zum Zwecke abgesonderter Befriedigung). 312

Gegenüber der früheren Rechtslage brachte die Insolvenzordnung diesbezüglich wesentliche Änderungen: 313

– Selbst wenn ein Absonderungsrecht besteht, kann der Insolvenzverwalter die Zwangsversteigerung oder die Zwangsverwaltung in einen unbeweglichen Gegenstand betreiben (§ 165 InsO); eine bewegliche Sache darf er verwerten, wenn er diese in seinem Besitz hat (§ 166 Abs. 1 InsO). Trotz Bestehens eines Absonderungsrechtes darf er auch Forderungen, die der Schuldner zur Sicherung eines Anspruchs abgetreten hat, einziehen oder in anderer Weise verwerten (§ 166 Abs. 2 InsO). Dies gilt auch dann, wenn die Abtretung zuvor dem Drittschuldner angezeigt worden ist, 314

> BGH, Urt. v. 11. 7. 2002 – IX ZR 262/01,
> ZIP 2002, 1630, 1631;
> dazu EWiR 2002, 921 (*Gundlach/Frenzel*).

Das Gericht verweist zur Begründung auf die Entstehungsgeschichte des § 166 Abs. 2 Satz 1 InsO sowie auf den Zweck der Vorschrift; danach soll dem Verwalter die umfassende Verwertungsbefugnis zustehen. Speziell bei Forderungen verfügt er über Unterlagen des Schuldners, die es ihm ermöglichen, unberechtigten Einwendungen der Drittschuldner zu begegnen. Letztlich wird dadurch eine verbesserte Verwaltung und Verwertung erzielt. Schließlich verliert die Insolvenzmasse durch die Sicherungsabtretung wirtschaftlich nicht die Forderung.

Im Anschluss hieran hat der Bundesgerichtshof in

> BGH, Urt. v. 20. 2. 2003 – IX ZR 81/02,
> ZIP 2003, 632, 634

festgehalten, dass nach der Insolvenzeröffnung der absonderungsberechtigte Gläubiger den Insolvenzverwalter auch nach Offenlegung der Zession „wenigstens in die Verwertung einzuschalten" habe. Denn nur dann habe der an den nicht mehr einzugsbefugten Absonderungsberechtigten leistende Drittschuldner die Gewähr, dass er durch diese Leistung von seiner Zahlungspflicht frei wird.

Daraus ist zu schließen, dass die Frage, ob der Drittschuldner in entsprechender Anwendung der §§ 408, 407 Abs. 1 BGB, § 82 InsO noch mit befreiender Wirkung an den materiell berechtigten Abtretungsempfänger leisten kann, wenn der Drittschuldner die Insolvenzeröffnung und den damit verbundenen Übergang des Einziehungsrechts kennt, zu verneinen ist.

> Vgl. auch KG, Urt. v. 13. 8. 2001
> – 12 U 5843/00, EWiR 2002, 27 (*Häcker*).

Diese Regelungen sind Ausprägungen des Grundprinzips der Insolvenzordnung, bis zu einer gegenläufigen Entscheidung des Insolvenzverwalters die Fortführung des Unternehmens zu ermöglichen und mit Blick auf die möglichst anzustrebende Erhaltung des insolvenzgefährdeten Unternehmens dem Gläubiger den Zugriff auf hierzu benötigte Gegenstände zu verwehren. Außerdem wird es dem Insolvenzverwalter ermöglicht, durch eine einheitliche Verwertung von unterschiedlichen Gegenständen, die aber wirtschaftlich zusammengehören, einen höheren Verwertungserlös zu erzielen.

> Vgl. bereits zu den Motiven
> *Uhlenbruck*, Betriebswirtschaftliche Blätter 1993, 129, 130;
> RefE-InsO, 3. Teil (B), S. 204.

Da die Regelungen des § 166 InsO das Verwertungsrecht des Verwalters mit seinem Besitz an den Sicherungsgegenständen verknüpfen, ist die Bestimmung bei vertraglichen Pfandrechten inklusive AGB-Pfandrechten nicht anwendbar.

315 – Da die materielle Berechtigung des Sicherungsnehmers durch § 166 InsO nicht aufgehoben wird, ist der Gläubiger berechtigt, vom Insolvenzverwalter Auskünfte bezüglich der Sachen und Forderungen zu verlangen oder die Sache zu berichtigen bzw. Einsicht in die Bücher und Geschäftspapiere zu nehmen; diese kann der Insolvenzverwalter anstelle der Auskunft gestatten (§ 167 InsO).

2. Absonderungsrechte

- Da die Übertragung des Verwertungsrechtes auf den Insolvenzverwalter nicht zur Folge haben soll, dass günstigere Verwertungsmöglichkeiten des Absonderungsberechtigten zu seinem Nachteil nicht genutzt werden, sieht § 168 InsO eine Mitteilungspflicht des Verwalters (Absatz 1), ein Eintrittsrecht (Absatz 3) und die Verpflichtung des Verwalters vor, eine nachgewiesene bessere Verwertungsmöglichkeit wahrzunehmen oder dem Gläubiger Schadensersatz zu leisten (Absatz 2). Insoweit trifft den Gläubiger die Darlegungs- und Beweislast. 316

- Vor Verzögerungen der Verwertung ist der Gläubiger durch § 169 InsO geschützt; siehe oben Rz. 306. 317

- Nutzt der Insolvenzverwalter eine bewegliche Sache, an der ein Absonderungsrecht besteht, für die Insolvenzmasse, hat er einen dadurch entstehenden Wertverlust, der die Sicherung des absonderungsberechtigten Gläubigers beeinträchtigt, auszugleichen (§ 172 InsO). Zur Verbindung, Vermischung und Verarbeitung vgl. § 172 Abs. 2 InsO. Danach ist der Insolvenzverwalter berechtigt, eine mit Absonderungsrechten belastete Sache mit anderen Sachen zu verbinden, vermischen und zu verarbeiten, soweit dadurch die Sicherungsrechte des Gläubigers nicht beeinträchtigt werden. Setzt sich das Recht danach an einer anderen – höherwertigen – Sache fort, hat der Gläubiger die Sache insoweit freizugeben, als sie den Wert der bisherigen Sicherheit übersteigt. Um Streitigkeiten über die Wertanteile zu vermeiden, empfiehlt sich auch insoweit eine pauschale Regelung zwischen Absonderungsberechtigtem und Insolvenzverwalter. 318

- Von wesentlicher Bedeutung sind die Regelungen der §§ 170, 171 InsO. Danach sind nach Verwertung einer beweglichen Sache oder einer Forderung aus dem Verwertungserlös vorweg die Kosten der Feststellung und der Verwertung für die Masse zu entnehmen (§ 170 Abs. 1 Satz 1 InsO). Die Kosten der Feststellung des Gegenstandes und der hieran bestehenden Rechte sind nach § 171 Abs. 1 InsO mit 4 % des Verwertungserlöses pauschaliert. Zu- und Abschläge zur Pauschale sind gesetzlich nicht vorgesehen. Folgerichtig kann diese Pauschale – im Gegensatz zur Verwertungspauschale – nicht aufgrund konkreter Kostenberechnungen nach dem Umfang des Feststellungsaufwands im Einzelfall in Frage gestellt werden. 319

  BGH, Urt. v. 11. 7. 2002 – IX ZR 262/01,
  ZIP 2002, 1630, 1633.

VI. Aus- und Absonderungsrechte

Für die Kosten der Verwertung ist eine Pauschale von 5 % des Erlöses anzusetzen, es sei denn, sie würden erheblich niedriger oder höher liegen. Wird die Masse mit einer Umsatzsteuerforderung aus der Verwertungshandlung belastet, ist zusätzlich der Umsatzsteuerbetrag vom Verwertungserlös abzusetzen (§ 171 Abs. 2 Satz 3 InsO).

320 Nach

OLG Frankfurt/M., Urt. v. 17. 10. 2002
– 15 U 7/02, ZIP 2002, 2140, 2141 (n. rkr.);
dazu EWiR 2003, 27 (*Gerhardt*)

fehlt es für die Zahlung eines Verwertungskostenbeitrages seitens des Gläubigers an einer Rechtfertigung, wenn zu Lasten der Masse keine Verwertungskosten anfallen, weil der Gläubiger selbst die Verwertung übernommen hat. Dann belasten ihn die Kosten der Verwertung von vornherein. Auch für sicherungshalber abgetretene Forderungen, die vor Insolvenzeröffnung getilgt werden, stehen der späteren Insolvenzmasse weder Feststellungs- noch Verwertungskostenpauschalen zu,

BGH, Urt. v. 20. 2. 2003 – IX ZR 81/02,
ZIP 2003, 632, 634;

dies gilt auch, wenn ein vorläufiger Insolvenzverwalter eingesetzt wurde, der mangels einer Verwertungsbefugnis auch nicht die Rechte aus §§ 170, 171 InsO geltend machen kann.

Ob eine ausnahmsweise gebotene Verwertung im Eröffnungsverfahren auch die Kostenbeiträge der §§ 170, 171 InsO auslösen kann, brauchte das Gericht nicht zu entscheiden.

321 Hingegen ist entschieden, dass die 4 %ige Feststellungskostenpauschale auch für solche sicherungshalber abgetretenen Forderungen erhoben werden darf, die nach Insolvenzeröffnung durch direkte Leistung des Drittschuldners an den absonderungsberechtigten Gläubiger getilgt werden.

BGH, Urt. v. 20. 2. 2003 – IX ZR 81/02,
ZIP 2003, 632, 633.

Denn auch in dieser Fallkonstelation muss der Insolvenzverwalter die Wirksamkeit des Absonderungsrechtes feststellen. Wäre die Zession nicht rechtswirksam oder insolvenzbeständig, entstünde ein

Anspruch gegen den Empfänger auf Abführung des Erlöses an die Masse. Ferner argumentiert das Gericht, dass erst recht im Falle einer unberechtigten Verwertung Feststellungskosten analog § 170 Abs. 2 InsO an die Masse abzuführen sind, wenn schon eine berechtigte Verwertung diese Rechtsfolge nach sich zieht. Vom Umfang des Feststellungsaufwands im Einzelfall hängt der pauschalierte Ersatz der Feststellungskosten nicht ab.

Über die vom Absonderungsberechtigen zu zahlenden Beträge bestehen umsatzsteuerliche Unklarheiten. Nach 322

Onusseit, ZIP 2000, 777, 778, 779

stellt die Feststellung des Absonderungsrechts gegen Zahlung einer Festsstellungspauschale als Beteiligung an den allgemeinen Verfahrenskosten keine umsatzsteuerlich relevante sonstige Leistung der Masse dar und ist folglich der Umsatzsteuer nicht zu unterwerfen. Hingegen wird bei den Verwertungskosten (hier: Pauschale mit aufwandsbezogener Anpassungsmöglichkeit) die Grundlage in einer entgeltlichen sonstigen Verwertungsleistung gesehen, die der Umsatzsteuer unterliegt; folglich könnte dann der Absonderungsberechtigte eine Rechnung nach § 14 Abs. 1 UStG mit Umsatzsteuernachweis verlangen. Weitere Konsequenz wäre, dass neben den Verwertungskosten auch die darauf entfallende Umsatzsteuer aus dem Verwertungserlös gemäß § 170 Abs. 1 InsO entnommen werden könnte.

Meines Erachtens ist der Ansatz für die Differenzierung zwischen Feststellungs- und Verwertungskosten nicht zutreffend. Bei beiden Kostenarten sind Pauschalierungen vorgesehen und zwar laut

RefE-InsO, 3. Teil (B), S. 211

im Interesse der Praktikabilität. Dies ändert nichts an dem Grundsatz, dass sich die Pauschalisierungen an den tatsächlichen Kosten orientieren. Da gerade die Verwertungskosten – je nach der gewählten Art der Verwertung – erheblichen Schwankungen unterliegen, hat die InsO die Möglichkeit von Zu- und Abschlägen vorgesehen; der Wortlaut des § 171 Abs. 2 Satz 2 InsO setzt gerade die Erheblichkeit voraus. Diese Schwankungen sind in erster Linie auf Drittkosten (z. B. Gerichtsgebühren, Beitreibungskosten, Anwaltshonorare, Kosten für Makler und andere Verwertungsspezialisten; teilweise zuzüglich Umsatzsteuer!) zurückzuführen und gerade nicht auf einen Arbeitsaufwand des Insolvenzverwalters, der von der Pauschale nicht mehr gedeckt werden könnte. Demzufolge sieht § 171 Abs. 2 Satz 2 InsO gerade keine einzelfallbezogene Abrechnung vor, die Pauschale ist auch bei der Verwertung nichts anderes als eine Beteiligung an den allgemeinen Verfahrenskosten. Ferner setzt jede Verwertungsleistung eine vorherige Prüfung der Rechtsverhältnisse an einem Absonderungsgegenstand sowie die tatsächliche Ermittlung und gegebenenfalls die Trennung des Sicherungsgutes von anderen Sachen zwingend voraus. Daher ist die Differenzierung zwischen Feststellung (= keine sonstige Leistung der Masse) und entgeltlicher Verwertungsleistung nicht überzeugend, eine unterschiedliche umsatzsteuerliche Behandlung beider „Handlungsabschnitte" nicht gerechtfertigt.

Die weitere Frage in diesem Zusammenhang, ob die Pauschalen nach § 171 Abs. 1, Abs. 2 InsO als Brutto- oder Nettoerlöse aufzufassen sind, beantwortet auch

Onusseit, ZIP 2000, 777, 780 f

eindeutig im Sinne des Bruttoerlöses, also inklusive der Umsatzsteuer.

323 – Aus dem Restbetrag ist sodann unverzüglich der absonderungsberechtigte Gläubiger zu befriedigen (§ 170 Abs. 1 Satz 2 InsO).

Vgl. hierzu
Sundermeier/Wilhelm, DStR 1997, 1129.

324 Ein Verwertungsrecht des absonderungsberechtigten Gläubigers verbleibt noch in folgenden Fällen:

– wenn der Verwalter eine mit einem Absonderungsrecht verbundene Sache nicht in seinem Besitz hat (§ 173 InsO) bzw. zur Verwertung einer Forderung nicht berechtigt ist;

– wenn der Verwalter einen Gegenstand, zu dessen Verwertung er berechtigt ist, dem Gläubiger zur Verwertung überlässt (§ 170 Abs. 2 InsO). In diesem Fall hat der Gläubiger aus dem Verwertungserlös vorweg einen Betrag in Höhe der Kosten der Feststellung sowie einen anfallenden Umsatzsteuerbetrag an die Masse abzuführen.

In der ersten Alternative dürfte es einem Kreditinstitut unbenommen sein, **325** den Insolvenzverwalter mit der Verwertung der Sicherheiten für Rechnung der Bank/Sparkasse zu beauftragen. Grundlage bildet eine Vereinbarung mit folgenden Regelungsgegenständen:

- Bezeichnung der Sicherheiten
- Auftrag und Vollmacht zur Verwertung
- besondere Regelungen für die einzelnen Sicherheiten, z. B. Reihenfolge der Verwertung der Vorräte, Verfahrensweise bei Mängeleinreden der Abnehmer, Ablösung von Eigentumsvorbehalten, Einreden bei Forderungseinzug, Gewährleistungsprobleme etc.
- Regelungen für die Abrechnung gegenüber dem Kreditinstitut und der Abwicklung (gesonderte Konten etc.); systematisch sind bei diesem Punkt die Abrechnungsmodalitäten zu erfassen:

Bruttoverwertungserlös

./. Umsatzsteuer (§ 171 Abs. 2 Satz 3 InsO)

./. Feststellungskosten (§ 171 Abs. 1 InsO)

./. Drittkosten der Verwertung (§ 171 Abs. 2 Satz 2 InsO)

./. Verwertungskosten

Nettoverwertungserlös

./. valutierte Forderung des Gläubigers zuzüglich Zinsen nach § 169 InsO

Ein etwaiger Überschuss steht der Masse zu.

- Ausschluss von Ansprüchen gegen die Masse oder gegen den Verwalter
- Bemessungsgrundlage und Höhe der Aufwandsentschädigung für Insolvenzverwalter und Masse
- Schlussvorschriften.

Überlässt der Insolvenzverwalter dem absonderungsberechtigten Gläubiger **326** einen Gegenstand zur Verwertung (§ 170 Abs. 2 InsO), sind folgende Regelungsgegenstände zu beachten:

- Bezeichnung der Sicherheiten;

- Überlassung des Gegenstandes zur Verwertung, ggf. mit Angabe formeller Voraussetzungen (z. B. Mitteilung nach § 168 Abs. 1 InsO; Selbsteintrittsrecht nach § 168 Abs. 3 InsO etc.);
- Zahlung des Gläubigers bei Überlassung sowohl der anfallenden Umsatzsteuer (§ 51 Abs. 1 Satz 2 Nr. 2 UStDV) als auch der pauschalierten Verwertungskosten (§ 170 Abs. 2, § 171 Abs. 2 Satz 1, satz 3 InsO);
- Bemessungsgrundlage der Umsatzsteuer und der Feststellungskosten;
- Ausgleichspflichten nach Feststellung des tatsächlichen Verwertungserlöses;
- Abwicklungsmodalitäten;
- Treuhandvereinbarung bzgl. erhaltener Beträge bis zur Abrechnung und Schlussvorschriften.

k) Sicherheitenpooling

327 In einem Poolvertrag bringen mehrere Sicherungsnehmer ihre Sicherungsrechte mit der Zielrichtung ein, diese gemeinsam zu verwalten und zu verwerten. Sie sind daran interessiert, tatsächliche oder rechtliche Abgrenzungsschwierigkeiten zu beseitigen, aber auch, den ungeordneten Zugriff eines jeden Sicherungsnehmers auf sein Sicherungsgut zu vermeiden.

328 Unter insolvenzrechtlichen Aspekten bestehen gegen Poolvereinbarungen keine Bedenken, wenn die einzelnen eingebrachten Rechte individuell wirksam und durchsetzungsfähig sind und die Poolvereinbarung die Vermeidung tatsächlicher Beweisschwierigkeiten bezweckt.

> BFH, Urt. v. 16. 3. 1995 – V R 72/93,
> ZIP 1996, 510, 511;
> dazu EWiR 1996, 621 (*Onusseit*);
> BGH, Urt. v. 3. 11. 1988 – IX ZR 213/87,
> ZIP 1988, 1534, 1535 = WM 1988, 1784, 1785;
> dazu EWiR 1989, 153 (*Tiedtke*);
> BGH, Urt. v. 19. 3. 1998 – IX ZR 22/97,
> ZIP 1998, 793, 799;
> OLG Karlsruhe, Urt. v. 19. 4. 1978
> – 13 U 43/77, WM 1979, 343;
> speziell zu Sicherheitenabgrenzungsverträgen
> *Peters*, ZIP 200, 2238, 2241.

2. Absonderungsrechte

Unter diesen Voraussetzungen können Poolverträge auch in der Krise oder auch noch nach Verfahrenseröffnung geschlossen werden. Da keine neuen Rechte begründet werden, sind insolvenzspezifische masseschützende Regelungen nicht tangiert. Ein solcher Poolvertrag regelt vielmehr nur das Innenverhältnis unter mehreren Gläubigern. **329**

> Vgl. *Reinicke/Tiedtke*, WM 1979, 186 ff.

Im Gegensatz hierzu sind Poolvereinbarungen im Insolvenzverfahren unwirksam, die sich auf Sicherungsrechte beziehen, die im Falle individueller Geltendmachung nicht durchsetzbar wären. **330**

> OLG Karlsruhe, Urt. v. 19. 4. 1978
> – 13 U 43/77, WM 1979, 343, 345.

Derartigen Vereinbarungen steht § 81 InsO entgegen oder sie unterliegen – wenn in der Krise geschlossen – der Anfechtung, da diese nicht ohne Mitwirkung des Gemeinschuldners getroffen werden können. Insolvenzrechtlich unwirksam bzw. anfechtbar wäre auch eine Vereinbarung, durch die weitere Forderungen in der Krise oder nach Verfahrenseröffnung einbezogen werden sollen. Anfechtungsrechtlich relevant ist auch die Ausweitung des Sicherungsgegenstandes im Poolvertrag; **331**

> vgl. BGH, Urt. v. 19. 3. 1998 – IX ZR 22/97,
> ZIP 1998, 793, 799
> im Zusammenhang mit einer Konzernklausel.

Handelt es sich nicht um einen reinen Poolvertrag, sondern um einen durch poolvertragliche Elemente erweiterten neuen Sicherungsvertrag zwischen dem Schuldner und seinen Gläubigern, ergibt sich ebenfalls entweder die insolvenzrechtliche Unwirksamkeit oder seine Anfechtbarkeit nach den Regelungen der Insolvenzordnung. So kann ein Sicherheitenpoolvertrag, in dem Gläubiger und Schuldner eine Ausweitung des Sicherungsgegenstandes vereinbaren, auch dann der Absichtsanfechtung unterliegen, wenn der durch eine Konzernklausel festgelegte Sicherungszweck nicht verändert wird. **332**

> BGH, Urt. v. 19. 3. 1998 – IX ZR 22/97,
> ZIP 1998, 793, 799;
> dazu EWiR 1998, 699 (*Eckardt*).

Haben die Vertragspartner eine Saldenausgleichsklausel verankert, ergeben sich in der Insolvenz ebenfalls keine Besonderheiten; insbesondere sind die Grundsätze zur Unterdeckungnahme von Forderungen nicht an- **333** wendbar, da die gesicherten Forderungen anteilig durch die Verwertungserlöse zurückgeführt werden. Durch die Saldenausgleichsklausel wird auch das Forderungsvolumen nicht erhöht, da es sich nur um eine „interne Vereinbarung" handelt.

334 Kreditversicherer und Lieferanten treten häufig vor, aber auch nach Eröffnung eines Insolvenzverfahrens an die Kreditinstitute heran und schlagen den Abschluss eines so genannten Abgrenzungsvertrages vor. Dabei handelt es sich ebenfalls um Poolvereinbarungen. Inhaltlich sind die Bestimmungen darauf gerichtet, Abgrenzungs- und Beweisschwierigkeiten zu vermeiden, die bei der Geltendmachung der jeweiligen Sicherungsrechte der verschiedenen Gläubigergruppen (Kreditinstitute: Globalzession, verlängerte Sicherungsübereignung; Lieferanten: verlängerter Eigentumsvorbehalt, Rechtsfolgen aus Verbindung, Vermischung, Verarbeitung) entstehen. Bei Vertragsabschlüssen nach Anordnung der vorläufigen Insolvenzverwaltung oder nach Verfahrenseröffnung bedarf es der Mitwirkung des (vorläufigen) Insolvenzverwalters. Der Beitritt zum Pool setzt die Feststellung entsprechender Absonderungsrechte voraus. Zum Regelungsbedarf für Lieferanten mit einfachem Eigentumsvorbehalt und zu sog. Eigentumsvorbehaltsklauseln

Peters, ZIP 2000, 2238, 2240, 2242.

335 Im Gegenzug dazu sollten sich die Lieferanten verpflichten, ihre Sicherungsrechte während der Laufzeit der Vereinbarung individuell nicht durchzusetzen. Die Kreditversicherer sollten die Verpflichtung übernehmen, die Versicherungslimite, die sie den Warenlieferanten und Leistungsgläubigern eingeräumt haben, aufrechtzuerhalten – möglichst zu unveränderten Bedingungen – sowie auf die Lieferanten mit dem Ziel einzuwirken, dass diese ihre Lieferungen und Leistungen gegenüber der insolvenzbedrohten oder insolventen Firma fortsetzen. Schließlich sollen sich die Kreditinstitute verpflichten, ihre Betriebsmittelfinanzierungen offen zu halten. Die finanzwirtschaftlichen Maßnahmen müssen jedoch der Sanierung dienen, zumindest jedoch einer bestmöglichen Verwertung der Sicherheiten im Rahmen einer Auslaufproduktion.

336 Kernbestandteil ist die Absprache über die Erlösverteilung, deren Ausgangspunkt die Forderungen der Warenlieferanten, die unter (verlängertem) Eigentumsvorbehalt geliefert haben, sind; denn die branchenüblich einem verlängerten Eigentumsvorbehalt unterliegenden Forderungen wer-

den von einer Globalzession „mit dinglicher Wirkung" ausgenommen (siehe oben Rz. 15).

Vgl. BGH, Urt. v. 8. 10. 1986 – VIII ZR 342/85, ZIP 1987, 85, 90.

Daher wird diese Gruppe – soweit der Vereinbarung beigetreten – bis zur **337** Höhe der gesicherten Warenforderungen, höchstens jedoch bis zur Höhe einer festzulegenden Quote der Nettoerlöse primär berücksichtigt. Verbleibende Beträge stehen den Kreditinstituten bis zur Höhe ihrer Forderungen oder einer ausgehandelten Quote zu. Sodann folgen die Ansprüche der Lieferanten aus Forderungen, die über die gesicherten Warenforderungen hinausgehen. Nicht benötigte Beträge stehen dem Sicherungeber bzw. der Masse zu, es sei denn, Ansprüche **nicht** beigetretener Lieferanten sind ebenfalls in die Vereinbarung einbezogen worden. Abgesprochene Verteilungsschlüssel können sich im Zuge der Vertragslaufzeit ändern und müssen somit angepasst werden können.

Peters, ZIP 2000, 2238, 2245.

Weitere Regelungsgegenstände sind – wie bei anderen Poolvereinbarungen **338** auch – insbesondere

- Treuhandregelungen
  (mit genauer Bezeichnung der Sicherheiten)
- Sicherungszweckerklärungen
  (mit genauer Auflistung der gesicherten Forderungen)
- Verwertungsbestimmungen
  (z. B. Rücknahme von Roh-, Hilfs-, Betriebsstoffen zum ursprünglichen Rechnungswert; Veräußerung von Waren jeglicher Verarbeitungsstufe);
- Nachweispflichten, Informationsrechte und -pflichten
- Schlussbestimmungen.

l) Ersatzabsonderung

Nach § 48 InsO kann ein Aussonderungsberechtigter die Ersatzaussonde- **339** rung geltend machen, wenn der Gegenstand, an dem das Aussonderungsrecht bestand, vor Verfahrenseröffnung vom Schuldner oder nach Verfahrenseröffnung vom Verwalter veräußert worden ist. Steht die Gegenleistung noch aus, kann die Abtretung des Anspruchs hierauf verlangt werden; wurde die Gegenleistung nach Verfahrenseröffnung zur Masse eingezogen, kann sie hieraus beansprucht werden, sofern die Gegenleistung sich noch unterscheidbar in der Masse befindet. Die Unterscheidbarkeit durch Buchungen reicht aus. Vgl. Rz. 261. Das Gleiche gilt, soweit die Gegenleistung vor Verfahrenseröffnung in die Masse gelangt ist und noch unterscheidbar verbunden ist. Seit der Geltung des § 48 Satz 2 InsO ist die frühere Rechtsprechung, wonach vor Verfahrenseröffnung eingegangene Beträge gerade keine Ersatzaus- oder -absonderung begründen, gegenstandslos; vgl. zur KO

>BGH, Urt. v. 11. 5. 1989 – IX ZR 222/88,
>ZIP 1989, 785;
>dazu EWiR 1989, 795 (*Stürner/Münch*);
>BGH, Beschl. v. 10. 12. 1998 – IX ZR 86/98,
>ZIP 1999, 75;
>dazu EWiR 1999, 103 (*Eckardt*).

340 Entsprechend besteht ein Recht auf Ersatzabsonderung, wenn ein Gegenstand, der einem Absonderungsrecht unterliegt, vor der Verfahrenseröffnung vom Schuldner oder danach vom Verwalter, veräußert wird, hierzu keine Berechtigung gegeben ist und der Gegenwert noch aussteht oder nach Verfahrenseröffnung vom Insolvenzverwalter eingezogen worden und noch unterscheidbar in der Masse vorhanden ist.

>BGH, Urt. v. 8. 1. 1998 – IX ZR 131/97,
>ZIP 1998, 298, 299;
>dazu EWiR 1998, 321 (*Undritz*);
>BGH, Urt. v. 19. 3. 1998 – IX ZR 22/97,
>ZIP 1998, 793, 797;
>dazu EWiR 1998, 699 (*Eckardt*).

341 An der erforderlichen Unterscheidbarkeit fehlt es nicht, wenn ein Gegenstand zusammen mit anderen zu einem Gesamtpreis veräußert wurde. Der Ersatzaus- oder Ersatzabsonderungsanspruch bezieht sich dann auf den entsprechenden Teil der Gegenleistung; hierfür ist der Aus- oder Absonderungsberechtigte darlegungs- und beweispflichtig. Dies gilt ausdrücklich bei der Veräußerung von Sachgesamtheiten zu einem Pauschalpreis. Haben die Parteien kein Interesse an einer Aufteilung des Kaufpreises auf die einzelnen Gegenstände im Rahmen der vertraglichen Regelungen, muss die Aufteilung für die Belange des Aus- und Absonderungsberechtigten nach dem Verhältnis des Wertes der einzelnen Kaufgegenstände vorgenommen werden.

2. Absonderungsrechte

> BGH, Urt.. v. 11. 3. 1999 – IX ZR 164/98,
> ZIP 1999, 626.

Das gleiche Urteil befasst sich auch mit den verschiedenen Möglichkeiten **342**
der Verbuchung des Erlöses.

Gelangt der Erlös aus der Veräußerung eines solchen Gegenstandes auf ein vom Verwalter zu diesen Zwecken eingerichtetes Sonderkonto, ist es somit von der Masse unterscheidbar vorhanden.

Auch bei der Einzahlung auf ein allgemeines Bankkonto des Verwalters ist **343**
die Unterscheidbarkeit gegeben, weil der Erlös aufgrund der Buchungen und der dazugehörenden Belege von den anderen Gutschriften individualisiert werden kann. Die Tatsache, dass nach Gutschrift das Konto mit Zahlungsausgängen belastet wird, hebt die Unterscheidbarkeit nicht auf. Steht nämlich ein bestimmter auf den Konto gutgeschriebener Betrag materiell nicht der Masse, sondern einem Dritten zu, gilt er solange als noch vorhanden, als das Konto eine ausreichende Deckung aufweist.

> BGH, Urt. v. 11. 3. 1999 – IX ZR 164/98,
> ZIP 1999, 626, 627.

Selbst ein Rechnungsabschluss im Kontokorrent, der infolge der Saldoan- **344**
erkennung die in die laufende Rechnung eingestellten Einzelforderungen untergehen lässt, ändert hieran nichts. Allerdings besteht die Ersatzaus- oder -absonderungsmöglichkeit nur bis zur Höhe des in der Zeit nach Gutschrift des Veräußerungserlöses eingetretenen niedrigsten Saldos. Eine spätere Wiederauffüllung des Kontos durch andere Gutschriften lässt den Anspruch nicht wieder aufleben. Dabei ist nicht nur auf die jeweiligen Salden an den Rechnungsabschluss-Stichtagen abzustellen, sondern jeder zwischenzeitliche niedrigere Tagessaldo ist von Bedeutung.

> BGH, Urt. v. 11. 3. 1999 – IX ZR 164/98,
> ZIP 1999, 626, 628.

Die Einziehung einer Forderung steht einer entgeltlichen Veräußerung **345**
gleich.

> BGH, Urt. v. 5. 3. 1998 – IX ZR 265/97,
> WM 1998, 838, 840.

In der Überweisung des Gegenwertes auf das Schuldnerkonto liegt die Ge- **346**
genleistung i. S. d. § 48 InsO für die gleichzeitig bewirkte Schuldbefreiung.

347 Hat der Schuldner vor Verfahrenseröffnung fremde Forderungen eingezogen und ist die Gegenleistung noch in der Masse unterscheidbar vorhanden, ist nach

> OLG Köln, Urt. v. 18. 4. 2002
> – 12 U 95/01, ZIP 2002, 947, 950 f

eine anteilige Kürzung vorzunehmen, wenn das verfügbare Guthaben nicht zur Befriedigung aller Ersatzaus- (oder -ab)sonderungsansprüche ausreicht. Das Urteil enthält auch Ausführungen zur Berechnung; dabei geht es grundsätzlich vom Verhältnis jedes Tagessaldos zu der Gesamtheit aller im Zeitpunkt der Saldierung bestehenden ersatzaussonderungsfähigen Forderungen aus.

348 Ist die Gegenleistung noch nicht in die Masse gelangt, kann der Berechtigte die Abtretung des Anspruchs hierauf verlangen (§ 48 Satz 1 InsO).

349 Vgl. zum Ersatzabsonderungsrecht bei **vor** Verfahrenseröffnung in die spätere Masse gelangten Gegenwerten, soweit diese nach Eröffnung noch unterscheidbar in der Masse vorhanden sind.

> OLG Stuttgart, Urt. v. 24. 10. 2001
> – 9 U 28/01, ZIP 2001, 2183, 2184 (n. rkr.);
> BGH, Urt. v. 5. 3. 1998 – IX ZR 265/97,
> WM 1998, 838, 841,
> der die analoge Anwendung des § 48 InsO auf
> die zuvor bestehende Rechtslage ablehnte.

350 Die Insolvenzordnung regelt – im Gegensatz zum § 56a des Referentenentwurfes 1989 – das Ersatzabsonderungsrecht nicht ausdrücklich. Dem Rechtsgedanken des § 48 InsO kann aber die Fortgeltung der bisherigen Rechtsgrundsätze entnommen werden.

351 Gerade bei der Gestaltung von Vergleichs- und Verwertungsvereinbarungen mit dem Insolvenzverwalter müssen angesichts des Risikos der Masseinsuffizienz die Voraussetzungen für Ersatzaus- und -absonderungsrechte geschaffen werden. Insbesondere dann, wenn der Bank/Sparkasse nur Teile des Verwertungserlöses zustehen, sollte die Verpflichtung des Verwalters verankert werden, diese Beträge gesondert auszuweisen oder auf ein besonderes Konto zu überweisen. Nur wenn die dem Kreditinstitut zustehenden Erlöse von anderen Beträgen abgegrenzt werden können, kommt eine vollständige Ersatzaus- oder -absonderung in Betracht.

2. Absonderungsrechte

352 Sind die Voraussetzungen einer Ersatzabforderung nicht erfüllt, weil z. B. Forderungen vor Verfahrenseröffnung unberechtigt eingezogen wurden, steht dem Gläubiger allenfalls ein Anspruch aus § 816 Abs. 2 BGB als einfache Insolvenzforderung zu.

BGH, Urt. v. 6. 4. 2000 – IX ZR 422/98,
BB 2000, 2222, 2223.

353 Nichts anderes gilt bei einem Zufluss der Gegenleistung nach Anordnung der vorläufigen Insolvenzverwaltung, solange eine Befugnis zur Forderungseinziehung oder Scheckeinlösung besteht. Erst wenn die Einziehungsermächtigung widerrufen ist, können infolge der unberechtigten Einziehung Ansprüche nach § 48 InsO ausgelöst werden.

BGH, Urt. v. 6. 4. 2000 – IX ZR 422/98,
BB 2000, 2222, 2224.

354 Bestand allerdings zwischen dem Schuldner und dem absonderungsberechtigten Gläubiger eine Vertragsabrede dahingehend, dass im Zusammenhang mit einer Zession eingehende Schecks ohne weitere Voraussetzungen an den Gläubiger herauszugeben sind, verbleibt das sich aus einer unberechtigten Einlösung ergebende Risiko des Entstehens von Ersatzabsonderungsrechten beim Insolvenzverwalter.

OLG Stuttgart, Urt. v. 24. 10. 2001
– 9 U 28/01, ZIP 2001, 2183, 2185 (n. rkr.)

VII. Grundpfandrechte

Wirksam entstandene und in der Insolvenz noch bestehende Grundpfandrechte gewähren dem Gläubiger in der Insolvenz ein Absonderungsrecht an den Gegenständen, die der Zwangsvollstreckung in das unbewegliche Vermögen unterliegen (§ 49 InsO). Die abgesonderte Befriedigung richtet sich nach dem Gesetz über die Zwangsversteigerung und die Zwangsverwaltung. 355

Wesentliche Fragen in der Praxis der Insolvenzabwicklung sind 356

- Entstehung und Bestand des Grundpfandrechts
- Umfang des Grundpfandrechts und Abtretung (einschließlich Rückgewähransprüche)
- keine Löschungsansprüche
- keine Anfechtung oder Rückschlagsperre nach § 88 InsO.

1. Entstehungszeitpunkt

Gerade bei Bauträger-Insolvenzen spielt die Frage der wirksamen Entstehung der Grundpfandrechte erfahrungsgemäß eine entscheidende Rolle: 357

- Ist die Einigung über die Grundschuldbestellung bindend geworden und der Eintragungsantrag beim Grundbuchamt eingegangen, hindert der nachfolgende Insolvenzeintritt die Entstehung der Grundpfandrechte nicht (§§ 873 Abs. 2, 878 BGB, §§ 81 Abs. 1 Satz 2, 91 Abs. 2 InsO). Allerdings kommt die Schutzwirkung des § 878 BGB dem Grundschulderwerber dann nicht zugute, wenn ein Antrag auf Eintragung einer Grundschuld rechtmäßig zurückgewiesen wird, danach der Grundschuldbesteller in der Verfügung beschränkt wird und später die Zurückweisung aufgehoben wird und die Eintragung auf neuen Tatsachen beruht. 358

    BGH, Urt. v. 17. 6. 1997 – XI ZR 119/96,
    ZIP 1997, 1585, 1586 f.

- Bei nicht rechtzeitiger Antragstellung kann ein Gläubiger ein Grundpfandrecht gutgläubig erwerben, wenn er im Zeitpunkt, in dem der Eintragungsantrag beim Grundbuchamt eingeht, keine Kenntnis von der Eröffnung des Insolvenzverfahrens hatte und der Insolvenzvermerk im Grundbuch (vgl. § 32 InsO) noch nicht eingetragen war (§ 81 Abs. 1 Satz 2 InsO, § 892 BGB). 359

VII. Grundpfandrechte

360 – Hat sich der Käufer/Bauherr eine Auflassungsvormerkung eintragen lassen und geht diese rangmäßig einem späteren Insolvenzvermerk vor, wirkt sie auch gegenüber dem Verwalter (§ 106 InsO). Die Vormerkung ist selbst dann insolvenzfest, wenn der Schuldner gegenüber dem Gläubiger weitere Verpflichtungen übernommen hat und diese nicht oder nicht vollständig erfüllt sind (§ 106 Abs. 1 Satz 2 InsO). Diese Regelung beschränkt sich auf den Anspruch auf Übereignung; wegen der weiteren Verpflichtungen eines Bauträgers ist das Verwalter-Wahlrecht nach § 103 InsO jedoch nicht ausgeschlossen. Auf erbrachte Teilleistungen ist § 105 InsO anwendbar (vgl. Rz. 394). Zur Teilbarkeit vgl.

BGH, Urt. v. 25. 4. 2002 – IX ZR 313/99,
ZIP 2002, 1093, 1094.

2. Zubehör

361 Hinsichtlich des Umfanges des Absonderungsrechtes entstehen häufig im Zusammenhang mit dem Zubehör Streitigkeiten mit dem Insolvenzverwalter:

362 – Zubehöreigenschaft (§§ 1120, 97, 98 BGB);

363 – Enthaftung (§§ 1121 f BGB):
Der Erlös aus der Veräußerung von Zubehör (auch: Erzeugnisse und sonstige Bestandteile) des haftenden Grundstücks unter den Voraussetzungen des § 1121 Abs. 1 BGB (Veräußerung und Entfernung vor Beschlagnahme) fällt in die Masse.

364 Wird Grundstückszubehör nach einer Betriebsstilllegung veräußert, gilt, dass

– mit Betriebsstilllegung die Zubehöreigenschaft aufgehoben ist, weil die Zweckbestimmung auf Dauer entfällt;

Gerhardt, Grundpfandrechte im Insolvenzverfahren, Rz. 105;

– die Inventarstücke damit jedoch noch nicht aus dem Haftungsverband des Grundpfandrechtes ausscheiden, da eine Veräußerung „innerhalb der Grenzen einer ordnungsmäßigen Wirtschaft" bei einer Betriebsstilllegung nicht gegeben ist.

BGH, Urt. v. 21. 3. 1973 – VIII ZR 52/72,
NJW 1973, 997, 998;

BGH, Urt. v. 30. 11. 1995 – IX ZR 181/94,
ZIP 1996, 223, 224;
dazu EWiR 1996, 259 (*Plander*);
überwiegende Meinung; vgl. zum Streitstand
Gerhardt, Grundpfandrechte im Insolvenzverfahren, Rz. 106.

Jedoch kann eine Enthaftung bei Veräußerung und Entfernung vor Beschlagnahme auch außerhalb der Grenzen einer ordnungsmäßigen Wirtschaft eintreten. 365

BGH, Urt. v. 21. 3. 1973 – VIII ZR 52/72,
NJW 1973, 997, 999.

Generell ist anzumerken, dass die Veräußerung und Entfernung durch den Insolvenzverwalter einer solchen durch den Grundstückseigentümer gleichstehen. 366

– Recht am Erlös: 367
Verfügt der Insolvenzverwalter nicht innerhalb der Grenzen einer ordnungsmäßigen Wirtschaft, handelt er dem Grundpfandgläubiger gegenüber rechtswidrig, wie sich aus § 1135 i. V. m. § 823 Abs. 2 BGB ergibt. Daher steht der Erlös dann dem Absonderungsberechtigten zu.

BGH, Urt. v. 21. 3. 1973 – VIII ZR 52/72,
NJW 1973, 997, 999.

Hält sich der Insolvenzverwalter bei der Veräußerung von Zubehör innerhalb der Grenzen ordnungsmäßiger Bewirtschaftung – so auch beim Austausch von Inventarstücken –, steht der Erlös der Masse zu. 368

Nach einer Beschlagnahme steht dem Kreditinstitut als Grundpfandrechtsgläubiger ein Ersatzabsonderungsrecht am Erlös von veräußerten Zubehörstücken zu, da die Beschlagnahme ab der Eintragung des Versteigerungsvermerkes im Grundbuch als bekannt gilt (§ 23 Abs. 2 Satz 2 ZVG), so dass ein gutgläubiger Erwerb ausscheidet. 369

– Steuerfragen: 370
Die Verwertung von Zubehör wird steuerrechtlich anders behandelt als die Grundstücksverwertung. Verwertet der Insolvenzverwalter Zubehörstücke, verschafft er dem Erwerber die Verfügungsmacht. Umsatzsteuerrechtlich liegt eine Lieferung vor. Die daraus resultie-

rende Umsatzsteuer gehört zu den Masseverbindlichkeiten i. S. d. § 55 Abs. 1 Nr. 1 InsO.

BFH, Urt. v. 4. 7. 1957 – V 199/56 U, BStBl III 1957, 282.

371 Nach § 2 Abs. 1 GrEStG wird Zubehör von der Grunderwerbsteuer ausdrücklich ausgenommen.

372 – Entsprechend der Regelung über die pauschalen Kostenbeiträge in § 171 InsO sieht auch § 10 Abs. 1 Nr. 1a ZVG (vgl. Art. 20 EGInsO) vor, dass im Fall der Zwangsversteigerung eines Grundstücks der Insolvenzmasse diejenigen Kosten zu erstatten sind, die durch die Feststellung des mithaftenden Grundstückszubehörs entstehen. Die Pauschale beträgt 4 % des Verkehrswertes der Mobilien.

373 Ein praktisches Problem setzt daran an, dass sich Kreditinstitute Zubehörstücke oftmals noch sicherungsübereignen lassen, und sei es nur als rechtlicher Schutz vor einer Enthaftung. Der Insolvenzverwalter wendet dann §§ 166 ff InsO an mit der Folge, dass er pauschalisiert 9 % (Feststellungs- und Verwertungskosten nach § 171 Abs. 1, Abs. 2 Satz 1 InsO) verlangt, zuzüglich der anfallenden Umsatzsteuer. Will das Kreditinstitut sich auf die geringere Pauschale des § 10 Abs. 1 Nr. 1a ZVG berufen, wird es die Verwertung des Zubehörs im Wege der Versteigerung betreiben müssen.

374 – Verwertungsvereinbarung über Zubehör: Regelungsgegenstände sind:

– Bezeichnung der Zubehörstücke

– Zustimmung des/der Grundpfandgläubiger(s) zur Verwertung (vor Versteigerung des Grundstücks)

– zeitlicher Umfang der Verwertungshandlungen

– Verpflichtung der Bank/Sparkasse, zunächst keine Beschlagnahme herbeizuführen

– Sicherungsmaßnahmen

– Erlösabrechnung und -verteilung

– Anrechnung auf detailliert aufgeführte Forderungen

– Einrechnung laufender Zinsen

– wurden Zubehörgegenstände gleichzeitig dem gleichen Sicherungsnehmer sicherungsübereignet, muss sich dieser zumindest die Entscheidung vorbehalten, ob der Erlös als Verwertung des Sicherungseigentums oder als Zubehörverwertung entgegengenommen wird

– Kostentragung

– Anteil am Erlös zur Masse

– Umsatzsteuer

– Schlussbestimmungen.

3. Miet-/Pachtzinsansprüche

Im Rahmen des § 1124 Abs. 1 BGB i. V. m. § 80 InsO kann der Insolvenzverwalter Miet- und Pachtzins einziehen; Verfügungen, die einer Beschlagnahme zeitlich vorangehen, sind Grundpfandgläubigern gegenüber wirksam. Sofern nicht zusätzlich eine Zession dieser Ansprüche vereinbart war, verletzt der Insolvenzverwalter keine Pflichten. Jedoch ist § 110 InsO bei einer Abtretung der Miet-/Pachtzinsansprüche zu beachten. Danach sind Vorausverfügungen vor Verfahrenseröffnung gegenüber der Insolvenzmasse nur insoweit wirksam, als sie sich auf den bei Verfahrenseröffnung laufenden Monat und – bei Eröffnung nach dem 15. eines Monats – auf den laufenden und den Folgemonat beziehen. 375

Über eine Beschlagnahme durch Zwangsverwaltung oder dingliche Pfändung, 376

vgl. *Lauer*, MDR 1984, 977,

kann der absonderungsberechtigte Gläubiger seine Rechte geltend machen und gleichzeitig erreichen, dass die Wirkungen des § 1124 Abs. 2 BGB eintreten.

Der Grundpfandgläubiger kann auf solche Miet- und Pachtzinsansprüche nicht zugreifen, die nicht entstehen oder nicht durchsetzbar sind. Dem Urteil des 377

BGH, Urt. v. 16. 10. 1989 – II ZR 307/88,
BGHZ 109, 55 = ZIP 1989, 1542;
dazu EWiR 1990, 371 (*Fabritius*)

lag folgender Sachverhalt zugrunde: Eine GmbH & Co. KG hatte von den Kommanditisten, die gleichzeitig Gesellschafter der Komplementär-GmbH waren, Geschäftsräume und ein Lagergrundstück gemietet. Die GmbH & Co. KG fiel in Konkurs. Der Konkursverwalter verklagte einen Gesellschafter auf Rückzahlung erhaltener Mieten. Anspruchsgrundlage waren die §§ 37 Abs. 1, 32a KO (entsprechend: §§ 143, 135 InsO).

378 Vermietet ein Gesellschafter an eine GmbH, eine GmbH & Co. KG oder an eine kapitalistische OHG Wirtschaftsgüter, ist unter folgenden Voraussetzungen Kapitalersatz anzunehmen:

379 – Die Gebrauchsüberlassung ermöglicht es der insolvenzreifen oder ohne Unterstützung des Gesellschafters nicht mehr lebensfähigen Gesellschaft, ihren Geschäftsbetrieb fortzusetzen, und zwar zu einer Zeit, in der ein außenstehender Dritter ihr weder die Nutzung des Wirtschaftsgutes noch einen Kredit zu dessen Ankauf zur Verfügung stellen würde (§ 32a Abs. 3 GmbHG).

380 – Das Unvermögen einer Gesellschaft, die Investitionskosten für ein bestimmtes Wirtschaftsgut aus eigener Kraft aufbringen oder beschaffen zu können, reicht aber in Fällen der Gebrauchsüberlassung allein nicht aus, um eine Krisenfinanzierung und die Umqualifizierung der Gesellschafterleistung in haftendes Kapital annehmen zu können; vielmehr muss hinzukommen, dass anstelle des Gesellschafters kein außenstehender Dritter zur Gebrauchsüberlassung bereit gewesen wäre. Dies ist beispielsweise bei Betriebsanlagen zu bejahen.

BGH, Urt. v. 16. 10. 1989 – II ZR 307/88,
ZIP 1989, 1542, 1544 = WM 1989, 1844, 1847.

381 Die Rechtsfolge der anwendbaren Regelungen über kapitalersetzende Gesellschafterdarlehen besteht u. a. darin, dass der Gesellschafter seinen Anspruch auf den Mietzins nicht geltend machen kann, solange dies zu Lasten des Stammkapitals ginge. Der Interessenkonflikt mit den Grundpfandgläubigern wurde höchstrichterlich dahingehend gelöst, dass die Wirkung einer eigenkapitalersetzenden Gebrauchsüberlassung an dem belasteten Grundstück endet, sobald ein im Wege der Zwangsverwaltung oder der sog. dinglichen Pfändung erlassener Beschlagnahmebeschluss wirksam geworden ist.

Siehe unten Rz.755 f;

vgl. BGH, Urt. v. 7. 12. 1998 – II ZR 382/96,
ZIP 1999, 65, 67;
dazu EWiR 2000, 31 (v. Gerkan);
BGH, Urt. v. 31. 1. 2000 – II ZR 309/98,
ZIP 2000, 455, 456;
OLG München, Urt. v. 25. 4. 2001
– 27 U 856/00, EWiR 2001, 963 (Storz).

4. Verwertung

Bei der Verwertung von Grundstücken und grundstücksgleichen Rechten 382
im Zusammenhang mit einem Insolvenzverfahren sind zu unterscheiden

– die Verwertung durch den Absonderungsberechtigten nach ZVG,

– die Verwertung durch den Insolvenzverwalter nach § 165 InsO i. V. m. ZVG,

– die Verwertung durch den Absonderungsberechtigten auf Basis einer Verwertungsvereinbarung und

– die freihändige Verwertung durch den Insolvenzverwalter.

Das Recht des absonderungsberechtigten Gläubigers nach § 49 InsO beinhaltet, dass 382a

– bereits im Zeitpunkt der Eröffnung des Insolvenzverfahrens wirksam gewordene Zwangsversteigerungs- und Zwangsverwaltungsbeschlagnahmen (§§ 20, 22, 146, 151 ZVG) von der Eröffnung des Insolvenzverfahrens nicht berührt werden (§ 80 Abs. 2 Satz 2 InsO),

– auch eine Pfändung der Miet- und Pachtzinsansprüche aufgrund des dinglichen Titels nach Verfahrenseröffnung zulässig ist, da das Vollstreckungsverbot des § 89 Abs. 1 InsO nach seinem Wortlaut nur für Insolvenzgläubiger und nicht für Absonderungsberechtigte gilt,

– nach Eröffnung des Insolvenzverfahrens sowohl die Zwangsversteigerung als auch die Zwangsverwaltung aufgrund eines auf den Insolvenzverwalter umgeschriebenen Titels angeordnet werden kann.

Nach § 165 InsO kann der Insolvenzverwalter beim zuständigen Gericht die Zwangsversteigerung oder die Zwangsverwaltung eines unbeweglichen Gegenstandes der Insolvenzmasse betreiben, auch wenn an dem Gegenstand ein Absonderungsrecht besteht. Ergänzend gelten die §§ 174a, 10 Abs. 1 Nr. 1a ZVG. Wesentlich ist hierbei, dass der Insolvenzverwalter bis

VII. Grundpfandrechte

zum Schluss der Verhandlung im Versteigerungstermin verlangen kann, dass bei der Feststellung des geringsten Gebots nur die den Ansprüchen aus § 10 Abs. 1 Nr. 1a ZVG vorgehenden Rechte berücksichtigt werden. Das Grundstück ist mit der verlangten Abweichung auszubieten. Damit betreibt der Verwalter ein Eigenvollstreckungs- und -verwaltungsverfahren bestrangig.

> Vgl. zu den verfahrensrechtlichen Folgen
> *Muth*, ZIP 1999, 945
> und zur Umsatzsteuer
> *Onusseit*, ZIP 2000, 777, 781 ff.

383 Wurde vor Verfahrenseröffnung bereits eine Zwangsversteigerung eingeleitet, kann auf Antrag des Insolvenzverwalters diese ebenso wie jede im Insolvenzverfahren betriebene **Zwangsversteigerung** bis zum Schluss der Versteigerung einstweilen eingestellt werden (§ 30d ZVG). Dies ist möglich

- vor dem Berichtstermin nach § 29 Abs. 1 Nr. 1 InsO,

- wenn das unbewegliche Vermögen nach dem Ergebnis des Berichtstermines im Insolvenzverfahren für eine Unternehmensfortführung oder zur Vorbereitung einer Betriebsveräußerung oder einer anderen Sachgesamtheit benötigt wird,

- wenn durch die Versteigerung die Durchführung eines vorgelegten Insolvenzplanes gefährdet würde oder

- wenn durch die Versteigerung die angemessene Verwertung in sonstiger Weise wesentlich erschwert würde.

384 Als wirtschaftliches Äquivalent regelt § 30e ZVG, dass dem betreibenden Gläubiger für die Zeit nach dem Berichtstermin laufend die geschuldeten Zinsen innerhalb von zwei Wochen nach Fälligkeit aus der Masse gezahlt werden.

385 § 30e Abs. 2 ZVG regelt, dass zusätzlich ein durch die Nutzung entstehender Wertverlust durch laufende Zahlungen aus der Masse auszugleichen ist.

386 Diese Regelungen gelten nach § 30e Abs. 3 ZVG nicht, wenn nach der Forderungshöhe, dem Grundstückswert und der sonstigen Belastung nicht mit einer Befriedigung des Gläubigers aus dem Versteigerungserlös zu rechnen ist.

4. Verwertung

Zur einstweiligen Einstellung einer **Zwangsverwaltung** vgl. § 153b ZVG. Danach kann der Insolvenzverwalter beantragen, das vom Absonderungsberechtigten betriebene Zwangsvollstreckungsverfahren ganz oder teilweise einzustellen, wenn durch die Zwangsverwaltung eine wirtschaftlich sinnvolle Nutzung der Insolvenzmasse wesentlich erschwert würde (z. B. bei Unvereinbarkeit mit einem Verwertungs- oder Fortführungskonzept). Das Vollstreckungsgericht hat gleichzeitig einen Nachteilsausgleich zu Gunsten des Absonderungsberechtigten anzuordnen (§ 153b Abs. 2 ZVG), der sofort einsetzt und die Insolvenzmasse belastet. Entfallen die Voraussetzungen für die Einstellung später oder wurden die Zahlungsauflagen vom Insolvenzverwalter nicht erfüllt, kann die Aufhebung der einstweiligen Einstellung beantragt werden (§ 153c Abs. 1 ZVG).

387 Macht der Insolvenzverwalter von den vorstehenden, ihm eingeräumten Rechten keinen Gebrauch und führt der absonderungsberechtigte Gläubiger die Zwangsmaßnahme in das Grundstück durch, muss die Regelung des § 10 Abs. 1 Nr. 1a ZVG beachtet werden. Danach gehen dem betreibenden Gläubiger rangmäßig die Ansprüche vor, die der Insolvenzmasse auf Ersatz der Kosten für die Feststellung der beweglichen Sachen, auf die sich die Zwangsversteigerung erstreckt, zustehen. Diese sind mit 4 % des nach § 74a Abs. 5 Satz 2 ZVG festgesetzten Wertes pauschaliert.

388 Eine **freihändige** Veräußerung eines belasteten Grundstücks erfolgt meist auf der Basis einer Verwertungsvereinbarung zwischen Kreditinstitut und Insolvenzverwalter, welcher die Zustimmung des Gläubigerausschusses oder der Gläubigerversammlung (§ 160 Abs. 2 Nr. 1 InsO) einzuholen hat (ein Verstoß hiergegen führt nicht zur Unwirksamkeit des Geschäftes – § 164 InsO); zu regeln sind:

– Verwertungsgegenstand (einschließlich Belastungen);

– zeitliche Begrenzung;

– Preisuntergrenze;

– Erlösverteilung:
  bei lastenfreier Veräußerung Zug um Zug gegen Abgabe von Löschungsbewilligungen; das Kreditinstitut hat einen Anspruch auf abgesonderte Befriedigung aus dem Verkaufserlös.

  Sind mehrere Gläubiger vorhanden, empfiehlt sich eine Erlösverteilung nach den Rangklassen des § 10 ZVG; jedoch ist es auch möglich, hiervon abweichende Regelungen zu treffen.

In diesem Zusammenhang auch:
Regelung über die Geltendmachung von Zinsansprüchen während der Vertragsdauer;
- Vergütung für Makler, für Insolvenzverwalter
- Anteil des Erlöses zur Masse?
- eventuell: Bestehenbleiben der Grundpfandrechte (mit der Folge, dass dem Grundpfandgläubiger am Kaufpreis kein Absonderungsrecht zusteht).

> BGH, Urt. v. 10. 3. 1967 – V ZR 72/64,
> BGHZ 47, 181, 183.

- Umsatzsteuer:
Die freihändige Veräußerung eines Grundstücks ist grundsätzlich nicht umsatzsteuerpflichtig (§ 4 Nr. 9a UStG); jedoch kann der Insolvenzverwalter nach § 9 UStG den Grundstückskaufpreis der Umsatzsteuer unterwerfen. Die Ausübung der Option dürfte zu Masseverbindlichkeiten i. S. d. § 55 Abs. 1 Nr. 1 InsO führen (vgl. zur Vorgänger-Vorschrift § 58 Nr. 2 KO).

> *Welzel*, ZIP 1998, 1823, 1926, 1828;
> *Weiß*, Insolvenz und Steuern, S. 140;
> *Maus*, ZIP 2000, 339, 342;
> vgl. auch
> FG Niedersachsen, Urt. v. 31. 1. 1989
> – V 49/87, ZIP 1990, 399, 400 (n. rkr.);
> zum Vorsteuerberichtigungsanspruch auch
> FG Köln, Urt. v. 28. 9. 1989
> – 8 K 1995/88, ZIP 1990, 391, 392 (n. rkr.);
> dazu EWiR 1990, 391 (*Fahnster*).

389 – Weitere Regelungsgegenstände bestehen, wenn im Rahmen einer Baumaßnahme die Restfertigstellung aussteht und noch nicht veräußerte Wohn-/Gewerbeeinheiten verwertet werden müssen. Ist die Bank aus der Finanzierung heraus der hauptsächliche Risikoträger, empfiehlt sich die Ermächtigung der Bank seitens des Insolvenzverwalters zu allen erforderlichen Maßnahmen und eine Mitwirkungspflicht des Insolvenzverwalters, sofern marktgerechte Preise vereinbart werden. Dabei ist seitens des Kreditinstitutes zu berücksichtigen, dass sich bei der gleichzeitigen Finanzierung des Erwerbers Haftungsrisiken aus § 359; 358 Abs. 3 BGB n. F. ergeben können, wenn mehrere Vertragsbeteiligte eingeschaltet sind, jedoch ein verbundenes Geschäft vorliegt.

Aufträge zur Restfertigstellung bzw. Werkverträge hierzu können seitens der Bank über die Ermächtigung des Insolvenzverwalters im Namen und für Rechnung der Masse erteilt bzw. eingegangen werden, diese Aufwendungen sind dann Masseverbindlichkeiten. Die finanziellen Mittel hierzu stellt die Bank der Masse zur Verfügung. Die Rückführung erfolgt aus den Verkaufserlösen; die Kaufpreisansprüche werden an die Bank zediert. **390**

Nach Verwertung der Einheiten legt die Bank gegenüber dem Insolvenzverwalter Rechnung und meldet die Restforderung zur Tabelle an. Dabei sollte im Rahmen dieses Konzeptes Einvernehmen bestehen, dass die Bank bei der Ermittlung ihrer Ausfallforderung zunächst sämtliche Aufwendungen aus der weiteren Abwicklung (Kosten der Fertigstellung, Mängelbeseitigung, Vertriebskosten etc.) vorab von den Verwertungserlösen absetzen können sollte. Weitere in diesem Zusammenhang zu berücksichtigende Kosten können sich aus der Abrechnung von Minderflächen und aus der vergleichsweisen Regelung von Gewährleistungsansprüchen ergeben. **391**

Durch ein solches Konzept entsteht für die Masse keine wirtschaftliche Belastung; zur Abgeltung der Ansprüche der Masse und des Insolvenzverwalters wird ein Massezuschuss vereinbart. **392**

Gleichgültig, ob eine Kündigung des Bestellers nach § 8 Nr. 2 VOB/B, eine des Unternehmers nach § 649 BGB erfolgt oder der Insolvenzverwalter das Wahlrecht nach § 103 InsO ausübt: bei einem nicht vollständig erfüllten Pauschalvertrag muss zur Ermittlung des Wertes der erbrachten Teilleistungen in jedem Falle eine Abrechnung vorgenommen werden, d. h., der Vertrag wird in ein Abrechnungsverhältnis umgewandelt. **393**

> Vgl. OLG Köln, Urt. v. 23. 10. 1998
> – 19 U 26/98, EWiR 1999, 217 (*C. Schmitz*);
> vgl. zur Wirkung des Erfüllungswahlrechts auf teilweise erfüllte Verträge
> BGH, Urt. v. 4. 5. 1995 – IX ZR 256/93,
> ZIP 1995, 926, 927.

Dieses Abrechnungsverhältnis resultiert aus einem einheitlichen Vertragsverhältnis und beinhaltet – über den Wert der erbrachten Teilleistungen hinaus – etwaige Mehrkosten aus Sonderwünschen,

Mängeleinbehalte, Vertragsstrafen, Verzugsschäden, Sicherungseinbehalte etc. Diese Positionen werden saldiert. Aus diesen Gründen sind auf eine solche Verrechnung die Regelungen zur Aufrechnung nicht anwendbar.

394 Falls der Auftraggeber an der Vertragserfüllung festhält und den Bauvertrag nicht kündigt, ist § 105 InsO zu beachten. Danach kann der Insolvenzverwalter Subunternehmer und Vertragspartner von Sukzessiv-Lieferungsverträgen zur weiteren Erfüllung der von ihm geschuldeten vertraglichen (teilbaren) Leistungen anhalten; Masseverbindlichkeiten entstehen nur insoweit, als die zu erbringenden Leistungen auch der Masse zugute kommen. Rückständige Zahlungsansprüche aus der Zeit vor Vertragseröffnung oder vor Bestellung eines vorläufigen „starken" Verwalters bleiben hiervon unberührt. Gläubiger, die vor diesen Zeitpunkten Teilleistungen erbracht haben, sind insoweit Insolvenzgläubiger. Diese Leistungen kann der Gläubiger auch nicht aus der Masse herausverlangen (§ 105 Satz 2 InsO). Vgl. zur Teilbarkeit von Bauleistungen

BGH, Urt. v. 25. 4. 2002 – IX ZR 313/99,
ZIP 2002, 1093, 1094;

siehe unten Rz. 465.

395 Steuerrechtlich bestehen bei der Versteigerung eines Grundstückes keine Besonderheiten, gleichgültig, ob der Grundpfandgläubiger oder der Insolvenzverwalter das Verfahren betreibt. Umsatzsteuerrechtlich wird ein Umsatz des Schuldners an den Ersteher angenommen, der nach § 4 Nr. 9a UStG steuerbefreit ist; jedoch kann der Veräußerer zur Umsatzsteuer optieren.

BFH, Urt. v. 19. 12. 1985 – V R 139/76,
BStBl II 1986, 500;

BFH, Urt. v. 28. 11. 2002 – VII R 41/01,
ZIP 2003, 582,

dazu EWiR 2003, 303 (*Onusseit*).

396 Bei der Verwertung in der Zwangsversteigerung ist § 51 UStDV zu beachten, wonach der Erwerber die ihm in Rechnung gestellte Umsatzsteuer nicht an den Insolvenzverwalter oder an das Versteigerungsgericht zahlen darf, sondern er hat die Umsatzsteuer einzubehalten und an das für ihn zuständige Finanzamt abzuführen.

4. Verwertung

Die Verwertung von Grundstücken und grundstücksgleichen Rechten durch den Insolvenzverwalter außerhalb der Regelungen des ZVG kann nur mit Einbeziehung der Absonderungsberechtigten erfolgen. Entsprechende Verwertungsvereinbarungen bilden die Grundlage hierzu. Der Insolvenzverwalter betreibt hierbei die Veräußerung und/oder die Verwaltung des Grundbesitzes; die Masse erhält hierfür einen bestimmten Prozentsatz des Erlöses. Wesentlicher Regelungsgegenstand sind die Abrechnungsmodalitäten mit den Absonderungsberechtigten. Bei der Verwaltung sind Anfangszeitpunkt und Dauer zu bestimmen. **396a**

> Vgl. *Keller*, ZfIR 2002, 861, 867.

Das Zustimmungserfordernis durch den Gläubigerausschuss oder die -versammlung nach § 160 Abs. 2 Nr. 1 InsO ist bei Veräußerung zu beachten (vgl. § 164 InsO).

Bei freihändiger Grundstücksverwertung durch den Insolvenzverwalter und Verzicht auf die Umsatzsteuerbefreiung hat der Verwalter die Umsatzsteuer als Masseverbindlichkeit nach § 55 Abs. 1 Nr. 1 InsO an das Finanzamt zu zahlen. Zum Verzicht auf die Umsatzsteuerbefreiung bei unzulänglicher Masse vgl. **397**

> *Maus*, ZIP 2000, 339, 343.

Zur Umsatzsteuer als Massekosten bei Verwertung eines vom Verwalter freigegebenen Grundstücks durch den Schuldner und Abführung des Erlöses an den Grundpfandrechtsgläubiger **398**

> vgl. BFH, Urt. v. 16. 8. 2001 – V R 59/99,
> ZIP 2002, 230, 231 = ZfIR 2002, 156, 157.

Zur Bauabzugssteuer nach §§ 48, 48a EStG in der Insolvenz des Bauunternehmers vgl. **398a**

> BFH, Beschl. v. 13. 11. 2002 – I B 147/02,
> ZIP 2003, 173, 175.

Danach sind Steuerbeträge, die nach der Verfahrenseröffnung an das Finanzamt gezahlt wurden, an die Insolvenzmasse auszukehren, da der Steuergläubiger mit Forderungen, die schon bei Eröffnung des Verfahrens bestanden haben, regelmäßig Insolvenzgläubiger i. S. d. § 38 InsO ist. Bei der Zahlung durch einen Abzugsverpflichteten, der eine Leistung für Rechnung des Steuerschuldners (§ 48 Abs. 1 Satz 1 EStG) erbringt, kann nichts anderes gelten.

5. Rückgewähransprüche und Übererlös

399 Selbst wenn das Kreditinstitut und der spätere Gemeinschuldner vereinbart haben, dass sämtliche Zahlungen ausschließlich auf die durch die Grundschuld gesicherten Forderungen verrechnet werden, so gilt diese Anrechnungsvereinbarung nicht in der Insolvenz. Zahlungen an den Grundpfandgläubiger können ausschließlich auf das Absonderungsrecht, also auf das Grundpfandrecht geleistet werden.

> *Gerhardt*, ZIP 1980, 165, 167;
> *Gerhardt*, Grundpfandrechte im Insolvenzverfahren, Rz. 155.

400 Die Rechtsprechung ist sogar der Auffassung, dass eine Bank bereits mit der Androhung der Zwangsvollstreckung aus der Grundschuldurkunde zu erkennen gebe, dass die Anrechnungsklausel nicht (mehr) gelten soll.

> BGH, Urt. v. 26. 6. 1987 – V ZR 11/86,
> WM 1987, 1213;
> dazu EWiR 1987, 1199 (*M. Wolf*);
> *Palandt/Bassenge*, BGB, § 1191 Rz. 36.

401 Generell gilt, dass bei Geltendmachung des dinglichen Anspruchs aus der Grundschuld Zahlungen nur noch auf die Grundschuld erbracht werden können.

> BGH, Urt. v. 25. 3. 1986 – IX ZR 104/85,
> BGHZ 97, 230 = ZIP 1986, 900, 904
> = WM 1986, 763, 768;
> dazu EWiR 1986, 573 (*Gaberdiel*);

402 Dies gilt meines Erachtens jedoch nicht für eingehende Zahlungen Dritter, die nur mit der persönlichen Forderung verrechnet werden sollen und können.

403 Die auf das Grundpfandrecht geleisteten Zahlungen lassen eine Eigentümergrundschuld entstehen. Ausnahme: Resultieren Erlöse aus der Verwertung von Zubehör, erlischt das befriedigte Recht nach §§ 1181 Abs. 1, 3, 1192 BGB.

> *Gerhardt*, ZIP 1980, 165, 167.

404 Daraus folgt, dass Zessionare der Rückgewähransprüche keine vorteilhaftere Rechtsstellung aus diesen Vorgängen erlangen.

5. Rückgewähransprüche und Übererlös

Erst wenn nach Befriedigung aller Grundpfandgläubiger ein Übererlös **405** vorhanden ist und der sich daran fortsetzende Rückgewähranspruch an einen Dritten zediert war, kann der Zessionar diesen beanspruchen. Ansonsten gebührt der Übererlös der Masse.

Dies gilt im Übrigen auch dann, wenn der Insolvenzverwalter das Grund- **406** stück zur Verwertung durch den Absonderungsberechtigten freigibt und eine Anrechnung auf andere Forderungen nicht möglich ist.

VIII. Sicherungsübereignung

Wurden dem Kreditinstitut wirksam Sachen sicherungsübereignet und besteht das Sicherungseigentum zum Zeitpunkt der Verfahrenseröffnung noch, besteht ein Absonderungsrecht. **407**

Zu den Wirksamkeitsvoraussetzungen vgl.

> *Palandt/Bassenge*, BGB, § 930 Rz. 11 ff;
> *Graffe*, NWB Fach 19, 1307 ff;
> ferner zum sachenrechtlichen Bestimmtheitsgrundsatz
> BGH, Urt. v. 3. 7. 2000 – II ZR 314/98,
> ZIP 2000, 1895, 1896;
> dazu EWiR 2000, 1047 (*Medicus*).
> Zur antizipierten Sicherungsübereignung
> vgl. BGH, Urt. v. 18. 4. 1991
> – IX ZR 149/90, ZIP 1991, 807, 809 f.

Problemkreise in der Insolvenz sind **408**

– Kollisionen mit Rechten Dritter,

– Fragen der Verwertung,

– steuerrechtliche Folgen der Verwertung.

1. Kollisionsfälle

a) Eigentumsvorbehalt

Häufig konkurriert das Sicherungseigentum der Kreditinstitute mit Eigentumsvorbehaltsrechten Dritter. Diese Konstellation beeinträchtigt die Verwertungsmöglichkeiten der Bank/Sparkasse, da diese entweder überhaupt keine Rechte erlangen kann oder allenfalls ein Sicherungsrecht am Anwartschaftsrecht des späteren Gemeinschuldners. In beiden Alternativen besteht das Aussonderungsrecht des Vorbehaltsverkäufers nach § 47 InsO. In beiden Varianten ist der Vertrag beiderseits nicht oder nicht vollständig erfüllt, so dass dem Insolvenzverwalter das Wahlrecht nach § 103 InsO zusteht; vgl. oben Kapitel VI 1, Rz. 222. § 107 InsO enthält eine besondere Regelung für den Eigentumsvorbehalt dahingehend, dass der – vertragstreue – Vorbehaltskäufer die Vertragserfüllung verlangen kann und dies auch dann, wenn der insolvente Schuldner weitere noch nicht erfüllte Verpflichtungen übernommen hat (§ 107 Abs. 1 InsO). Solange der Käufer sich vertragstreu verhält, kann der Verwalter die Kaufsache nicht zurückverlangen. **409**

VIII. Sicherungsübereignung

410 Hat die Bank/Sparkasse bereits ein Sicherungsrecht am Anwartschaftsrecht des Vorbehaltskäufers erlangt und wird der Vorbehaltsverkäufer insolvent, kann es für das Kreditinstitut wirtschaftlich sinnvoll sein, den Restkaufpreis an den Vorbehaltsverkäufer zu zahlen; § 81 InsO steht dem Rechtserwerb nicht entgegen: der Eigentumsübergang und damit die Entstehung des Sicherungseigentums ist nach § 455 BGB a. F./§ 449 BGB n. F. durch vollständige Kaufpreiszahlung aufschiebend bedingt; bedingt begründete Rechte werden in der Insolvenz als bestehende behandelt.

411 Bei derart bedingten Rechtsgeschäften kommt es für die Verfügungsbefugnis und für alle sonstigen Wirksamkeitsvoraussetzungen auf den Zeitpunkt der Vornahme des Rechtsgeschäftes an und nicht auf den des Bedingungseintritts.

Palandt/Heinrichs, BGB, Einf. vor § 158 Rz. B.

412 Als „wesensgleiches Minus" zum Vollrecht gibt das Anwartschaftsrecht dessen Inhaber ein absolut wirkendes dingliches Recht.

413 Die Rechtslage bei der Verarbeitung von Waren hängt von mehreren Fragestellungen ab:

- Wer ist Hersteller i. S. d. § 950 BGB?
- Entsteht Miteigentum des Gemeinschuldners?

414 Werden Rohstoffe unter Eigentumsvorbehalt geliefert und wurde vereinbart, dass die Verarbeitung für die Lieferfirma zu erfolgen hat, ist der Rohstofflieferant als Hersteller i. S. d. § 950 BGB anzusehen. Das dann gemäß § 950 BGB originär entstehende Eigentum soll das vertraglich vereinbarte Vorbehaltseigentum ablösen, damit der Lieferant weiterhin gesichert bleibt. Der so verlängerte Eigentumsvorbehalt gewährt in der Insolvenz des Verarbeitenden ein Absonderungsrecht.

Serick, ZIP 1982, 507, 508.

415 Sind mehrere Rohstofflieferanten beteiligt, erwerben diese das Miteigentum am Fertigfabrikat nur zu dem Anteil, der sich aus dem Verhältnis des Wertes des gelieferten Rohstoffes zum Wert des Fertigfabrikates ergibt.

416 Hat die Bank den Rohstofflieferanten finanziert und die Sicherungsübereignung sowie die Zession der Forderung aus Weiterverkauf vereinbart, erleidet sie in der Insolvenz des Verarbeitenden keinen Rechtsnachteil, da der Rohstofflieferant als (verlängerter) Vorbehaltseigentümer (im Verhältnis zum Verarbeitenden) ganz oder anteilig das Absonderungsrecht geltend machen kann (§ 51 Nr. 1 InsO).

Verarbeitet der Insolvenzverwalter die Vorbehaltsware, ist dies dahingehend auszulegen, dass er die Erfüllung des beiderseits nicht vollständig erfüllten Kaufvertrages wählt; dann begründet er Masseverbindlichkeiten nach § 55 Abs. 1 Nr. 1 InsO. **417**

> OLG Celle, Urt. v. 28. 10. 1987
> – 3 U 11/87, ZIP 1988, 384, 385
> = WM 1987, 1569, 1570;
> dazu EWiR 1988, 177 (*Graf Lambsdorff*);
> vgl. auch Rz. 222.

Hat die Bank/Sparkasse dem Verarbeitenden Kredite gegen Sicherungsübereignung der Fertigfabrikate und der Roh-, Hilfs- und Betriebsstoffe gewährt, kann sie in der Insolvenz des Verarbeitenden ein Absonderungsrecht nur geltend machen, wenn **418**

– die Roh-, Hilfs-, Betriebsstoffe bezahlt wurden und somit der verlängerte Eigentumsvorbehalt des/der Rohstofflieferanten entfallen ist

oder wenn

– der Verarbeitende zumindest durch eigenes Material oder durch den Wertzuwachs infolge der Verarbeitung zumindest Miteigentum am Fertigprodukt erlangt hat.

Vgl. zum Inhalt der Verarbeitungsklauseln

> BGH, Urt. v. 19. 10. 1966 – VIII ZR 152/64,
> BGHZ 46, 117.

In der Krise vor der Verfahrenseröffnung kann der Sicherungsnehmer aufgrund der Verarbeitungsklausel noch Sicherungsrechte erlangen; allerdings ist der Rechtserwerb – obwohl Realakt – anfechtbar, wenn **419**

– die Beendigung des Verarbeitungsprozesses in den Ein-MonatsZeitraum des § 131 Abs. 1 Nr. 1 InsO fällt und wenn

– eine Gläubigerbenachteiligung infolge der Verarbeitung eingetreten ist (z. B. in Höhe des Wertzuwachses).

> *Serick*, ZIP 1982, 507, 509 f.

420 Eine zugunsten eines Kreditinstitutes oder eines Lieferanten vereinbarte Verarbeitungsklausel verliert mit Verfahrenseröffnung insoweit ihre Wirkung, als sie die Verarbeitungsbefugnis beinhaltet; diese erlischt.

Serick, ZIP 1982, 507, 514 f.

421 Verarbeitet der Insolvenzverwalter gleichwohl, wählt er im Verhältnis zum Lieferanten die Erfüllung i. S. d. § 103 Abs. 1 InsO, so dass dessen Kaufpreisanspruch zur Masseschuld wird (§ 55 Abs. 1 Nr. 2 InsO). Sachenrechtlich vereitelt er aber seinen Aussonderungsanspruch. Ein Ersatzaussonderungsrecht nach § 48 InsO entsteht bei einem Rechtserwerb aufgrund tatsächlicher Vorgänge – infolge der Verarbeitung wird die Masse/der Gemeinschuldner Eigentümer nach § 950 BGB – nicht. Ein Eigentumserwerb des Sicherungsnehmers scheidet aus.

Serick, ZIP 1982, 507, 516.

422 Bei antizipierter Übereignung der neu hergestellten Sache erlangt der Vorbehaltslieferant/Sicherungsnehmer aber eine pfandrechtsartige Berechtigung hieran, die ihm in der Insolvenz ein Absonderungsrecht gewährt.

Serick, ZIP 1982, 507, 511, 518.

b) Zubehörhaftung

423 Konkurrenzen ergeben sich ferner mit Grundpfandgläubigern bezüglich der Zubehörgegenstände. Sicherungseigentum kann erworben und ohne Kollisionsgefahr verwertet werden, wenn

- der Sicherungsübereignungsvertrag wirksam geschlossen wurde, bevor der Gegenstand auf das belastete Grundstück verbracht wurde,

- die sicherungsübereigneten Gegenstände nicht der Zubehörhaftung unterliegen.

Beispiele:
(a) Scheinbestandteile
(b) Kraftfahrzeugpark bei Spedition,

vgl. BGH, Urt. v. 2. 11. 1982 – VI ZR 131/81,
BGHZ 85, 234 = ZIP 1983, 148,

(c) Maschinen und Geräte eines Bauunternehmers, die ausschließlich auf den Baustellen eingesetzt werden,

BGH, Urt. v. 13. 1. 1994 – IX ZR 79/93,
BGHZ 124, 380 = ZIP 1994, 305;
dazu EWiR 1994, 209 (*Serick*),

- die Grundpfandgläubiger die betreffenden Gegenstände aus der Zubehörhaftung freigeben,

Beispiele:
(a) Sale-lease-back-Geschäfte,
(b) Umfinanzierungen.

In Fällen der Betriebsaufspaltung ist diese Konkurrenzfrage besonders relevant. 424

Die endgültige Stilllegung eines Betriebs führt zur Aufhebung der Zubehöreigenschaft. Diese Aufhebung geht aber über die Grenzen einer ordnungsmäßigen Wirtschaft hinaus. Deshalb wird dadurch keine Haftungsfreistellung der bisherigen Zubehörstücke bewirkt. 425

BGH, Urt. v. 30. 11. 1995 – IX ZR 181/94,
ZIP 1996, 223, 224;
dazu EWiR 1996, 259 (*Plander*).

c) Vermieterpfandrecht

Eine weitere Konkurrenzfrage ergibt sich beim Zusammentreffen von Sicherungseigentum und Vermieterpfandrecht. Zum einen erlangt das Kreditinstitut ein mit einem Vermieter-/Verpächterpfandrecht belastetes Sicherungseigentumsrecht, wenn die Sicherungsübereignung der Einbringung der Sachen auf das angemietete Grundstück nachfolgt. Entsprechendes gilt für das Anwartschaftsrecht als „wesensgleiches Minus". 426

Zum anderen ist die Kollision des Pfandrechts mit einer Sicherungsübereignung aufgrund eines Raumsicherungsvertrages problematisch. In den Sicherungsverträgen wird vereinbart, dass das Sicherungseigentum an künftig zu erwerbenden Gegenständen mit Einbringung in den Sicherungsraum begründet werden soll. Ist dieser angemietet, entstand nach einer früher vertretenen Auffassung im gleichen Zeitpunkt das Vermieter-/ Verpächterpfandrecht; die daraus resultierende Gleichrangigkeit beider Rechte führte konsequenterweise zur anteiligen abgesonderten Befriedigung aus dem Erlös. 427

Vgl. *Vortmann*, ZIP 1988, 626, 628;
Weber/Rauscher, NJW 1988, 1571, 1573.

428 Mit der Entscheidung des Bundesgerichtshofs,

> BGH, Urt. v. 12. 2. 1992 – XII ZR 7/91,
> BGHZ 117, 200 = ZIP 1992, 390, 292 f;
> dazu EWIR 1992, 443 (*Köndgen*);
> vgl. dazu *Hennrichs*, DB 1993, 1707,

trat eine Änderung dieser Rechtslage insoweit ein, als die Priorität des vorrangigen Vermieterpfandrechts auch bezüglich solcher Einzelteile anerkannt wurde, die erst nach der Sicherungsübereignung dem Warenbestand zugeführt werden.

429 Auch bei einer vorweggenommenen Sicherungsübereignung noch zu beschaffender Gegenstände erwirbt der Sicherungsnehmer lediglich mit dem Vermieterpfandrecht belastetes Eigentum, wenn der Mieter den Besitz an Gegenständen erst mit deren Einbringung in das Mietobjekt erlangt hat; dies gilt auch dann, wenn der Mieter die Sachen unter Eigentumsvorbehalt erworben und dem Sicherungsnehmer seine Anwartschaftsrechte übertragen hat.

> OLG Düsseldorf, Urt. v. 16. 12. 1998
> – 11 U 33/98, EWiR 1999, 593 (*Muth*).

2. Verwertung

430 Verwertungsvereinbarungen zwischen Sicherungsnehmer und Insolvenzverwalter sollten – wenn der Insolvenzverwalter die Gegenstände veräußern soll – folgende Punkte regeln:

– Auftrag und Vollmacht zur Veräußerung und Widerrufsvorbehalt,

– Gegenstand der Verwertung (Beschreibung, Inventarliste, Bewertung),

– Regelungen über den Verkaufspreis (Bestimmung des Preises; Preisuntergrenzen; Modalitäten der Preisfindung; Preiskorrekturen durch Abgeltung von Rechten Dritter),

– flankierende Regelungen zum Verkaufspreis (Werbe-, Verkaufsaktionen; marktentsprechendes Verhalten; keine Verschleuderung),

– Erneuerung einer Verbrauchs- oder Verarbeitungserlaubnis (die ursprüngliche Gestattung erlischt mit Verfahrenseröffnung spätestens mit der Maßgabe, dass sicherungsübereignete Roh- und Halbfertigwaren dem Lager gegen Bezahlung ihres Wertes entnommen werden dürfen),

2. Verwertung

- Rechnungslegung, Verfahrensweise, Kontrollrechte,
- Kaufpreisfälligkeit, Zahlungsweise, Zahlungsabwicklung (besondere Konten),
- Regelung betreffend Umsatzsteuer,
- Verwertungskosten, Kosten der Lagerhaltung, Anteil des Verwertungserlöses zur Masse, Nutzungsvergütung an Sicherungsnehmer,
- Versicherungsschutz und Kostenlast,
- Schlussbestimmungen.

431 Will der Insolvenzverwalter fertigproduzierte Gegenstände, die dem Kreditinstitut sicherungsübereignet sind, an Dritte veräußern, ist zu beachten, dass die Eingänge aus daraus resultierenden Forderungen dem Kreditinstitut überstellt werden.

432 Verwertungsvereinbarungen werden aber auch zwischen dem Kreditinstitut und dem Erwerber geschlossen. Inhalt:

- Rechtsposition der Bank und Kaufgegenstand
- Kaufpreis, Umsatzsteuer
- Fälligkeit
- Eigentumsübergang
- Gewährleistung (kann die Bank für Sach- und Rechtsmängel einstehen oder wird etwaigen Mängeln durch die Kaufpreisbemessung Rechnung getragen? Hat der Übernehmer den Kaufgegenstand überprüft? Sind alle Kaufgegenstände noch auf dem Betriebsgelände des Gemeinschuldners?
- Risikotragung bezüglich Eigentumsvorbehaltsgläubigern
- Schlussvorschriften und Hinweis auf wesentliche Bestandteile (ggf. Sicherungsverträge).

433 Zu Regelungsgegenständen im Zusammenhang mit einer Sicherheitenfreigabe bei Übernahme von Sicherungsgut durch eine Fortführungsgesellschaft vgl.

Lauer, Notleidender Kredit, Rz. 360 ff.

3. Umsatzsteuer

434 Bei der Verwertung von Sicherungseigentum ergeben sich die nachfolgend dargestellten unterschiedlichen umsatzsteuerrechtlichen Konsequenzen, je nach dem, ob der Sicherungsnehmer oder der Insolvenzverwalter das Sicherungsgut verwertet.

a) Verwertung durch den Sicherungsnehmer

435 Die Verwertung des Sicherungsgutes durch die Bank/Sparkasse setzt zum einen die Befugnis voraus, sich gemäß § 173 InsO selbst aus dem Gegenstand ohne gerichtliches Verfahren zu befriedigen, zum anderen die dementsprechende Herausgabe des Gegenstandes. In dieser Freigabe durch den Insolvenzverwalter liegt nach herrschender Meinung eine steuerbare Lieferung nach § 1 Abs. 1 Nr. 1 UStG. Da der Insolvenzverwalter sie ausführt, um die Masse von der gesicherten Forderung des Kreditinstitutes zu befreien, ist sie auch entgeltlich. Die daraus resultierende Umsatzsteuerschuld gehört zu den Massekosten i. S. d. § 55 Abs. 1 Nr. 1 Alt. 1 InsO.

> BFH, Urt. v. 4. 6. 1987 – V R 57/79,
> BFHE 150, 379 = ZIP 1987, 1134
> = BStBl II 1987, 741;
> dazu EWiR 1987, 915 (*Weiß*);
> BFH, Urt. v. 12. 5. 1993 – XI R 49/90,
> ZIP 1993, 1247, 1248 m. w. N.;
> dazu EWiR 1993, 795 (*R. Braun*);
> BFH, Urt. v. 18. 4. 1996 – V R 55/95,
> ZIP 1996, 1876;
> dazu EWiR 1997, 5 (*Onusseit*);
> BFH, Beschl. v. 28. 11. 1997 – V B 90/97,
> ZIP 1998, 2065, 2066.

436 Liefert das Kreditinstitut das Sicherungsgut an einen Dritten, wird eine zweite Lieferung ausgeführt (Theorie der Doppellieferung).

> BFH, Urt. v. 4. 6. 1987 – V R 57/79,
> BFHE 150, 379 = ZIP 1987, 1134;
> BFH, Urt. v. 12. 5. 1993 – XI R 49/90,
> ZIP 1993, 1247, 1248 m. w. N.;
> vgl. *Onusseit*, ZIP 1990, 345, 356;
> *Maus*, ZIP 2000, 339, 341.

437 Da das Kreditinstitut als Unternehmen berechtigt ist, dem Abnehmer die Umsatzsteuer in Rechnung zu stellen, kann es die Umsatzsteuer aus der ersten Lieferung als Vorsteuer geltend machen. Eine Umsatzsteuerzahllast entsteht regelmäßig nicht. Daher konnte zur Zeit der Konkursordnung das Kreditinstitut grundsätzlich, den Bruttoerlös zur Rückführung der gesicherten Forderung verwenden.

> A. A. *Weiß*, Insolvenz und Steuern, S. 128 f, 130,
> der die zusätzliche Steuerbelastung der Masse vermeiden will, indem er darauf hinweist, dass die Steuer aus dem ersten Umsatz nicht das Sicherungsgut als solches, sondern die Herausgabe an den Sicherungsnehmer belaste, sowie darauf, dass infolge einer Wahlmöglichkeit bei der Verwertungsart im Rahmen des § 127 KO die Umsatzsteuer aus der ersten Lieferung keine zwangsläufige Folge der Verwertung sei.

Die vom Bundesfinanzhof in seinem **438**

> Beschl. v. 28. 7. 1983 – V S 8/81,
> BFHE 138, 534 = ZIP 1983, 1120
> = BStBl II 1983, 694

einmal geäußerten Zweifel, ob die Umsatzsteuerforderung aufgrund der regelmäßig vor Verfahrenseröffnung gegebenen Verwertungsreife nicht schon vor diesem Zeitpunkt entsteht und somit als Insolvenzforderung anzusehen ist, hat das Gericht selbst in dem o. g. Urteil verworfen.

Um aber eine Belastung der Masse zu vermeiden, regeln §§ 170 Abs. 2, **439** 171 Abs. 2 Satz 3 InsO, dass in den Fällen, in denen die Verwertung zu einer Belastung der Masse mit Umsatzsteuer führt, der entsprechende Betrag dem Verwertungserlös zu entnehmen ist; dieser wird weiter um die Kostenpauschalen von 4 % und 5 % nach § 171 Abs. 1 und Abs. 2 Satz 1 InsO gekürzt.

Konsequenz dieser Rechtslage ist, dass die Bank/Sparkasse bei der Bewertung der Sicherheiten diese Abzugspositionen bei der Vertragsverhandlung und -gestaltung sowie bei der Behandlung des Themenkomplexes der nachträglichen Übersicherung berücksichtigen muss. Die genannten Positionen führen – einschließlich der derzeit geltenden Umsatzsteuer mit einem Satz von 16 % – zu einer „Belastung" von circa 25 %. **440**

Der Bundesgerichtshof hat im Urteil **441**

> BGH, Urt. v. 27. 11. 1997 – GSZ 1 u. 2/97,
> ZIP 1998, 235, 241;
> dazu EWiR 1998, 155 (*Medicus*)

entsprechende Aufschläge bei der Ermittlung der Deckungsgrenze anerkannt.

Vgl. oben Kapitel I Rz. 11.

b) Modifizierte Freigabe

442 Den Fall der „modifizierten Freigabe" behandelte der Bundesfinanzhof in den Entscheidungen

BFH, Urt. v. 24. 9. 1987 – V R 196/83,
BFHE 151, 99 = ZIP 1988, 42;
dazu EWiR 1988, 291 (*Weiß*);
BFH, Urt. v. 12. 5. 1993 – XI R 49/90,
ZIP 1993, 1247, 1248 f;
dazu EWiR 1993, 795 (*R. Braun*).

443 Der Insolvenzverwalter gab Sicherungsgut an den Gemeinschuldner frei und stellte diesem anheim, die Gegenstände aufgrund der bestehenden Sicherungsverträge den Sicherungsnehmern herauszugeben. Die Bank als Sicherungsnehmerin verwertete die Sicherheiten durch Verkauf der Gegenstände an Dritte.

444 Der Bundesfinanzhof bejaht auch in dieser Konstellation zwei steuerbare und steuerpflichtige Lieferungen. In seiner Begründung geht das Gericht davon aus, dass eine Freigabe an den Gemeinschuldner zu dessen freier Verfügung unter Verzicht auf den wirtschaftlichen Wert des Gegenstandes nicht umsatzsteuerbar wäre. Dies ist jedoch nicht der Fall, wenn der Insolvenzmasse der wirtschaftliche Wert des Gegenstandes erhalten bleiben soll. Da die gesicherten Forderungen gemäß § 190 InsO am Verfahren teilnehmen, belasten sie die Masse. Mit der Verrechnung des Verwertungserlöses wird die Schuldenmasse zugunsten der Insolvenzmasse verringert. Der Verwertungserlös kommt somit der Insolvenzmasse zugute und nicht dem Gemeinschuldner. Folglich war die Lieferung des Insolvenzverwalters nicht bereits mit seiner „Freigabe" an den Gemeinschuldner ausgeführt – nur diese hätte das insolvenzfreie Vermögen tangiert –, sondern erst mit der Herausgabe des Sicherungsgutes vom Gemeinschuldner an den Sicherungsnehmer. Damit trifft die Lieferung das insolvenzbefangene Vermögen mit der Folge, dass die Umsatzsteuer als Bestandteil der Massekosten zu qualifizieren ist (§ 55 Abs. 1 InsO).

Kritisch hierzu
Onusseit, ZIP 1990, 345, 357.

Außerdem regelt § 170 Abs. 2 InsO, dass ein Umsatzsteuerbetrag an die 445
Masse abzuführen ist.

Eine weitere Sachverhaltsvariante liegt 446

>FG Niedersachsen, Urt. v. 6. 6. 1989
>– V 500/88, ZIP 1990, 396 (n. rkr.);
>dazu EWIR 1990, 409 (*Weiß*)

zugrunde. Hier hatte – nach Anzeige der Verwertungsreife durch den Sicherungsnehmer – der Sicherungsgeber an der Verwertung des Sicherungsgutes mitzuwirken, indem er den Kaufvertrag mit dem Erwerber abschloss und der Sicherungsnehmer dem Erwerber gegenüber lediglich schriftlich seine Zustimmung zum Kaufvertrag und seiner Erfüllung erteilte. Das Gericht bejahte auch in dieser Konstellation den Doppelumsatz, indem es darauf abstellte, dass auch eine Verwertung im Namen des Sicherungsgebers dem Sicherungsnehmer als dem eigentlichen Geschäftsherrn zuzurechnen sei, so dass letztlich dieser die Lieferung erbringe. Angesichts der Rechtsposition des Sicherungsnehmers nach eingetretener Verwertungsreife ist die Entscheidung meines Erachtens zutreffend.

c) Echte Freigabe

Bei einer echten Freigabe überlässt der Verwalter die Gegenstände dem 447
Schuldner. Hierbei beendet er nicht nur die Massezugehörigkeit des Sicherungsgutes endgültig; er gibt auch den wirtschaftlichen Wert der Sache aus den Händen, weil er die Sache dem Gemeinschuldner zu dessen freier Verfügung überlässt. Diese wird dann insolvenzfreies Vermögen. Diese Lösung aus dem Insolvenzbeschlag ist dann keine umsatzsteuerrechtlich relevante Lieferung an einen Dritten i. S. d. §§ 1 Abs. 1 Satz 1, 3 Abs. 1 UStG.

Diese echte Freigabe ist weiterhin zulässig, aber künftig weitgehend bedeutungslos, da § 170 Abs. 2 InsO zum Vorwegabzug der Umsatzsteuer 448
vom Verwertungserlös an die Masse verpflichtet.

>Vgl. *Welzel*, ZIP 1998, 1823, 1825.

Ein Doppelumsatz wird aber dann angenommen, wenn die echte Freigabe als Scheinhandlung (§ 41 Abs. 2 AO) oder als Gestaltungsmissbrauch (§ 42 AO) zu qualifizieren wäre.

>BFH, Urt. v. 12. 5. 1993 – XI R 49/90,
>ZIP 1993, 1247, 1248.

d) Verwertung durch Insolvenzverwalter

449 Gegenüber der Verwertung durch den Sicherungsnehmer liegt bei der Verwertung durch den Insolvenzverwalter nur eine umsatzsteuerrechtlich relevante Lieferung vor: Anstelle des Gemeinschuldners liefert der Verwalter das Sicherungsgut an den Abnehmer.

450 Der Insolvenzverwalter kann zunächst aus eigenem Recht nach § 166 InsO verwerten. Kam es zurzeit der Geltung der Konkursordnung darauf an, ob der Verwalter die Verwertung im eigenen Namen oder im Namen des Sicherungsnehmers durchführte,

> vgl. 1. Auflage, S. 89,

handelt es sich bei der primär dem Verwalter übertragenen Verwertungsbefugnis und deren Ausübung um einen Vorgang i. S. d. § 55 Abs. 1 Nr. 1 Alt. 1 InsO, so dass die Umsatzsteuer zu den Masseverbindlichkeiten gehört.

451 Weiter regelt § 171 Abs. 2 Satz 3 InsO, dass – bei Belastung der Masse mit Umsatzsteuerforderungen – die Umsatzsteuerbeträge anzusetzen und – nach § 170 Abs. 1 InsO – vom Verwertungserlös vorweg für die Masse zu entnehmen sind.

452 Damit ist die unter Geltung des früheren Rechts relevante zivilrechtliche Beurteilung der Frage, ob dem Kreditinstitut der Brutto-Erlös gebührt,

> vgl. 1. Auflage, S. 90,

gegenstandslos.

453 Hat das Insolvenzgericht die Eigenverwaltung nach §§ 270 ff InsO angeordnet, steht das Recht des Insolvenzverwalters zur Verwertung von Sicherungsgut dem Schuldner zu (§ 282 Abs 1 Satz 1 InsO). Nach § 282 Abs. 1 Satz 3 InsO darf dann der Schuldner – ebenso wie der Insolvenzverwalter – die durch die umsatzsteuerrechtlich relevante Lieferung des Sicherungsgutes an den Erwerber entstehende Umsatzsteuer von dem an den Absonderungsberechtigten auszukehrenden Veräußerungserlös einbehalten.

> Vgl. *Maus*, ZIP 2000, 339, 340.

IX. Sicherungsabtretung

Absonderungsberechtigt ist weiter der Inhaber einer Forderung oder eines Rechtes gegen einen Drittschuldner aufgrund einer wirksamen Sicherungsabtretung. **454**

1. § 81 InsO bei Zessionen

Im Hinblick darauf, dass nach Verfahrenseröffnung keine Vorzugsrechte mehr wirksam erworben werden können, ist auf folgende Fallkonstellationen hinzuweisen: **455**

a) Mantelzessionsvertrag

Beim Mantelzessionsvertrag muss die Abtretung der Einzelforderung bis zum Zeitpunkt der Verfahrenseröffnung erfolgt sein. Da eine Annahme- oder Bestätigungserklärung des Kreditinstitutes regelmäßig nicht erforderlich ist, ist für die Entstehung des Rechtes der Zugang der Unterlagen bei der Bank/Sparkasse entscheidend, an die laut Mantelzessionsvertrag der Rechtsübergang anknüpft. Der gute Glaube eines Erwerbers von Forderungen ist nicht geschützt. **456**

b) Globalzession

Wurde eine Globalzession vereinbart, müssen die dem Zessionsvertrag unterfallenden Forderungen vor Verfahrenseröffnung entstanden sein, d. h., das Gläubigerrecht muss begründet sein. Die Fälligkeit wird nicht vorausgesetzt. **457**

> BGH, Urt. v. 30. 6. 1959 – VIII ZR 11/59,
> BGHZ 30, 238, 240.

Ausreichend ist ferner, wenn die Forderung aufschiebend bedingt entstanden ist. **458**

c) Abtretungsausschluss

Oft kommt es vor, dass Forderungen zediert werden, obwohl ein Abtretungsausschluss oder ein so genannter „abgeschwächter Abtretungsausschluss" gemäß § 399 BGB mit dem Drittschuldner vereinbart war. Von „abgeschwächten Abtretungsausschlüssen" spricht man, wenn die Zession an bestimmte Formen der Abtretungserklärung, an eine Mitteilung an den **459**

IX. Sicherungsabtretung

Drittschuldner oder an dessen Zustimmung gebunden ist. Der Rechtsmangel, der der Zession dann anhaftet, soll häufig durch nachträglich erteilte Zustimmungserklärungen des Drittschuldners geheilt werden. Der Bundesgerichtshof,

> BGH, Urt. v. 29. 6. 1989 – VII ZR 211/88,
> BGHZ 108, 172 = ZIP 1989, 1137, 1138;
> dazu EWiR 1989, 861 (*Bülow*),

hat ausgeführt, dass derartige Erklärungen, welche die Abtretung nachträglich vom Willen des Drittschuldners umfasst sein lassen, keine Zustimmung oder Genehmigung i. S. d. §§ 182, 184 BGB darstellen. Der Erklärung „kommt vielmehr die Bedeutung eines Einverständnisses mit der Aufhebung des vertraglichen Abtretungsverbotes oder eines Verzichts auf die Einrede aus § 399 BGB durch den (Dritt-)Schuldner zu. In beiden Fällen ist eine Anwendung der §§ 182, 184 BGB ausgeschlossen, so dass eine Rückwirkung nicht eintritt.

460 Für eine analoge Anwendung von § 185 Abs. 2 BGB besteht in einem solchen Falle kein Anlass."

461 Diese Rechtsprechung hat zur Folge, dass die Forderung in solchen Fällen bis zum Zeitpunkt der Zustimmung im Vermögen des Zedenten bleibt und sie beispielsweise dort wirksam gepfändet werden kann. Weitere Konsequenz ist, dass eine etwaige Zustimmung vor Verfahrenseröffnung und außerhalb der insolvenzrechtlichen Anfechtungsvorschriften erteilt werden muss.

462 Entsprechendes gilt für sog. „modifizierte Abtretungsansprüche", bei denen in abgeschwächter Form Mitwirkungshandlungen oder Formerfordernisse vorausgesetzt werden.

> BGH, Urt. v. 11. 5. 1989 – VII ZR 150/88,
> ZIP 1989, 1131, 1132.

463 Die Regelung des Abtretungsverbotes in § 399 BGB wird durch § 354a HGB modifiziert. Ist danach das Rechtsgeschäft, aus dem die mit einem Abtretungsverbot nach § 399 BGB verknüpfte Forderung resultiert, für beide Teile ein Handelsgeschäft oder ist der Schuldner eine juristische Person des öffentlichen Rechts oder ein öffentliches Sondervermögen, so ist die Zession gleichwohl wirksam. Der Schuldner kann jedoch mit befreiender Wirkung an den bisherigen Gläubiger leisten. Abweichende Vereinbarungen sind unwirksam.

> Vgl. zur generellen Zulässigkeit von Abtretungs-
> ausschlüssen
> BGH, Urt. v. 30. 10. 1990 – IX ZR 239/89,
> WM 1991, 554, 556;
> vgl. auch v. *Olshausen*, ZIP 1995, 1950 (schwer-
> punktmäßig werden Aufrechnungs- und Anfechtungs-
> konstellationen behandelt).

d) Wahlrecht des Insolvenzverwalters

Ein Kreditinstitut kann sich nicht auf eine zu seinen Gunsten erfolgte Zession berufen, wenn die Forderung aus einem Vertrag resultiert, der beiderseits nicht oder nicht vollständig erfüllt ist und somit dem Wahlrecht des Insolvenzverwalters nach § 103 InsO unterliegt. **464**

Zunächst vertrat der Bundesgerichtshof die Auffassung, dass der ursprüngliche Erfüllungsanspruch mit Eröffnung des Insolvenzverfahrens wegfalle, wenn ein Vertrag in diesem Zeitpunkt weder vom Schuldner noch von seinem Vertragspartner erfüllt bzw. von beiden Teilen nur teilweise erfüllt war; **465**

> BGH, Urt. v. 20. 12. 1988 – IX ZR 50/88,
> BGHZ 108, 236 = ZIP 1989, 171, 172 f
> = WM 1989, 229, 231;
> dazu EWiR 1989, 283 (*G. Pape*);
> BGH, Urt. v. 4. 5. 1995 – IX ZR 256/93,
> BGHZ 129, 336 = ZIP 1995, 926;
> dazu EWiR 1995, 691 (*Uhlenbruck*);
> BGH, Urt. v. 8. 1. 1998 – IX ZR 131/97,
> ZIP 1998, 298;
> dazu EWiR 1998, 321 (*Undritz*).

Die Ausübung des Wahlrechts durch den Insolvenzverwalter nach § 103 InsO ließ den Anspruch auf die Gegenleistung neu entstehen, und zwar auf Leistung aus der Masse. Infolge des Erlöschens des ursprünglichen Anspruchs konnten auch keine Sicherungsrechte Dritter hieran fortbestehen. An dem erst nach Insolvenzeröffnung neu begründeten Anspruch setzen sich alte Sicherungsrechte nicht fort, eine vor Insolvenzeröffnung erfolgte Zession erstreckt sich nicht auf den allein durch die Wahlerklärung des Insolvenzverwalters wieder auflebenden Anspruch.

Mit dem Urteil **465a**

> BGH, Urt. v. 25. 4. 2002 – IX ZR 313/99,
> ZIP 2002, 1093, 1094

IX. Sicherungsabtretung

hat der Bundesgerichtshof diese Rechtsprechung in ihren dogmatischen Grundlagen modifiziert; in ihren praktischen Auswirkungen für einen Sicherungsnehmer führt sie zu gleichen Ergebnissen. Danach führt die Eröffnung des Insolvenzverfahrens nicht mehr zum Erlöschen der Erfüllungsansprüche aus gegenseitigen Verträgen im Sinne einer materiellrechtlichen Umgestaltung. Vielmehr verlieren die noch offenen Ansprüche im Insolvenzverfahren ihre Durchsetzbarkeit, soweit sie nicht auf die anteilige Gegenleistung für vor Verfahrenseröffnung erbrachte Leistungen gerichtet sind. Wählt der Verwalter die Erfüllung, so erhalten die zunächst nicht durchsetzbaren Ansprüche die Rechtsqualität von originären Forderungen der Masse bzw. gegen die Masse. Das Gericht stellt ausdrücklich klar, dass an dem Anspruch der Masse für solche Leistungen, die nach Verfahrenseröffnung erbracht wurden, aufgrund einer vor Verfahrenseröffnung erfolgten Sicherungszession keine Rechte gegenüber der Masse wirksam begründet werden konnten.

> Vgl. *Graf/Wunsch*, ZIP 2002, 2117;
> vgl. zu den Auswirkungen der Rechtsprechung auf
> Vertragserfüllungsbürgschaften in der Bauträgerinsolvenz
> *Masloff/Langer*, ZfIR 2003, 269, 271, 272.

465b Hat allerdings der Schuldner vor Verfahrenseröffnung die ihm aufgrund eines gegenseitigen Vertrages obliegende Leistung teilweise erbracht, wird der dieser Teilleistung entsprechende Anspruch auf die Gegenleistung durch die Verfahrenseröffnung nicht berührt;

> BGH, Urt. v. 4. 5. 1995 – IX ZR 256/93,
> ZIP 1995, 926, 927.

Denn insoweit hat die Masse keine Leistungen mehr zu erbringen. Daher wird bei teilweise erbrachten Leistungen des Schuldners die hierauf entfallende Gegenleistung weder durch die Verfahrenseröffnung noch durch das Erfüllungswahlrecht des Verwalters berührt. Demzufolge bleibt die Abtretung in diesem Umfang bestehen.

Teilbar sind die aufgrund gegenseitiger Verträge geschuldeten Leistungen regelmäßig dann, wenn sich die vor und nach Eröffnung des Insolvenzverfahrens erbrachten Leistungen feststellen und bewerten lassen. Bei einem Werkvertrag über Bauleistungen erfolgt dies nach den gleichen Regeln wie bei einer Kündigung aus wichtigem Grund.

> BGH, Urt. v. 25. 4. 2002 – IX ZR 313/99,
> ZIP 2002, 1093, 1094, 1096.

Damit sind die vor Verfahrenseröffnung erbrachten Leistungen gesondert abzurechnen. Für die an diesen Ansprüchen begründeten Sicherungsrechte Dritter, die vom Wahlrecht des Verwalters nicht berührt werden, kommt es nicht auf die Fälligkeit vor Verfahrenseröffnung an (§§ 641, 640 BGB).

Die Beweislast für den Zeitpunkt der Leistungserbringung liegt bei der Partei, die sich hierauf zu ihrem Vorteil beruft. **465c**

e) Besonderheiten

Bei der Zession eines Steuererstattungsanspruchs ist Wirksamkeitsvoraussetzung, dass der Gläubiger sie in der in § 46 Abs. 3 AO vorgeschriebenen Form der zuständigen Finanzbehörde nach Entstehung des Anspruchs anzeigt (§ 46 Abs. 2 AO). Hier ist die formgerechte Abtretungsanzeige materielle Wirksamkeitsvoraussetzung und Tatbestandsmerkmal der Zession. **466**

Ein Einkommensteuererstattungsanspruch entsteht nach § 38 AO i. V. m. § 6 Abs. 1 EStG mit Ablauf des Veranlagungszeitraumes. Vorher kann also eine Abtretung nicht wirksam werden. Tritt zwischen einer unwirksamen Zession und dem Entstehen des Erstattungsanspruchs die Insolvenz ein, fällt er somit mit Verfahrenseröffnung in die Masse. Mangels entsprechender Verfügungsberechtigung kann der Schuldner den Anspruch nicht mehr zedieren. Vielmehr ist erforderlich, dass sich die Mitwirkung des Insolvenzverwalters als Verfügungsberechtigter aus dem Formular, das die Abtretungsanzeige enthält, ergibt. **467**

> BFH, Urt. v. 6. 2. 1996 – VII R 116/94,
> BFHE 179, 547 = ZIP 1996, 641, 642, 643;
> dazu EWiR 1996, 505 (*Braun*).

Ist die Abtretung eines Steuererstattungsanspruchs wegen einer Anzeige an das Finanzamt vor der Entstehung des Anspruchs unwirksam (§ 46 Abs. 2 AO), richtet sich der Rückforderungsanspruch auch dann gegen die Bank als Zessionarin, wenn das Finanzamt das Geld auf Weisung der Zessionarin auf ein Konto des Zedenten gezaht hat, ohne zu wissen, dass es sich um ein Konto des Zedenten handelt. Dies gilt auch in den Fällen der Sicherungsabtretung. **468**

> BFH, Urt. v. 1. 8. 1995 – VII R 80/94,
> WM 1996, 338;
> dazu EWiR 1996, 149 (*Mankowski*).

469 Dies wird damit begründet, dass die Unwirksamkeit der Abtretung nichts daran ändert, dass die Zessionarin Leistungsempfängerin i. S. d. § 37 Abs. 2 AO wurde.

470 Bei der Abtretung künftiger Forderungen ist generell zu beachten, dass der Rechtserwerb erst mit der Entstehung der Forderung vollendet wird. So wird die Abtretung gegenstandslos, wenn die Forderung überhaupt nicht oder nicht in der Person des Zedenten entsteht.

> BGH, Beschl. v. 5. 11. 1998 – IX ZR 246/97,
> ZIP 1999, 79, 80;
> dazu EWiR 2000, 337 (*Johlke/Schröder*).

471 Insolvenzfest ist die Zession künftiger Forderungen nur, wenn der Zessionar ein Anwartschaftsrecht erlangen konnte.

> Vgl. BGH, Urt. v. 14. 7. 1997 – II ZR 122/96,
> ZIP 1997, 1589, und
> EWiR 1997, 1033 (*O. Schultz*)
> zu den Entstehungsvoraussetzungen eines gesellschaftsrechtlichen Auseinandersetzungsanspruchs.

f) Ansprüche aus Leasingverträgen

472 Zur sicherungsweisen Abtretung von Ansprüchen aus Leasingverträgen kann auf die Ausführungen zu Rz. 238 ff mit der Maßgabe verwiesen werden, dass in den entsprechenden Fallkonstellationen keine Aus-, sondern Absonderungsrechte bestehen.

2. Kollisionsfälle

473 Die Konkurrenz zwischen dem Absonderungsrecht der Lieferanten aufgrund verlängerten Eigentumsvorbehalts und der Globalzession einer Bank/Sparkasse ist rechtlich unproblematisch. Ausgangspunkt ist der Grundsatz der Priorität. Dieser wird aber durch § 138 BGB relativiert. Nach

> BGH, Urt. v. 9. 11. 1978 – VII ZR 54/77,
> BGHZ 72, 308 = WM 1979, 11

ist eine Globalzession „in der Regel sittenwidrig und daher nichtig, soweit sie nach dem Willen der Vertragspartner auch solche Forderungen umfassen soll, die der Schuldner seinen Lieferanten aufgrund verlängerten Eigentumsvorbehalts künftig abtreten muss und abtritt. Ausnahmen sind ... nur in extrem gelagerten Fällen anzunehmen."

Daher werden die branchenüblich einem verlängerten Eigentumsvorbehalt **474** unterliegenden Forderungen von der Globalzession „mit dinglicher Wirkung" ausgenommen, siehe oben Rz. 15.

> Vgl. auch
> BGH, Urt. v. 14. 11. 1979 – VIII ZR 241/78,
> ZIP 1980, 186, 187 = WM 1980, 67, 68;
>
> BGH, Urt. v. 8. 12. 1998 – XI ZR 302/97,
> ZIP 1999, 101, 102;
>
> BGH, Urt. v. 21. 4. 1999 – VIII ZR 128/98,
> ZIP 1999, 997, 998 m. w. N.;
>
> zur Branchenüblichkeit vgl.
> BGH, Urt. v. 8. 10. 1986 – VIII ZR 342/85,
> BGHZ 98, 303 = ZIP 1987, 85, 90 =
> WM 1986, 1545, 1549:
> „Da grundsätzlich die Interessen der Bank als Geldkreditgeber nicht weniger schutzwürdig sind **als diejenigen** der Lieferanten als Warenkreditgeber, ist es nicht zu beanstanden, wenn in branchenunüblichen Kollisionsfällen die Bank aufgrund einer zeitlich vorangehenden Globalzession zum Zuge kommt."
>
> Dazu auch EWiR 1987, 5 (*Meyer-Cording*).

In **475**

> BGH, Urt. v. 26. 4. 1990 – VII ZR 39/89,
> ZIP 1990, 852, 853;
> dazu EWiR 1990, 863 (*H. Weber*)

wird die Rechtsprechung des Bundesgerichtshofs zur Sittenwidrigkeit wie folgt zusammengefasst: Ein Gläubiger muss, „will er den Vorwurf der Sittenwidrigkeit einer zur Sicherheit vereinbarten Globalzession vermeiden, hinreichend auf berechtigte Interessen des Schuldners und seiner anderen Gläubiger Rücksicht nehmen. So darf er den Schuldner in seiner wirtschaftlichen Handlungsfreiheit nicht unbillig behindern, und er darf nicht einer Kredittäuschung oder sonstigen Gläubigergefährdung Vorschub leisten, er muss auf übliche vertragliche Verpflichtungen, wie sie sich etwa aus Verlängerungen des Eigentumsvorbehalts ergeben, die gebotene Rücksicht nehmen und muss verhindern, dass die Sicherheiten übermäßig anwachsen, also eine Übersicherung entstehen kann."

IX. Sicherungsabtretung

476 Im konkreten Fall hat das Gericht eine Globalzession als nichtig angesehen, weil ihr die gebotenen Vorkehrungen zur Vermeidung einer Übersicherung gefehlt haben; eine objektive Deckungsgrenze fehlte in der Vereinbarung.

477 Auch die Problematik der Zahlstellenklausel ist unstreitig. Mit einer solchen Klausel verpflichtet sich der Schuldner, seine Drittschuldner anzuhalten, nur auf das Konto des Schuldners bei der Bank (= Zessionar) zu überweisen. Will die Bank mit einer solchen Klausel praktisch den gleichen Erfolg erzielen wie mit einer nach § 138 BGB unwirksamen Globalzession, kann sie sich gemäß § 242 BGB nicht darauf berufen, eine Zahlung lediglich als Zahlstelle ihres Schuldners entgegengenommen zu haben. Ist also die Globalzession mangels dinglicher Verzichtsklausel oder aus anderen Gründen unwirksam, wird auch die Zahlstellenklausel erfasst.

> BGH, Urt. v. 9. 11. 1978 – VII ZR 17/76,
> NJW 1979, 371, 372;
>
> OLG Frankfurt/M., Urt. v. 1. 4. 1981
> – 17 U 128/80, ZIP 1981, 492, 493
> = WM 1981, 972, 973;
>
> LG Berlin, Urt. v. 30. 3. 1983 – 99 O 2/83,
> ZIP 1983, 1324, 1326.

478 Kollidieren der verlängerte Eigentumsvorbehalt und eine Globalzession im Rahmen eines unechten Factorings, gelten die gleichen Grundsätze, d. h., die Ansprüche der Warenlieferanten aus branchenüblich vereinbarten verlängerten Eigentumsvorbehalten müssen auf jeden Fall und mit dinglicher Wirkung der Globalzession zugunsten der Bank/Sparkasse vorgehen.

> BGH, Urt. v. 14. 10. 1981 – VIII ZR 149/80,
> BGHZ 82, 50 = ZIP 1981, 1313, 1314
> = BB 1981, 2024, 2026.

479 Nur im Falle des echten Factoring erkennt die Rechtsprechung im Kollisionsfall zwischen Globalzession und verlängertem Eigentumsvorbehalt eine Ausnahme von vorstehenden Grundsätzen an. Der Grund liegt darin, dass der Vorbehaltskäufer aufgrund der erteilten Einzugsermächtigung die dem Vorbehaltsverkäufer zedierten Weiterverkaufsforderungen realisieren, d. h. sie in Bargeld oder Bankguthaben verwandeln darf. Der Vorbehaltskäufer erhält aus dem echten Factoringgeschäft den Kaufpreis für die Forderung endgültig, so dass er daraus den Warenlieferanten befriedigen kann.

Vgl. BGH, Urt. v. 14. 10. 1981 – VIII ZR 149/80,
BGHZ 82, 50 = ZIP 1981, 1313, 1314
= BB 1981, 2024, 2025.

Daher gilt diese Ausnahme nicht, wenn zwar ein als „echt" bezeichnetes **480**
Factoring vereinbart wurde, jedoch in den weiteren Regelungen des Factoringvertrages das Delkredere des Factors so durchlöchert und ausgehöhlt ist, dass von einer nicht mehr umkehrbaren einziehungsgleichen Vergütung der Forderung nicht mehr gesprochen werden kann.

OLG Koblenz, Urt. v. 10. 11. 1987
– 3 U 1386/86, WM 1988, 45.

Dann hat die Zession an den Factor nur Sicherungscharakter. In der Insol- **481**
venz des Vorbehaltskäufers nimmt dann infolge eines Rückbelastungsrechts/Rückforderungsanspruchs ein weiterer Gläubiger teil, welcher mit den Forderungen der Vorbehaltsverkäufer kollidiert.

Vgl. auch
OLG Karlsruhe, Urt. v. 28. 1. 1986
– 8 U 45/85, WM 1986, 1029;
dazu EWiR 1986, 1081 (*Roth*).

Eine weitere Kollision besteht, wenn sich das Kreditinstitut Miet- und **482**
Pachtzinsansprüche aus der Nutzungsüberlassung von Immobilien als Sicherheit hat abtreten lassen.

Ist das Grundstück/Wohnungseigentum nicht grundpfandrechtlich belastet, **483**
zieht der Insolvenzverwalter die Miet-/Pachtzinsen zur Masse, soweit sie den Zeitraum ab dem der Verfahrenseröffnung folgenden Monat bzw. – bei Eröffnung nach dem 15. eines Monats – nach dem Folgemonat betreffen (§ 110 Abs. 1 InsO).

Ein Grundpfandgläubiger ist nach Beschlagnahme durch § 1124 Abs. 2 **484**
BGB geschützt.

3. Verwertung

Teilweise wird die Auffassung vertreten, dass Rechte, an denen Absonde- **485**
rungsrechte bestehen, nur insoweit einem Verwertungsrecht des Insolvenzverwalters unterliegen, als dieser zur Einziehung und Verwertung von Forderungen berechtigt ist; die Abtretung gegenüber dem Drittschuldner darf dann aber noch nicht offen gelegt sein.

IX. Sicherungsabtretung

> *Sundermeier/Wilhelm*, DStR 1997, 1127, 1130, 1133;
> vgl. weiter § 181 EInsO sowie die Begründung hierzu
> in RefE InsO, 3. Teil B, S. 205.

486 Der Wortlaut des § 166 Abs. 2 InsO hat die klare Regelung des § 181 Abs. 2 RefE InsO nicht übernommen – danach war der Verwalter nach Anzeige der Zession an den Drittschuldner nicht mehr berechtigt, die Forderung zu verwerten. Dies war eines der Argumente für den Bundesgerichtshof, das Verwertungsrecht des Insolvenzverwalters auch nach Anzeige der Zession gegenüber dem Drittschuldner zuzulassen;

> siehe oben Rz. 314;
> vgl. zum Pfandrecht und zu § 1280 BGB unten Rz. 511.

487 Bezüglich zedierter Forderungen sind eine Reihe von Konstellationen denkbar, in denen Vereinbarungen mit dem Insolvenzverwalter getroffen werden.

488 – Der Insolvenzverwalter zieht Forderungen nach § 166 Abs. 2 InsO ein. Regelungsgegenstände sind dann die Anerkennung des Absonderungsrechts, die Geschäftsbesorgung durch den Insolvenzverwalter, der Anteil an Eingängen zur Masse nach § 170 Abs. 1 InsO, eine Ermächtigung zu Vergleichen, die Kostentragung, die technische Abwicklung (Konten).

489 – Der Insolvenzverwalter vereinbart mit der Bank/Sparkasse eine Vorabverfügungsbefugnis über die dem Kreditinstitut zustehenden Forderungsgegenwerte. Zu regeln sind der Umfang der Vorabverfügungsbefugnis und damit die Bezugsgröße, der Zeitraum, die Rückzahlungsmodalitäten, die Haftung für offenstehende Beträge, gegebenenfalls Sicherheiten.

490 – Kreditinstitut und Insolvenzverwalter vergleichen sich angesichts rechtlicher Unsicherheiten.

491 In einer entsprechenden Vereinbarung sind ggf. zunächst bestrittene und unbestrittene Forderungen zu beziffern; bezüglich des unbestrittenen Teils sind die Rechte des Kreditinstitutes anzuerkennen, hinsichtlich des bestrittenen Teils die Vergleichsregelung (meist in Prozent der Eingänge oder des Volumens) zu treffen. Einen weiteren Regelungsgegenstand bilden Abwicklungsmodalitäten (Konten, Verfügungsbefugnis, Verfügungsbeschränkungen, Kontrollrechte etc.).

X. Pfandrechte

Rechtsgeschäftlich bestellte, gesetzliche und durch Pfändung erlangte 492
Pfandrechte berechtigen ebenso wie ein kaufmännisches Zurückbehaltungsrecht zur Absonderung (§§ 50, 51 InsO).

1. Mehraktige Entstehungstatbestände/Rückschlagsperre

Wegen § 81 Abs. 1 Satz 1 InsO müssen sämtliche Voraussetzungen der 493
Entstehungstatbestände bis zum Zeitpunkt der Verfahrenseröffnung erfüllt
sein:

– Bei Pfandrechten an Sachen: die Einigung über die Pfandrechtsbe- 494
stellung und die Übergabe der Sache (§ 1205 BGB). Über § 1293
BGB gelten die gleichen Voraussetzungen für die Verpfändung von
Inhaberpapieren.

Soll ein Pfandrecht an Sachen bestellt werden, die in ein auf den
Kunden lautendes Schrankfach eingelagert werden sollen, muss der
Besitz, zumindest jedoch der Mitbesitz eingeräumt werden.

– Bei Rechten müssen die für ihre Übertragung geltenden Vorschrif- 495
ten zusätzlich beachtet werden (z. B. § 46 Abs. 3 AO).

– Bei der Pfändung einer Forderung gegen eine Gesamthandsgemein- 496
schaft (z. B. eine Gesellschaft bürgerlichen Rechts) muss der Pfändungsbeschluss jedem Gesamthandschuldner zugestellt werden; die
Pfändung wird erst mit der letzten Zustellung wirksam.

> BGH, Urt. v. 18. 5. 1998 – II ZR 380/96,
> ZIP 1998, 1291;
> dazu EWiR 1998, 719 (*Gerhardt*).

– Das Pfandrecht an Forderungen setzt die Einigung und die Anzeige 497
der Pfandrechtsbestellung nach § 1280 BGB voraus, die nur bei
einer Verpfändung eigener gegen das gleiche Kreditinstitut gerichteter Forderungen entbehrlich ist.

Bei einem Pfandrecht an künftigen Forderungen müssen diese bis
zum Insolvenzzeitpunkt entstanden sein.

> OLG Köln, Urt. v. 18. 2. 1987
> – 13 U 170/86, ZIP 1987, 907;
> dazu EWiR 1987, 971 (*Johlke*);

BGH, Urt. v. 19. 3. 1998 – IX ZR 22/97,
ZIP 1998, 793, 798;
BGH, Beschl. v. 5. 11. 1998 – IX ZR 246/97,
ZIP 1999, 79, 80.

498 – bei Orderpapieren: Einigung und Übergabe des indossierten Papiers (§ 1292 BGB).

499 – Zurzeit der Geltung der Gesamtvollstreckungsordnung verlor mit Eröffnung der Gesamtvollstreckung eine zuvor gegen den Schuldner eingeleitete, aber nicht abgeschlossene Vollstreckungsmaßnahme zu Gunsten einzelner Gläubiger ihre Wirksamkeit aufgrund § 7 Abs. 3 Satz 1 GesO selbst dann, wenn sie bereits zu einem Pfändungspfandrecht geführt hat.

BGH, Urt. v. 26. 1. 1995 – IX ZR 99/94,
BGHZ 128, 365 = ZIP 1995, 480, 481 f;
dazu EWiR 1995, 467 (*E. Braun*).

500 Stattdessen gilt die Rückschlagsperre des § 88 InsO. Hat danach ein Insolvenzgläubiger im letzten Monat vor dem Antrag auf Eröffnung des Insolvenzverfahrens oder nach diesem Antrag durch Zwangsvollstreckung eine Sicherung an dem zur Insolvenzmasse gehörenden Vermögen des Schuldners erlangt, wird diese Sicherung mit Verfahrenseröffnung unwirksam.

2. Ausschluss des AGB-Pfandrechts

501 Problematisch ist zuweilen die Geltendmachung von Absonderungsrechten aufgrund von AGB-Pfandrechten.

502 In einer Reihe von Fällen unterliegen Vermögenswerte, die in die Verfügungsmacht der Bank/Sparkasse gelangt sind, nicht dem Pfandrecht nach Nr. 14 AGB-Banken, Nr. 21 AGB-Sparkassen/Landesbanken:

503 – Das Kreditinstitut erhält Vermögenswerte mit einer besonderen Weisung.

Generell ist zu dieser Fallgruppe anzumerken, dass nach einer in der Rechtsprechung und in der Literatur vertretenen Meinung vereinbarte Zweckbindungen stets zur Unpfändbarkeit der Forderungen führen, da der Verwendungszweck zum Inhalt der zu erbringenden Leistung gehöre und jede zweckwidrige Verwendung den Leistungsinhalt i. S. d. § 399 Alt. 1 BGB verändere, so dass die fehlende

Übertragbarkeit zur Unpfändbarkeit führe (§ 851 Abs. 1 ZPO; vgl. auch §§ 1274 Abs. 2, 1279 BGB). Nach einer anderen Sicht seien zweckgebundene Forderungen nur dann unpfändbar, wenn der Zweckbindung treuhändischer Charakter zukomme.

> Vgl. BGH, Urt. v. 16. 12. 1999 – IX ZR 270/98,
> ZIP 2000, 265 (mit zahlreichen Nachweisen zu
> beiden Auffassungen auf S. 265);
> dazu auch EWiR 2000, 603 (*Derleder*).

Den nachfolgend aufgeführten Beispielsfällen ist eine treuhänderische Zweckbindung gemeinsam, so dass sich die Unpfändbarkeit aus der engeren – als zweite aufgeführten – Ansicht ergibt.

Beispiel: Vereinbaren die Parteien eines Kaufvertrages, dass der Käufer zur Ablösung von Rechten einer Bank auf den Kaufgegenstand den Kaufpreis nur auf ein debitorisches Konto des Verkäufers bei der betreffenden Bank einzahlen darf, kann aufgrund des Treuhandcharakters weder der Anspruch noch das Guthaben gepfändet werden.

> BGH, Urt. v. 16. 12. 1999 – IX ZR 270/98,
> ZIP 2000, 265, 266 f.

Beispiel: Ein Kreditinstitut, dem ein Scheck zum Einzug und zur Erlösgutschrift auf dem Konto eines Dritten eingereicht wird, erlangt weder Sicherungseigentum noch ein Pfandrecht an dem Scheck, auch wenn das Girokonto des Einreichers einen Schuldsaldo aufweist.

> BGH, Urt. v. 14. 11. 1989 – XI ZR 97/88,
> ZIP 1990, 368 = WM 1990, 6;
> dazu EWiR 1990, 143 (*Eike Schmidt*).

Beispiel: Einzahlung auf Kundenkonto mit der Weisung, Grundpfandrechte der Bank an einem lastenfrei verkauften Grundstück abzulösen.

> OLG Düsseldorf, Urt. v. 23. 6. 1988
> – 10 U 23/88, ZIP 1988, 1173;
> dazu EWiR 1988, 845 (*Werhahn*).

504 – Dem Kreditinstitut werden Vermögenswerte mit einer besonderen Zweckbestimmung zugeleitet, gleichgültig, ob es sich dabei um Schecks, Wechsel oder um Bareinzahlungen handelt.

Beispiel: Die Bank führt ein Sparkonto mit dem Aufdruck „gesperrt wegen Mietkaution".

> OLG Nürnberg-Fürth, Urt. v. 15. 5. 1998
> – 8 U 4293/97, ZIP 1998, 1222, 1223 (rkr.);
> dazu EWiR 1998, 769 (*H.-G. Eckert*).

Beispiel: Kein Pfandrecht an Geldern, die zum Zweck einer Kaufpreiszahlung für ein Grundstück mit treuhänderischer Zweckbindung ohne Erfüllungswirkung auf ein Konto eingezahlt wurden.

> BGH, Urt. v. 20. 11. 1997 – IX ZR 152/96,
> ZIP 1998, 294;
> dazu EWiR 1998, 143 (*Hintzen*).

Beispiel: Die Pfändung in Guthaben, welche dem GSB oder der MaBV unterliegen, ist nicht möglich, da diese Vermögenswerte mit einer besonderen Zweckbindung der Bank zur Verfügung gestellt werden. Die Bank muss aber Kenntnis von der Zweckbindung der Gelder gehabt haben.

> BGH, Urt. v. 13. 10. 1987 – VI ZR 270/86,
> ZIP 1987, 1436, 1437 = WM 1987, 1457;
> dazu EWiR 1988, 59 (*Alisch*);
> vgl. OLG Düsseldorf, Urt. v. 30. 3. 1995
> – 12 U 280/93, WM 1997, 913, 915,
> wonach **die Vorschriften des GSB und** der MaBV
> aber kein Aufrechnungsverbot enthalten (rkr.).

Beispiel: Das Kreditinstitut erhält eine Einzahlung mit der Maßgabe, einen bestimmten Teil an den Lieferanten des Kunden zu überweisen.

> OLG Düsseldorf, Urt. v. 21. 5. 1987
> – 6 U 197/86, WM 1987, 1008;
> dazu EWiR 1988, 29 (*Hüffer*).

Beispiel: Ein Kunde bietet einen Wechsel zum Diskont an. Kongruente Willenserklärungen liegen insoweit vor, als der Wechsel nur für den Fall der Annahme des Diskontierungsangebotes übergeben und er im Ablehnungsfall unbelastet zurückgegeben werden soll.

2. Ausschluss des AGB-Pfandrechts

OLG Hamburg, Urt. v. 27. 1. 1987
– 12 U 50/85, ZIP 1988, 927, 928
= WM 1988, 571, 574;
dazu EWiR 1988, 913 (*Lenzen*).

Ein Pfandrecht entsteht also nicht, wenn die Bank/Sparkasse den Auftrag ablehnt oder wenn die Ausführung des Auftrages daran scheitert, dass sie wegen Zahlungseinstellung oder Vermögensverschlechterung die Geschäftsverbindung ganz oder teilweise auflöst.

– Das Kreditinstitut erhält Wertgegenstände erkennbar nur zur vorübergehenden Aufbewahrung. **505**

Beispiel: offene Treuhandkonten

Beispiel: Festgeldkonto einer Treuhandgesellschaft, die Teilbeträge nach Bautenstand abruft;

OLG Düsseldorf, Urt. v. 5. 5. 1983
– 6 U 192/82, ZIP 1983, 668.

– Dem Kreditinstitut ist bekannt, dass die auf dem Konto eingehenden Gelder dem Kontoinhaber nur als Treuhänder zustehen und dieser auch den Willen hat, die Beträge nur treuhänderisch für den Treugeber auf dem Konto anzulegen. **506**

BGH, Urt. v. 13. 10. 1987 – VI ZR 270/86,
ZIP 1987, 1436, 1439 = WM 1987, 1457;
dazu EWiR 1988, 59 (*Alisch*).

Beispiel: Baugeld i. S. d. § 1 Abs. 3 Baugeldsicherungsgesetz;

vgl.

OLG Düsseldorf, Urt. v. 20. 3. 2002
– 15 U 100/97, ZIP 2002, 902, 904 f;
dazu EWiR 2002, 995 (*Voss*),

wonach die Baugelder ihre Zweckbestimmung nicht dadurch verlieren, dass nach Verfahrenseröffnung der Verwalter keine Erfüllung des teilweise nicht erfüllten Bauvertrages wählt. Die Zweckbindung gilt auch gegenüber dem Insolvenzverwalter. Aufgrund der Zweckbindung ist der Anspruch auf Auszahlung dieses Geldes nur für solche Personen pfändbar, die an der Herstellung des Baues beteiligt sind. Der Ausschluss eines Pfandrechtes für Kreditinstitute bedeutet auch, dass über eine Aufrechnung ebenfalls keine Befriedigung möglich ist.

3. Kein Pfandrechtserwerb

507 Die Bank/Sparkasse kann ferner kein Pfandrecht an Forderungen erwerben, die aus Verträgen resultieren, zu deren Erfüllung sich der Insolvenzverwalter nach § 103 InsO entschlossen hat.

> BGH, Urt. v. 25. 4. 2002 – IX ZR 313/99,
> ZIP 2002, 1093, 1094.

508 Da an nicht übertragbaren Rechten keine Pfandrechte bestellt werden können (§ 1274 Abs. 2 BGB), ist auch insoweit die Rechtsprechung zu § 399 BGB zu beachten, nach der einer Zustimmung zur rechtsgeschäftlichen Verpfändung keine rückwirkende Kraft beigemessen werden kann.

> BGH, Urt. v. 29. 6. 1989 – VII ZR 211/88,
> BGHZ 108, 172 = ZIP 1989, 1137, 1138;
> dazu EWiR 1989, 861 (*Bülow*).

4. AGB-Pfandrecht

509 Nach Nr. 14 AGB-Banken, Nr. 21 AGB-Sparkassen/Landesbanken erwirbt ein Kreditinstitut Pfandrechte an Kontoguthaben, an Forderungen des Kunden aus Gutschriften und Vermögensgegenständen, die in den Besitz der Bank/Sparkasse gelangt sind. Auf das durch das Pfandrecht begründete Absonderungsrecht können Kreditinstitute grundsätzlich eine Verrechnung von Zahlungseingängen auf debitorischen Konten stützen, solange das Giroverhältnis besteht. Zum Pfandrecht an Ansprüchen auf und aus Gutschrift siehe unten Rz. 614.

510 Allerdings ist ein solches Pfandrecht – insbesondere an Zahlungseingängen für einen Kunden – in den letzten drei Monaten vor dem Eröffnungsantrag gegen diesen Kunden als inkongruente Sicherung anfechtbar.

> BGH, Urt. v. 7. 3. 2002 – IX ZR 223/01,
> ZIP 2002, 812, 813.

Entsprechend seiner Rechtsprechung zum allgemeinen Anspruch einer Bank auf Sicherheitenverstärkung führt der Bundesgerichtshof aus, dass eine pauschale Einigung dahingehend, dass sämtliche künftig in den Besitz einer Bank kommenden Sachen oder für den Kunden entstehenden Ansprüche gegen sie verpfändet werden sollen, nicht genügt, um im Voraus eine kongruente Sicherung zu begründen; denn das Pfandrecht konkretisiert sich erst in demjenigen Zeitpunkt auf einen bestimmten

Pfandgegenstand, in dem die Sache in den Besitz der Bank gelangt oder die verpfändete Forderung entsteht.

> BGH, Urt. v. 3. 12. 1998 – IX ZR 313/97,
> ZIP 1999, 76, 77 f;
>
> BGH, Urt. v. 7. 3. 2002 – IX ZR 223/01,
> ZIP 2002, 812, 813;
> dazu EWiR 2002, 685 (*Ringstmeier/Rigol*).

5. Verwertung

§ 166 Abs. 2 InsO gestattet dem Verwalter, dass er eine Forderung, die der Schuldner zur Sicherung eines Anspruches abgetreten hat, einziehen oder in anderer Weise verwerten darf. Aus der Erwähnung nur der Abtretung wird im Umkehrschluss gefolgert, dass verpfändete Forderungen immer vom Pfandgläubiger selbst verwertet werden können. **511**

> *Sundermeier/Wilhelm*, DStR 1997, 1127, 1130.

Der Grund liegt in der mit der Anzeige nach § 1280 BGB verbundenen Publizitätswirkung. Nach § 1282 Abs. 1 BGB kann der Schuldner bei Pfandreife nur noch an den Pfandgläubiger befreiend leisten. **512**

Demnach steht das Verwertungsrecht in diesen Fällen sowie dann, wenn der Pfandgegenstand nicht im Besitz des Insolvenzverwalters ist, nach § 173 Abs. 1 InsO dem Gläubiger/Sicherungsnehmer zu. **513**

Hierunter fallen demnach **514**

– auch die AGB-Pfandrechte der Banken/Sparkassen,

– Vertragspfandrechte an Sachen nach §§ 1205 ff BGB,

– Werkunternehmerpfandrechte nach § 647 BGB,

nicht hingegen

– besitzlose Pfandrechte (z. B. nach § 559 BGB), die dem Verwertungsrecht des Verwalters nach § 166 Abs. 1 InsO unterliegen.

Beim Verwertungsrecht des Gläubigers nach § 173 Abs. 1 InsO wird umsatzsteuerlich ein Doppelumsatz angenommen mit der Folge, dass bezüglich der Umsatzsteuer eine Masseverbindlichkeit nach § 55 Abs. 1 Nr. 1 Alt. 2 InsO entsteht. **515**

> Vgl. *Welzel*, ZIP 1998, 1823, 1825.

516 Beim eigenen Verwertungsrecht des Insolvenzverwalters ist er zum Einbehalt der Umsatzsteuer nach §§ 55 Abs. 1 Nr. 1 Alt. 1, 170 Abs. 1 InsO berechtigt.

XI. Personensicherheiten

1. Insolvenz des Hauptschuldners

Wird der Hauptschuldner insolvent, wird die von einem Dritten gestellte 517
Personalsicherheit nicht berührt. In allen Fällen, in denen mehrere für dieselbe Leistung haften, kann der Gläubiger nach § 43 InsO im Insolvenzverfahren den Betrag geltend machen, den er im Zeitpunkt der Verfahrenseröffnung zu fordern hatte. Der Forderungsbetrag im Eröffnungszeitpunkt ist für die Anmeldung, die Abstimmung und die Verteilung maßgebend.

Dies gilt, solange Zahlungen von Mithaftenden des Gemeinschuldners 518
nicht zur vollen Befriedigung des Gläubigers führen.

Voraussetzung für die Anwendbarkeit des § 43 InsO ist die Haftung meh- 519
rerer Personen für dieselbe Leistung. Diese Voraussetzung ist u. a. auch bei einer Bürgschaft mit Einrede der Vorausklage erfüllt, da diese in der Insolvenz des Hauptschuldners nach § 773 Abs. 1 Nr. 3 BGB entfällt. Ferner: bei einer modifizierten Ausfallbürgschaft.

§ 43 InsO schützt also den Gläubiger, wenn der Bürge/Mithaftende nach 520
Verfahrenseröffnung seine Bürgschaftsschuld nur teilweise erfüllt.

Problematisch ist die Rechtslage bei der Höchstbetragsbürgschaft. Zahlt 521
der Bürge während der Insolvenz des Hauptschuldners die gesamte Bürgschaftssumme, liegt die Voraussetzung des § 43 InsO – die Haftung mehrerer – nicht mehr vor. Die Bank/Sparkasse kann im Insolvenzverfahren über das Vermögen des Hauptschuldners die Quote nur noch insoweit verlangen, als nach Zahlung durch den Bürgen noch ein Forderungsteil verbleibt. Daher ist es in diesen Fällen sinnvoll, den Bürgen gegebenenfalls erst nach Beendigung der Insolvenz in Anspruch zu nehmen.

§ 43 InsO ist beispielsweise auch dann nicht anwendbar, wenn ein Mitver- 522
pflichteter neben einem anderen Gesamtschuldner nur für einen Teil der Schuld haftet und seine Schuld vollständig tilgt, vgl. zu § 68 KO

BGH, Urt. v. 22. 1. 1969 – VIII ZR 24/67,
NJW 1969, 796;

BGH, Urt. v. 30. 10. 1984 – IX ZR 92/83,
BGHZ 92, 374 = ZIP 1985, 18, 19
= WM 1984, 1630, 1631 = BB 1985, 1876, 1877;
dazu EWiR 1985, 85 (*Horn*);

BGH, Urt. v. 19. 12. 1996 – IX ZR 18/96,
ZIP 1997, 372, 373
zum Vergleich eines Gläubigers mit einem Gesamtschuldner;
dazu auch EWiR 1997, 269 (*Gerhardt*).

523 Hat der Gläubiger mit dem Bürgen vereinbart, dass der Forderungsübergang bis zur vollständigen Befriedigung des Gläubigers ausgeschlossen ist, kann der Bürge nicht mit einer Regressforderung aus § 774 Abs. 1 Satz 1 BGB am Insolvenzverfahren des Hauptschuldners teilnehmen. Eine solche grundsätzlich wirksame Klausel,

vgl. BGH, Urt. v. 30. 10. 1984 – IX ZR 92/83,
WM 1984, 1630, 1632 = BB 1985, 1876, 1878;
zuletzt bestätigt in BGH, Urt. v. 5. 4. 2001
– IX ZR 276/98, ZIP 2001, 914;
dazu EWiR 2001, 575 (*Pfeiffer*),

verbessert den Schutz des Gläubigers in der Insolvenz des Hauptschuldners. In dem Urteil vom 30. Oktober 1984 wird ausgeführt:

„Wird ... der Leistung des Bürgen – vorläufig – die Erfüllungswirkung (§ 362 Abs. 1 BGB) genommen und hat sie zunächst nur die Wirkung einer Sicherheitsleistung, dann wird mangels einer endgültigen (Teil-)Befriedigung des Gläubigers nicht nur der Forderungsübergang aufgeschoben, sondern der Bürge kann vor vollständiger Befriedigung des Gläubigers auch nicht mit einer Regressforderung aus eigenem Recht am Konkurs des Hauptschuldners teilnehmen. Zwar kann dem Bürgen gegen den Hauptschuldner auch ein Anspruch auf Befreiung von der Belastung durch die Sicherheitsleistung zustehen. Nach den Grundsätzen des Konkursrechts kann jedoch der Sicherungsgeber mit einem solchen Anspruch nicht neben dem Gläubiger am Konkurs des Hauptschuldners teilnehmen, weil dies zu einer unzulässigen Doppelbelastung der Konkursmasse führen würde" (m. w. N.).

524 Dies wird nunmehr in § 44 InsO ausdrücklich geregelt. Danach können Bürge und Gesamtschuldner die Forderung, die sie durch eine Befriedigung des Gläubigers künftig gegen den Schuldner erwerben könnten, im Insolvenzverfahren nur dann geltend machen, wenn der Gläubiger seine Forderung nicht geltend macht. Forderung und Rückgriffsforderung können deswegen im Verfahren nicht nebeneinander geltend gemacht werden, weil sie wirtschaftlich identisch sind.

525 Hat umgekehrt die Bank/Sparkasse für den Hauptschuldner gegenüber einem Dritten ein Aval gestellt und befriedigt sie den Dritten vor Eröffnung des Insolvenzverfahrens über das Vermögen des Schuldners, kann sie die

Regressforderung an Stelle des Gläubigers im Verfahren geltend machen. Befriedigt sie den Gläubiger nach Verfahrenseröffnung, tritt die gleiche Rechtsfolge ein: Ist z. B. die Bürgschaftsschuld vor Verfahrenseröffnung entstanden und wird diese danach erfüllt, steht dem Bürgen bei Insolvenzeröffnung bereits aufschiebend bedingt die Hauptforderung zu, deren Übergang nur noch von der Befriedigung des Gläubigers abhängt. Die Tilgung der Bürgschaftsschuld muss aber die alleinige Bedingung sein; der Forderungserwerb darf nicht zusätzlich von rechtsgeschäftlichen Erklärungen des Gläubigers abhängen.

>BGH, Urt. v. 6. 11. 1989 – II ZR 62/89,
>ZIP 1990, 53, 54 = WM 1990, 34, 36;
>dazu EWiR 1990, 175 (*Häsemeyer*).

Befriedigt der Bürge nach Verfahrenseröffnung bezüglich des Schuldnervermögens den Gläubiger nur teilweise, kann er seinen Regressanspruch im Insolvenzverfahren nicht geltend machen. **526**

>BGH, Urt. v. 30. 10. 1984 – IX ZR 92/83,
>BGHZ 92, 374 = ZIP 1985, 18, 19
>= WM 1984, 1630, 1631 = BB 1985, 1876, 1877.

Hat sich der Bürge nur für einen Teilbetrag der Forderung verbürgt und insoweit seine Bürgschaftsschuld vollständig erfüllt, muss der Gläubiger seine Forderungsanmeldung um diesen Betrag ermäßigen. Der Bürge darf seinen Regressanspruch anmelden. Der Schutz des Gläubigers durch § 43 InsO entfällt. **527**

Schließt der Gläubiger im Insolvenzverfahren über das Vermögen des Hauptschuldners mit dem Verwalter einen außergerichtlichen Vergleich, der vorsieht, dass die durch Bürgschaft gesicherte Forderung nach Erfüllung bestimmter Voraussetzungen erlischt, kann er grundsätzlich nicht mehr den Bürgen in Höhe des erlittenen Ausfalls in Anspruch nehmen. **527a**

>BGH, Urt. v. 1. 10. 2002 – IX ZR 443/00,
>ZIP 2002, 2125, 2127;
>dazu EWiR 2003, 111 (*Tiedtke*).

Dies folgt aus dem Akzessorietätsprinzip.

Wird die finanzierende Bank im Insolvenzverfahren über das Schuldnervermögen im Wege eines durchgeführten Reorganisationsverfahrens teilweise befriedigt, bleiben ihre Rechte gegen einen Bürgen durch den Insolvenzplan unberührt (§ 254 Abs. 2 Satz 1 InsO). Eine vergleichbare Rege- **528** lung enthält § 301 Abs. 2 Satz 1 InsO, nach der die Rechte der Insolvenzgläubiger gegen Bürgen und Mithaftende von der Restschuldbefreiung nicht berührt werden. Die Regelungen gelten nicht bei Schuldenbereinigungen vor Eröffnung des Insolvenzverfahrens,

> BGH, Urt. v. 1. 10. 2002 – IX ZR 443/00,
> ZIP 2002, 2125, 2127.

529 Die Ausführungen zur Bürgschaft gelten entsprechend für andere Personensicherheiten wie Garantien, Mitverpflichtungen etc. sowie für dingliche Sicherheiten aus Drittvermögen (RefE-InsO, 3. Teil (B), S. 301; vgl. unten Rz. 560).

2. Insolvenz des Bürgen/Mithaftenden

530 In der Insolvenz eines Bürgen, der die Einrede der Vorausklage erheben kann oder der eine echte Ausfallbürgschaft abgegeben hat, meldet das Kreditinstitut seinen Anspruch aufgrund der Bürgschaft als aufschiebend bedingte Insolvenzforderung in Höhe des Ausfalles an. Bedingung ist der Ausfall beim Hauptschuldner. Der Betrag, welcher der auf die angemeldete Forderung entfallenden Quote entspricht, wird gemäß §§ 191 Abs. 1, 198 InsO zurückbehalten und hinterlegt. Dadurch wird der Gläubiger gesichert. Wenn die Bedingung eingetreten ist, der Ausfall beim Hauptschuldner also feststeht, wird der hinterlegte Betrag ausgezahlt.

531 Im Falle selbstschuldnerischer Bürgschaften und bei anderweitigen sofort verwertbaren Personalsicherheiten, nimmt das Kreditinstitut als Sicherungsnehmer uneingeschränkt am Verfahren teil (§ 43 InsO). Ist die Fälligkeit der gesicherten Forderung noch nicht eingetreten, steht dies wegen § 41 Abs. 1 InsO nicht entgegen.

532 Durch die Anmeldung der Ansprüche aus der Personalsicherheit wird die gesicherte Forderung nicht berührt. Erhält das Kreditinstitut während des Insolvenzverfahrens über das Vermögen des Sicherungsgebers Zahlungen vom Schuldner, gilt wieder § 43 InsO: Solange nicht der Schuldner die Bank/Sparkasse vollständig befriedigt, bleiben gezahlte Beträge für die Berechnung der Konkursquote in der Insolvenz des Bürgen außer Betracht.

3. Insolvenz des Hauptschuldners und des Bürgen/Mithaftenden

Werden sowohl der Hauptschuldner, als auch der Bürge/Mithaftende insolvent, kann der Gläubiger in jedem der beiden Verfahren den Betrag geltend machen, den er im Zeitpunkt der Verfahrenseröffnung fordern konnte. Anrechnen lassen muss er sich im zweiten Insolvenzverfahren **533**

- eine Quote aus der ersten Insolvenz, die er vor Eröffnung der zweiten Insolvenz erlangt hat,

- die tatsächlich vereinnahmten Beträge aus einem Zwangsvergleich im ersten Insolvenzverfahren,

- Leistungen Dritter, die ihm nach Eröffnung des ersten, aber vor Eröffnung des zweiten zugeflossen sind.

4. Insolvenz des Gläubigers

Zur Bürgschaft auf erstes Anfordern hat der Bundesgerichtshof in **533a**

> BGH, Urt. v. 4. 7. 2002 – IX ZR 97/99,
> ZIP 2002, 1633;
> dazu EWiR 2003, 17 (*Theewen*)

entschieden, dass ein insolventer Gläubiger bei Masselosigkeit oder Masseunzulänglichkeit keinen Anspruch auf Zahlung auf erstes Anfordern hat. Da bei dieser Bürgschaftsform mit Ausnahme des evidenten Rechtsmissbrauchs alle Streitfragen tatsächlicher wie rechtlicher Natur in einem Rückforderungsprozess geltend zu machen sind, hat das Gericht nun dem Bürgen das Insolvenzrisiko des Gläubigers abgenommen. Die Entscheidung weicht die bisherige Rechtssicherheit bei dieser Bürgschaftsform auf. Bürgende Kreditinstitute werden aber entsprechende Hinweise im Innenverhältnis zu den Auftraggebern solcher Bürgschaften zu beachten haben.

XII. Aufrechnung

1. Rechtslage

Ein zur Aufrechnung berechtigter Insolvenzgläubiger erlangt im Insolvenzverfahren eine Rechtsstellung, die dem Absonderungsrecht vergleichbar ist. Im Gegensatz zum Absonderungsberechtigten 534

– braucht der Aufrechnungsberechtigte seine Forderung insoweit im Insolvenzverfahren nicht geltend zu machen, als er zur Aufrechnung befugt ist,

– ist er dem Ausfallgrundsatz des § 52 InsO nicht unterworfen,

– gelten für den Aufrechnungsberechtigten keine Zeitschranken.

Die Regelungssystematik der Insolvenzordnung ist wie folgt aufgebaut: 535

– § 94 InsO enthält – unverändert zum bislang geltenden Recht – den Grundsatz, dass eine Berechtigung zur Aufrechnung durch eine Verfahrenseröffnung nicht aufgehoben wird. 536

– § 95 InsO regelt Besonderheiten für den Fall, dass die Aufrechnungslage nach Verfahrenseröffnung eintritt. Im Gegensatz zum bislang geltenden Recht, in dem die Erfordernisse der Gleichartigkeit und der Fälligkeit zugunsten des Aufrechnungsberechtigten nach Verfahrenseröffnung abgeschwächt waren, kann nunmehr erst dann aufgerechnet werden, wenn diese Voraussetzungen erfüllt sind. Die Regelungen, wonach nicht fällige Forderungen als fällig gelten (§ 41 InsO) und noch nicht auf Geld gerichtete Forderungen geltend gemacht werden können (§ 45 InsO), gelten im Zusammenhang mit dem Eintritt der Aufrechnungslage im Insolvenzverfahren ausdrücklich nicht (§ 95 Abs. 1 Satz 2 InsO). Unterschiedliche Währungen der zur Aufrechnung stehenden Forderungen schließen die Aufrechnung nicht aus (§ 95 Abs. 2 InsO). 537

– Ausgeschlossen ist die Aufrechnung, wenn diese auch außerhalb des Insolvenzverfahrens nicht möglich gewesen wäre. Diesem Grundsatz trägt § 95 Abs. 1 Satz 3 InsO Rechnung. So kann ein Gläubiger, dessen Geldforderung im Zeitpunkt der Verfahrenseröffnung noch nicht fällig ist, der jedoch dem Schuldner gegenüber zur Zahlung einer fälligen Geldschuld verpflichtet ist, nicht aufrechnen; er muss vielmehr seine Schuld zur Insolvenzmasse erfüllen und seine Gegenforderung als Insolvenzforderung anmelden. 538

XII. Aufrechnung

539 – Schließlich enthält § 96 Abs. 1 InsO Tatbestände, in denen die Aufrechnung unzulässig ist. Unzulässig ist sie dann, wenn ein Insolvenzgläubiger erst nach der Eröffnung des Verfahrens etwas zur Masse schuldig geworden ist, oder wenn er erst nach Verfahrenseröffnung die Forderung von einem anderen Gläubiger erworben hat. Ferner ist die Aufrechnung unzulässig, wenn die Aufrechnungsmöglichkeit durch eine anfechtbare Rechtshandlung erlangt wurde,

vgl. hierzu *Paulus*, ZIP 1997, 569 ff,

und schließlich dann, wenn ein Gläubiger, dessen Forderung aus dem freien Vermögen des Schuldners zu erfüllen ist, etwas zur Insolvenzmasse schuldet.

540 Die danach wichtigste Neuregelung findet sich also in § 96 Abs. 1 Nr. 3 InsO, welche generell das Anfechtungsrecht als Tatbestand der Unzulässigkeit der Aufrechnung einbezieht.

541 Eine wesentliche Konsequenz der Neuregelung für Kreditinstitute ist, dass mit Verfahrenseröffnung noch nicht fällige Geldanlagen des Schuldners bei Fälligkeit an die Masse zu zahlen sind und nicht auf Kreditverbindlichkeiten verrechnet werden können (vgl. § 95 Abs. 1 Satz 3 InsO). Insoweit kann sich das Kreditinstitut jedoch auf das AGB-Pfandrecht berufen.

542 Wird ein Anspruch durch die Insolvenzeröffnung inhaltlich umgestaltet (z. B. aus einem bestehenden Erfüllungsanspruch wird infolge einer Kündigung durch den Insolvenzverwalter ein Schadensersatzanspruch), steht dieses einer Aufrechnung nicht entgegen. Die bloße Umgestaltung führt nicht zu einem nach Verfahrenseröffnung neu entstehenden Anspruch.

BGH, Urt. v. 15. 7. 1997 – XI ZR 154/96,
BGHZ 136, 254 = ZIP 1997, 1496, 1498;
dazu EWiR 1997, 1125 (*Prütting*).

543 Die Aufrechnungsbeschränkungen des § 96 Abs. 1 InsO sowie die Regelungen in § 95 Abs. 1 Satz 3 InsO gelten nicht für Ansprüche und Leistungen, die in eines der Zahlungssysteme eingebracht wurden, die in § 96 Abs. 2 InsO bezeichnet sind. Die systemimmanente Verrechnung muss spätestens am Tag der Eröffnung des Insolvenzverfahrens erfolgt sein.

544 Voraussetzung ist aber, dass der Insolvenzschuldner Teilnehmer des Zahlungssystems ist; die Ansprüche eines einzelnen Kunden eines Kreditinstitutes werden durch § 96 Abs. 2 InsO nicht beeinflusst.

2. Einzelfälle

- Die allgemeinen Aufrechnungsvoraussetzungen liegen nicht vor: **545**
  Ein Gesellschafter kann im Falle des Gesellschaftskonkurses mit der nach seiner Leistung als Bürge übergegangenen Forderung (§ 774 BGB) nicht gegen Ansprüche der Gesellschaft aufrechnen, wenn die Bürgschaft eigenkapitalersetzenden Charakter hatte.

  > OLG München, Urt. v. 16. 12. 1987
  > – 15 U 3748/87, ZIP 1989, 322, 323;
  > dazu EWiR 1989, 287 (*Scheuch*).

  Erwirbt eine Bank in nicht banküblicher Weise den Anspruch eines Dritten gegen ihren Bankkunden allein zu dem Zweck, durch Aufrechnung gegen eine Guthabenforderung ihres Kunden dem Dritten den Zugriff auf dessen Vermögen zu verschaffen, so ist die Aufrechnung rechtsmissbräuchlich und deshalb unwirksam. **546**

  > BGH, Urt. v. 28. 4. 1987 – VI ZR 1 u. 43/86,
  > ZIP 1987, 974;
  > dazu EWiR 1987, 755 (*Rümker*).

- Verrechnungsmöglichkeit von Zahlungseingängen auf debitorischem Schuldnerkonto. **547**

  Mit Eröffnung des Insolvenzverfahrens erlischt gemäß §§ 116, 115 InsO der mit dem Bankvertrag, **548**

  > vgl. BGH, Urt. v. 24. 9. 2002 – XI ZR 345/01,
  > ZIP 2002, 2082 Leitsatz 2, 2083;
  > dazu EWiR 2003, 151 (*Kort*),

  erteilte Geschäftsbesorgungsauftrag und damit die antizipierte Verrechnungsabrede, so dass eine vertragliche Verrechnungsgrundlage nicht mehr besteht. Der Aufrechnung steht jedoch § 96 Abs. 1 Nr. 1 InsO entgegen, da bei Zahlungseingängen nach Verfahrenseröffnung ein Anspruch auf Herausgabe auch dem Rechtsgrunde nach bei Eröffnung noch nicht entstanden war. Nur wenn die Forderung bei Insolvenzeröffnung bereits im Kern entstanden war, kann das Kreditinstitut aufrechnen. Insoweit sind insbesondere die Voraussetzungen des § 95 InsO einschlägig.

  Bedeutsam ist insoweit insbesondere der aufschiebend bedingte Anspruch des Schuldners auf Wiedergutschrift bei Teilnahme am Last- **549** schriftverfahren und unberechtigtem Forderungseinzug. Einer Aufrechnung steht eine zwischenzeitliche Insolvenz nicht entgegen.

550 Infolge der Verknüpfung des § 96 Abs. 1 Nr. 3 InsO mit dem Anfechtungsrecht ist insbesondere § 130 InsO – die Regelung über kongruente Deckung – zu beachten. Unter der Voraussetzung, dass der Kontoinhaber zahlungsunfähig war und das Kreditinstitut davon Kenntnis hatte – insoweit muss der Insolvenzverwalter den Nachweis erbringen (Umkehrschluss aus § 130 Abs. 3 InsO) –, ist eine Verrechnung innerhalb der letzten drei Monate vor dem Eröffnungsantrag unwirksam, sofern nicht die Voraussetzungen des § 142 InsO zum Bargeschäft vorliegen.

551 Nach

BGH, Urt. v. 7. 3. 2002 – IX ZR 223/01,
ZIP 2002, 812, 814

kann bei der Einstellung von Zahlungseingängen in das Kontokorrent in dem Umfang ein unanfechtbares Bargeschäft vorliegen, in dem die Bank ihren Kunden wieder über den Gegenwert verfügen lässt. Ob der Schuldner den vereinbarten Kreditrahmen voll ausnutzt, ist grundsätzlich unerheblich. § 142 InsO soll es dem Schuldner gerade ermöglichen, auch in der Zeit der wirtschaftlichen Krise noch Rechtsgeschäfte, welche die Insolvenzgläubiger nicht unmittelbar benachteiligen, zeitnah abzuwickeln.

552 Auch zeitlich nach dem Eröffnungsantrag vorgenommene Verrechnungen sind nach § 96 Nr. 3 i. V. m. § 130 Abs. 1 Nr. 2 InsO unwirksam, wenn das Kreditinstitut zurzeit der Verrechnung die Zahlungsunfähigkeit oder den Eröffnungsantrag kannte.

553 Schließlich ergibt sich die Unwirksamkeit der Verrechnung in den Fällen inkongruenter Deckung aus § 96 Nr. 3 i. V. m. § 131 InsO.

554 – Unterhalten zwei Personen ein „Oder-Konto", berührt das Insolvenzverfahren über das Vermögen eines der Kontoinhaber den Fortbestand des Giro- und Kontokorrentverhältnisses zwischen dem anderen Kontoinhaber und der Bank nicht, so dass nach Verfahrenseröffnung auf das Konto eingezahlte Beträge wirksam mit dem Schuldsaldo verrechnet werden können.

BGH, Urt. v. 8. 7. 1985 – II ZR 16/95,
WM 1985, 1059.

2. Einzelfälle

– Ein Insolvenzverwalter darf vor der Feststellung einer Insolvenzforderung zur Tabelle nicht gegen diese aufrechnen; die Aufrechnung gegen eine festgestellte Insolvenzforderung kann – da die Tabellenfeststellung auch ihm gegenüber Titelwirkung entfaltet – nur mit der Vollstreckungsgegenklage geltend gemacht werden, die Voraussetzungen der Gegenseitigkeit und der Gleichartigkeit sind bei einem Bereicherungsanspruch der Masse und einem Anspruch des Gläubigers auf Zahlung der Konkursquote gegeben. **555**

> BGH, Urt. v. 19. 3. 1987 – IX ZR 148/86,
> BGHZ 100, 222 = ZIP 1987, 725;
> dazu EWiR 1987, 1011 (*Gerhardt*).

– Da § 94 InsO grundsätzlich auch Aufrechnungslagen aufgrund von Vereinbarungen anerkennt, sind Verrechnungsklauseln zwischen Unternehmen und Konzernen prinzipiell zu beachten. Jedoch hat schon die Rechtsprechung zu § 55 Satz 1 Nr. 1, 2 KO Gestaltungen die Wirksamkeit versagt, in denen Aufrechnungsmöglichkeiten erweitert werden. So wurden gegenseitige stille Inkassozessionen von verbundenen Unternehmen bei Aufrechterhaltung der eigenen Einziehungsermächtigung in der Insolvenz des Geschäftspartners für unwirksam erklärt. **556**

> BGH, Urt. v. 6. 12. 1990 – IX ZR 44/90,
> ZIP 1991, 110, 111
> (unzulässiges Umgehungsgeschäft);
> dazu EWiR 1991, 181 (*Lüke*);
> BGH, Nichtannahmebeschl. v. 29. 2. 1996
> – IX ZR 147/95, ZIP 1996, 552;
> dazu EWiR 1996, 413 (*H. Mohrbutter*).

Von einer Aufrechterhaltung dieser Rechtsprechung bei Geltung der Insolvenzordnung ist auszugehen, wenn die Zahl der Aufrechnungsberechtigten vervielfacht wird oder es auf Gegenseitigkeit und Fälligkeit der Forderungen nicht mehr ankommen soll. **557**

– Unzulässigkeit der Aufrechnung nach § 96 Abs. 1 Nr. 1 InsO: **558**
Der Factor kann regelmäßig nicht Ansprüche auf Erstattung von Inkassokosten gegen den Anspruch des Insolvenzverwalters auf Herausgabe von Geldbeträgen, die erst nach Eröffnung des Verfahrens über das Vermögen des Factorkunden von dessen Abnehmern an den Factor gezahlt wurden, verrechnen.

OLG Koblenz, Urt. v. 26. 7. 1988
– 3 U 1352/87, WM 1988, 1355 (zu § 55 KO).

XIII. Ersatzsicherheiten

Bei Kreditengagements insbesondere mit Konzernen, aber auch mit anderen gewerblichen Kreditnehmern, sind die klassischen Kreditsicherheiten oft nicht durchsetzbar. Häufig werden so genannte Ersatzsicherheiten mit mehr oder weniger weitgehendem Verpflichtungsgehalt vereinbart. **559**

1. Patronatserklärungen

Hat sich eine Muttergesellschaft in einer (harten) Patronatserklärung einer Bank gegenüber verpflichtet, die Tochtergesellschaft (= Kreditnehmerin) stets finanziell so auszustatten, dass sie die konkreten Bankverbindlichkeiten erfüllen kann, ist § 43 InsO anwendbar; vgl. zu § 68 KO **560**

> BGH, Urt. v. 30. 1. 1992 – IX ZR 112/91,
> BGHZ 117, 127 = ZIP 1992, 338;
> dazu EWiR 1992, 335 (*Rümker*);
> OLG Stuttgart, Urt. v. 21. 2. 1985
> – 7 U 202/84, WM 1985, 455;
> dazu EWiR 1985, 669 (*Horn*).

Das Gericht vertrat die Auffassung, dass aufgrund einer derartigen Erklärung die Muttergesellschaft neben der Tochtergesellschaft der Bank gegenüber auf den Gesamtbetrag hafte. **561**

Solange demnach Zahlungen der mithaftenden Gesellschaft, der Gemeinschuldnerin oder die Sicherheitenverwertung nicht zur vollen Befriedigung des Gläubigers führen, nimmt dieser mit dem Gesamtbetrag seiner Forderung zum Zeitpunkt der Verfahrenseröffnung am Verfahren teil. Erst wenn die Konkursquote zusammen mit während des Verfahrens erhaltenen Beträgen den Forderungsgesamtbetrag übersteigt, wird die Quote gekürzt. **562**

Entsprechendes gilt, wenn das Kreditinstitut aufgrund einer Patronatserklärung nur Schadensersatzansprüche gegen die Muttergesellschaft geltend machen kann. Der Gläubiger kann dann im Insolvenzverfahren bezüglich der Muttergesellschaft den Schadensersatzanspruch in voller Höhe anmelden. Zahlt die Tochtergesellschaft Teilbeträge oder erhält der Gläubiger aus einem Insolvenzverfahren über das Vermögen der Tochtergesellschaft eine Quote, wird diese nicht angerechnet. **563**

> Vgl. *Schneider*, ZIP 1989, 619, 622.

564 Zur Wirksamkeit von Patronatserklärungen

> vgl. LG München I, Urt. v. 2. 3. 1998
> – 11 HKO 20623/97, ZIP 1998, 1956, 1958
> = DB 1998, 1457, 1458 f;
> dazu EWiR 1998, 1107 (*Fleischer*),

wobei die streitgegenständliche Erklärung Gegenstand eines Formularvertrages war. Ihr wurde die Wirksamkeit wegen Verstoßes gegen § 9 AGBG (nun § 307 BGB), gegen § 138 BGB und wegen fehlender Bestimmbarkeit der Leistung versagt. Zur berechtigten Kritik an dieser nicht überzeugenden Entscheidung

> vgl. *v. Bernuth*, ZIP 1999, 1501 ff;
> *Schäfer*, WM 1999, 153.

Sie wurde durch ein unveröffentlichtes Versäumnisurteil des

> OLG München, Urt. v. 21. 10. 1998
> – 7 U 3960/98, WM 1999, 686

auch aufgehoben.

565 Mit der harten Patronatserklärung befasst sich auch

> OLG Nürnberg, Urt. v. 9. 12. 1998
> – 12 U 2626/98, EWiR 1999, 305, 306 (*Fleischer*)

und stellt fest, dass die Rechte hieraus nicht dadurch erlöschen, dass die kreditsichernde Bank an einem Insolvenzverfahren über das Vermögen der Tochtergesellschaft des „Patrons" teilnimmt und daraus teilweise befriedigt wird. Dies begründet das Gericht mit der garantieähnlichen Einstandspflicht, die sich aus dem Wesen der harten Patronatserklärung ergibt. Dem Wesen der harten Patronatserklärung entspricht auch, dass der hieraus abgeleitete Anspruch nach einem durchgeführten Reorganisationsverfahren fortbesteht. Der Rechtsgedanke des § 254 Abs. 2 Satz 1 InsO, wonach Bürgschaften Dritter, die vor der Insolvenz abgegeben werden, vom Insolvenzplan nicht erfasst werden, ist auch auf harte Patronatserklärungen anwendbar.

2. Gewinnabführungsverträge/Organschaftserklärungen

566 Bei direkter oder entsprechender Anwendbarkeit der §§ 302, 303 AktG hat die Muttergesellschaft den Gläubigern der Tochtergesellschaft bei Beendigung des Beherrschungs- oder Gewinnabführungsvertrages für die Forderungen Sicherheit zu leisten, die begründet waren, bevor die Vertragsbeendigung im Handelsregister bekanntgemacht wurde. Nach herrschender Meinung führt die Eröffnung des Insolvenzverfahrens über das Vermögen einer Tochtergesellschaft sowohl im aktien- als auch im GmbH-rechtlichen Konzern zur Beendigung des Beherrschungsvertrages.

> Vgl. *Kort*, ZIP 1988, 681, 682 m. w. N., sowie *Paulus*, ZIP 1996, 2141, 2142, der die Beendigung durch Insolvenzeröffnung als Bedingung i. S. d. § 158 BGB versteht und – da diese Sicherheit erst in der Insolvenz benötigt wird – für das Anfechtungsrecht konsequenterweise auf § 140 Abs. 3 InsO verweist, nach dem bei einer anfechtbaren bedingten Rechtshandlung der Eintritt der Bedingung (oder eines Termines) außer Betracht bleibt.

Entsprechendes gilt für die Eröffnung des Insolvenzverfahrens über das Vermögen der Muttergesellschaft. **567**

Abgesehen vom Anspruch des Gläubigers auf Sicherheitsleistung (sofern der Gläubiger keine vorzugsweise Befriedigung nach § 303 Abs. 2 AktG verlangen kann) hat die Beendigung des Beherrschungsvertrages zur Folge, dass in der Insolvenz der Tochtergesellschaft das Mutterunternehmen verlustausgleichspflichtig ist (§ 302 AktG analog für das zu bildende Rumpfgeschäftsjahr). **568**

> BGH, Urt. v. 14. 12. 1987 – II ZR 170/87,
> BGHZ 103, 1 = ZIP 1988, 229;
> dazu EWiR 1988, 1149 (*Koch*).

Diesen Ausgleich zieht der Insolvenzverwalter zur Masse, sofern der Ausgleichsanspruch nicht wirksam an einen Gläubiger abgetreten war.

Erhalten Gläubiger von der Muttergesellschaft Sicherheiten oder – gemäß § 303 Abs. 3 AktG – eine Bürgschaft, gelten die allgemeinen Regeln über Drittsicherheiten (solange der Gläubiger nicht vollständig befriedigt ist, berühren Drittsicherheiten das Konkursverfahren nicht) bzw. bei der Bürgschaft § 44 InsO. Für diese Sicherheitsleistung seitens der Obergesellschaft, die nach § 303 Abs. 1 AktG im Falle der Beendigung eines Beherrschungs- und Gewinnabführungsvertrages zu stellen ist, stellt das Gesetz eine Reihe von Voraussetzungen auf: **569**

– Die Gläubigerforderungen müssen begründet worden sein, bevor die Eintragung der Beendigung des Vertrages in das Handelsregister nach § 10 HGB als bekannt gemacht gilt. Ausreichend ist, wenn der

Entstehungsgrund gelegt ist. Bei Forderungen aus Dauerschuldverhältnissen kann die Pflicht zur Sicherheitsleistung – entsprechend dem Rechtsgednken des § 160 HGB – auf einen Zeitraum von maximal fünf Jahren ab dem Zeitpunkt begrenzt sein, in dem die Eintragung der Beendigung des Vertrages in das Handelsregister als bekannt gemacht gilt.

- Die Gläubiger müssen sich innerhalb einer Frist von sechs Monaten nach der Bekanntmachung der Eintragung bei der Obergesellschaft melden und Sicherheitsleistung verlangen. Die Fristversäumung führt zum Ausschluss des Anspruchs auf Sicherheitsleistung. Sofern sich die Obergesellschaft nicht individualvertraglich gegenüber einzelnen Gläubigern verpflichtet hat, diese unverzüglich über eine Beendigung des Beherrschungs- und Gewinnabführungsvertrages zu unterrichten – Schadensersatz bei Nichterfüllung dieser Verpflichtung wäre die Folge –, müssen die Gläubiger durch regelmäßige Einsichtnahme des Handelsregisters (längstens alle vier Monate) die Wahrung dieser Frist sicherstellen.

- Schon aus Beweisgründen sollte das Verlangen nach Sicherheitsleistung schriftlich vollzogen werden. Die Obergesellschaft muss daraus erkennen können, dass und in welcher Höhe sie Sicherheit leisten soll. Die allgemeinen Vorschriften des BGB über die Art und Weise der Sicherheitsleistung werden durch § 303 Abs. 3 AktG verdrängt, wonach sich die Obergellschaft für Gläubigerforderungen gegen die Untergesellscahft verbürgen kann. Ist allerdings die Erfüllung der Verbindlichkeiten der Untergesellschaft nicht mehr zu erwarten, brauchen sich die Gläubiger nicht mehr auf die Einräumung von Sicherheiten verweisen zu lassen; ihnen steht vielmehr analog § 303 AktG ein Zahlungsanspruch gegen die Obergesellschaft zu.

BGH, Urt. v. 16. 9 1985 – II ZR 275/84,
NJW 1986, 188, 192;

BGH, Urt. v. 23. 9. 1991 – II ZR 135/90, .
ZIP 1991, 1354, 1359.

3. Rangrücktrittsvereinbarungen

570 In einer Rangrücktrittsvereinbarung verpflichtet sich der Gläubiger eines Kreditnehmers gegenüber der kreditierenden Bank, seine Forderung gegen den Kreditnehmer erst dann geltend zu machen, wenn das Kreditinstitut wegen seiner Forderungen befriedigt ist.

3. Rangrücktrittsvereinbarungen

Obermüller, Ersatzsicherheiten im Kreditgeschäft, S. 73;
Peters, WM 1988, 641.

Zur hier nicht näher interessierenden Rangrücktrittsvereinbarung als Sanierungsmaßnahme

vgl. *Lauer*, Notleidender Kredit, Rz. 214 ff.

Die Rangrücktrittsvereinbarung hat zur Folge, dass das Kreditinstitut in der Insolvenz des Kreditnehmers vom zurückgetretenen Gläubiger verlangen kann, dass er seine Ansprüche zum Verfahren nach § 28 Abs. 1 InsO unter Berücksichtigung des § 39 Abs. 2 InsO nicht bzw. nachrangig anmeldet (Ziel: höhere Quote). **571**

Je nach dem Inhalt der Rangrücktrittsvereinbarung, in der flankierende Verpflichtungen für den zurücktretenden Gläubiger aufgenommen werden können, kann das Kreditinstitut vom Gläubiger verlangen, dass er seine Forderung an dieses zediert oder die Forderung für Rechnung der Bank/Sparkasse einzieht und den Erlös an sie abführt. **572**

Die Forderung darf dann aber nicht den Beschränkungen unterliegen, die sich aus den Grundsätzen über kapitalersetzende Gesellschafterdarlehen ergeben. **573**

Unabhängig davon, dass § 39 Abs. 2 (auch § 39 Abs. 1 Nr. 5) InsO nachrangige Forderungen zum Insolvenzverfahren zulässt, ist die Frage, ob derartige Forderungen im Insolvenzstatus zu passivieren sind, mit der Entscheidung **574**

BGH, Urt. v. 8. 1. 2001 – II ZR 88/99,
ZIP 2001, 235;
dazu EWiR 2001, 329 (*Priester*);
(siehe oben Rz. 48)

zu bejahen, wenn nicht die Gesellschafter eine Rangrücktrittserklärung damit verbunden haben.

A. A. *Livonius*, ZInsO 1998, 309, 310 f;
Lutter, ZIP 1999, 641, 645, 646.

Wenn ein Gesellschafter mit der Gesellschaft vereinbart hat, dass sein Anspruch hinter diejenigen Ansprüche anderer Gläubiger zurücktritt und nur aus einem künftigen Liquidationserlös oder aus künftigem, die sonstigen Schulden der Gesellschaft übersteigenden Vermögen zu befriedigen ist, **575** sind derartige mit Rangrücktrittserklärung versehene Ansprüche nicht im Überschuldungsstatus zu passivieren. Erklärt ein Gesellschafter, der sich für die Darlehensschuld der Gesellschaft gegenüber einem Dritten verbürgt hat, dass er mit seinen Forderungen gegenüber der Gesellschaft im Rang hinter die der übrigen Gläubiger zurücktritt, entsteht bei der Gesellschaft ein Freistellungsanspruch bezüglich der Darlehensverbindlichkeit, der – wenn er vollwertig ist – durch seine Aktivierung im Überschuldungsstatus die Darlehensverbindlichkeit ausgleicht.

> BGH, Urt. v. 9. 2. 1987 – II ZR 104/86,
> ZIP 1987, 574 = BB 1987, 728;
> dazu EWiR 1987, 495 (*Raeschke-Kessler*).

576 Wird der zurücktretende Gläubiger insolvent, muss im Falle einer vereinbarten Abtretung der zurückgetretenen Forderung beachtet werden, dass die Zession rechtzeitig erfolgt; die Anfechtbarkeit kann sich aus § 131 InsO ergeben, nicht jedoch aus § 130 InsO, wenn die Bank einen jederzeit fälligen Anspruch auf die konkrete Forderung hatte.

4. Abkaufverpflichtung

577 Bei Krediten an abhängige Konzerngesellschaften können die Muttergesellschaften sich gegenüber der Bank/Sparkasse verpflichten, unter konkret vereinbarten Bedingungen die Forderung aus Kreditgewährung an die Tochtergesellschaft zu einem bestimmten Preis anzukaufen.

578 Spätestens bei Eintritt der Insolvenz der Tochtergesellschaft kann das Kreditinstitut den Abschluss des Forderungskaufvertrages verlangen oder ihn durch Annahme des Angebotes zustande bringen und die Kaufpreiszahlung beanspruchen.

579 In der Insolvenz der Muttergesellschaft kann der Insolvenzverwalter nach § 103 InsO sein Wahlrecht ausüben. Verweigert er den Abschluss des Kaufvertrages oder die Kaufpreiszahlung, steht der Bank/Sparkasse ein Schadensersatzanspruch zu, den sie als eine Insolvenzforderung anmelden kann.

580 Wurde eine Rückkaufvereinbarung vor der Insolvenz bindend abgegeben, kann das Kreditinstitut ohne weiteres durch Annahmeerklärung den Vertrag schließen. So kann sich der Hersteller einer Sache dem Leasinggeber gegenüber verpflichten, den Leasinggegenstand zurückzuerwerben, wenn der Leasingvertrag notleidend wird. Diese Verpflichtung steht, so der

BGH, Urt. v. 13. 12. 1989 – VIII ZR 168/88,
WM 1990, 268;
dazu EWiR 1990 345 (v. *Westphalen*),

unter der aufschiebenden Bedingung der wirksamen Kündigung des Leasingvertrages.

5. Negativ-/Positiverklärung

Im Insolvenzverfahren ist der Verwalter an die vom Schuldner abgegebene Negativerklärung nicht mehr gebunden. Dem Verwalter muss es möglich sein, Grundstücke und bewegliche Sachen des Schuldners zu veräußern, um die Gläubiger zu befriedigen oder neu entstehenden Kreditbedarf gegen Sicherheiten zu decken. **581**

Geht die Positiverklärung inhaltlich auf die Verpflichtung zur Bestellung banküblicher Sicherheiten, sind die Anfechtungstatbestände der §§ 130, 131 InsO zu beachten. **582**

Kann hingegen eine konkrete Sicherheit aufgrund der Positiverklärung verlangt werden, scheidet der Anfechtungstatbestand der inkongruenten Deckung aus. Hingegen kann unter den Voraussetzungen des § 130 InsO der Sicherheitserwerb angefochten werden. **583**

Kann der Schuldner infolge des Insolvenzverfahrens – auch bereits in der Sequestration – seine Verpflichtungen aus der Positiverklärung nicht mehr erfüllen, steht der Bank/Sparkasse ein Schadensersatzanspruch zu, der nur dann bedeutsam ist, wenn der Verpflichtete nicht mit dem Kreditnehmer identisch ist. **584**

XIV. Anfechtung

Vor Insolvenzeröffnung vorgenommene Vermögensverschiebungen, welche die Masse zum Nachteil der Insolvenzgläubiger geschmälert haben, sollen in deren Interesse wieder rückgängig gemacht werden. Dies wird über die Anfechtung ermöglicht.

585

Die Anfechtung nach der Insolvenzordnung erfolgt nur im eröffneten Insolvenzverfahren. Ein rechtswirksam erledigter Eröffnungsantrag, der nicht zu einer rechtskräftigen Insolvenzeröffnung geführt hat, ermöglicht keine Insolvenzanfechtung.

586

> BGH, Urt. v. 20. 11. 2001 – IX ZR 48/01,
> ZIP 2002, 87, 88.

Außerhalb des Insolvenzverfahrens regelt das Anfechtungsgesetz die Anfechtungsmöglichkeiten. Vgl. die Regelungen der §§ 16–18 AnfG zum Verhältnis zur Insolvenzanfechtung.

1. Allgemeine Voraussetzungen

Jeder Anfechtungstatbestand setzt nach § 129 Abs. 1 InsO voraus, dass

587

– die Insolvenzgläubiger in ihrer Gesamtheit objektiv benachteiligt worden sind

und dass

– ein ursächlicher Zusammenhang zwischen der angefochtenen Rechtshandlung und der Verkürzung des Gläubigerzugriffs besteht, d. h., ohne die angefochtene Veräußerung, Weggabe oder Aufgabe von Werten hätten die Befriedigungsmöglichkeiten der Insolvenzgläubiger günstiger sein müssen.

> BGH, Urt. v. 11. 5. 1989 – IX ZR 222/88,
> ZIP 1989, 785, 786;
> dazu EWiR 1989, 795 (*Stürner/Münch*);
> BGH, Urt. v. 4. 12. 1997 – IX ZR 47/97,
> ZIP 1998, 248, 249;
> dazu EWiR 1998, 225 (*Gerhardt*).

So ist die erstgenannte Voraussetzung nicht erfüllt, wenn der Schuldner für seine Verfügung (z. B. Sicherheitenbestellung) über einen Vermögensgegenstand eine gleichwertige Leistung zu seinem Vermögen (z. B. Kredite) erhält (so genannte Bargeschäfte; vgl. § 142 InsO).

588

BGH, Urt. v. 9. 2. 1955 – IV ZR 173/54,
BB 1955, 269;

BGH, Urt. v. 26. 1. 1977 – VIII ZR 122/75,
NJW 1977, 718;

BGH, Urt. v. 21. 5. 1980 – VIII ZR 40/79,
ZIP 1980, 518 = NJW 1980, 1961;

BGH, Urt. v. 30. 9. 1993 – IX ZR 227/92,
BGHZ 123, 320 = ZIP 1993, 1653, 1655;
dazu EWiR 1994, 373 (*Henckel*);

BGH, Urt. v. 25. 1. 2001 – IX ZR 6/00,
ZIP 2001, 524, 526.

589 Neben der Gleichwertigkeit der ausgetauschten Leistungen wird ein zeitlicher Zusammenhang – jedoch nicht ein Austausch der Leistungen Zug um Zug – gefordert. Dieser zeitliche Zusammenhang zwischen Leistung und Gegenleistung muss so eng sein, dass noch von einem „unmittelbaren" Leistungsaustausch gesprochen werden kann. „Um eine Bardeckung kann es sich auch dann handeln, wenn der Gläubiger dem späteren Gemeinschuldner einen Darlehensbetrag ausgehändigt hat, in der Erwartung, dass dieser unverzüglich die Bestellung einer Hypothek als Sicherheit für die Darlehensforderung in die Wege leiten werde, der Gemeinschuldner sich dementsprechend verhalten hat und die Hypothek daraufhin ungefähr einen Monat später eingetragen worden ist".

BGH, Urt. v. 9. 2. 1955 – IV ZR 173/54,
BB 1955, 269, 270;

vgl. auch
BGH, Urt. v. 30. 4. 1992 – IX ZR 176/91,
BGHZ 118, 171 = ZIP 1992, 778;
dazu EWiR 1992, 683 (*Canaris*);

BGH, Urt. v. 25. 1. 2001 – IX ZR 6/00,
ZIP 2001, 524, 526.

590 Im Urteil des Bundesgerichtshofs vom 21. Mai 1980 wird ein Zeitraum von zweieinhalb Monaten erwähnt, im Urteil des

OLG Hamburg, Urt. v. 26. 10. 1984
– 11 U 168/83, ZIP 1984, 1373,

sogar etwa vier Monate. Gerade bei Immobiliarsicherheiten müsse berücksichtigt werden, dass es zur Eintragung der Hypothek oder Grundschuld der Mitwirkung eines Notars und des Grundbuchamtes bedürfe. Da die Verkehrsauffassung darüber entscheidet, ob ein Bargeschäft vorliegt, gelten bei Mobiliarsicherheiten kürzere Zeitspannen. Vgl. auch

> OLG Brandenburg, Urt. v. 21. 3. 2002
> – 8 U 71/01, ZIP 2002, 1902, 1906 (rkr.),

das ein Bargeschäft nach Eintragung des Grundpfandrechts nach sechs Monaten und Verbrauch der Kreditmittel verneint hat.

Eine Bardeckung ist eine Leistung des Schuldners, für die unmittelbar eine gleichwertige Gegenleistung in sein Vermögen gelangt. Durch die Worte „für die" wird ausgedrückt, dass eine Bardeckung nur vorliegt, wenn Leistung und Gegenleistung durch Parteivereinbarung miteinander verknüpft sind. Eine Leistung, die nicht der Parteivereinbarung entspricht, stellt keine Bardeckung dar, weil weder rechtlich noch wirtschaftlich ein Anlass besteht, Umsatzgeschäfte des Schuldners in der Krise zu begünstigen, soweit sie anders abgewickelt werden, als dies vereinbart war. **591**

> BGH, Urt. v. 30. 9. 1993 – IX ZR 227/92,
> BGHZ 123, 320 = ZIP 1993, 1653, 1655;
> dazu EWiR 1994, 373 (*Henckel*);
> *Uhlenbruck*, ZAP Fach 14, 165, 166.

Wird dem Schuldner in Form einer Kreditgewährung oder Stundung ein Zahlungsaufschub gewährt, erfolgt der Leistungsaustausch nicht mehr innerhalb des ursprünglich vereinbarten Zeitrahmens; daher fehlt es dann grundsätzlich an dem für ein Bargeschäft erforderlichen engen zeitlichen Zusammenhang des Leistungsaustausches;

> BGH, Urt. v. 19. 12. 2002 – IX ZR 377/99,
> ZIP 2003, 488, 493;
> dazu EWiR 2003, 427 (*Gerhardt*).

Vgl. zu Zahlungseingängen im Kontokorrent als Bargeschäft

> BGH, Urt. v. 7. 3. 2002 – IX ZR 223/01,
> ZIP 2002, 812, 814;
> BGH, Urt. v. 1. 10. 2002 – IX ZR 360/99,
> ZIP 2002, 2182, 2183;
> siehe oben Rz. 135.

Die von Gesetz, Rechtsprechung und Literatur anerkannte Bardeckung ist für Überbrückungs- und Sanierungskredite von besonderer Bedeutung. Dabei ist nach **592**

OLG Hamburg, Urt. v. 26. 10. 1984
– 11 U 168/83, ZIP 1984, 1373

folgendes zu beachten: Soll die in der Krise vom Schuldner bestellte Sicherheit vorrangig einen Neukredit und nachrangig auch Altverbindlichkeiten sichern, kann sich bezüglich des Altkredites eine Anfechtbarkeit ergeben. Haftet die bestellte Sicherheit ununterscheidbar für einen im Gegenzug gewährten Kredit und für frühere Kreditschulden, kann die Sicherheitenbestellung insgesamt der Anfechtung unterliegen.

BGH, Urt. v. 12. 11. 1992 – IX ZR 236/91,
ZIP 1993, 276, 278;
dazu EWiR 1993, 161 (Onusseit).

593 § 142 InsO regelt unter Verweisung auf § 133 Abs. 1 InsO, dass eine Leistung des Schuldners, für die unmittelbar eine gleichwertige Gegenleistung in sein Vermögen gelangt, nur dann anfechtbar ist, wenn der Schuldner vorsätzlich seine Gläubiger benachteiligen wollte und der andere Teil zurzeit der Handlung den Vorsatz kannte. Hinsichtlich des Tatbestandsmerkmals „unmittelbar" bezieht sich die Einzelbegründung auf die oben dargestellte Rechtsprechung.

RefE-InsO, 3. Teil (B), S. 173.

594 Einer anfechtbaren Rechtshandlung wird durch § 129 Abs. 2 InsO eine Unterlassung gleichgestellt.

595 Die anfechtbaren Vorgänge müssen vor der Eröffnung des Insolvenzverfahrens liegen (§ 129 Abs. 1 InsO). Deshalb können auch Rechtshandlungen eines vorläufigen – allerdings nur eines „schwachen" – Insolvenzverwalters nach Verfahrenseröffnung durch den bestellten Insolvenzverwalter angefochten werden; dieses gilt nach ständiger Rechtsprechung selbst dann, wenn dieser mit dem Sequester, also mit dem vorläufigen Insolvenzverwalter im Sinne der Insolvenzordnung, personengleich ist. Siehe oben Rz. 120; ferner

BGH, Urt. v. 11. 4. 1988 – II ZR 313/87,
BGHZ 104, 151 = ZIP 1988, 727, 728;
dazu EWiR 1988, 811 (*Joost*);
BGH, Urt. v. 11. 6. 1992 – IX ZR 147/91,
ZIP 1992, 1008;
dazu EWiR 1992, 907 (*Häsemeyer*);

BGH, Urt. v. 11. 6. 1992 – IX ZR 255/91,
BGHZ 18, 374 = ZIP 1992, 1005;
dazu EWiR 1992, 807 (*Gerhardt*).

Daran ist er nach Auffassung des **596**

BGH, Urt. v. 13. 3. 2003 – IX ZR 56/02,
ZIP 2003, 855, 856,
und des

OLG Köln, Urt. v. 7. 5. 1996
– 22 U 217/95, ZIP 1996, 1049, 1050;
dazu EWiR 1996, 613 (*G. Pape*)

allenfalls dann gehindert, wenn er zuvor einen schutzwürdigen Vertrauenstatbestand geschaffen hat und der Empfänger der Leistung infolgedessen damit rechnen durfte, an dem zugewendeten Gegenstand eine Rechtsposition erlangt zu haben, die nicht mehr in Frage zu stellen sein wird.

Vgl. auch OLG Celle, Urt. v. 12. 12. 2002
– 13 U 56/02, ZIP 2003, 412, 413.

2. Überblick über die Anfechtungstatbestände

Im Anfechtungsrecht sieht die Insolvenzordnung gegenüber der früheren **597**
Rechtslage eine Reihe – teilweise weitreichender – Änderungen vor.

Anfechtungsgrund	§§ KO	§§ InsO	Änderungen
Kongruente Deckung	30 Nr. 1	130	Anfechtungstatbestand muss
		130 Abs. 1 Nr. 1	– drei Monate vor Eröffnungsantrag bei bestehender Zahlungsunfähigkeit und Kenntnis des Gläubigers hiervon vgl. § 130 Abs. 2 InsO)
		130 Abs. 1 Nr. 2	– nach Eröffnungsantrag bei Kenntnis des Gläubigers hiervon oder von der Zahlungsunfähigkeit
			verwirklicht worden sein
Inkongruente Deckung	30 Nr. 2	131	Anfechtungstatbestand verwirklicht
		131 Abs. 1 Nr. 1	– nach Eröffnungsantrag

XIV. Anfechtung

Anfechtungsgrund	§§ KO	§§ InsO	Änderungen
		131 Abs. 1 Nr. 1	– einen Monat vor Eröffnungsantrag
		131 Abs. 1 Nr. 2	– im zweiten und dritten Monat vor Eröffnungsantrag bei bestehender Zahlungsunfähigkeit
			oder
		131 Abs. 1 Nr. 3, Abs. 2	Kenntnis oder Kennenmüssen der Benachteiligung der Insolvenzgläubiger
Absichtsanfechtung	31	132	Vornahme der Handlung
		132 Abs. 1 Nr. 2	– nach Eröffnungsantrag bei Kenntnis von Zahlungsunfähigkeit oder Antrag
		132 Abs. 2	oder bei Kennenmüssen
		132 Abs. 1 Nr. 1	– drei Monate vor Antrag bei Zahlungsunfähigkeit und Kenntnis oder
		132 Abs. 2	Kennenmüssen
		133 Abs. 2	– zwei Jahre vor Antrag bei entgeltlichen Verträgen mit nahe stehenden Personen und Kenntnis vom Vorsatz
		133 Abs. 1	– zehn Jahre vor Antrag bei Kenntnis von vorsätzlicher Benachteiligung
		133 Abs. 1	– nach Antrag
Schenkungsanfechtung	32	134	– vier Jahre vor Eröffnungsantrag
Kapitalersetzende Darlehen	32a	135	Anfechtungstatbestand liegt
			– nach Antrag
		135 Nr. 2	– bei gewährter Befriedigung zusätzlich ein Jahr vor Antrag
		135 Nr. 1	– bei gewährter Sicherung zusätzlich zehn Jahre vor Antrag

3. Die einzelnen Anfechtungstatbestände

a) Kongruente Deckung

Eine Sicherung oder Befriedigung ist kongruent, wenn die konkrete Art ihrer Erfüllung mit der ursprünglichen Parteivereinbarung im Einklang steht. **598**

Nach § 130 Abs. 1 InsO wird die Anfechtung von kongruenten Rechtshandlungen ermöglicht, die entweder in den letzten drei Monaten vor dem Eröffnungsantrag (Nummer 1) oder nach dem Eröffnungsantrag (Nummer 2) vorgenommen wurden. Im Falle der Nummer 1 muss der Schuldner zu diesem Zeitpunkt bereits zahlungsunfähig gewesen sein. In beiden Varianten muss der Gläubiger zurzeit der Handlung die Zahlungsunfähigkeit gekannt haben oder zumindest die Umstände, die zwingend darauf schließen lassen; im Fall der Nummer 2 gilt Entsprechendes bezüglich des Eröffnungsantrages (vgl. § 130 Abs. 2 InsO).

Beispiele für kongruente Deckungen: **599**

– Erfüllung des Anspruchs auf eine vertraglich konkretisierte Sicherheit;

– Verrechnungen im Kontokorrent sind kongruent, soweit die Bank ihren Kunden vereinbarungsgemäß wieder über die Eingänge verfügen lässt, insbesondere eine Kreditlinie offen hält.

BGH, Urt. v. 7. 3. 2002 – IX ZR 223/01,
ZIP 2002, 812, 813, 814.

– Lastschriftzahlungen des Schuldners im Wege des Abbuchungsauftrags- oder des Einzugsermächtigungsverfahrens sind als Rechtshandlungen (auch) des Schuldners anfechtbar;

BGH, Urt. v. 19. 12. 2002 – IX ZR 377/99,
ZIP 2003, 488, 489 f.

Die aufgrund des Abbuchungsauftrages oder der Einzugsermächtigung erfolgte Zahlung ist eine einheitliche Rechtshandlung, die frühestens mit Einlösung der Lastschrift beendet ist;

BGH, Urt. v. 19. 12. 2002 – IX ZR 377/99,
ZIP 2003, 488, 493 f.

Zur Zahlungsunfähigkeit vgl. § 17 Abs. 2 InsO.

XIV. Anfechtung

600 Die Kenntnis von der Zahlungsunfähigkeit braucht nur bei den beteiligten Verkehrskreisen vorzuliegen. So kann nach

> BGH, Urt. v. 1. 3. 1984 – IX ZR 34/83,
> ZIP 1984, 809 = WM 1984, 1309

die Kenntnis, die der Kassierer einer Großbankfiliale bei Erfüllung der ihm übertragenen Aufgaben von der Zahlungseinstellung – nach § 130 InsO nun von der Zahlungsunfähigkeit – des späteren Gemeinschuldners erlangt hat, der Bank auch ohne Unterrichtung ihrer Repräsentanten zuzurechnen sein.

601 Anerkannt ist ferner, dass die Kenntnis eines Mitglieds des Organs einer juristischen Person von der Zahlungsunfähigkeit ausreicht, auch wenn es das angefochtene Geschäft nicht abgeschlossen hat. Handelt ein Vertreter, kommt es für die Kenntnis auf die Person des Vertreters an (vgl. § 166 Abs. 1 BGB).

> BGH, Urt. v. 1. 3. 1984 – IX ZR 34/83,
> ZIP 1984, 809.

602 Die Kenntnis der Zahlungsunfähigkeit ist für denjenigen zu vermuten, der die zugrunde liegenden Tatsachen kennt, an die jedermann mit seiner Verkehrserfahrung verständigerweise die Erwartung knüpft, dass der Schuldner wesentliche Zahlungen so gut wie sicher nicht wird erbringen können.

> BGH, Urt. v. 27. 4. 1995 – IX ZR 147/94,
> ZIP 1995, 929, 931, 932;
> dazu EWiR 1995, 689 (*Gerhardt*).

603 Anzeichen sind beispielsweise häufige Wechselproteste, Nichterfüllung größerer Forderungen, vermehrte Titulierungs- und Vollstreckungsmaßnahmen, Nichtzahlung oder schleppende Zahlung von Löhnen und Gehältern (siehe oben Rz. 36 ff).

604 Fordert eine Bank unter Fristsetzung und Androhung von Zwangsmitteln die Rückzahlung eines gekündigten, in der Summe erheblichen Kredites, weil sie den Schuldner für nicht mehr kreditfähig hält, dann steht die lediglich theoretische Möglichkeit, dass der Schuldner noch irgendwoher Kredit erhält, der Kenntnis seiner Zahlungseinstellung grundsätzlich nicht entgegen.

> BGH, Urt. v. 27. 4. 1995 – IX ZR 147/94,
> ZIP 1995, 929, 931, 932.

3. Die einzelnen Anfechtungstatbestände

Leistet ein Schuldner, der mit seinen laufenden steuerlichen Verbindlichkeiten seit mehreren Monaten zunehmend in Rückstand geraten ist, lediglich eine Teilzahlung und bestehen keine konkreten Anhaltspunkte dafür, dass er in Zukunft die fälligen Forderungen alsbald erfüllt, kennt die Finanzverwaltung in der Regel Umstände, die zwingend auf die Zahlungsunfähigkeit des Schuldners schließen lassen; **604a**

> BGH, Urt. v. 9. 1. 2003 – IX ZR 175/02,
> ZIP 2003, 410, 411.

Gemäß § 140 Abs. 1 InsO gilt eine Rechtshandlung als in dem Zeitpunkt vorgenommen, in dem ihre rechtlichen Wirkungen eintreten. Die Vorschrift ist insbesondere bei der Anfechtung von mehraktigen Rechtshandlungen bedeutsam. **605**

Der maßgebende Zeitpunkt für die Kenntnis der Anfechtungsvoraussetzungen ist grundsätzlich derjenige, in welchem der den Erwerb vollendende Rechtsakt vorgenommen wird. Es kommt auf den Gesamttatbestand an, der sich aus schuldrechtlichem Verpflichtungs- und dinglichem Erfüllungsgeschäft zusammensetzen kann, **606**

> BGH, Urt. v. 9. 2. 1955 – IV ZR 173/54,
> BB 1955, 269, 270,

weil nur dann die Masse endgültig geschmälert ist.

> BGH, Urt. v. 26. 1. 1983 – VIII ZR 254/81,
> BGHZ 86, 349 = ZIP 1983, 337, 338
> = NJW 1983, 1120, 1122.

Zurzeit der Geltung der Konkursordnung war die Frage umstritten, ob es für Rechtsgeschäfte, zu deren Wirksamkeit es einer Eintragung bedarf, auf die Kenntnis im Zeitpunkt der Eintragung ankommt. **607**

> Vgl. 1. Auflage, S. 129.

Nunmehr regelt § 140 Abs. 2 InsO ausdrücklich, dass in solchen Fällen das Rechtsgeschäft als vorgenommen gilt, sobald die – mit Ausnahme der Eintragung – übrigen Wirksamkeitsvoraussetzungen erfüllt, die Willenserklärung des Schuldners für ihn bindend geworden ist und der andere Teil den Antrag auf Eintragung der Rechtsänderung gestellt hat (vgl. zusätzlich §§ 873 Abs. 1, 878 BGB). Entsprechendes gilt bezüglich einer Vormerkung. **608**

609 Die gesetzliche Regelung entspricht der früher vertretenen Mindermeinung, z. B.

> OLG München, Urt. v. 7. 7. 1988
> – 1 U 6428/87, WM 1988, 422, 424,
> wonach ein für den Rechtserwerb erforderlicher Realakt bedeutungslos ist, wenn der Berechtigte bereits vor Kenntniserlangung eine feste Rechtsposition im Sinne eines Anwartschaftsrechts erlangt hat.
>
> Vgl. *Breutigam/Tanz*, ZIP 1998, 717, 721.

610 Ergänzend ist in § 140 Abs. 3 InsO aufgenommen, dass bei einer bedingten oder befristeten Rechtshandlung der Eintritt der Bedingung oder des Termines außer Betracht bleibt.

611 Für mehraktige Entstehungstatbestände sind folgende Fallbeispiele anzuführen:

612 Bei der Einräumung von Pfandrechten an Forderungen muss auch die Anzeige nach § 1280 BGB noch außerhalb des für die Anfechtung relevanten Zeitpunktes bzw. Zeitraums liegen.

613 Auch eine Pfandrechtsbestellung für eine künftige Forderung wird mit der Einigung und der Übergabe der Pfandsache an den Gläubiger wirksam, so dass Einigung und Übergabe vor der Krise erfolgen müssen.

> BGH, Urt. v. 26. 1. 1983 – VIII ZR 257/81,
> BGHZ 86, 340 = ZIP 1983, 334, 335
> = NJW 1983, 1123, 1125.

614 Nach

> BGH, Urt. v. 24. 10. 1996 – IX ZR 284/95,
> ZIP 1996, 2080, 2082;
> dazu EWiR 1997, 33 (*Gerhardt*);
>
> OLG Köln, Urt. v. 18. 2. 1987
> – 13 U 170/86, ZIP 1997, 907;
> dazu EWiR 1987, 971 (*Johlke*)

muss bei einem Pfandrecht an einer künftigen Forderung die zu verpfändende Forderung auch entstanden sein, bevor die Anfechtungszeitpunkte/-zeiträume erreicht sind.

> Vgl. auch LG Braunschweig, Urt. v. 10. 11. 1995
> – 10 198/95, ZIP 1996, 35, 36 (rkr.);
> dazu EWiR 1996, 77 (*G. Pape*).

Dies bestätigt der Bundesgerichtshof in **614a**

> BGH, Urt. v. 20. 3. 2003 – IX ZR 166/02,
> ZIP 2003, 808, 809;
> dazu EWiR 2003, 533 (*Hölzle*),

in dem ausgeführt wird, dass die anfechtungsrechtlich entscheidende Gläubigerbenachteiligung sich nur und erst dann äußert, wenn die Forderung entstanden ist, über die der Schuldner rechtsgeschäftlich oder im Wege der Zwangsvollstreckung vorausverfügt hat. Entsteht eine solche Forderung erst **nach** Eröffnung des Insolvenzverfahrens, erwirbt der Gläubiger bzw. Pfandgläubiger zulasten der Masse kein Forderungs- und Absonderungsrecht mehr (§ 91 Abs. 1 InsO).

Begrenzend hebt das Gericht hervor, dass die Entstehung der im Voraus ver- oder gepfändeten Forderung keine Bedingung i. S. d. §§ 158 ff BGB darstellt und insolvenzrechtlich nicht gleichermaßen wie die in § 140 Abs. 1 InsO geregelten Fälle schutzwürdig ist.

Nimmt ein Kreditinstitut aufgrund einer AGB-Pfandklausel im Girovertrag **614b**
ein Pfandrecht an einem Guthaben des Kunden in Anspruch, kommt es für die Anfechtbarkeit auf den Zeitpunkt an, in dem der Anspruch des Kunden **auf** Gutschrift entstanden ist. Dieser entsteht, sobald die Empfängerbank selbst den betreffenden Betrag erhalten hat oder – bei innerbetrieblicher Überweisung – mit der Belastungsbuchung auf dem Konto des Auftraggebers. Der Anspruch **aus** Gutschrift entsteht mit Verlautbarung der Gutschrift durch die Bank. Ein wirksam entstandenes Pfandrecht am Anspruch auf Gutschrift setzt sich nach deren Erteilung in dem Pfandrecht am Anspruch aus Gutschrift fort;

> BGH, Urt. v. 24. 10. 1996 – IX ZR 284/95,
> ZIP 1996, 2080, 2082.

Bei der Vorausabtretung künftiger Forderungen ist der Entstehungszeit- **615**
punkt der Forderung maßgebend, nicht derjenige der Vornahme der Zession.

> BGH, Urt. v. 14. 7. 1997 – II ZR 122/96,
> ZIP 1997, 1589;
> dazu EWiR 1997, 1033 (*O. Schultz*);
> LG Dresden, Urt. v. 25. 6. 1998
> – 4 O 3665/97, EWiR 1999, 319 (*Eckardt*).

616 Nach § 130 Abs. 3 InsO wird gegenüber einer dem Schuldner nahe stehenden Person vermutet, dass sie die Zahlungsfähigkeit oder den Eröffnungsantrag kannte. Für Banken ist insoweit § 138 Abs. 2 Nr. 1, Nr. 2 InsO relevant.

Danach sind

– Mitglieder des Aufsichtsorganes des Schuldners,

– Personen, die zu mehr als 25 % am Kapital des Schuldner-Unternehmens beteiligt sind

sowie

– Personen oder Gesellschafter, die aufgrund eines vergleichbaren gesellschaftsrechtlichen oder dienstvertraglichen Verbindung zum Schuldner die Möglichkeiten haben, sich über dessen wirtschaftliche Verhältnisse zu unterrichten,

nahe stehende Personen im Sinne des Anfechtungsrechts.

b) Inkongruente Deckung

617 Hat eine Rechtshandlung einem Gläubiger eine Sicherung oder Befriedigung gewährt oder ermöglicht, die er nicht in der Art oder nicht zu der Zeit zu beanspruchen hatte, richtet sich die Anfechtbarkeit nach § 131 InsO. Anfechtbar sind Handlungen, die

– nach dem Insolvenzantrag,

– einen Monat vor dem Antrag,

– innerhalb des zweiten und dritten Monats vor dem Antrag bei Zahlungsunfähigkeit des Schuldners oder

– innerhalb des zweiten und dritten Monats vor dem Antrag bei Kenntnis des Gläubigers, dass die Handlung Insolvenzgläubiger benachteiligt (vgl. § 131 Abs. 2 InsO),

vorgenommen wurden.

618 Inkongruent ist

– eine Sicherung oder Befriedigung, die der Gläubiger nicht zu beanspruchen hatte,

– eine Sicherung oder Befriedigung, die der Gläubiger nicht in der Art zu beanspruchen hatte,

z. B. bei Hereinnahme von Sicherheiten aufgrund des allgemeinen Anspruchs auf Sicherheitenbestellung und -verstärkung nach AGB; dies gilt auch dann, wenn der Schuldner zuletzt nur noch über ein einziges werthaltiges Sicherungsgut verfügt; denn die Inkongruenz wird nur durch einen bestimmten Sicherungsanspruch ausgeschlossen, der auf einen **von vornherein** individualisierbaren Gegegenstand gerichtet ist.

>BGH, Urt. v. 3. 12. 1998 – IX ZR 313/97,
>ZIP 1999, 76, 77.

Dementsprechend sind auch Pfandrechte nach Nr. 14 AGB-Banken/Nr. 21 AGB-Sparkassen inkongruent, da das Recht erst in demjenigen Zeitpunkt auf einen bestimmten Pfandgegenstand konkretisiert wird, in dem die Sache in den Besitz der Bank gelangt oder die verpfändete Forderung entsteht,

>BGH, Urt. v. 7. 3. 2002 – IX ZR 223/01,
>ZIP 2002, 812, 813;

ferner, wenn sich die Bank während der kritischen Phase von einem anderen Insolvenzgläubiger eine bis dahin ungesicherte Forderung gegen den Gemeinschuldner abtreten läßt, die nach der zwischen der Bank und dem Gemeinschuldner bestehenden Sicherungsabrede in den Deckungsbereich der Sicherung fällt,

>BGH, Urt. v. 25. 9. 1972 – VIII ZR 216/71,
>BGHZ 59, 230, 233 ff;

– eine Sicherung oder Befriedigung, die der Gläubiger nicht zu der Zeit zu beanspruchen hatte,

z. B.: die Rückführung eines von der Bank bewilligten, ungekündigten Kredites in der Zeit der wirtschaftlichen Krise des Schuldners; dies ist auch dann inkongruent, wenn die Rückführung durch Saldierung im Kontokorrent geschieht;

>BGH, Urt. v. 7. 3. 2002 – IX ZR 223/01,
>ZIP 2002, 812, 814;

erst wenn die Bank Verfügungen des Kunden nicht mehr in der vereinbarten Weise zulässt, kann sie mit Verrechnungen vertragswidrig, also inkongruent handeln, soweit dadurch im Ergebnis ihre

Darlehensforderung vor deren Fälligkeit durch die saldierten Gutschriften zurückgeführt wird.

Setzt also ein Kreditinstitut eine Frist zur Rückführung eines ausgereichten Kontokorrentkredits, stellt die Rückführung dieses Kredits vor Fristablauf auch dann eine inkongruente Befriedigung dar, wenn das Kreditinstitut gleichzeitig ankündigt, weitere Belastungen schon sofort nicht mehr zuzulassen;

> BGH, Urt. v. 1. 10. 2002 – IX ZR 360/99,
> ZIP 2002, 2182, 2183.

Ein weiteres Beispiel beinhaltet

> BGH, Urt. v. 15. 2. 1990 – IX ZR 149/88,
> ZIP 1990, 459;
> dazu EWiR 1990, 591 (*H. Hess*):

Danach kann die Verwendung von Kreditmitteln des späteren Gemeinschuldners zur Begleichung z. B. gestundeter Forderungen anfechtbar sein.

619 Weiter ist auf

> BGH, Nichtannahmebeschl. v. 18. 4. 1996
> – IX ZR 268/95, ZIP 1996, 1015;
> dazu EWiR 1996, 709 (*Mennenöh*)

hinzuweisen, wonach Sicherheiten, die aufgrund eines Arrestes begründet wurden, regelmäßig inkongruente Deckungen darstellen. Konsequent hat die ständige Rechtsprechung des Bundesgerichtshofs eine während der „kritischen" Zeit im Wege der Zwangsvollstreckung erlangte Sicherung oder Befriedigung einer fälligen Forderung als inkongruent angesehen;

> BGH, Urt. v. 11. 4. 2002 – IX ZR 211/01,
> ZIP 2002, 1159, 1160 m. w. N.;
> BGH, Urt. v. 20. 3. 2003 – IX ZR 166/02,
> ZIP 2003, 808, 809.

Danach tritt die Befugnis des Gläubigers, sich mithilfe hoheitlicher Zwangsmittel eine rechtsbeständige Sicherung oder Befriedigung der eigenen fälligen Forderung zu verschaffen, hinter den Schutz der Gläubigergesamtheit zurück. Der Forderungseinziehung kraft hoheitlicher Anordnung stehen anfechtungsrechtlich Verfügungen des Schuldners über ein gepfändetes Bankguthaben zugunsten des Pfändungsgläubigers gleich.

BGH, Urt. v. 20. 3. 2003 – IX ZR 166/02,
ZIP 2003, 808, 809.

In einem weiteren Schritt führt das Gericht aus, dass es für die Beurteilung **619a** der Anfechtbarkeit nicht wesentlich sei, ob die Zwangsvollstreckung im formalrechtlichen Sinn bereits begonnen habe. Unter Hinweis darauf, dass § 131 InsO die Rechtsstellung der Masse stärke, sieht der Bundesgerichtshof eine Sicherung oder Befriedigung auch dann als inkongruent an, wenn diese unter dem Druck einer unmittelbar drohenden Zwangsvollstreckung gewährt wurde.

BGH, Urt. v. 11. 4. 2002 – IX ZR 211/01,
ZIP 2002, 1159, 1161.

Zur Voraussetzung der Kenntnis des Gläubigers von der benachteiligenden **620** Wirkung der Handlung bzw. der Kenntnis der zugrunde liegenden Umstände (§ 131 Abs. 2 InsO) im Falle des § 131 Abs. 1 Nr. 3 InsO ist folgendes anzumerken:

– Allein schon die Gewährung einer inkongruenten Deckung deutet **621** regelmäßig auf eine Benachteiligungsabsicht des Schuldners hin, so dass die inkongruente Deckung als erhebliches Beweisanzeichen gewertet wird.

Vgl. RefE-InsO, 3. Teil (B), S. 148;
BGH, Urt. v. 30. 9. 1993 – IX ZR 227/92,
BGHZ 123, 320 = ZIP 1993, 1653, 1655;
dazu EWiR 1994, 373 (*Henekel*).

Gleichzeitig – so der Bundesgerichtshof weiter – muss es bei dem Empfänger einer inkongruenten Deckung einen Verdacht wecken, wenn er sich vor anderen in einer Weise begünstigt sieht, die er so nicht zu fordern hatte. Jedoch ist nach

BGH, Urt. v. 21. 1. 1999 – IX ZR 329/97,
ZIP 1999, 406, 407

aus der Inkongruenz einer Deckungshandlung ausnahmsweise ein Indiz für die Gläubigerbenachteiligungsabsicht des Schuldners und die Kenntnis des Empfängers dann nicht abzuleiten, wenn die Wirkungen der Handlung zu einer Zeit eintreten, in welcher noch keine ernsthaften Zweifel an der Liquidität des Schuldners bestehen oder – aus der Sicht des Empfängers – zu bestehen scheinen. Dabei ist jedoch § 140 Abs. 1, Abs. 2 InsO zu beachten, nach dem es auf den Zeitpunkt der Vollendung des Rechtserwerbes ankommt. Weiter führt der Bundesgerichtshof aus, dass auslösender Umstand für die von einer inkongruenten Deckung vermittelten Indizwirkung schon jede ernsthafte Besorgnis bevorstehender Zahlungskürzungen oder -stockungen sein könne, weil sich damit die Gefährdung der anderen, nicht in gleicher Weise begünstigten Gläubiger aufdränge.

Die Bedeutung des Beweisanzeichens richtet sich auch nach dem Ausmaß der Inkongruenz.

BGH, Urt. v. 12. 11. 1992 – IX ZR 236/91,
ZIP 1993, 276, 279;
dazu EWiR 1993, 161 (*Onusseit*).

622 – Diese subjektive Anfechtungsvoraussetzung ist nach

BGH, Urt, v. 15. 12. 1994 – IX ZR 24/94,
BGHZ 123, 196 = ZIP 1995, 293, 296;
dazu EWiR 1995, 279 (*Mennenöh*)

nur dann nicht gegeben, wenn der Gläubiger im Zeitpunkt des Wirksamwerdens der angefochtenen Rechtshandlung der Überzeugung war, das Vermögen des Schuldners reiche zur vollen Befriedigung aller seiner Gläubiger aus oder der Schuldner werde die dafür erforderlichen Mittel in absehbarer Zeit erhalten. Hatte der Gläubiger diese Überzeugung nicht und vielmehr mit der Möglichkeit gerechnet, das andere Gläubiger leer ausgehen, ist die vorauszusetzende Kenntnis vorhanden.

Vgl. auch BGH, Nichtannahmebeschl. v. 18. 4. 1996
– IX ZR 268/95, ZIP 1996, 1015;
dazu EWiR 1996, 709 (*Mennenöh*);
BGH, Urt. v. 4. 12. 1997 – IX ZR 47/97,
ZIP 1998, 248, 249, 252;
dazu EWiR 1998, 225 (*Gerhardt*).

623 – Ernsthafte Sanierungsbemühungen von Sicherungsgeber und Sicherungsnehmer haben nur die Bedeutung eines Beweisanzeichens gegen eine Benachteiligungsabsicht und eine entsprechende Kenntnis des Sicherungsnehmers. Ein solcher Sanierungsversuch setzt aber mindestens ein in sich schlüssiges Konzept voraus, das von den

erkannten und erkennbaren Gegebenheiten ausgeht und nicht offensichtlich undurchführbar ist (z. B. offenbar unzureichende Sanierungsinstrumente). Sowohl für die Frage der Erkennbarkeit als auch für die Prognose der Durchführbarkeit ist auf die Beurteilung eines unvoreingenommenen – nicht notwendigerweise unbeteiligten – branchenkundigen Fachmanns abzustellen, dem die erforderlichen und üblichen Buchhaltungsunterlagen zeitnah vorliegen.

BGH, Urt. v. 4. 12. 1997 – IX ZR 47/97,
ZIP 1998, 248, 251.

Das Gericht präzisiert diese Anforderungen dahingehend, dass die Prüfung die wirtschaftliche Lage des Schuldners im Rahmen seiner Wirtschaftsbranche analysieren und die Krisenursachen sowie die Vermögens-, Ertrags- und Finanzlage erfassen müsse.

Vgl. auch
BGH, Urt. v. 12. 11. 1992 – IX ZR 236/91,
ZIP 1993, 276, 279;
dazu EWiR 1993, 161 (*Onusseit*).

Soll der ernsthafte Sanierungsversuch eines Schuldners seinen Gläubigerbenachteiligungsvorsatz ausschließen, setzt dies voraus, dass er davon ausgehen musste, infolge des Sanierungskonzeptes und seiner Einleitung in absehbarer Zeit alle Gläubiger befriedigen zu können.

BGH, Urt. v. 21. 1. 1999 – IX ZR 329/97,
ZIP 1999, 406, 408;
dazu EWiR 1999, 465 (*Kranemann*).

Bei nahe stehenden Personen – insbesondere i. S. v. § 138 Abs. 2 Nr. 1, Nr. 2 InsO – gilt wieder die Beweislastumkehr (§ 131 Abs. 2 Satz 2 InsO).

c) Unmittelbar nachteilige Rechtshandlungen

624 § 132 InsO erfasst Rechtsgeschäfte des Schuldners, welche die Insolvenzgläubiger unmittelbar benachteiligen. In § 132 Abs. 2 InsO werden solche Rechtshandlungen gleichgestellt, durch die der Schuldner ein Recht verliert, nicht mehr geltend machen kann oder durch die ein vermögensrechtlicher Anspruch gegen ihn erhalten oder durchsetzbar wird.

XIV. Anfechtung

625 Die subjektiven Anfechtungsvoraussetzungen entsprechen denjenigen der kongruenten Deckung (vgl. insbesondere § 132 Abs. 3 i. V. m. § 130 Abs. 2, 3 InsO).

626 Nach seinem Wortlaut erfasst Absatz 1 auch einseitige Rechtsgeschäfte, wie z. B. die Kündigung. Absatz 2 enthält einen Auffangtatbestand, unter den folgende Beispiele subsumiert werden können:

- der Schuldner unterlässt einen Protest nach Wechselrecht und verliert daher weitere Rechte;

- der Schuldner unterlässt Rechtsmittel und Rechtsbehelfe und kann deshalb einen aussichtsreichen Aktivprozess nicht mehr betreiben (z. B. nach einem gegen ihn ergangenen Versäumnisurteil);

- der Schuldner unterlässt eine rechtzeitige Irrtumsanfechtung nach §§ 119 ff BGB und versäumt es dadurch, einen Anspruch zu begründen.

d) Anfechtung nach vorsätzlicher Benachteiligung

627 Schon zurzeit der Geltung der Konkursordnung waren mehr und mehr Versuche festzustellen, eine Absichtsanfechtung (damals nach § 31 Nr. 1 KO, nun nach § 133 InsO) erfolgreich zu erheben. Danach sind Rechtshandlungen des Schuldners anfechtbar, die dieser mit dem Vorsatz, seine Gläubiger zu benachteiligen, vorgenommen hat, wenn der andere Teil zurzeit der Vornahme der Handlung den Vorsatz des Schuldners kannte. Diese Kenntnis wird nach § 133 Abs. 1 Satz 2 InsO vermutet, wenn der andere Teil wusste, dass die Zahlungsunfähigkeit des Schuldners drohte und dass die Handlung die Gläubiger benachteiligt. Indizielle Bedeutung sowohl für den Benachteiligungsvorsatz als auch für die Kenntnis des Anfechtungsgegners kommt z. B. einem auffälligen Missverhältnis zwischen Warenwert und Veräußerungspreis (Schleuderverkauf) zu.

> OLG Köln, Urt. v. 12. 1. 2001
> – 19 U 36/00, EWiR 2001, 775 (*Gerhardt*).

627a Voraussetzungen einer Anfechtung nach § 133 InsO sind also

- eine Rechtshandlung des Schuldners, somit jedes Handeln, das eine rechtliche Wirkung auslöst,

- eine objektive Benachteiligung, d. h. eine Verkürzung der Befriedigungsmöglichkeiten aus der Insolvenzmasse und – subjektiv –

- der Benachteiligungsvorsatz. In diesem Zusammenhang ist zwischen kongruenten und inkongruenten Deckungen zu unterscheiden. Eine inkongruente Deckung wird regelmäßig als Beweisanzeichen für einen solchen Vorsatz gewertet. Bei kongruenten Deckungen kommt es auf den Nachweis an, dass es dem Schuldner im Einzefall weniger auf die Erfüllung seiner Vertragspflichten ankam als auf die Schädigung der anderen Gläubiger durch Beseitigung von Zugriffsobjekten.

> OLG Stuttgart, Urt. v. 13. 11. 2002
> – 3 U 19/02, ZIP 2002, 2264, 2266 (n. rkr.);
> dazu EWiR 2003, 171 (*M.-R. Winter*).

628 Unter den Voraussetzungen des § 133 Abs. 2 Satz 1 InsO ist ein vom Schuldner mit einer nahe stehenden Person geschlossener entgeltlicher Vertrag anfechtbar, durch den die Insolvenzgläubiger unmittelbar benachteiligt werden. Die Beweislast wird nicht nur für die Kenntnis vom Beteiligungsvorsatz des Schuldners, sondern auch für den Zeitpunkt umgekehrt, in welchem der Vertrag abgeschlossen worden ist (§ 133 Abs. 2 Satz 2 InsO); dadurch soll der Gefahr betrügerischer Rückdatierungen begegnet werden.

> RefE.InsO, 3. Teil (B), S. 153.

629 Unter den Voraussetzungen des § 133 Abs. 1 InsO ist selbst ein Bargeschäft anfechtbar (§ 142 InsO). Dies entspricht auch der bisherigen Rechtsprechung.

> BGH, Urt. v. 30. 9. 1993 – IX ZR 227/92,
> ZIP 1993, 1653 (Leitsatz 2), 1654.

630 Dies beruht auf der Erwägung, dass Rechtshandlungen, die in einem dem Geschäftsgegner bekannten Gläubigerbenachteiligungsvorsatz vorgenommen werden, gegenüber den anderen Gläubigern keinen Schutz verdienen. Auch bei Bardeckungen ist derjenige nicht schutzbedürftig, der dem Schuldner einen Vermögensgegenstand zu einem angemessenen Preis, aber in dem Wissen abkauft, dass der Schuldner den Erlös seinen Gläubigern entzieht.

XIV. Anfechtung

e) Kapitalersetzendes Darlehen

631 Von den weiteren Anfechtungstatbeständen der Insolvenzordnung wird in der Kundeninsolvenz § 135 InsO bisweilen relevant. Danach sind solche Rechtshandlungen anfechtbar, die dem Gläubiger einer Forderung aus einer kapitalersetzenden Leistung i. S. d. § 32a Abs. 1 und 3 GmbHG eine Sicherung oder Befriedigung gewährt haben. Die Befriedigung einer Forderung ist nur anfechtbar, wenn die Forderung im letzten Jahr vor dem Eröffnungsantrag oder danach getilgt wurde. Ansonsten besteht die Anfechtungsmöglichkeit für Handlungen bis zu zehn Jahren vor dem Antrag.

Zu kapitalersetzenden Leistungen vgl. Rz. 733 ff und Rz. 749 ff.

4. Vereinbarungen mit Insolvenzverwalter

632 Rechtsstreitigkeiten über Anfechtungstatbestände werden nicht selten über sämtliche Instanzen geführt. Im Einzelfall kann es daher wirtschaftlich sinnvoll sein, zur Vermeidung eines Rechtsstreits über die eventuelle Anfechtbarkeit von Kreditsicherheiten mit dem Insolvenzverwalter einen Vergleich zu schließen. Im Rahmen der Verhandlungen ist neben der materiellen Rechtslage insbesondere zu berücksichtigen, dass – abgesehen von den Beweiserleichterungen – der Insolvenzverwalter die Beweislast für die Voraussetzungen der Anfechtung trägt.

> BGH, Urt. v. 11. 5. 2000 – IX ZR 262/98,
> ZIP 2000, 1061;
> dazu EWiR 2001, 177 (*Johlke/Schröder*).

Üblicherweise erhält die Masse aus Verwertungserlösen (abzüglich Kosten) einen bestimmten Betrag oder jeweils einen fest vereinbarten Prozentsatz.

633 Weitere Regelungsgegenstände sind wieder

- Abstimmung oder Zustimmung bei Vereinbarungen mit Drittschuldnern oder Sicherungsgebern (z. B. bei Teilerlass, Vergleichen)
- Informationspflichten
- Rechnungslegung/technische Abwicklung
- Verzicht des Insolvenzverwalters auf sein Anfechtungsrecht sowie auf die Geltendmachung von etwaigen Einwendungen

4. Vereinbarungen mit Insolvenzverwalter

- Verzicht des Insolvenzverwalters auf etwaige Einwendungen gegen die Feststellung angemeldeter Forderungen in Höhe des Ausfalls
- Schlussvorschriften.

Je nach dem wirtschaftlichen Umfang einer derartigen Regelung kann die Vereinbarung unter die aufschiebende Bedingung der Genehmigung durch einen Gläubigerausschuss gestellt werden. **634**

XV. Finanzierung in der Insolvenz

Werden durch die Handlungen des Insolvenzverwalters oder in anderer Weise infolge der Verwaltung, Verwertung und Verteilung der Insolvenzmasse Verbindlichkeiten begründet (§ 55 Abs. 1 Nr. 1 InsO), werden diese als Masseverbindlichkeiten aus der Insolvenzmasse vorab berichtigt (§ 53 InsO). Kann eine solche Masseverbindlichkeit, welche durch eine Rechtshandlung des Insolvenzverwalters begründet ist, aus der Insolvenzmasse nicht vollständig befriedigt werden, ist der Insolvenzverwalter dem Massegläubiger gegenüber nach § 61 InsO zum Schadensersatz verpflichtet, es sei denn, der Verwalter konnte im Zeitpunkt der Begründung der Verbindlichkeit nicht erkennen, dass die Masse voraussichtlich zur Erfüllung nicht ausreichen wird. **635**

Unter diese Bestimmung fallen somit sämtliche Kredit- und Darlehensverträge, die der Insolvenzverwalter während des Verfahrens schließt. Wenn auch der Begriff der Insolvenzmasse in § 35 InsO um die während des Verfahrens erlangten Vermögensgegenstände erweitert wurde, ist der Verwalter gleichwohl berechtigt, neue Sicherheiten für von ihm angenommene Darlehen zu bestellen. Unter den Voraussetzungen des Bargeschäftes (§ 142 InsO) fehlt es an einer Benachteiligung des Insolvenzgläubigers. **636**

Vgl. *Uhlenbruck*, Betriebswirtschaftliche Blätter 1993, 35, 40; siehe auch oben Rz. 143.

Das finanzierende Kredinstitut hat in dieser Situation auch die Voraussetzungen zu beachten, welche die Rechtsprechung für zulässige Sanierungskredite aufgestellt hat; diese müssen **637**

– die tatsächliche nachhaltige Sanierung des Schuldners bezwecken und

– auch ein geeignetes Mittel zur Sanierung darstellen.

BGH, Urt. v. 11. 11. 1995 – II ZR 109/84, WM 1996, 2, 3.

Soll ein Darlehen aufgenommen werden, welches die Insolvenzmasse erheblich belastet, muss der Gläubigerausschuss nach § 160 Abs. 2 Nr. 2 InsO zustimmen. Wurde kein Gläubigerausschuss bestellt, bedarf es der Zustimmung der Gläubigerversammlung. Verstößt der Insolvenzverwalter gegen die Regelung, wird dadurch im Interesse der Rechtssicherheit die Wirksamkeit des Vertrages im Außenverhältnis nach § 164 InsO nicht be- **638** rührt. Jedoch kommen aufsichts- (§ 58 InsO) und haftungsrechtliche (§ 60 InsO) Konsequenzen in Betracht. Außerdem kann nicht ausgeschlossen werden, dass eine Bank, welche während des Verfahrens einen Kredit gewährt, ohne dass dieses Erfordernis erfüllt ist, bei Scheitern der Sanierung oder bei der Inanspruchnahme des Insolvenzverwalters nach § 61 InsO Nachteile erleiden kann.

> Vgl. OLG Frankfurt/M., Urt. v. 12. 12. 1989
> – 22 U 19/88, BB 1990, 944, 945;
> dazu EWiR 1990, 497 (*Hegmanns*).

639 Bei der Fortführung des Schuldnerunternehmens ist auch die Neuregelung über das Insolvenzgeld zu beachten;

> siehe oben Rz. 145 ff.

640 Während der Restrukturierung des Unternehmens aufkommender Finanzierungsbedarf muss im Insolvenzplan aufgenommen sein. Solche während der Zeit der Überwachung aufgenommenen oder von Massegläubigern in diese Phase hinein stehen gelassenen Darlehensansprüche können im gestaltenden Teil des Insolvenzplanes als vorrangig gegenüber anderen Insolvenzgläubigern eingestellt werden. Hierbei ist ein Gesamtbetrag für derartige Kredite festzulegen. Diese Regelung gilt selbstverständlich nicht für solche Ansprüche, die den Regelungen über kapitalersetzende Gesellschafterdarlehen unterfallen (§ 264 Abs. 3 InsO).

641 Die Privilegierung solcher Kreditrahmen setzt voraus, dass

– im gestaltenden Teil des Insolvenzplanes

– ein Gesamtbetrag als Höchstgrenze festgelegt wird,

– der das bilanzmäßig vorhandene Aktivvermögen nicht übersteigen darf (§ 264 Abs. 1 Satz 3 InsO), wobei

– die Nachrangabrede bezüglich den betreffenden Gläubigern einzelvertraglich mit dem Schuldner oder der Übernahmegesellschaft zu treffen ist (§ 264 Abs. 2 InsO),

– und diese Abreden vom Insolvenzverwalter zu bestätigen sind (§ 264 Abs. 2 InsO).

642 Sind diese Voraussetzungen erfüllt, sind die zugrunde liegenden Kreditrahmen im Falle ihrer Inanspruchnahme auch gegenüber solchen Gläubigern privilegiert, die während des Planüberwachungszeitraumes hinzu-

kommen (§ 265 Satz 1, Satz 2 InsO). Nach § 266 InsO wird der Nachrang der Insolvenzgläubiger und der Neugläubiger im Überwachungszeitraum nur in einem (Folge-)Insolvenzverfahren, das vor Aufhebung der Überwachung eröffnet wird, berücksichtigt.

Entsprechend den Ausführungen zur Finanzierung im Eröffnungsverfahren oder im eröffneten Verfahren ist auch bei diesen Kreditrahmen eine zusätzliche Besicherung je nach dem Kreditrisiko anzustreben. **643**

Bei Immobilienfinanzierungen besteht im Rahmen der Zwangsverwaltung unverändert die Möglichkeit der Bank, notwendige Aufwendungen zu tätigen, die dann der Rangklasse 1 nach § 10 Abs. 1 ZVG zugeordnet werden. Betreibt der Insolvenzverwalter nach § 165 InsO unabhängig vom Bestehen eines Absonderungsrechtes die Zwangsverwaltung, führt ein für solche Aufwendungen aufzunehmendes Massedarlehen wiederum zur Privilegierung nach § 55 Abs. 1 Nr. 1 InsO bzw. – bei Einsatz von Mitteln der Masse – zur Anwendbarkeit des § 10 Abs. 1 Nr. 1 ZVG. **644**

Wesentlich ist, dass ein Sanierungskredit die tatsächliche nachhaltige Sanierung des Schuldners bezweckt und auch geeignet ist, den Schuldner zu sanieren. So kann eine Kreditgewährung allenfalls die Zahlungsunfähigkeit des Schuldners beseitigen, nicht aber eine Überschuldung. Das Kreditinstitut muss also den Insolvenzgrund überprüfen. Dazu darf es sich nicht auf die Ausführungen im Insolvenzeröffnungsbeschluss verlassen. Vielmehr muss es auf Einsichtnahme in Unterlagen des Insolvenzverwalters (vgl. § 4 InsO i. V. m. § 299 Abs. 1 ZPO) bestehen oder auf deren Übersendung. Aufschlussreich sind insbesondere die Gutachten, die im Insolvenzantragsverfahren seitens des Gerichts in Auftrag gegeben werden mit der Fragestellung, ob Tatsachen den Schluss auf Zahlungsunfähigkeit oder Überschuldung zulassen und ob eine die Verfahrenskosten deckende verfügbare Masse vorhanden ist. **645**

Vergleiche zur Prüfungspflicht der kreditgewährenden Bank bei Fortführung des insolventen Unternehmens **646**

> OLG Frankfurt/M., Urt. v. 12. 12. 1989
> – 22 U 19/88, ZIP 1990, 722, 723
> = BB 1990, 944, 945;
> dazu EWiR 1990, 497 (*Hegmanns*).

647 Fehlt eine Zustimmung der Gläubigerversammlung zu Krediten oder zu Krediterhöhungen, kann das Kreditinstitut gehalten sein, die Voraussetzungen der Kreditvergabe intensiv zu überprüfen. Nach

> OLG Frankfurt/M., Urt. v. 12. 12. 1989
> – 22 U 19/88, BB 1990, 944, 945

hätte die fehlende Zustimmung für die Bank/Sparkasse „ein Hinweis dafür sein müssen, dass sich der Konkursverwalter bei der Kreditaufnahme der Überwachung durch den Gläubigerausschuss entzogen und ihn bei den Kreditverhandlungen umgangen hat".

XVI. Insolvenzplan

§ 1 Satz 1 InsO enthält als Ziel des Insolvenzverfahrens – neben der gemeinschaftlichen Befriedigung der Gläubiger – den Erhalt des Unternehmens. Hierzu können in einem Insolvenzplan Regelungen getroffen werden, die der Unternehmenserhaltung dienen und die vom Gesetz abweichen können. **648**

Einen der Schwerpunkte der Insolvenzrechtsreform bilden demzufolge für Unternehmensinsolvenzen die Regelungen bezüglich des Insolvenzplanes. **649**

Burger/Schellberg, DB 1994, 1833.

Der Sanierungsplan ist in den §§ 217 ff InsO geregelt. Um überhaupt einen Insolvenzplan aufstellen zu können, enthält die Insolvenzordnung flankierende Regelungen und Befugnisse, die den vorläufigen und den endgültig bestellten Insolvenzverwalter in den Stand setzen, einen Geschäftsbetrieb fortzuführen und zumindest bis zum ersten Berichtstermin (§ 156 InsO) aufrechtzuerhalten. In diesem Berichtstermin entscheidet dann die Gläubigerversammlung gemäß § 157 InsO über die Frage, ob das Unternehmen stillgelegt oder fortgeführt werden soll. **650**

Als flankierende Maßnahmen und Regelungen sind anzuführen: **651**

– Anordnung von Sicherungsmaßnahmen nach § 21 InsO durch das Insolvenzgericht;

– Bestellung des vorläufigen Insolvenzverwalters mit den Befugnissen der §§ 56, 58–66 InsO;

– Anordnung eines allgemeinen Verfügungsverbotes gegenüber dem Schuldner,

– Untersagen oder einstweilige Einstellung von Maßnahmen der Zwangsvollstreckung gegen den Schuldner durch das Insolvenzgericht (§ 21 Abs. 2 InsO);

– Anerkennung von Verbindlichkeiten, welche von einem vorläufigen Insolvenzverwalter begründet worden sind, als Masseverbindlichkeiten, sobald das Verfahren eröffnet ist (§ 55 Abs. 2 InsO);

– Klarstellung der Rechtsstellung eines vorläufigen Insolvenzverwalters in Bezug auf die Unternehmensfortführung in § 22 Abs. 1 InsO.

Das Gesetz geht davon aus, dass ab dem Eröffnungsbeschluss zwischen sechs Wochen und drei Monate bis zum ersten Berichtstermin vergehen **652** sollen (§ 29 Abs. 1 Nr. 1 InsO). Innerhalb dieser Frist muss sich der Verwalter einen Überblick über das Unternehmen verschaffen. Entsprechend § 157 Satz 2 InsO kann die Gläubigerversammlung im Berichtstermin den Verwalter beauftragen, einen Insolvenzplan auszuarbeiten, und sie kann ihm das Ziel des Planes vorgeben. Diese Entscheidungen können in späteren Terminen modifiziert werden.

653 § 217 InsO sieht als Grundsatz vor, dass die Befriedigung der absonderungsberechtigten Gläubiger und der Insolvenzgläubiger, dass die Verwertung der Insolvenzmasse und deren Verteilung an die Berechtigten sowie die Haftung des Schuldners nach Beendigung des Insolvenzverfahrens in einem Insolvenzplan geregelt werden können. Der Plan kann als Sanierungsplan die Wiederherstellung der Ertragskraft des schuldnerischen Unternehmens und die bestmögliche Befriedigung der Gläubiger aus den Erträgen des Unternehmens zum Gegenstand haben; er kann aber auch als Liquidationsplan darauf beschränkt werden, die Verwertung der Insolvenzmasse und deren Verteilung an die beteiligten Personengruppen zu gestalten.

RefE-InsO, 3. Teil (B), S. 251.

654 Zur Vorlage eines Insolvenzplanes an das Insolvenzgericht sind lediglich der Insolvenzverwalter und der Schuldner nach § 218 Abs. 1 InsO berechtigt. Der Schuldner kann einen Insolvenzplan bereits mit dem Insolvenzantrag verbinden. Beauftragt die Gläubigerversammlung den Verwalter nach § 157 InsO, einen Insolvenzplan auszuarbeiten, so muss er binnen angemessener Frist dem Gericht vorgelegt werden. Bei der Planaufstellung durch den Verwalter wirken der Gläubigerausschuss, der Betriebsrat, der Sprecherausschuss der leitenden Angestellten und der Schuldner beratend mit (§ 218 Abs. 3 InsO).

655 Der Insolvenzplan besteht aus einem darstellenden und einem gestaltenden Teil (§ 219 InsO). Insgesamt muss der Insolvenzplan verständlich und für alle Beteiligten plausibel dargestellt werden. Aus seinen Darstellungen muss sich die Schlüssigkeit des Konzeptes ergeben. Diesen Grundsatz konkretisiert § 220 InsO, indem im darstellenden Teil die Maßnahmen beschrieben werden, welche nach der Eröffnung des Verfahrens getroffen worden sind oder noch getroffen werden müssen, um die Grundlagen für die geplante Gestaltung der Rechte der Beteiligten zu schaffen. Weiterhin sollen alle sonstigen Angaben zu den Grundlagen und zu den Auswirkungen des Planes darin enthalten sein, welche für die zu treffenden Ent-

scheidungen durch die Gläubiger und für die gerichtliche Bestätigung relevant sind.

Nach § 221 InsO wird im gestaltenden Teil des Planes festgelegt, wie die **656** Rechtsstellung der Beteiligten durch den Plan geändert werden soll. Sofern im Insolvenzplan nichts anderes bestimmt ist, wird das Recht der absonderungsberechtigten Gläubiger aus den Gegenständen, an denen Absonderungsrechte bestehen, materiell vom Plan nicht berührt (§ 223 InsO). Werden im Plan abweichende Regelungen getroffen, muss der gestaltende Teil für die absonderungsberechtigten Gläubiger Angaben enthalten, um welchen Bruchteil ihre Rechte gekürzt, für welchen Zeitraum sie gestundet oder welchen sonstigen Regelungen sie unterworfen werden sollen; dabei sind nach § 226 Abs. 1 InsO alle Beteiligten innerhalb einer Gruppe gleich zu behandeln. Nach § 225 Abs. 1 InsO gelten die Forderungen nachrangiger Insolvenzgläubiger mangels anderweitiger Regelung im Insolvenzplan als erlassen.

Demnach muss der Insolvenzplan deutlich machen, welche betriebswirt- **657** schaftlichen und welche finanzwirtschaftlichen Maßnahmen ergriffen werden sollen, um die Rentabilität des Unternehmens wiederherzustellen. Sollen die Gläubiger aus den Erträgen des vom Schuldner oder von einem Dritten fortgeführten Unternehmens befriedigt werden, so ist § 229 InsO zu beachten. Dem Insolvenzplan ist dann eine Vermögensübersicht beizufügen, in welcher die Vermögensgegenstände und die Verbindlichkeiten, die sich bei Wirksamwerden des Plans gegenüberstehen, mit ihren Werten aufgeführt werden. Ergänzend sind die Aufwendungen und Erträge für den Zeitraum, in welchem die Gläubiger befriedigt werden sollen, zu planen und Zahlungsfähigkeit des Unternehmens durch eine Einnahmen-/ Ausgabenplanung darzustellen. Demnach sind neben einem Vermögensstatus als Anlagen zum Insolvenzplan ein Liquiditäts- und Finanzplan, eine geplante Gewinn- und Verlustrechnung und eine Planbilanz beizufügen. Um die für die Gläubiger gebotene Transparenz des Sanierungskonzeptes herbeizuführen, kann es erforderlich sein, alternative Sanierungskonzepte oder -bestandteile zahlenmäßig darzustellen und zu beurteilen. Bei der daraus abgeleiteten Planung von Vermögen und Kapital in der Planbilanz sind auch die Bewertungen nachzuvollziehen.

Der Inhalt des gestaltenden Teils wird zunächst davon bestimmt, ob es sich **658** um einen

– Sanierungsplan,

- Übertragungsplan oder
- Liquidationsplan

handelt. Hieraus leiten sich die Einzelregelungen ab, welche den Planinhalt bilden.

Beispiele:

- Regelungen zur Wiederherstellung der Ertragskraft des Unternehmens,
- Regelungen zur Befriedigung der Gläubiger aus künftigen Unternehmensverträgen;
- Regelungen zur Unternehmensfortführung,
- teilweise Forderungsverzichte,
- Stundung nicht erlassener Forderungen,
- Regelungen zur Übertragung des Unternehmens oder von Unternehmensteilen auf einen Dritten,
- Regelungen zur persönlichen Haftung der Gesellschafter,
- Bestimmungen zu einer Auslaufproduktion und für einen Liquidationsplan,
- Regelungen für Absonderungsberechtigte etc.

659 Sind mit den Sanierungsmaßnahmen gesellschaftsrechtliche Vorgänge dahingehend verbunden, dass Gläubiger Anteils- oder Mitgliedschaftsrechte oder Beteiligungen an einem Unternehmen übernehmen, so ist im Plan die zustimmende Erklärung eines jeden dieser Gläubiger beizufügen (§ 230 Abs. 2 InsO). Auch verpflichtende Erklärungen Dritter gegenüber den Gläubigern sind als Anlage beizufügen (§ 230 Abs. 3 InsO).

660 Wird die Durchführung des vorgelegten Planes durch die Fortsetzung der Verwertung und Verteilung der Insolvenzmasse gefährdet, ordnet das Insolvenzgericht auf Antrag des Schuldners oder des Verwalters die Aussetzung der Verwertung und Verteilung an (§ 233 InsO), es sei denn, die Aussetzung würde erhebliche Nachteile für die Masse mit sich bringen.

661 Verfahrensrechtlich sieht das Gesetz Stellungnahmen zum Plan durch Gläubigerausschuss, Mitarbeitervertreter, Schuldner bzw. Verwalter vor (§ 232 InsO) sowie die Auslegung des Planes zur Einsicht aller Beteiligten in der Geschäftsstelle des Gerichtes (§ 234 InsO). Nach § 235 InsO wird

durch das Gericht ein Termin bestimmt, in welchem der Plan und das Stimmrecht der Gläubiger erörtert werden, so dass die Grundlagen für die notwendige Abstimmung über den Plan geklärt sind (§ 235 Abs. 1 InsO). Damit die Insolvenzgläubiger abstimmen können, müssen deren Stimmrechte vorab nach § 77 InsO festgestellt sein (§ 237 Abs. 1 InsO). Jede Gruppe der stimmberechtigten Gläubiger stimmt gesondert über den Insolvenzplan ab. Dabei ist für die Annahme des Planes erforderlich, dass in jeder Gruppe die Mehrheit der abstimmenden Gläubiger dem Plan zustimmt und die Summe der Ansprüche der zustimmenden Gläubiger mehr als die Hälfte der Summe der abstimmenden Gläubiger beträgt (§§ 243, 244 Abs. 1 InsO). Neben der Annahme durch die Gläubiger bedarf der Insolvenzplan der Zustimmung durch den Schuldner und der Bestätigung durch das Insolvenzgericht (§§ 247, 248 InsO). Als Rechtsmittel gegen einen bestätigenden oder auch ablehnenden Beschluss steht den Gläubigern und dem Schuldner die sofortige Beschwerde zu.

Bei Abstimmungen über den Plan ist § 245 InsO zu beachten. Danach wird **661a** – auch wenn die erforderliche Mehrheit einer Abstimmungsgruppe nicht erreicht wurde – deren Zustimmung fingiert, wenn die drei Voraussetzungen der Vorschrift erfüllt sind. Die Rechtsprechung wendet § 245 Abs. 1 Nr. 1 InsO auf Fälle an, in denen der Schuldner ohne den Insolvenzplan seine Arbeitsstelle verlieren und somit zu weiteren Zahlungen überhaupt nicht in der Lage sein würde;

> AG Göttingen, Beschl. v. 19. 12. 2001
> – 74 IN 112/00, ZIP 2002, 953;
> dazu EWiR 2002, 877 (*Otte*) m. w. N.

Mit der Rechtskraft der Bestätigung des Insolvenzplanes treten die im ge- **662** staltenden Teil festgelegten Wirkungen für und gegen alle Beteiligten ein (§ 254 InsO). So können im gestaltenden Teil auch die erforderlichen Willenserklärungen für die Begründung, Änderung, Übertragung oder Aufhebung von Rechten an Gegenständen enthalten sein (§ 228 InsO). Schon daraus ergibt sich, dass in der Praxis der präzisen textlichen Formulierung dieses gestaltenden Teiles eine hohe Bedeutung zukommt. Soweit über Rechte an Gegenständen verfügt wird, gelten die in dem Plan aufgenommenen Willenserklärungen der Beteiligten als in der vorgeschriebenen Form abgegeben (§ 254 Abs. 1 Nr. 2 InsO).

Die Rechte der Insolvenzgläubiger gegen Mitschuldner und Bürgen des **663** Schuldners sowie die Rechte dieser Gläubiger an Gegenständen, welche nicht zur Insolvenzmasse gehören, oder die Rechte aus einer Vormerkung werden durch den Plan nicht berührt. Insoweit jedoch ein Schuldner durch den Plan gegenüber seinem Gläubiger von Verbindlichkeiten befreit wird, gilt dieses auch gegenüber dem Mitschuldner, einem Bürgen oder anderen Rückgriffsberechtigten (§ 254 Abs. 2 InsO).

664 Im Gegensatz zum früheren Insolvenzrecht ist die Regelung des § 254 Abs. 3 InsO neu. Sieht der Plan vor, dass Ansprüche teilweise erlassen werden, erhält aber gleichwohl ein Gläubiger eine weitergehende Befriedigung, so begründet dies keinen Rückgewähranspruch. Dies ermöglicht es beispielsweise dem Insolvenzverwalter, während des Verfahrens z. B. Kleingläubiger zu einem höheren als dem ursprünglich vorgesehenen Prozentsatz zu befriedigen.

665 Während der Fortführung des Unternehmens sind selbstverständlich Zugriffsmöglichkeiten absonderungsberechtiger Gläubiger auf Gegenstände, welche für die Fortführung des Unternehmen unentbehrlich sind, ausgeschlossen.

666 Wurden aufgrund des gestaltenden Teiles des Insolvenzplanes Forderungen von Insolvenzgläubigern gestundet oder teilweise erlassen, gerät aber der Schuldner mit der Planerfüllung gegenüber diesen Gläubigern erheblich in Rückstand, wird die Stundung oder der Erlass in der Beziehung zu dem jeweiligen Gläubiger hinfällig. Ein erheblicher Rückstand ist erst dann anzunehmen, wenn der Schuldner eine fällige Verbindlichkeit nicht bezahlt hat, obwohl der Gläubiger ihn schriftlich gemahnt und ihm dabei eine mindestens zweiwöchige Nachfrist gesetzt hat (§ 255 Abs. 1 InsO). Wird vor vollständiger Planerfüllung ein neues Insolvenzverfahren über das Schuldnervermögen eröffnet, sind sämtliche Stundungs- oder Erlasswirkungen für alle Insolvenzgläubiger hinfällig. Zur Regelung bei Rückständen auf strittige Forderungen oder aus Ausfallforderungen vgl. § 256 InsO.

667 Aus einem rechtskräftig bestätigten Insolvenzplan können die Insolvenzgläubiger, deren Forderungen festgestellt, nicht bestritten und in die Tabelle eingetragen worden sind, wie aus einem vollstreckbaren Urteil gegen den Schuldner vollstrecken. Gleiches gilt für die Zwangsvollstreckung gegen einen Dritten, der in der Anlage zum Insolvenzplan schriftlich neben dem Schuldner vorbehaltslose Gewährleistungen für dessen Verpflichtungen übernommen hat. Im Falle von erheblichen Rückständen bei der Planerfüllung muss er für die Erteilung der Vollstreckungsklausel lediglich die

Mahnung und den Ablauf der Nachfrist glaubhaft machen, nicht mehr hingegen Beweise für den Rückstand des Schuldners erbringen (§ 257 Abs. 1–3 InsO).

Sobald die Bestätigung des Insolvenzplanes rechtskräftig geworden ist, beschließt das Insolvenzgericht nach § 258 Abs. 1 InsO die Aufhebung des Insolvenzverfahrens. Zuvor muss der Verwalter jedoch die unstreitigen Masseansprüche berichtigen und für die streitigen Sicherheit leisten. Gleichzeitig mit der Aufhebung des Verfahrens erlöschen die Ämter des Insolvenzverwalters und der Mitglieder des Gläubigerausschusses. Der Schuldner erhält das Recht zurück, über die Insolvenzmasse frei zu verfügen (§ 259 Abs. 1 InsO). Unberührt hiervon bleiben die Vorschriften über die Überwachung der Planerfüllung. Die Überwachung erstreckt sich – bei entsprechender Regelung im gestaltenden Teil des Insolvenzplanes – darauf, ob die Ansprüche erfüllt werden, die den Gläubigern nach dem gestaltenden Teil gegen den Schuldner zustehen. Darüber hinaus kann sich bei entsprechender Regelung im gestaltenden Teil die Überwachung auch auf solche Ansprüche erstrecken, die nach der Eröffnung des Insolvenzverfahrens begründet worden sind, um das Unternehmen oder einen Schuldnerbetrieb zu übernehmen und weiterzuführen (Übernahmegesellschaft). Diese Überwachung nach § 260 InsO ist weiterhin Aufgabe des Insolvenzverwalters. Insoweit bestehen seine Ämter und die der Mitglieder des Gläubigerausschusses sowie der Aufsicht des Insolvenzgerichtes fort (§ 261 Abs. 1 InsO). Abgesehen von jederzeit möglichen Auskünften oder anzufordernden Zwischenberichten hat der Verwalter dem Gläubigerausschuss und dem Gericht jährlich einmal über den erreichten Stand und die weiteren Aussichten zur Erfüllung des Insolvenzplanes zu berichten. Bei Nichterfüllung oder drohender Nichterfüllung besteht eine unverzügliche Anzeigepflicht gegenüber dem Gläubigerausschuss und dem Insolvenzgericht (§ 262 InsO). Ebenfalls als Maßnahme der Überwachung kann im gestaltenden Teil des Insolvenzplanes vorgesehen werden, dass bestimmte Rechtsgeschäfte des Schuldners oder der Übernahmegesellschaft während der Phase der Überwachung nur wirksam sind, wenn der Insolvenzverwalter ihnen zustimmt. Schließlich ist auf § 264 InsO hinzuweisen, wonach im gestaltenden Teil des Insolvenzplanes vorgesehen werden kann, dass die Insolvenzgläubiger nachrangig sind gegenüber Gläubigern mit Forderungen aus Darlehen und sonstigen Krediten, die der Schuldner oder die Übernahmegesellschaft während der Zeit der Überwachung aufnimmt oder die ein Massegläubiger in diese Phase hinein stehen lässt. Gleichzeitig ist dann ein Gesamtbetrag für derartige Kredite festzulegen, welcher den Wert

668

der Vermögensgegenstände, die in der Vermögensübersicht des Planes aufgeführt sind, nicht übersteigen darf.

669 Gegenüber den Gläubigern mit Forderungen aus Krediten, die nach Maßgabe des § 264 InsO – vgl. Rz. 641 – aufgenommen oder stehen gelassen werden, sind auch die Gläubiger mit sonstigen vertraglichen Ansprüchen, die während der Zeit der Überwachung begründet werden, nachrangig. Hierzu gehören auch solche Ansprüche aus einem vor der Überwachung vertraglich begründeten Dauerschuldverhältnis für die Zeit nach dem ersten Termin, zu dem der Gläubiger nach Beginn der Überwachung kündigen konnte (§ 265 Satz 2 InsO). Zur Berücksichtigung des Nachranges in einem Insolvenzverfahren vor der Aufhebung der Überwachung vgl. § 266 InsO.

670 Erst wenn die Ansprüche, deren Erfüllung überwacht wird, erfüllt sind oder die Erfüllung dieser Ansprüche gewährleistet ist oder wenn seit der Aufhebung des Insolvenzverfahrens drei Jahre verstrichen sind und kein weiterer Antrag auf Eröffnung eines neuen Insolvenzverfahrens vorliegt, beschließt das Insolvenzgericht die Aufhebung der Überwachung nach § 268 InsO. Die Kosten der Überwachung trägt der Schuldner, im Falle der Einschaltung einer Übernahmegesellschaft trägt diese die durch ihre Überwachung entstehenden Kosten (§ 269 InsO).

XVII. Restschuldbefreiung und Verbraucherinsolvenz

Als eines der Ziele des Insolvenzverfahrens hebt § 1 Satz 2 InsO hervor, **671** dass der redliche Schuldner sich von seinen restlichen Verbindlichkeiten befreien können soll. Diesem Ziel dienen zum einen die Restschuldbefreiung, die in §§ 268 ff InsO geregelt ist sowie die Bestimmungen der §§ 304 ff InsO, welche das Verbraucherinsolvenzverfahren zum Gegenstand haben. Jeweils wird vorausgesetzt, dass der Schuldner eine natürliche Person ist (§§ 386, 304 Abs. 1 InsO). Die Restschuldbefreiung setzt weiter voraus, dass zuvor ein Insolvenzverfahren über das Vermögen der natürlichen Person durchgeführt worden ist. Somit kann ein persönlich haftender Gesellschafter einer Gesellschaft nicht aufgrund eines Insolvenzverfahrens über das Gesellschaftsvermögen, sondern nur nach einem Insolvenzverfahren über sein eigenes Vermögen von seiner Mithaftung für Gesellschaftsschulden befreit werden. Weiterhin ist die Sondervorschrift des § 227 InsO zu beachten: Da im Zusammenhang mit einem Insolvenzplan eine Restschuldbefreiung nach dieser Vorschrift oder aufgrund hiervon abweichender Regelungen im gestaltenden Teil eintritt, gelten die §§ 286 ff InsO nur für Insolvenzverfahren, die nicht mit einem Insolvenzplan abgeschlossen werden.

1. Restschuldbefreiung

Die Restschuldbefreiung setzt nach § 287 Abs. 1 InsO einen Antrag des **672** Schuldners voraus, der spätestens zum Gerichtstermin, also zur Gläubigerversammlung (§ 156 InsO) vorliegen muss. Im Verbraucherinsolvenzverfahren muss der Antrag auf Restschuldbefreiung nach § 305 Abs. 1 Nr. 2 InsO bereits zusammen mit dem Antrag auf Eröffnung eines Insolvenzverfahrens gestellt werden; ansonsten soll er mit diesem Antrag verbunden werden (§ 287 Abs. 1 Satz 2 InsO). Natürliche Personen sollen vom Gericht ausdrücklich auf die Möglichkeit der Restschuldbefreiung hingewiesen werden; ein dahingehender Antrag ist nach diesem Hinweis i. S. d. § 20 Abs. 2 InsO unverzüglich zu stellen (§ 287 Abs. 1 Satz 2 InsO). Dabei hat der Schuldner zu erklären, dass er seine pfändbaren Forderungen auf Bezüge aus einem Dienstverhältnis oder an deren Stelle tretende laufende Bezüge für die Zeit von sechs Jahren nach der Eröffnung des Insolvenzverfahrens an einen vom Gericht zu bestimmenden Treuhänder abtritt (§ 287 Abs. 2 Satz 1 InsO). Daraus werden die Insolvenzgläubiger anteilig befriedigt. Hatte der Schuldner diese Forderungen bereits vorher an Dritte zediert oder verpfändet, muss er ausdrücklich darauf hinweisen. § 287 Abs. 3

InsO weist darauf hin, dass Vereinbarungen, welche eine Abtretung dieser Forderungen ausschließen, von einer Bedingung abhängig machen oder sonst einschränken, insoweit unwirksam sind, als sie die Abtretungserklärung zur Restschuldbefreiung vereiteln oder beeinträchtigen würden.

673 Das Insolvenzgericht befasst sich mit dem Antrag auf Restschuldbefreiung erst, wenn das Insolvenzverfahren eröffnet ist. Im Verbraucherinsolvenzverfahren erhalten die Gläubiger regelmäßig in der ersten Gläubigerversammlung Gelegenheit, zum Antrag des Schuldners Stellung zu nehmen. Außerhalb dieses besonderen Verfahrens sollen die Gläubiger in der letzten Gläubigerversammlung vor Abschluss des Insolvenzverfahrens (oder in dem entsprechenden schriftlich durchgeführten Verfahrensabschnitt) Gelegenheit zur Stellungnahme haben. Gläubiger sind diejenigen, die zurzeit der Verfahrenseröffnung einen begründeten persönlichen Vermögensanspruch gegen den Schuldner hatten (§ 38 InsO). Nach § 290 Abs. 1 InsO können allerdings Anträge auf Versagung der Restschuldbefreiung erst im Schlusstermin gestellt werden.

674 Stellt das Gericht nach der Schuldneranhörung und nach Sachverhaltaufklärung keinen Versagungsgrund (vgl. Rz. 675 ff) fest, kündigt es die Restschuldbefreiung an (§ 291 InsO). Insgesamt gliedert sich das Verfahren zur Restschuldbefreiung in folgende Hauuptabschnitte:

– Ankündigungsverfahren,

– Wohlverhaltenszeit,

– Erteilung der Restschuldbefreiung,

– Widerrufsverfahren.

675 § 290 InsO enthält Tatbestände, bei denen die Restschuldbefreiung zu versagen ist. Ein Versagungsgrund liegt vor, wenn der Schuldner

– wegen einer Insolvenzstraftat (§§ 283–283c StGB) rechtskräftig verurteilt worden ist,

– in den letzten drei Jahren vor dem Eröffnungsantrag oder danach vorsätzlich oder grob fahrlässig schriftlich unrichtige oder unvollständige Angaben über wirtschaftliche Verhältnisse gemacht hat, um einen Kredit zu erhalten, Leistungen aus öffentlichen Mitteln zu beziehen oder Leistungen an öffentliche Kassen zu vermeiden,

– wenn in den letzten zehn Jahren vor dem Eröffnungsantrag oder danach vorsätzlich oder grob fahrlässig die Befriedigung der Insolvenzgläubiger dadurch beeinträchtigt worden ist, dass unangemessene Verbindlichkeiten begründet, Vermögen verschwendet oder ohne Aussicht auf eine Besserung der wirtschaftlichen Lage die Eröffnung des Insolvenzverfahrens verzögert wurde,

– während des Insolvenzverfahrens Auskunft- oder Mitwirkungspflichten nach der InsO vorsätzlich oder grob fahrlässig verletzt hat

oder

– in den nach § 305 Abs. 1 Nr. 3 InsO vorzulegenden Vermögens-Einkommens-, Gläubiger- und Forderungsverzeichnissen vorsätzlich unrichtige oder grob fahrlässig unrichtige oder unvollständige Angaben gemacht hat.

Die Restschuldbefreiung ist auch zu versagen, wenn der Schuldner im Verbraucherinsolvenzverfahren einer gerichtlichen Zahlungsauflage nach § 314 InsO nicht nachgekommen ist. **676**

Nach **677**

> BGH, Urt. v. 18. 12. 2002 – IX ZB 121/02,
> ZVI 2002, 34;
> dazu EWiR 2003, 287 (*Gundlach/Schirrmeister*);
> OLG Celle, Beschl. v. 5. 4. 2001
> – 2 W 8/01, WM 2002, 1610
> dazu EWiR 2001, 735 (*K. Fuchs*)

kann dem Schuldner die Restschuldbefreiung im Hinblick auf § 290 Abs. 1 Nr. 1 InsO auch dann versagt werden, wenn die Verurteilung wegen einer Insolvenzstraftat nicht in einem konkreten Zusammenhang mit dem aktuellen Insolvenzverfahren steht, in welchem der Antrag auf Restschuldbefreiung gestellt worden ist. Damit frühere Verurteilungen nicht zeitlich unbegrenzt herangezogen werden können, stellen die Gerichte auf die Tilgungsfristen des Bundeszentralregistergesetzes ab; nur innerhalb dieser Tilgungsfristen nach §§ 45 ff BZRG können außerhalb des konkreten Insolvenzverfahrens liegende rechtskräftige Verurteilungen wegen Insolvenzstraftaten berücksichtigt werden.

Da nach § 1 Satz 1 InsO dem redlichen Schuldner – und nur diesem – Gelegenheit gegeben werden soll, sich von den rechtlichen Verbindlichkeiten befreien zu können, muss meines Erachtens dieser Grundsatz bei der Anwendung des § 290 InsO – auch über seinen Wortlaut hinaus – berücksich- **678** tigt werden. Ein Schuldner ist dann redlich, wenn er sich seinen Gläubigern gegenüber nichts hat zuschulden kommen lassen.

> RefE-InsO, 3. Teil (B), S. 236.

679 „Die Restschuldbefreiung soll als Hilfe für unverschuldet in Not geratene Personen dienen, nicht als Zuflucht für diejenigen, die bewusst finanzielle Risiken auf andere abwälzen wollen."

> RefE-InsO, 3. Teil (B), S. 238.

Daraus folgt, dass ein Schuldner das Insolvenzverfahren nicht als Mittel zur Reduzierung der Schuldenlast missbrauchen darf, wenn es mit dem Gesetzeszweck nicht in Einklang steht. Daraus folgt meines Erachtens insbesondere, dass die Restschuldbefreiung antragsgemäß auch dann zu versagen ist, wenn über die in § 290 Abs. 1 Nr. 1 InsO aufgeführten Insolvenzstraftaten hinaus Täuschungshandlungen gegenüber den am Antragsverfahren beteiligten Gläubigern begangen worden sind, die z. B. zu einer Verurteilung nach § 263 StGB führen. Mit Blick auf § 290 Abs. 1 Nr. 2 InsO kann es meines Erachtens auch keinen Unterschied machen, ob eine schadensrelevante Täuschungshandlung schriftlich oder – beweisbar – mündlich begangen wurde. Auch § 290 Abs. 1 Nr. 3 InsO ist zu eng gefasst: hier ist an die Fälle zu denken, in denen der Schuldner bereits früher einmal die eidesstattliche Versicherung abgegeben hat und gleichwohl in der Folgezeit unangemessene Verbindlichkeiten ohne Aussicht auf nachhaltige Besserung der wirtschaftlichen Lage begründet hat. Wenn auch nach den Motiven davon abgesehen wurde, die Versagung durch eine Generalklausel zu gestalten, um zu verhindern, die Entscheidung über Schuldbefreiung oder Haftung in ein weites Ermessen des Insolvenzgerichts zu stellen,

> RefE-InsO, 3. Teil (B), S. 237,

so ist doch nicht zu verkennen, dass die Generalklausel in § 1 Satz 2 InsO enthalten ist; dafür aber, redliche Schuldner von unredlichen zu unterscheiden, ist § 290 InsO nach seinem Wortlaut nicht ausreichend bzw. führt gerade zu Ungerechtigkeiten. Der Lösungsansatz liegt darin, § 290 InsO entsprechend § 1 Satz 2 InsO analog auf nicht explizit geregelte Fragestellungen anzuwenden.

> Vgl. hierzu LG Hannover, Beschl. v. 12. 2. 2002
> – 20 T 225/01, ZVI 2002, 130;
> dazu EWiR 2002, 491 (*Kothe*).

679a Mit dem gleichen gedanklichen Ansatz wurde dem Bundesverfassungsgericht im Wege der konkreten Normenkontrolle die Frage vorgelegt, ob die Vorschriften über die Restschuldbefreiung verfassungswidrig sind.

AG München, Vorlagebeschl. v. 20. 11. 2002
– 1502 IN 1944/00, ZIP 2003, 177, 178 ff.

Das Gericht sieht in den §§ 286 ff InsO massive Eingriffe in die Gläubigerrechte der Eigentumsgarantie nach Art. 14 GG und des rechtlichen Gehörs nach Art. 103 GG. Die wesentlichen Linien in der Begründung sind:

- Eine Prüfung, ob der Schuldner unverschuldet oder aus eigenem Verschulden zahlungsunfähig wurde, findet nicht statt,
- ebensowenig eine Prüfung, ob er redlich war oder nicht.
- Eine Überprüfung der Schuldnerangaben und Richtigkeit findet nur in Ausnahmefällen statt.
- Die Schuldnervergünstigungen sind nicht sachgerecht,
- die Versagungsgründe für die Restschuldbefreiung zu eng fefaßt.
- Hinzukommen gravierende Mängel des Verfahrens aus Sicht der Gläubiger.

Allein schon mit einem Bezug auf anhängige strafgerichtliche Verfahren ist eine hinreichende Rechtssicherheit hergestellt; ein weites Ermessen des Insolvenzgerichtes besteht nicht.

680 Die erforderliche Glaubhaftmachung der Versagungsgründe durch den beantragenden Gläubiger kann auch und gerade durch Verweisung auf die strafprozessualen Akten erfolgen.

681 Schließlich kann sich ein Gläubiger auf einen Versagungsgrund berufen, der gegenüber einem Dritten eingetreten ist. Die Versagungsgründe sind glaubhaft zu machen (§ 290 Abs. 2 InsO).

682 Liegen Versagungsgründe nicht vor, stellt das Gericht nach § 291 InsO in dem Beschluss fest, dass der Schuldner die Restschuldbefreiung erlangt, wenn er den in § 295 InsO geregelten Obliegenheiten nachkommt und künftig nicht besondere Versagungsgründe eintreten. Mit dieser Ankündigung der Restschuldbefreiung beginnt der Lauf der sog. Wohlverhaltenszeit und damit die Laufzeit der Abtretungserklärung.

XVII. Restschuldbefreiung und Verbraucherinsolvenz

683 Für die Praxis bedeutsam ist, dass das Gericht nicht von Amts wegen – nicht einmal, wenn Versagungsgründe offensichtlich sind – die Restschuldbefreiung versagt, sondern dass dieses stets nur auf Antrag eines Insolvenzgläubigers zum Schlusstermin (§ 290 Abs. 1 Satz 1 InsO) möglich ist. Da unrichtige oder unvollständige Angaben des Schuldners über seine wirtschaftlichen Verhältnisse in den letzten drei Jahren vor dem Eröffnungsantrag einen Versagungsgrund bilden (§ 290 Abs. 1 Nr. 2 InsO), wird aus der Sicht der Kreditwirtschaft der Inhalt von Selbstauskünften der Kreditnehmer gegenüber den Kreditinstituten und der Akteninhalt mit anderen Angaben zu Liquidität und Vermögen analysiert werden müssen. Praktische Bedeutung dürfte auch der Versagungsgrund des § 290 Abs. 1 Nr. 5 i. V. m. § 97 InsO erlangen; so kommt die Verletzung von Auskunfts- und Mitwirkungspflichten in Betracht, wenn der Schuldner vor der Ankündigung der Restschuldbefreiung Vermögenswerte, welche zur Insolvenzmasse gehören, verborgen gehalten und ein Gläubiger dieses entdeckt hat.

684 In dem Beschluss ernennt das Gericht einen Treuhänder, auf den die pfändbaren Bezüge des Schuldners nach Maßgabe der erwähnten Abtretungserklärung übergehen. Dieser Beschluss wird als „Ankündigung der Restschuldbefreiung" bezeichnet (§ 291 Abs. 2 InsO). Mit diesem Ankündigungsbeschluss beginnt die Wohlverhaltensperiode über die Dauer von sechs Jahren, innerhalb deren besondere, in § 295 InsO geregelte Obliegenheiten zu erfüllen sind. Verhält sich der Schuldner in dieser Zeitspanne redlich, hat der Gläubiger keine Möglichkeit mehr, den endgültigen Verlust seiner noch ausstehenden Forderungen zu verhindern.

685 Die Rechtsstellung des Treuhänders regelt § 292 InsO. Zu seinen wesentlichen Aufgaben gehört es, den Drittschuldner über die erfolgte Abtretung der Bezüge zu informieren und dessen Leistungen getrennt von seinem Vermögen zu halten. Einmal jährlich werden die Beträge an die Insolvenzgläubiger verteilt. Nach Ablauf von vier Jahren sind gesetzlich vorgeschriebene Teilbeträge auch an den Schuldner abzuführen (§ 292 Abs. 1 Satz 3 InsO). Die Pflicht, den Schuldner zu überwachen und die Gläubiger von Obliegenheitsverletzungen des Schuldners zu unterrichten, hat der Treuhänder nach § 292 Abs. 2 InsO nur dann, wenn ihm die Gläubigerversammlung diese Pflicht besonders übertragen hat. Hierfür erhält er eine zusätzliche Vergütung, die über die in § 293 InsO vorgesehene angemessene Vergütung hinausgeht.

1. Restschuldbefreiung

Hinsichtlich der Abtretung der pfändbaren Forderungen auf Bezüge aus **686** einem Dienstverhältnis oder an deren Stelle tretende laufende Bezüge (z. B. Renten und laufende Geldleistungen der Bundesanstalt für Arbeit oder der Träger der Sozialversicherung) ist anzumerken, dass

- diese nach Verwertung der Insolvenzmasse regelmäßig noch die einzige Quelle für die Befriedigung der Gläubiger für die Zukunft bilden;
- die Aufrechnungsbefugnis des Arbeitgebers dahingehend eingeschränkt ist, dass er nur aufrechnen kann, soweit er bei einer Fortdauer des Insolvenzverfahrens nach § 114 Abs. 2 i. V. m. § 294 Abs. 3 InsO hierzu berechtigt wäre;
- frühere Lohnzessionen – z. B. an einen Kreditgeber – nach § 114 Abs. 1 InsO nur für die Zeit von drei Jahren nach dem Ende des zurzeit der Verfahrenseröffnung laufenden Kalendermonats wirksam sind, und zwar unabhängig davon, ob es zu einer Restschuldbefreiung kommt oder nicht;
- vor Verfahrenseröffnung erwirkte Zwangsvollstreckungen mit Ende des Kalendermonats, in dem die Verfahrenseröffnung erfolgt, unwirksam werden (§ 114 Abs. 3 InsO) und
- dass auch die Rückschlagsperre nach § 88 InsO gilt.

Aufgrund der Abtretung an den Treuhänder können auch Neugläubiger **687** während der Wohlverhaltensperiode nicht erfolgreich diese Ansprüche pfänden, da dem Treuhänder die Drittwiderspruchsklage nach § 771 ZPO ermöglicht wird. Aufgrund des Gleichbehandlungsgrundsatzes der Gläubiger nach § 294 Abs. 1 InsO sind Zwangsvollstreckungen für einzelne Insolvenzgläubiger in das Vermögen des Schuldners während der Laufzeit der Abtretungserklärung nicht zulässig. Sollen durch Vereinbarungen mit dem Schuldner für einzelne Insolvenzgläubiger Sondervorteile verschafft werden, sind diese nichtig (§ 294 Abs. 2 InsO).

Zu den bereits erwähnten Obliegenheiten des Schuldners, die er während **688** der Wohlverhaltensperiode zu beachten hat, gehört nach § 295 Abs. 1 InsO, dass er eine angemessene Erwerbstätigkeit ausübt, sich um eine solche bemüht und keine zumutbare Tätigkeit ablehnt, ererbtes Vermögen zur Hälfte des Wertes an den Treuhänder herausgibt, jeden Wohnsitzwechsel oder den des Arbeitgebers unverzüglich dem Insolvenzgericht und dem Treuhänder anzeigt, keinen Gläubiger direkt befriedigt oder ihm Sondervorteile verschafft, sondern nur an den Treuhänder zu leisten hat und schließlich keine Bezüge verheimlicht und insoweit vollständige Auskunft erteilt. Eine Mindesttilgung gehört nicht zu diesen Obliegenheiten. Ein Verstoß gegen diese Obliegenheiten während der Laufzeit der Abtretungserklärung mit der Folge einer Beeinträchtigung der Befriedigung der Insolvenzgläubiger führt auf Antrag eines Insolvenzgläubigers zur Versagung der Restschuldbefreiung durch das Insolvenzgericht (§ 296 Abs. 1 Satz 1 InsO). Vor einem Beschluss über den Antrag sind der Treuhänder, der Schuldner und die Insolvenzgläubiger zu hören (§ 296 Abs. 2 InsO).

689 Die Tatbestände des Obliegenheitenkatalogs in § 295 InsO sind teilweise – insbesondere in Absatz 1 Nummer 1 – sehr unbestimmt gefasst, so dass praktische Probleme einer einheitlichen Beurteilung absehbar sind.

690 Die Restschuldbefreiung wird erst nach Ende der sechsjährigen Wohlverhaltensperiode nach § 300 Abs. 1 InsO erteilt. Wird sie bereits früher vorzeitig beendet, so enden damit gleichzeitig die Laufzeit der Abtretungserklärung, das Amt des Treuhänders und die Beschränkung der Rechte der Gläubiger (§ 299 InsO). In diesem Fall wird dann der am schnellsten reagierende Gläubiger seine Ansprüche am besten absichern können.

691 Bei der Entscheidung über die Restschuldbefreiung ist die vorherige Anhörung der Insolvenzgläubiger, des Treuhänders und des Schuldners vorgesehen. Selbst zu diesem Zeitpunkt kann noch über einen Versagungsgrund auf Antrag eines Gläubigers oder des Treuhänders entschieden und die Restschuldbefreiung endgültig versagt werden.

692 Die Wirkung einer gewährten Restschuldbefreiung besteht darin, dass der Schuldner gegenüber allen Insolvenzgläubigern von den bis zum Ende der Wohlverhaltensperiode nicht erfüllten Forderungen der Insolvenzgläubiger befreit ist. Dies gilt auch bezüglich solcher Gläubiger, die ihre Forderungen nicht angemeldet hatten (§ 301 Abs. 1 InsO). Unberührt von der Restschuldbefreiung bleiben jedoch

- die Rechte der Insolvenzgläubiger gegen Mitschuldner und Bürgen des Schuldners,

- die Rechte dieser Gläubiger aus einer eingetragenen Vormerkung sowie

- die Rechte der Insolvenzgläubiger aus einem Recht, das im Insolvenzverfahren zur abgesonderten Befriedigung berechtigt.

693 Der Schuldner wird jedoch gegenüber dem Mitschuldner, dem Bürgen oder anderen Rückgriffsberechtigten in gleicher Weise befreit wie gegen-

über den Insolvenzgläubigern. Wird ein Gläubiger befriedigt, obwohl er aufgrund der Restschuldbefreiung keine Befriedigung zu beanspruchen hatte, so begründet dieses keine Pflicht zur Rückgewähr (§ 301 Abs. 3 InsO).

Stellt sich nachträglich heraus, dass der Schuldner seine Obliegenheiten **694** vorsätzlich verletzt oder die Befriedigung der Insolvenzgläubiger erheblich beeinträchtigt hat, kann das Insolvenzgericht die Restschuldbefreiung auf Antrag eines Insolvenzgläubigers nach § 303 InsO widerrufen. Der Antrag kann nur innerhalb eines Jahres nach Rechtskraft der Entscheidung über die Restschuldbefreiung gestellt werden (§ 303 Abs. 2 InsO).

Als Übergangsregelung sieht Art. 107 EGInsO vor, dass die Wohlverhal- **695** tensperiode auf fünf Jahre und die Dauer der Wirksamkeit von Vorauszessionen gemäß § 114 Abs. 1 InsO auf zwei Jahre verkürzt wird, wenn der Schuldner bereits vor dem 1. Januar 1997 zahlungsunfähig war. Damit soll eine Restschuldbefreiung für redliche Schuldner vor In-Kraft-Treten der Insolvenzordnung etwas früher erreicht werden können.

2. Verbraucherinsolvenz

Handelt es sich bei dem Schuldner um eine natürliche Person, die keine **696** oder nur eine geringfügige selbständige wirtschaftliche Tätigkeit ausübt (also insbesondere, wenn die Tätigkeit nach Art und Umfang einen in kaufmännischer Weise eingerichteten Geschäftsbetrieb nicht erfordert), sind die Vorschriften des Verbraucherinsolvenzverfahrens anwendbar (§ 304 InsO); klarstellend weist

> OLG Celle, Beschl. v, 28. 2000
> – 2 W 9/00, ZIP 2000, 802;
> dazu EWiR 2000, 739 (*Wenzel*)

darauf hin, dass bei der im Einzelfall recht schwierigen Abgrenzungsfrage zwischen Regel- und Verbraucherinsolvenzverfahren bei wirtschaftlich selbständigen Schuldnern grundsätzlich seine Verhältnisse zum Zeitpunkt des Insolvenzverfahrens entscheidend sind und nicht diejenigen in dem Zeitraum, aus dem die Verbindlichkeiten resultieren (herrschende Meinung).

Weitere Abgrenzungskriterien bietet die Neufassung des § 304 Abs. 1, **697** Abs. 2 InsO; danach ist das Verbraucherinsolvenzverfahren zulässig bei Selbständigen, wenn

- keine Forderungen aus Arbeitsverhältnisen gegen sie bestehen,
- die Vermögensverhältnisse überschaubar sind, was dann nach § 304 Abs. 2 InsO gegeben ist, wenn er weniger als 20 Gläubiger hat. Das Gesetz stellt auf den Zeitpunkt ab, in dem der Insolvenzeröffnungsantrag gestellt wird.

698 Dieses speziell auf Personen mit überschaubarem Vermögen und geringer Gläubigerzahl zugeschnittene Verfahren dient insbesondere der Entlastung der Gerichte, da – wie sich aus § 305 Abs. 1 Nr. 1 InsO ergibt – dieses Verfahren das Scheitern einer außergerichtlichen Einigung mit den Gläubigern voraussetzt. Die Tatsache, dass die außergerichtliche Schuldenbereinigung innerhalb der letzten sechs Monate vor dem Antrag des Schuldners auf Eröffnung des Verfahrens versucht worden ist, ist mit dem Antrag zu bescheinigen. Der Plan ist beizufügen; die wesentlichen Gründe für sein Scheitern sind darzulegen. Wenn eine Restschuldbefreiung beantragt werden soll, ist auch diese gleichzeitig zu beantragen; die Stellung eines **eigenen** Antrags auf Eröffnung des Insolvenzverfahrens durch den Schuldner ist im Verbraucherinsolvenzverfahren gerade Zulässigkeitsvoraussetzung für einen Antrag auf Erteilung der Restschuldbefreiung;

> OLG Köln, Beschl. v. 24. 5. 2000
> – 2 W 76/00, ZIP 2000, 1628;
> dazu EWiR 2000, 737 (*Ahrens*);
>
> vgl. zum mangelbehafteten Schuldnerantrag
> BGH, Beschl. v. 12. 12. 2002 – IX ZB 426/02,
> ZIP 2003, 358, 359;

ein Gläubigerantrag reicht also nicht aus.

> Vgl. RegE InsRÄG, ZIP 2000, 1688, 1701 Ziff. 14;
> InsRÄG i.d. F. v. 28. 6. 2001, ZInsO 2001, 601, 603
> (§ 287 Abs. 1).

Beizufügen sind ein Verzeichnis des vorhandenen Vermögens und des Einkommens, ein Gläubiger- und Forderungsverzeichnis. Darüber hinaus muss ein Schuldenbereinigungsplan vorgelegt werden, der unter Berücksichtigung der Gläubigerinteressen sowie der Vermögens-, Einkommens- und Familienverhältnisse des Schuldners aufgestellt wurde. Auf dieser Basis wird – nach Scheitern der außergerichtlichen Einigung mit den Gläubigern – in der zweiten Stufe ein gerichtliches Schuldenbereinigungsverfahren eingeleitet. Erst wenn auch dieser Versuch, mit Hilfe des Gerichtes eine gütliche Einigung mit den Gläubigern zu erreichen, scheitert,

2. Verbraucherinsolvenz

schließt sich das vereinfachte Insolvenzverfahren und danach das Verfahren zur Restschuldbefreiung an.

Ist der Schuldner zahlungsunfähig und steht die Überzeugung des Gerichts **699** fest, dass das schuldnerische Vermögen voraussichtlich nicht ausreichen wird, um die Kosten des Insolvenzverfahrens zu decken, kann das Gericht einen Verfahrenskostenvorschuss nach den §§ 26 Abs. 1, 54 InsO anfordern. Geht der Vorschuss nicht innerhalb der gesetzten Frist ein, wird das Verfahren mangels Masse abgewiesen (§ 26 Abs. 1 InsO). Eine beantragte Restschuldbefreiung ist dann damit kraft Gesetzes ausgeschlossen (§§ 286, 289 Abs. InsO). Nach § 302 Nr. 3 InsO werden solche Darlehen nicht von der Restschuldbefreiung erfasst, die dem Schuldner, welcher nicht in der Lage war, die Verfahrenskosten aufzubringen, gewährt wurden; die Privilegierung setzt voraus, dass sie zweckgebunden und zinslos gewährt wurden.

Zum Versuch des Schuldners, zuvor seine Schulden außergerichtlich zu **700** bereinigen, ist anzumerken, dass

– in dieser Phase die Gläubiger nicht gehindert sind, die Vollstreckungsmaßnahmen zu beginnen oder fortzusetzen, da die Vollstreckungsverbote der §§ 89 und 294 InsO erst mit der Eröffnung des Insolvenzverfahrens einsetzen. Entsprechendes gilt für die Anwendbarkeit des § 21 Abs. 2 Nr. 3 InsO;

– Gläubiger, welche aufgrund der Verhandlungen mit dem Schuldner Kenntnis über freie Vermögenswerte erhalten, bei der Entscheidung, diese noch zu pfänden, berücksichtigen müssen, dass bei Durchführung eines Verfahrens die Rückschlagsperre nach § 88 InsO – mit der **Dreimonatsfrist** gemäß § 312 Abs. Satz 2 InsO – oder das Insolvenzanfechtungsrecht den Erfolg der Verpfändungsmaßnahme verhindern kann; außerdem gilt der außergerichtliche Einigungsversuch als gescheitert, wenn ein Gläubiger die Zwangsvollstreckung betreibt, nachdem die Verhandlungen über die außergerichtliche Schuldenbereinigung aufgenommen wurden (§ 305a InsO).

– eine Einigung der Parteien auf der Basis des Vorschlages die Wirkung eines außergerichtlichen Vergleichs i. S. d. § 779 Abs. 2 BGB hat. Mit einem solchen Vergleich ist ein Vollstreckungstitel nur verbunden, wenn die Vereinbarung notariell beurkundet wurde und eine Unterwerfungserklärung enthält (§ 794 Abs. 1 Nr. 5 ZPO).

XVII. Restschuldbefreiung und Verbraucherinsolvenz

701 Leitet der Schuldner das gerichtliche Schuldenbereinigungsverfahren mit dem Antrag auf Eröffnung des Insolvenzverfahrens ein, ruht der letztgenannte Antrag nach § 306 Abs. 1 InsO bis zur Entscheidung über den Schuldenbereinigungsplan. Dies soll innerhalb von drei Monaten geschehen. Zur Auswirkung eines Gläubigerantrages auf die Verfahrenseröffnung vgl. § 306 Abs. 3 InsO. Nach § 306 Abs. 3 Satz 3 InsO hat aber der Schuldner zunächst eine außergerichtliche Einigung nach § 305 Abs. 1 Nr. 1 InsO zu versuchen. Steht jedoch beim Schuldnerantrag nach der freien Überzeugung des Gerichts fest, dass der Schuldenbereinigungsplan voraussichtlich nicht angenommen wird, kann es darauf verzichten (§ 306 Abs. 1 Satz 3 InsO).

702 Damit ist der Schuldenbereinigungsplan Kernstück dieses Verfahrens. Die im Plan möglichen Regelungsvorschläge können Ratenzahlungen, Stundungen, sämtliche Varianten von Forderungserlassen mit oder ohne Verfallklauseln, Anerkenntnisse, Einredeverzichte und Sicherheitenbestellungen enthalten. Hinsichtlich des laufenden Arbeitsentgeltes dürfte sich ein Schuldner an den Regelungen der gesetzlichen Restschuldbefreiung orientieren; verlangen die Gläubiger in diesem Stadium des Verfahrens höhere Anteile, wird es für den Schuldner günstiger sein, nach Ablehnung der Einigung das Verbraucherinsolvenzverfahren mit anschließender Restschuldbefreiung durchzuführen. Das Gesetz verlangt nicht, dass der Schuldner seinen Gläubigern im Schuldenbereinigungsplan eine Mindestquote anbietet. Nach § 305 Abs. 1 Nr. 4 InsO ist in den Schuldenbereinigungsplan auch aufzunehmen, ob und inwieweit Bürgschaften, Pfandrechte und andere Sicherheiten der Gläubiger von diesem Plan berührt werden sollen. Erklärt sich danach ein Gläubiger im Einzelfall zum Teilerlass bereit, möchte er sich aber die Befriedigungsmöglichkeit aus einer hierfür gestellten Sicherheit erhalten, muss er dies durch entsprechende vertragliche Regelung mit dem Sicherungsgeber sicherstellen.

703 Um nachteilige Veränderungen der Vermögenslage des Schuldners zu vermeiden, kann das Insolvenzgericht bis zur Entscheidung über den Schuldenbereinigungsplan Sicherungsmaßnahmen erlassen und Maßnahmen der Zwangsvollstreckung untersagen oder einstweilen einstellen, soweit nicht unbewegliche Gegenstände betroffen sind (§ 306 Abs. 2 i. V. m. § 21 Abs. 2 InsO).

704 Für das weitere Verfahren gilt § 307 InsO. Das Insolvenzgericht stellt den vom Schuldner genannten Gläubigern den Schuldenbereinigungsplan sowie eine Übersicht über das Vermögen des Schuldners zu und fordert die

2. Verbraucherinsolvenz

Gläubiger zugleich auf, binnen einer Notfrist von einem Monat Stellung zu nehmen; die Gläubiger sind darauf hinzuweisen, dass die Verzeichnisse beim Insolvenzgericht zur Einsicht niedergelegt sind (§ 307 Abs. 1 Satz 1 InsO). Gleichzeitig haben die Gläubiger die angegebenen Forderungen zu prüfen und gegebenenfalls zu ergänzen. Versäumt ein Gläubiger dieses, obwohl die Forderung vor dem Ablauf der Frist entstanden war, erlischt diese im Falle der Annahme des Planes (§ 308 Abs. 3 InsO). Von diesem Fall abgesehen, können Gläubiger von dem Schuldner Erfüllung verlangen, deren Forderungen in dem Schuldnerverzeichnis nicht enthalten sind und auch nicht nachträglich bei Zustandekommen des Schuldenbereinigungsplanes berücksichtigt worden sind.

Nach Ablauf der Frist gemäß § 307 Abs. 1 Satz 1 InsO kann der Schuldner **705** den Schuldenbereinigungsplan innerhalb einer vom Gericht zu bestimmenden Frist ändern oder ergänzen, wenn dies aus den Stellungnahmen der Gläubiger zum „Erstvorschlag" als sachdienlich und für eine einvernehmliche Regelung als förderlich erscheint (§ 307 Abs. 3 InsO). Nach

> LG Hannover, Beschl. v. 8. 12. 2000
> – 20 T 2104/00, EWiR 2001, 773 (*Weil*)

ist ausnahmsweise auch eine zweite Nachbesserung zuzulassen, wenn ein Einvernehmen absehbar ist. Mit dieser Voraussetzung soll unnötigen Verzögerungen entgegengewirkt werden.

Zur inhaltlichen Ausgestaltung des Schuldnerbereinigungsplanes enthält **706** das Gesetz keine Regelungen. Als Grundsatz kann gelten, dass der Schuldner nicht verpflichtet ist, im Schuldenbereinigungsplan homogene Gläubigergruppen zu bilden, wie dies im Insolvenzplanverfahren vorgesehen ist; er kann bei einer im Ergebnis wirtschaftlichen Gleichbehandlung der Gläubiger auch unterschiedliche Befriedigungsvorschläge (z. B. Einmalbeträge an Gläubiger mit geringeren Forderungen und Ratenzahlungen an größere Gläubiger bei annähernd gleicher Befriedigungsquote) unterbreiten.

> OLG Celle, Beschl. v. 4. 4. 2001
> – 2 W 38/01, ZIP 2001, 847;
> dazu EWiR 2001, 1013 (*Römermann*).

Danach ist eine mathematisch exakte Gleichbehandlung sämtlicher Gläu- **707** biger nicht erforderlich. Der Schuldner muss lediglich vermeiden, dass die Befriedigung der Gläubiger in ihrem wirtschaftlichen Verhältnis zueinander nicht so stark voneinander abweicht, dass sich Einzelne berechtigterweise als unbillig behandelt ansehen müssen.

Vgl. zur inhaltlicheen Ausgestaltung und zur Zulässigkeit eines „Null-Planes"

OLG Köln, Beschl. v. 9. 2. 2001
– 2 W 19/01, ZIP 2001, 754, 755.

708 Der vorgeschlagene Schuldenbereinigungsplan ist angenommen, wenn alle Gläubiger ausdrücklich zugestimmt haben oder mangels erhobener Einwendungen ihr Schweigen als Zustimmung gewertet wird (§ 308 Abs. 1 InsO) oder die fehlenden Zustimmungen durch gerichtliche Entscheidung ersetzt worden sind (§ 309 InsO). Der entsprechende Beschluss über den gerichtlichen Schuldenbereinigungsplan hat die Wirkung eines Vergleiches i. S. d. § 794 Abs. 1 Nr. 1 ZPO. Die zuvor vom Schuldner gestellten Anträge auf Eröffnung des Insolvenzverfahrens und auf Erteilung von Restschuldbefreiung gelten dann als zurückgenommen (§ 308 Abs. 2 InsO).

709 Die Ersetzung der Zustimmung der Gläubiger durch das Gericht setzt voraus, dass

- mehr als die Hälfte der benannten Gläubiger dem Schuldenbereinigungsplan zustimmt,

- die Summe der Ansprüche der zustimmenden Gläubiger mehr als die Hälfte der Summe aller Ansprüche der benannten Gläubiger beträgt,

- Gläubiger oder Schuldner beantragt haben, die Einwendungen eines Gläubigers durch Zustimmung zu ersetzen,

- der Gläubiger, dessen Einwendungen durch Zustimmung ersetzt werden soll, im Vergleich zu den übrigen Gläubigern angemessen beteiligt wird,

- dieser Gläubiger durch den Schuldenbereinigungsplan nicht schlechtergestellt wird, als er bei Durchführung des Insolvenzverfahrens und der gesetzlichen Restschuldbefreiung stünde und

- der Gläubiger, dessen Einwendungen durch Zustimmung ersetzt werden sollen, angehört wird (§ 309 Abs. 1, Abs. 2 InsO).

710 Mit dieser Regelung soll verhindert werden, dass ein Schuldenbereinigungsplan am Widerstand einzelner Gläubiger scheitert, obwohl die Mehrheit nach Kopfzahl und nach Beträgen diese vergleichsweise Regelung

2. Verbraucherinsolvenz

billigt. Hierzu liegen bereits einige obergerichtliche Entscheidungen vor, deren Inhalt zu folgenden Grundsatzaussagen zusammengefasst werden können:

– Ohne schlüssigen Vertrag und ohne Glaubhaftmachung von Hinderungsgründen i. S. d. § 309 Abs. 1 Satz 2, Abs. 3 InsO für eine Ersetzung der Zustimmung eines widersprechenden Gläubigers darf das Gericht Einwendungen des Gläubigers gegen den Schuldbereinigungsplan nicht prüfen. Trägt der Gläubiger stattdessen nur allgemein seine Unzufriedenheit vor, muss sich das Gericht mit Einwendungen nicht befassen.

BayObLG, Beschl. v. 11. 12. 2000
– 4Z BR 21/00, ZIP 2001, 204;
dazu EWiR 2001, 681 (*K. Fuchs*);
OLG Celle, Beschl. v. 4. 4. 2001
– 2 W 38/01, ZIP 2001, 847;
OLG Köln, Beschl. v. 9. 2. 2001
– 2 W 19/01, ZIP 2001, 754, 756.

– Entscheidendes Prüfungskriterium bei der Frage, ob einzelne Gläubiger unangemessen im Schuldbereinigungsplan beteiligt sind, ist die Befriedigungsquote;

OLG Celle, Beschl. v. 4. 4. 2001
– 2 W 38/01, ZIP 2001, 847;

gerade § 309 Abs. 1 Satz 2 Nr. 2 InsO setzt eine wirtschaftliche Betrachtung der Gläubigerpositionen voraus.

– Liegen die Voraussetzungen einer Ersetzungsentscheidung – Kopf- und Summenmehrheit – vor, hat grundsätzlich die Ersetzung der Zustimmung zu erfolgen, es sei denn, der Gläubiger legt glaubhaft gemachte Gründe und Tatsachen i. S. d. § 309 Abs. 1 Satz 2 Nr. 1, 2 InsO dar.

BayObLG, Beschl. v. 11. 12. 2000
– 4Z BR 21/00, ZIP 2001, 204.

Nach einzelnen Forderungen, deren Grund und Höhe wird ebenso wenig differenziert wie nach deren Rechtsnatur

OLG Köln, Beschl. v. 28. 8. 2000
– 2 W 37/00, ZIP 2000, 2263, 2264;
dazu EWiR 2001, 173 (*Schmerbach*).

711 Die Ersetzung der Zustimmung muss von einem Gläubiger oder vom Schuldner beantragt werden. Gegen einen antragsgemäß ergangenen Beschluss steht dem Antragsteller und dem Gläubiger, dessen Zustimmung ersetzt wird, die sofortige Beschwerde zu (§ 309 Abs. 2 InsO).

712 Kommt der Schuldner mit seinen Verpflichtungen, die er mit dem gerichtlichen Schuldenbereinigungsplan übernommen hat, in Verzug, können die Gläubiger hieraus vollstrecken. Erlassene Forderungen leben nicht wieder auf, es sei denn, eine entsprechende Klausel (vgl. § 255 InsO) sei für den Verzugsfall aufgenommen worden.

713 Wird der Schuldenbereinigungsplan auch im gerichtlichen Verfahren nicht angenommen, wird nach § 311 InsO das Verfahren über die Eröffnung der Insolvenz von Amts wegen wieder aufgenommen. Erstmals prüft das Gericht in diesem Stadium, ob der Eröffnungsgrund vorliegt, ob weitere Sicherungsmaßnahmen anzuordnen sind und ob hinreichend Masse zur Deckung der Verfahrenskosten vorhanden ist. Insbesondere für dieses Verfahren ist die drohende Zahlungsunfähigkeit (§ 18 InsO) als Eröffnungsgrund relevant.

714 Das Verfahren ist insoweit vereinfacht, als das Gericht – abweichend von § 29 InsO – keinen Berichtstermin, sondern nur einen Prüfungstermin bestimmt, dass das Verfahren angesichts überschaubarer Zahl der Gläubiger und angesichts überschaubarer Höhe des Vermögens und der Verbindlichkeiten schriftlich durchgeführt werden kann, die Aufgaben des Insolvenzverwalters von einem zu bestellenden Treuhänder wahrgenommen werden und die Insolvenzanfechtung von den Gläubigern vorgenommen wird (§§ 312, 313 InsO). Die Gläubigerversammlung kann den Treuhänder oder einen Gläubiger mit der Anfechtung beauftragen (§ 313 Abs. 2 Satz 3 InsO). Zudem kann auf die Verwertung des Schuldnervermögens verzichtet werden, wenn der Schuldner innerhalb einer vom Gericht zu bestimmenden Frist einen Betrag in Höhe des zu erwartenden Verwertungserlöses an den Treuhänder zahlt (§ 314 InsO).

715 Praktisch bedeutsam ist, dass ein die Anfechtung durchführender Gläubiger aus dem erlangten Wert zunächst die ihm entstandenen Kosten vorweg erstattet verlangen kann. Hat die Gläubigerversammlung den Gläubiger mit der Anfechtung beauftragt, erhält er seine Kosten – sofern der erlangte Vermögenswert nicht ausreichend ist – aus der Insolvenzmasse (§ 313 Abs. 2 InsO). Daraus folgt gleichzeitig, dass sich der Gläubiger nur wegen seiner Kosten, nicht jedoch wegen seiner sonstigen Forderung vorab be-

friedigen kann, was auch dem Gleichbehandlungsgrundsatz aller Gläubiger widersprechen würde.

Von der nach § 314 Abs. 1 InsO vorgesehenen vereinfachten Verteilung der Masse – insbesondere nach einer Zahlung seitens des Schuldners, seiner Verwandten oder einer sonst nahe stehenden Person – soll abgesehen werden, wenn die Verwertung der Insolvenzmasse insbesondere im Interesse der Gläubiger geboten erscheint. Um den Schuldner zur Zahlung des vom Gericht festgesetzten Betrages im Falle einer vereinfachten Verteilung anzuhalten, sieht das Gesetz als Sanktion die Versagung der Restschuldbefreiung vor, falls der Betrag nicht fristgemäß entrichtet wird (§ 314 Abs. 3 Satz 3 InsO). 716

Ist die Verwertung der Masse abgeschlossen, ist sodann über den Antrag des Schuldners auf Restschuldbefreiung zu entscheiden; im Falle der vereinfachten Verteilung ist dieses erst nach Ablauf der für die Zahlung des Ablösebetrages gesetzten Frist möglich. 717

Verbraucher-Insolvenzverfahren (Übersicht) §§ 304 ff 718

Anwendungsbereich:	
natürliche Personen, die keine oder nur geringfügige selbständige wirtschaftliche Tätigkeiten ausüben (wenn sie nach Art oder Umfang einen kaufmännisch eingerichteten Gewerbebetrieb nicht erordern).	§ 304 Abs. 1 § 304 Abs. 2
Außergerichtlicher Einigungsversuch: zwingende Voraussetzung zum Schuldnerantrag und bei Antragstellung nachzuweisen (mit geordnetem Schuldenbereinigungsplan) und Darlegung der Gründe für dessen Scheitern	§ 305 Abs. 1 Nr. 1
Eröffnungsantrag des Schuldners, Inhalt: – Bescheinigung über den außergerichtlichen Einigungsversuch (geeignete Person oder Stelle sind z. B. Rechtsanwalt, Notar, Steuerberater, kommunale Schuldner- und Insolvenzberatungstelle; Sozialamt);	§ 305 § 305 Abs. 1 Nr. 1 § 305 Abs. 1 Nr. 4
– Schuldenbereinigungsplan (vollstreckbarer Inhalt) ggf. mit Anpassungsklausel bei Änderung wirtschaftlicher oder familiärer Verhältnisse des Schuldners; wesentliche Gründe für das Scheitern des Einigungsversuches sind anzugeben.	§ 305 Abs. 1 Nr. 3

XVII. Restschuldbefreiung und Verbraucherinsolvenz

– Verzeichnisse mit Auskünften zur Vermögenslage des Schuldners:	
– Verzeichnis des vorhandenen Vermögens und des Einkommens	
– Verzeichnis der Gläubigerinnen und Gläubiger mit genauen und vollständigen Namen und Anschriften	§ 305 Abs. 1 Nr. 3 i. V. m. § 290 Abs. 1 Nr. 6; § 308 Abs. 3 Satz 1
– Verzeichnis der gegen den Schuldner gerichteten Forderungen	
mit Erklärung, dass die enthaltenen Angaben richtig und vollständig sind	§ 305 Abs. 1 Nr. 2 i. V. m. § 287 Abs. 1
– Erklärung, ob Restschuldbefreiung beantragt wird oder nicht	§ 307, § 4 i. V. m. § 133 Abs. 1 ZPO
– Beifügung der erforderlichen Abschriften	
Wenn Antrag unvollständig: Mitteilung des Gerichts zur Vervollständigung; geschieht dies nicht, gilt Eröffnungsantrag als zurückgenommen bzw. Belehrung über die Restschuldbefreiung	§ 305 Abs. 3 § 20 Abs. 2

Insolvenzeröffnungsverfahren:
vor Entscheidung über Eröffnung des Verfahrens

Gerichtliches Schuldenbereinigungsverfahren:	
Aufforderung des Gerichtes an die Gläubiger, binnen einer Notfrist von einem Monat ab Zustellung zu den Forderungen und zum Schuldenbereinigungsplan Stellung zu nehmen, die Forderung zu prüfen und ggf. zu ergänzen.	§ 307 Abs. 1
Forderungen, die im Forderungsverzeichnis des Schuldners nicht aufgeführt sind, erlöschen	§ 308 Abs. 3 Satz 2, § 308 Abs. 1 Satz 2
Geht innerhalb der Notfrist keine Stellungnahme ein, gilt das Schweigen als Einverständnis mit dem Schuldenbereinigungsplan mit der Wirkung eines gerichtlichen Vergleichs	§ 307 Abs. 2; § 308 Abs. 1 Satz 2 i. V. m. § 794 Abs. 1 Nr. 1 ZPO
Gläubiger kann sich nur dann durch ein Inkassounternehmern vertreten lassen, wenn dieses ausdrücklich durch den Gläubiger bevollmächtigt wurde (ist nachzuweisen) und dem Inkassounternehmen eine Erlaubnis der zuständigen Behörde zum Verkehr mit den Insolvenzgerichten erteilt wurde; werden diese Voraussetzungen nicht erfüllt, ist die abgegebene Stellungnahme unwirksam mit der Folge des § 307 Abs. 2 InsO	

2. Verbraucherinsolvenz

Verzicht auf Schuldenbereinigungsverfahren durch das Gericht möglich	§ 306 Abs. 1 Satz 3
Anordnungen zur vorläufigen Sicherung der Masse durch das Gericht	§ 306 Abs. 1, Abs. 3

insbesondere: Maßnahmen der Zwangsvollstreckung einschließlich der Vollziehung eines Arrets oder einer einstweiligen Verfügung werden untersagt, soweit nicht unbewegliche Gegenstände betroffen sind; bereits begonnene Maßnahmen werden einstweilen eingestellt

Solange über den Schuldenbereinigungsplan nicht entschieden ist, ruhen die Verfahren. Dieses Ruhen steht der Anordnung von Sicherungsmaßnahmen nicht entgegen	§ 306 Abs. 1, Abs. 3
Anhörung der Gläubiger:	§ 307

Bei vollständigem Antrag werden die Gläubiger in das Verfahren einbezogen mit der Zustellung der Unterlagen durch das Gericht und der Aufforderung zur Stellungnahme

Drei Alternativen zum **Schuldenbereinigungsplan**:

- kein Gläubiger erhebt Einwendungen: Gericht stellt die Annahme des Schuldenbereinigungsplanes in einem gesonderten Beschluss förmlich fest mit der Wirkung eines gerichtlichen Vergleiches § 308 Abs. 1 Satz 2 i. V. m. § 794 Abs. 1 Nr. 1 ZPO

  Mit der Annahme des Planes sind alle anhängigen Anträge auf Eröffnung des Insolvenzverfahrens und auf Restschuldbefreiung erledigt. Sie gelten als zurückgenommen. Gläubiger, die vom Schuldner nicht benannt waren und daher keine Gelegenheit hatten, am Zustandekommen des Schuldenbereinigungsplanes mitzuwirken, können weiterhin ihre gesamten Forderungen geltend machen § 308 Abs. 2

  § 308 Abs. 3 Satz 1

- Ablehnung des Schuldenbereinigungsplanes durch die Mehrheit (Kopf- und Summenmehrheit): Entweder erfolgt eine Nachbesserung des Planes oder es wird ein Antrag auf gerichtliche Ersetzung der fehlenden Zustimmungen gestellt. Bei der ersten Variante folgt erneute Anhörung, bei der zweiten – unter den Voraussetzungen des § 309 – das Zustandekommen des Schuldenbereinigungsplanes. § 309

  Erfolgt beides nicht, beschließt das Gericht die Wiederaufnahme des Verfahrens über den Eröffnungsantrag. § 311

- Die Mehrheit der Gläubiger nach Kopf- und Summenmehrheit stimmt dem Plan zu. Die Minderheit kann das Zustandekommen des Schuldenbereinigungsplanes nur verhindern, wenn die Ablehnung auf sachgerechten Gründen beruht. Einwendungen gegen den Plan sind im Gesetz enthalten. Gründe sind insbesondere: § 309 Abs. 1 Satz 2, Abs. 3

- Die Forderung des widersprechenden Gläubigers ist wesentlich höher als im Verzeichnis angegeben; §309 Abs. 1 Satz 2, Nr. 2
- der widersprechende Gläubiger wird durch den Plan wirtschaftlich schlechtergestellt, als es bei Durchführung des Insolvenzverfahrens und des anschließenden Verfahrens zur Restschuldbefreiung der Fall wäre; §309 Abs. 1 Satz 2, Nr. 2
- der Schuldner hat im Verzeichnis Schulden aufgeführt, bei denen sich ernsthafte Zweifel ergeben, ob sie überhaupt oder in der Höhe bestehen. §309 Abs. 3

Auf Antrag des Schuldners oder eines jeden Gläubigers kann das Gericht – bei Zustimmung von mehr als der Hälfte der Gläubiger und der Forderungssumme – die Einwendungen der widersprechenden Beteiligten durch eine Zustimmung ersetzen. Vor der gerichtlichen Entscheidung erhalten die Widersprechenden, deren Ablehnung durch gerichtliche Zustimmung ersetzt werden soll, Gelegenheit, die Einwendungen im einzelfall zu begründen; tatsächliche Behauptungen, auf die der Widerspruch gestützt wird, sind durch Versicherung an Eides statt oder durch geeignete Urkunden glaubhaft zu machen. §309 Abs. 1 Satz 1

§309 Abs. 2 Satz 2

Nach Rechtskraft des Ersetzungsbeschlusses gilt der Schuldenbereinigungsplan als angenommen

Empfehlenswert ist, darüber hinaus zur **Vergleichswürdigkeit** des Schuldners Stellung zu nehmen. Denn Grundsatz der Insolvenzordnung ist, dass dem redlichen Schuldner – und nur diesem – Gelegenheit gegeben werden soll, sich von seinen restlichen Verbindlichkeiten zu befreien. Dies wird aber nicht nur über die Erteilung der Restschuldbefreiung erreicht, sondern auch über den Schuldenbereinigungsplan mit der Wirkung eines gerichtlichen Vergleiches. Der Schuldner darf das Insolvenzverfahren nicht als Mittel zur Reduzierung der Schuldenlast missbrauchen (z. B. nach wiederholten eidesstattlichen Versicherungen, nach Straftaten gegenüber den Gläubigern; vgl. ferner die Versagungsgründe des § 290). §1 Satz 2

Gerichtsbeschluss:
Beschluss über die Annahme des Schuldenbereinigungsplans mit der Folge, dass die Anträge auf Insolvenzeröffnung und Restschuldbefreiung als zurückgenommen gelten §308 Abs. 1, Abs. 2

oder

wenn der Schuldenbereinigungsplan nicht die erforderliche Zustimmung der Gläubiger findet oder auch nur **eine einzige Einwendung eines widersprechenden Gläubigers** berechtigt ist, beschließt das Gericht von Amts wegen, das Verfahren wieder aufzunehmen. §311

2. Verbraucherinsolvenz

Der Insolvenzgrund der Zahlungsunfähigkeit dürfte in diesem Stadium bereits feststehen, so dass das Gericht nun prüft, ob das frei verfügbare Vermögen des Schuldners (= die spätere Insolvenzmasse) voraussichtlich ausreicht, um die Kosten des Insolvenzverfahrens zu decken. Der Schuldner ist verpflichtet, bei der Aufklärung mitzuwirken.	§§ 20, 97
Steht die Kostendeckung nicht fest, wird der Eröffnungsantrag mangels Masse abgewiesen. Da das Gesetz die Restschuldbefreiung nur für die Fälle vorsieht, in denen das Insolvenzverfahren eröffnet worden ist, ist damit zugleich die Restschuldbefreiung gescheitert	§§ 286, 289
Sind nach Überzeugung des Gerichts die Kosten des Verfahrens (dazu gehören die Gerichtskosten sowie die Vergütung und die Auslagen des Insolvenzverwalters bzw. des Treuhänders) gedeckt, wird das Insolvenzverfahren eröffnet. Die Deckung muss nicht allein in einer ausreichenden Insolvenzmasse bestehen; vielmehr kann das Gericht unter Fristsetzung einen betragsmäßig bestimmten Vorschuss anfordern, der durch die Verfahrensbeteiligten aus anderen Mitteln aufzubringen ist. Geht innerhalb der gesetzten Frist der Vorschuss nicht auf dem genannten Konto ein, wird das Verfahren mangels Masse abgewiesen.	§§ 26 Abs. 1, 54, 313 §§ 26 Abs. 1, 54

Eröffnungsbeschluss:
unter Nennung des Antragsdatums, des Insolvenzgrundes und Datums sowie Uhrzeit der Verfahrenseröffnung sowie

– Ernennung eines Treuhänders;	§ 313
– Fristsetzung für die Forderungsanmeldung gegenüber dem Treuhänder;	§§ 313, 270, 174
– Aufforderung an die Gläubiger, dem Treuhänder Sicherungsrechte zu benennen;	
– Aufforderung an Schuldner, nur noch an den Treuhänder zu leisten;	
– Termin zur ersten Gläubigerversammlung (Prüfungstermin).	

Dieser Termin dient zugleich der Beschlussfassung der Gläubiger über

– die Person des Treuhänders	
– die Zahlung von Unterhalt aus der Insolvenzmasse	§ 100
– Die Verwertung der Masse	§ 314 Abs. 2 i. V. m. §§ 149, 159–163

XVII. Restschuldbefreiung und Verbraucherinsolvenz

– die Anfechtung von Rechtshandlungen	
– unter Umständen zur Anhörung über eine Verfahrenseinstellung mangels Masse	§ 313 Abs. 2
– bei gestelltem Antrag auf Restschuldbefreiung dient der Termin auch zur Anhörung über diesen Antrag sowie zur Beschlussfassung über die Beauftragung des Treuhänders mit der Überwachung des Schuldners	§§ 289, 290 Abs. 2 § 292 Abs. 2
Forderungsanmeldung: Insoweit gilt das allgemeine Insolvenzrecht	§§ 174–186, 38–52

XVIII. Kapitalersetzende Finanzierungen in der Insolvenz

1. Gesetzliche Regelungen

Hat ein Gesellschafter – z. B. ein Kreditinstitut – seiner Gesellschaft in einem Zeitpunkt, in dem ihr die Gesellschafter als ordentliche Kaufleute Eigenkapital zugeführt hätten, stattdessen ein Darlehen gewährt oder eine andere, diesem wirtschaftlich entsprechende Finanzierungskonstruktion gewählt, kann er nach § 32a Abs. 1, Abs. 3 GmbHG den Anspruch auf Rückgewähr im Insolvenzverfahren über das Gesellschaftsvermögen nur als nachrangiger Insolvenzgläubiger geltend machen. **719**

Hat ein Dritter unter gleichen Voraussetzungen eine Finanzierungsleistung gegen Sicherheitenbestellung durch einen Gesellschafter erbracht, darf er in der Insolvenz nur insoweit verhältnismäßige Befriedigung verlangen, als er nach Sicherheitenverwertung ausgefallen ist (§ 32a Abs. 2 GmbHG). **720**

Der Schutzzweck dieser Regelungen liegt darin, zu verhindern, dass ein Gesellschafter, der die vor dem wirtschaftlichen Zusammenbruch stehende Gesellschaft anstatt durch die gebotene Zufuhr neuen Eigenkapitals durch Darlehen oder gleichwertige Finanzierungsleistungen zu schützen versucht, die als Kapitalgrundlage dringend benötigten Mittel wieder entziehen kann, bevor die Unterkapitalisierung beseitigt und die Liquidität wiederhergestellt ist; so schon die vor der GmbH-Gesetz-Novellierung ergangene Rechtsprechung, z. B. **721**

> BGH, Urt. v. 27.9.1976 – II ZR 162/75,
> BGHZ 67, 171, 175;
> BGH, Urt. v. 24.3.1980 – II ZR 213/77,
> BGHZ 76, 326, 333 = ZIP 1980, 361, 363.

Eine Gesellschaft befindet sich i. S. d. § 32a Abs. 1 GmbHG in der Krise, wenn sie insolvenzreif, d. h. zahlungsunfähig oder überschuldet oder wenn sie kreditunwürdig ist. **722**

> BGH, Urt. v. 27.11.2000 – II ZR 179/99,
> ZIP 2001, 115, 116;
> dazu EWiR 2001, 379 (*v. Gerkan*).

Bei endgültiger Überschuldung ist der Zeitpunkt, zu dem der Kredit haftendes Kapital ersetzt, stets eingetreten. Kann die Gesellschaft ohne weitere Unterstützung ihres Gesellschafters nicht mehr am Leben gehalten werden, so muss er ihr entweder jede Hilfe versagen und die Liquidation **723** herbeiführen, oder er hat – wenn er ihr statt des objektiv gebotenen Eigenkapitals eine andere Finanzierungshilfe gewährt – diese den Gläubigern bis zur anderweitigen Deckung des Stammkapitals zu belassen.

> BGH, Urt. v. 19. 9. 1996 – IX ZR 249/95,
> BGHZ 133, 298 = ZIP 1996, 1829, 1830;
> dazu EWiR 1996, 1087 (*Fleck*).

724 Der Gesellschafter darf in der Insolvenz der Gesellschaft den Anspruch auf Rückgewähr eines solchen Darlehens nur als nachrangiger Insolvenzgläubiger geltend machen (§ 32a Abs. 1 GmbHG i. V. m. § 39 Abs. 1 Nr. 5 InsO).

725 Die Zuführung von Eigenkapital ist dann bereits geboten, wenn die Gesellschaft kreditunwürdig ist, d. h. „den zur Fortführung ihres Geschäftsbetriebes notwendigen Kapitalbedarf in Ermangelung einer ausreichenden Vermögensgrundlage nicht durch entsprechende Kredite von dritter Seite zu marktüblichen Bedingungen decken kann und deshalb ohne die Finanzierungshilfe ihres Gesellschafters liquidiert werden müsste".

> BGH, Urt. v. 18. 11. 1991 – II ZR 258/90,
> ZIP 1992, 177, 178 = DB 1992, 366, 367 m. w. N.;
> dazu EWiR 1992, 363 (*v. Gerkan*);
> BGH, Urt. v. 2. 6. 1997 – II ZR 211/95,
> ZIP 1997, 1648, 1650;
> dazu EWiR 1997, 893 (*G. Pape*);
> BGH, Urt. v. 27. 11. 2000 – II ZR 179/99,
> ZIP 2001, 115, 116.

726 Zu den Anforderungen an die Feststellung der Kreditunwürdigkeit führt der Bundesgerichtshof in

> BGH, Urt. v. 11. 12. 1995 – II ZR 128/94,
> ZIP 1996, 273, 274;
> dazu EWiR 1996, 171 (*v. Gerkan*)

aus, dass als Indizien der vollständige oder jedenfalls bis auf geringe Reste eingetretene Verlust des Stammkapitals, eine bilanzielle Überschuldung, das Fehlen wesentlicher stiller Reserven und anderer Vermögensgegenstände, die Kreditgebern als Sicherheit dienen könnten und in dieser Situation sogar noch eine höhere Kreditlinie erforderlich wäre, angesehen werden können. Nach

BGH, Urt. v. 4. 12. 1995 – II ZR 281/94,
ZIP 1996, 275, 276;
dazu EWiR 1996, 217 (*Fleck*)

sind weitere Indizien, dass fällige Verbindlichkeiten in erheblichem Umfang nicht mehr beglichen werden können, die bei Insolvenzeröffnung festzustellende Höhe der Überschuldung sowie eine Kostensituation, welche bei eingetretenem Verlust des Stammkapitals die Roherträge übersteigt.

Nach 727

OLG Düsseldorf, Beschl. v. 13. 2. 1997
– 6 U 263/95, BB 1997, 804 (n. rkr.);
dazu EWiR 1997, 759 (*G. Pape*)

ist auch die fortschreitende Verschlechterung des Bilanzergebnisses der GmbH und die sich von Jahr zu Jahr vertiefende rechnerische Überschuldung ein schwerwiegendes Indiz für die Kreditunwürdigkeit.

Auch einer in der Jahresbilanz ausgewiesenen Überschuldung kommt nur 728 indizielle Bedeutung zu und kann als Ausgangspunkt für die weitere Ermittlung des wahren Wertes des Gesellschaftsvermögens dienen. Dabei können stille Reserven nicht nur eine buchmäßige Überschuldung neutralisieren, sondern auch der Kreditunwürdigkeit der Gesellschaft entgegenstehen, wenn ein externer Gläubiger die stillen Reserven als hinreichende Kreditsicherheit ansieht.

BGH, Urt. v. 2. 4. 2001 – II ZR 261/99,
ZIP 2001, 839.

Ob ein Darlehen als eigenkapitalersetzend anzusehen ist, beurteilt sich 729 grundsätzlich nach dem Zeitpunkt der verbindlichen Kreditzusage, sofern die Leistung später bewirkt wird.

BGH, Urt. v. 19. 9. 1996 – IX ZR 249/95,
BGHZ 133, 298 = ZIP 1996, 1829, 1830;
dazu EWIR 1996, 1087 (*Fleck*).

Diese Feststellung, also die Feststellung der Krise der Gesellschaft, ist 730 grundsätzlich für jedes Darlehen eigenständig zu treffen.

BGH, Urt. v. 13. 7. 1992 – II ZR 269/91,
BGHZ 119, 201 = ZIP 1992, 1382, 1385;
dazu EWiR 1992, 1093 (*Hunecke*).

731 Für die übertragende Sanierung sind seit April 1998 zwei Änderungen des § 32a Abs. 3 GmbHG bedeutsam. Zum einen sind von der Anwendung der Regelungen über Kapitalersatz Darlehen des nicht geschäftsführenden Gesellschafters, der mit 10 % oder weniger am Stammkapital beteiligt ist, ausgenommen. Zum anderen ist nun geregelt, dass die Regelungen über den Kapitalersatz dann nicht anwendbar sind, wenn ein Darlehensgeber in der Krise der Gesellschaft Geschäftsanteile zum Zweck der Überwindung der Krise erwirbt; weder bestehende noch neu gewährte Kredite werden dann als Eigenkapital behandelt.

> Zu Einzelheiten vgl.
> *Obermüller*, ZInsO 1998, 51 ff.

732 Bezüglich der 10 %-Grenze für den Anteil eines nicht geschäftsführenden Gesellschafters und ihren Veränderungen während der Laufzeit der Beteiligung sind bei der GmbH folgende Sachverhalte zu differenzieren:

- Erwerb einer Beteiligung von 10 % oder weniger vor der Krise: Bereits nach der Rechtsprechung waren solche "Zwerganteile" vom Geltungsbereich der Regelungen über kapitalersetzende Gesellschafterdarlehen ausgenommen, da mit einer derartigen Minderheitenbeteiligung der Gesellschafter weder die Geschäftsführung entscheidend beeinflussen, noch eine beachtliche unternehmerische Verantwortung tragen kann,

  > BGH, Urt. v. 26. 3. 1984 – II ZR 171/83,
  > WM 1984, 625, 627.

- Erwerb einer Beteiligung von 10 % oder weniger in der Krise: Dieser Sachverhalt ist von den Regelungen der §§ 32a, b GmbHG ausgenommen.

- Erwerb einer Beteiligung von mehr als 10 % oder Aufstockung einer Minderheitsbeteiligung auf über 10 % vor der Krise: Auf diese Sachverhalte sind die §§ 32a, b GmbHG einschränkungslos anwendbar.

- Erwerb einer Beteiligung von 10 % und mehr zu Sanierungszwecken in der Krise oder Aufstockung einer Minderheitsbeteiligung auf mehr als 10 % in der Krise: Nach der Ergänzung des § 32a Abs. 3 GmbHG sind die Regelungen über kapitalersetzende Gesellschafterdarlehen in dieser Konstellation weder auf bestehende noch neu gewährte Kredite anwendbar.

- Reduzierung einer Beteiligung von 10 % und mehr in der Krise: Die Regelungen der §§ 32a, b GmbHG bleiben anwendbar, da Darlehen, die einmal als kapitalersetzend eingeordnet wurden, diese Qualifizierung nur verlieren können, wenn sie die wirtschaftlichen Verhältnisse der Gesellschaft durchgreifend verbessert haben.

Vorstehende Ausführungen zu GmbH-Anteilen gelten entsprechend für AG-Anteile, allerdings mit dem Unterschied, dass die maßgebliche Grenze zwischen „Zwerganteilen" und relevanten Beteiligungen nicht bei 10 %, sondern bei 25 % liegt.

>BGH, Urt. v. 26. 3. 1984 – II ZR 171/83,
>WM 1984, 625, 628.

Das Sanierungsprivileg ist auch anwendbar, wenn die Sanierung im Rahmen des Insolvenzverfahrens durchgeführt wird. Denn die Ergänzung des § 32a Abs. 3 GmbHG differenziert nicht zwischen Sanierung innerhalb oder außerhalb des Insolvenzverfahrens.

2. Rechtsprechung zu kapitalersetzenden Darlehen

Zur Finanzierungsleistung über Darlehen ist anzumerken, dass **733**

- nicht nur neu gewährte Darlehen den Regelungen des § 32a GmbHG unterfallen, sondern auch stehen gelassene Darlehen, wenn sie in Kenntnis der Situation der Gesellschaft nicht zurückgefordert werden,

>BGH, Urt. v. 26. 11. 1979 – II ZR 104/77,
>BGHZ 75, 334 = WM 1980, 78;
>BGH, Urt. v. 6. 5. 1985 – II ZR 132/84,
>ZIP 1985, 1075, 1076 = WM 1985, 1028, 1029;
>dazu EWiR 1985, 685 (*Fleck*);
>BGH, Urt. v. 19. 9. 1988 – II ZR 255/87,
>BGHZ 105, 168 = ZIP 1988, 1248, 1252 f
>= WM 1988, 1525, 1531;
>dazu EWiR 1988, 1095 (*Fleck*);
>BGH, Urt. v. 14. 12. 1992 – II ZR 298/91,
>BGHZ 121, 31 = ZIP 1993, 189, 191;
>dazu EWiR 1993, 155 (*Fleck*);
>BGH, Urt. v. 7. 11. 1994 – II ZR 270/93,
>ZIP 1994, 1934 = BB 1995, 58;
>dazu EWiR 1995, 157 (*H.P. Westermann*),

- ein Gesellschafter den Rechtsfolgen kapitalersetzender Darlehen nicht dadurch entgehen kann, dass eine hundertprozentige Tochtergesellschaft dem Krisen-Unternehmen Kredite gewährt; verbundene Unternehmen werden als wirtschaftliche Einheit behandelt, wobei es auf die rechtstechnische Ausgestaltung der Verbindung nicht ankommt;

    BGH, Urt. v. 21. 9. 1981 – II ZR 104/80,
    BGHZ 81, 311 = ZIP 1981, 1200, 1201
    = NJW 1982, 383, 384;
    BGH, Urt. v. 19. 9. 1988 – II ZR 255/87,
    ZIP 1988, 1248, 1250 = WM 1988, 1525, 1528;
    BGH, Urt. v. 27. 11. 2000 – II ZR 179/99,
    ZIP 2001, 115, 116;

- auch den „wirtschaftlichen Gesellschafter", der einen Treuhänder die Geschäftsanteile halten lässt, die gleichen Rechtsfolgen treffen;

    BGH, Urt. v. 14. 12. 1959 – II ZR 187/57,
    BGHZ 31, 258, 264 f;
    BGH, Urt. v. 14. 11. 1988 – II ZR 115/88,
    ZIP 1989, 93;
    dazu EWiR 1989, 369 (*Martens*);

- selbst eine gewährte Zwischenfinanzierung mit kurzer Laufzeit diese Rechtsfolgen auslösen kann, wenn nicht damit zu rechnen ist, dass der Gesellschaft alsbald andere Mittel zur Ablösung des Zwischenkredites zufließen werden, mit anderen Worten, wenn die Gesellschaft nicht mehr kreditwürdig ist.

    OLG Düsseldorf, Urt. v. 2. 3. 1989
    – 12 U 74/88, ZIP 1989, 586, 588;
    dazu EWiR 1989, 493 (*Hess*);
    vgl. ferner
    BGH, Urt. v. 2. 6. 1997 – II ZR 211/95,
    ZIP 1997, 1648, 1650.

    Ohne überzeugende Begründung ging das Gericht von einem als Eigenkapital zu qualifizierenden „Verschleppungsdarlehen" aus.

- Vgl. zum sog. Finanzplankredit, der keine eigenständige Fallgruppe innerhalb des § 32a GmbHG bildet und der somit nach den allgemeinen Grundsätzen zu den eigenkapitalersetzenden Finanzleistungen der Gesellschafter behandelt wird.

BGH, Urt. v. 28. 6. 1999 – II ZR 272/98,
ZIP 1999, 1263;
dazu EWiR 1999, 843 (*Dauner-Lieb*);
Karsten Schmidt, ZIP 1999, 1241 ff.

Beschränkt sich jedoch der Zweck eines Kredites darauf, für kurze Zeit einen besonders dringenden Geldbedarf zu befriedigen, ohne dass damit bereits die Absicht nachhaltiger Sanierung durch einen längerfristigen Ersatz des fehlenden Eigenkapitals verbunden war, fehlt es am eigenkapitalersetzenden Charakter. **734**

OLG Karlsruhe, Urt. v. 15. 4. 1988
– 15 U 230/86, nicht veröffentlicht, S. 14 f, 18 f;

OLG Düsseldorf, Urt. v. 2. 3. 1989
– 12 U 74/88, ZIP 1989, 586, 588
unter Hinweis auf
BGH, Urt. v. 26. 3. 1984 – II ZR 171/83,
ZIP 1984, 572, 576.

Echte Überbrückungsdarlehen mit dem Ziel, einen unmittelbar bevorstehenden Zusammenbruch abzuwenden und dem Unternehmen die Funktionsfähigkeit kurzfristig zu erhalten, stehen außerhalb der Regelungen des § 32a GmbHG. Dies hat der Bundesgerichtshof erneut in **735**

BGH, Urt. v. 2. 6. 1997 – II ZR 211/95,
ZIP 1997, 1648, 1650;
dazu EWiR 1997, 893 (*G. Pape*)

bestätigt, indem er ausführt, dass kurzfristige Überbrückungskredite von den Eigenkapitalersatzregeln dann nicht erfasst werden, wenn im Zeitpunkt der Einräumung des Kredits aufgrund der wirtschaftlichen Lage des Unternehmens objektiv damit gerechnet werden konnte, dass die Gesellschaft den Kredit in der vorgesehenen kurzen Zeitspanne werde ablösen können. Die Kreditunwürdigkeit kann nicht mit der pauschalen Erwägung verneint werden, es sei nicht auszuschließen, dass die Gesellschaft noch Vermögensgegenstände oder stille Reserven gehabt habe. Dem Insolvenzverwalter ist es nur zumutbar, den von ihm zu erbringenden Negativbeweis zu führen, wenn der Gesellschafter konkret darlegt, welche Vermögensgegenstände die Gesellschaft ihren Gläubigern noch hätte anbieten können und inwiefern stille Reserven noch vorhanden gewesen sein sollen.

Im Sachverhalt des Urteils des OLG Karlsruhe diente der Kredit dazu, dem Unternehmen bis zum Abschluss einer Prüfung der Sanierungsfähigkeit **736** die Lebensfähigkeit zu erhalten. Abgrenzungskriterium zu den Gesellschafterdarlehen i. S. d. § 32a GmbHG ist somit in diesen Fällen die Zweckbestimmung, die sich allerdings im Streitfall anhand deutlich erkennbarer Tatsachen feststellen lassen muss.

737 – Regelmäßig steht die Finanzierung durch Fremdgläubiger neben dem Gesellschafter – auch im Rahmen von Konsortialverhältnissen – einer Kreditunwürdigkeit und damit einer Umqualifizierung in Eigenkapital entgegen. Jedoch gilt dann etwas anderes, wenn den außenstehenden Kreditgebern (Konsortialpartnern) das Kreditrisiko über Gesellschafter-Sicherheiten abgenommen wird, so z. B., wenn der gesamte Konsortialkredit durch Bürgschaften aus dem Gesellschafterkreis abgesichert wurde und ohne diese Sicherstellung der Kredit nicht gewährt worden wäre.

> BGH, Urt. v. 19. 9. 1988 – II ZR 255/87,
> BGHZ 105, 168 = ZIP 1988, 1248, 1250
> = WM 1988, 1525, 1528;
> dazu EWiR 1988, 1095 (*Fleck*);
> ähnlich BGH, Urt. v. 26. 6. 2000 – II ZR 21/99,
> ZIP 2000, 1489;
> dazu EWiR 2001, 19 (*v. Gerkan*).

738 – Auch der Kreditgeber einer Gesellschaft, der sich Geschäftsanteile der Gesellschaft verpfänden lässt, kann dann den Regeln über kapitalersetzende Darlehen unterliegen, wenn er sich schuldrechtlich zusätzliche Befugnisse einräumen lässt, die ihm die Mitbestimmung der Geschicke der Gesellschaft ermöglichen.

> BGH, Urt. v. 13. 7. 1992 – II ZR 251/91,
> BGHZ 119, 191 = ZIP 1992, 1300, 1301;
> dazu EWiR 1992, 999 (*v. Gerkan*).

739 Diese Rechtsprechung ist umstritten, da sich der Pfandgläubiger gerade nicht mit Risikokapital – auch nicht mittelbar – an der Gesellschaft beteiligt.

> Vgl. *Altmeppen*, ZIP 1993, 1677, 1684.

740 Die Gleichbehandlung mit einem Gesellschafter kann allenfalls in dem Extremfall in Betracht kommen, in welchem dem Pfandgläubiger umfassende Stimmrechte sowie direkte Mitsprache- und Entscheidungsbefugnisse bis hin zum Tagesgeschäft eingeräumt werden. Da jeweils die Einzelfallumstände entscheidend sind, sollten Pfandgläubiger bei der Einräu-

mung weiterer Rechte pragmatisch vorgehen und – neben weitergehenden Berichtspflichten – Entscheidungsrechte nur bei besonderen außergewöhnlichen Vorgängen verankern.

Vgl. *Mertens*, ZIP 1998, 1787, 1789.

3. Rechtsfolgen

Werden Gesellschafterdarlehen zu Eigenkapital umqualifiziert, kann der Gesellschafter in der Insolvenz der Gesellschaft 741

– seine Rückzahlungsansprüche nur als nachrangiger Insolvenzgläubiger nach § 39 Abs. 1 Nr. 5 InsO geltend machen; 742

vgl. BGH, Urt. v. 8. 1. 2001 – II ZR 88/99,
ZIP 2001, 235;

– er darf mit solchen Ansprüchen nicht aufrechnen, 743

vgl. z. B. OLG München, Urt. v. 16. 12. 1987
– 15 U 3748/87, ZIP 1989, 322, 323;
dazu EWiR 1989, 287 (*Scheuch*);

– keine Verzinsungsansprüche geltend machen, da Zinsforderungen nach § 39 Abs. 3 InsO das Schicksal der Hauptforderung teilen, 744

– und nicht auf die von der Gesellschaft für das Darlehen bestellten Sicherheiten oder auf Verwertungserlöse hieraus zugreifen; 745

BGH, Urt. v. 26. 11. 1979 – II ZR 104/77,
BGHZ 75, 334 = ZIP 1980, 115
= WM 1980, 78, 79 (unter Ziff. 5);

– hat er Rückzahlungen erhalten oder sind ihm Verwertungserlöse aus Sicherheiten zugeflossen, die ihm von der Gesellschaft bestellt waren, richtet sich insoweit ein Erstattungsanspruch gegen ihn, den der Insolvenzverwalter geltend machen kann. 746

Vgl. § 32b GmbHG sowie
BGH, Urt. v. 19. 11. 1984 – II ZR 84/84,
ZIP 1985, 158 = WM 1985, 115;
dazu EWiR 1985, 105 (*Kübler*);
BGH, Urt. v. 2. 4. 1990 – II ZR 149/89,
ZIP 1990, 642;
dazu EWiR 1990, 907 (*Gehling*);

BGH, Urt. v. 9. 12. 1991 – II ZR 43/91,
ZIP 1992, 108, 109 = BB 1992, 592, 593;
dazu EWiR 1992, 277 (*Hunecke*).

747 – Nach § 135 InsO sind solche Rechtshandlungen anfechtbar, die dem Gläubiger einer Forderung gemäß § 32a Abs. 1, 3 GmbHG innerhalb von zehn Jahren vor dem Insolvenzantrag oder danach eine Sicherung – oder innerhalb des letzten Jahres vor dem Eröffnungsantrag eine Befriedigung gewähren.

748 – Außerhalb des Insolvenzverfahrens normiert § 6b AnfG eine Anfechtungsmöglichkeit mit den gleichen Anfechtungszeiträumen.

Vgl. *Huber*, ZIP 1998, 897, 900.

4. Vergleichbare Finanzierungsleistungen

749 Einer Darlehensgewährung vergleichbare Finanzierungsleistungen i. S. d. § 32a Abs. 3 Satz 1 GmbHG sind insbesondere folgende Sachverhalte:

750 – Gewähren Nichtgesellschafter Darlehen, entsprechen diese einem Gesellschafterdarlehen i. S. d. § 32a Abs. 3 GmbHG, wenn der Darlehensgeber über eine mittelbare Teilhabe am Gesellschaftsvermögen und über einen hierauf beruhenden gesellschafterähnlichen Einfluss verfügt.

OLG Hamburg, Urt. v. 17. 2. 1989
– 11 U 241/88, ZIP 1989, 373;
dazu EWiR 1989, 371 (*Rümker*);
vgl. auch
OLG Hamm, Urt. v. 28. 9. 1989
– 27 U 81/88, ZIP 1989, 1398;
dazu EWiR 1989, 1207 (*Fleck*) (n. rkr.)
zu Enkelunternehmen.

751 – Ein – atypisch – stiller Gesellschafter unterliegt den Grundsätzen zur Erhaltung des Stammkapitals (und damit den Regelungen über kapitalersetzende Darlehen) ebenso wie ein GmbH-Gesellschafter, wenn er wie dieser die Geschicke der GmbH bestimmt sowie an Vermögen und Ertrag beteiligt ist. Insoweit kommt es insbesondere auf die Ausübung des Stimmrechts an.

BGH, Urt. v. 9. 2. 1981 – II ZR 38/80,
ZIP 1981, 734 = BB 1981, 1237;

4. Vergleichbare Finanzierungsleistungen

> BGH, Urt. v. 17. 12. 1984 – II ZR 36/84,
> ZIP 1985, 347 = BB 1985, 372;
> dazu EWiR 1985, 401 (*Kellermann*);
> BGH, Urt. v. 7. 11. 1988 – II ZR 46/88,
> BGHZ 106, 7 = ZIP 1989, 95, 96
> = WM 1989, 14, 15;
> dazu EWiR 1989, 587 (*Koch*);
> Kollhosser, WM 1985, 929 ff.

– Weiter kann die Bürgschaft eines Gesellschafters eine kapitalersetzende Leistung sein, wenn sie für einen Bankkredit an die Gesellschaft in einer Lage übernommen oder aufrechterhalten wird, in der die Gesellschaft ihren Kreditbedarf zu marktüblichen Konditionen sonst nicht mehr hätte decken können. **752**

> BGH, Urt. v. 13. 7. 1981 – II ZR 256/79,
> BGHZ 81, 252 = ZIP 1981, 974
> = WM 1981, 870, 871 = BB 1981, 1664, 1665;
>
> BGH, Urt. v. 25. 11. 1985 – II ZR 93/85,
> WM 1986, 447, 448;
>
> BGH, Urt. v. 15. 2. 1996 – IX ZR 245/94,
> ZIP 1996, 538;
> dazu EWiR 1996, 501 (*v. Gerkan*).

Wird der Gesellschafter aus der Bürgschaft in Anspruch genommen, kann er die nach § 774 BGB auf ihn übergegangenen Ansprüche dann nicht gegen die Gesellschaft geltend machen. Aufgrund der Einwendung aus kapitalersetzenden Leistungen steht dem Gesellschafter keine fällige Forderung zu (§ 774 Abs. 1 Satz 3 BGB).

Tilgt die Gesellschaft bei kapitalersetzender Bürgschaft des Gesellschafters das Darlehen ganz oder teilweise, erwächst der Gesellschaft insoweit ein Erstattungsanspruch gegen den Gesellschafter. **753**

> BGH, Urt. v. 2. 4. 1990 – II ZR 149/89,
> ZIP 1990, 642, 643;
> dazu EWiR 1990, 907 (*Gehling*).

Vgl. generell zum Erstattungsanspruch der Gesellschaft, nachdem Sicherheiten der Gesellschaft verwertet wurden und die Gesellschafter dadurch von kapitalersetzenden Besicherungen aus ihrem Vermögen frei geworden sind,

BGH, Urt. v. 6. 7. 1998 – II ZR 284/94,
ZIP 1998, 1437;
dazu EWiR 1998, 747 (v. Gerkan).

754 – Auch der Abschluss eines Factoring-Vertrages hat Darlehenscharakter i. S. d. § 32a Abs. 3 GmbHG, wenn er nicht auf den Ankauf der Forderung des Zedenten gerichtet ist, sondern auf Forderungseinzug der erfüllungshalber abgetretenen Forderung unter zwischenzeitlicher Kreditierung.

OLG Köln, Urt. v. 25. 7. 1986
– 22 U 311/85, ZIP 1986, 1585;
dazu EWiR 1986, 1213 (*Roth*).

755 – Zur kapitalersetzenden Nutzungsüberlassung vgl.

BGH, Urt. v. 16. 10. 1989 – II ZR 307/88,
BGHZ 109, 55 = ZIP 1989, 1542;
dazu EWiR 1990, 371 (*Fabritius*);

BGH, Urt. v. 14. 12. 1992 – II ZR 298/91,
BGHZ 121, 31 = ZIP 1993, 189, 192;
dazu EWiR 1993, 155 (*Fleck*);

BGH, Urt. v. 14. 6. 1993 – II ZR 252/92,
ZIP 1993, 1072, 1073;
dazu EWiR 1993, 1207 (*v. Gerkan*);

BGH, Urt. v. 16. 6. 1997 – II ZR 154/96,
ZIP 1997, 1375;
dazu EWiR 1997, 753 (*v. Gerkan*);

vgl. hierzu
Karsten Schmidt, ZIP 1990, 69 ff;
Timm, NWB, Fach 18, 3065;
siehe oben Kapitel VII 3 Rz. 375–381.

756 Nach dem Grundsatzurteil in

BGH, Urt. 7. 12. 1998 – II ZR 382/96,
ZIP 1999, 65, 66,

wonach ein Gesellschafter einen Mietvertrag mit der Krisengesellschaft weder gekündigt noch einvernehmlich aufgehoben hat, obwohl ihm dies möglich war und demzufolge der Mietzinsanspruch kapitalersetzend und solange nicht durchsetzbar war, wie dieser nicht aus dem ungebundenen Vermögen der Gesellschaft befriedigt werden konnte, hat sich die Einschränkung dieser Grundsätze in den Fällen verfestigt, in denen an den vermieteten Grundstücken Grundpfandrechte bestellt worden sind. Dann sei der Rechtsgedanke der § 1123 Abs. 2 Satz 2, § 1124 Abs. 2 BGB anzuwenden mit der Folge, dass die Wirkung einer eigenkapitalersetzenden Gebrauchsüberlassung an dem belasteten Grundstück endet, sobald der im Wege der Zwangsverwaltung erlassene Beschlagnahmebeschluss wirksam geworden ist;

> BGH, Urt. v. 31. 1. 2000 – II ZR 309/98,
> ZIP 2000, 455, 456 = ZfIR 2000, 480, 481;

denn für den Fall der Beschlagnahme braucht der Grundpfandrechtsgläubiger Vorausverfügungen über den Mietzins nur in den durch § 1124 Abs. 2 BGB gezogenen Grenzen gegen sich gelten zu lassen und die Undurchsetzbarkeit einer Mietzinsforderung nach § 32a GmbHG komme einer Vorausverfügung gleich. Gleiches muss – **entgegen**

> OLG München, Urt. v. 25. 4. 2001
> – 27 U 856/00, EWiR 2001, 963 (Storz) –

gelten, wenn die Beschlagnahme wegen des dinglichen Anspruchs aus §§ 1147, 1192 BGB erfolgt.

5. Finanzierung mit Sicherheiten aus Gesellschafterkreis

In den Fällen des § 32a Abs. 2 GmbH – Darlehen Dritter an die Gesellschaft gegen Besicherung aus dem Gesellschafterkreis – ist durch die Rechtsprechung anerkannt, dass der Kreditgeber lediglich wegen der Geltendmachung seines persönlichen Anspruches auf die vorrangige Inanspruchnahme der Gesellschaftersicherheit verwiesen wird. **757**

> BGH, Urt. v. 19. 11. 1984 – II ZR 84/84,
> ZIP 1985, 158 = BB 1985, 424, 425;
> dazu EWIR 1985, 105 (*Kübler*).

Bei der Doppelbesicherung durch den Gesellschafter und die Gesellschaft ist die Bank/Sparkasse auch nach Eröffnung eines Insolvenzverfahrens über das Vermögen der Gesellschaft in der Entscheidung vollkommen frei, ob sie zunächst die Gesellschaftersicherheiten zur Kreditrückführung verwendet. Die Regelung des § 93 InsO bringt insoweit keine Änderung. **758**

> Vgl. Kapitel V 1 Rz. 185.

Verwertet sie die Gesellschaftssicherheiten zuerst, entsteht für die Gesellschaft ein Erstattungsanspruch. **759**

BGH, Urt. v. 19. 11. 1984 – II ZR 84/84,
ZIP 1985, 158;
OLG Hamburg, Urt. v. 11. 12. 1998
– 1 U 169/96, WM 1999, 1223;
dazu EWiR 1999, 511 (*Johlke/Schröder*).

Zur Rechtsstellung des Gesellschafters bei Sicherheitenbestellung für ein Darlehen an die Gesellschaft

vgl. *Karsten Schmidt*, ZIP 1999, 1821 ff.

XIX. Haftungsfragen
1. Insolvenzverwalter

Seit dem Urteil des Bundesgerichtshofes, **760**

BGH, Urt. v. 14. 4. 1987 – IX ZR 260/86,
BGHZ 100, 346 = ZIP 1987, 650;
dazu EWiR 1987, 609 (*Baur*),

ist anerkannt, dass der Insolvenzverwalter grundsätzlich nach den allgemeinen Vorschriften als Verhandlungs- und Vertragspartner eines Dritten haftet. Verletzt der Vertreter fremder Interessen solche allgemeinen Pflichten, haftet in aller Regel nur der Interessenträger – die Insolvenzmasse –, nicht jedoch der Insolvenzverwalter als ihr Repräsentant. Aus einem Verstoß gegen Aufklärungs- und Hinweispflichten kann eine persönliche Haftung nicht hergeleitet werden, da die Geschäftspartner durch die Insolvenzeröffnung gewarnt sind und sich bewusst sein müssen, dass sie Risiken – insbesondere das der Masseunzulänglichkeit – eingehen.

Eine persönliche Haftung trifft den Verwalter insoweit nur dann, wenn er **761** eigene Pflichten ausdrücklich übernommen oder insoweit einen Vertrauenstatbestand, an dem er sich festhalten lassen muss, geschaffen oder eine unerlaubte Handlung (§§ 823 ff BGB) begangen hat.

Darüber hinaus ist die Haftung nach §§ 60, 61 InsO zu beachten. **762**

Im Einzelnen:
Zunächst ist anzumerken, dass die Haftungsgrundsätze nicht nur für den Insolvenzverwalter, sondern gleichermaßen auch für den vorläufigen Insolvenzverwalter (§ 61 i. V. m. §§ 55 Abs. 2, 21 Abs. 2 Nr. 1; § 60 i. V. m. § 21 Abs. 2 Nr. 1 InsO) gelten.

> Vgl. für den früheren Sequester
> BGH, Urt. v. 29. 9. 1988 – IX ZR 39/88,
> BGHZ 105, 230 = ZIP 1988, 1411;
> dazu EWiR 1988, 1113 (*Luke*);
> OLG Celle, Urt. v. 4. 11. 1981
> – 3 U 18/81, ZIP 1982, 84;
> OLG Köln, Urt. v. 19. 4. 2001
> – 12 U 151/00, ZIP 2001, 1821, 1823;
> dazu EWiR 2002, 379 (*U. Schäfer*).

XIX. Haftungsfragen

Hinsichtlich der Haftungsgrundlagen und des Anspruchsverpflichteten ist zu differenzieren:

a) Haftung der Masse (Abgrenzung)

763 – Schließt der Verwalter mit Wirkung für und gegen die Insolvenzmasse Verträge, die nicht oder nur schlecht erfüllt werden, können Ansprüche grundsätzlich nur gegen die Masse geltend gemacht werden (§§ 61, 55 InsO).

Vgl. zur früheren Rechtslage bei Geltung der
§§ 60, 59 Abs. 1 Nr. 1 KO z. B.
BGH, Urt. v. 18. 1. 1990 – IX ZR 71/89,
ZIP 1990, 242, 245;
dazu EWiR 1990, 395 (*Lüke*);
OLG Düsseldorf, Urt. v. 22. 11. 1995
– 9 U 86/95, ZIP 1995, 2003, 2004;
dazu EWiR 1996, 33 (*Uhlenbruck*).

764 Eine ausführliche Begründung enthält

BGH, Urt. v. 14. 4. 1987 – IX ZR 260/86,
ZIP 1987, 650 = DB 1987, 1580:
Nicht die Bestimmungen der Konkursordnung, sondern die allgemeinen Vorschriften ergeben, „welche Pflichten den Konkursverwalter als Verhandlungs- und Vertragspartner eines Dritten, der mit der Konkursmasse Geschäfte machen will, treffen. Konkursspezifisch sind nicht die Pflichten, die dem Konkursverwalter, wie jedem Vertreter fremder Interessen gegenüber seinem Geschäftspartner, bei oder nach Vertragsabschluss obliegen. Werden solche Pflichten durch einen anderen ermächtigten Vertreter fremder Interessen verletzt, so haftet in aller Regel nur der Vertretene .... Die Geschäftspartner sind durch die Konkurseröffnung gewarnt und müssen sich bewusst sein, dass sie Risiken, insbesondere das Risiko der Masseunzulänglichkeit, eingehen".

Vgl. auch
BGH, Urt. v. 28. 10. 1993 – IX ZR 21/93,
BGHZ 124, 27 = ZIP 1993, 1886, 1891;
dazu EWiR 1994, 173 (*E. Braun*);

BGH, Urt. v. 26. 6. 2001 – IX ZR 209/98,
ZIP 2001, 1376, 1377;
dazu EWiR 2001, 823 (*G. Pape*);

OLG Hamm, Urt. v. 4. 6. 1992
– 27 U 132/91, ZIP 1992, 1404, 1405 (rkr.).

765 Demzufolge kann auch eine persönliche Haftung des Insolvenzverwalters nicht aus einem Verstoß gegen solche Aufklärungs- und Hinweispflichten hergeleitet werden, die jeden Vertragschließenden während der Verhandlungen und beim Abschluss treffen. Verletzt der Insolvenzverwalter als Vertreter fremder Interessen solche allgemeinen Pflichten, haftet regelmäßig nur die Masse als Interessenträger, nicht jedoch der Verwalter als ihr Repräsentant.

> Vgl. auch
> *Karsten Schmidt*, ZIP 1988, 7, B.

765a Die Rechtsmacht des Verwalters ist durch den Insolvenzzweck beschränkt. Daher sind solche Rechtshandlungen des Verwalters, welche der gleichmäßigen Befriedigung aller Insolvenzgläubiger klar und eindeutig zuwiderlaufen, unwirksam und verpflichten die Masse nicht;

> BGH, Urt. v. 25. 4. 2002 – IX ZR 313/99,
> ZIP 2002, 1093, 1095 m. w. N.

Die Beurteilung der Insolvenzzweckwidrigkeit erfolgt grundsätzlich nach den Regeln über den Missbrauch der Vertretungsmacht. Voraussetzung für die Unwirksamkeit ist danach außer einer objektiven Evidenz der Insolvenzzweckwidrigkeit, dass sich dem Geschäftspartner aufgrund der Einzelfallumstände ohne weiteres begründete Zweifel an der Vereinbarkeit der Handlung mit dem Zweck des Insolvenzverfahrens aufdrängen mussten. Dem Geschäftspartner des Verwalters muss somit der Sache nach zumindest grobe Fahrlässigkeit vorzuwerfen sein.

b) Verwalter-Haftung

766 – Neu aufgenommen in die Insolvenzordnung wurde der Haftungstatbestand des § 61 InsO für den Fall der Nichterfüllung von Masseverbindlichkeiten. Da Voraussetzung ist, dass Masseverbindlichkeiten begründet werden mussten, haftet ein vorläufiger Insolvenzverwalter nach § 61 i. V. m. §§ 21 Abs. 2, 55 Abs. 2 InsO nur dann, wenn die Verfügungsbefugnis über das Schuldnervermögen auf ihn übergegangen ist. Ist dies nicht der Fall, haftet der vorläufige Insolvenzverwalter nur nach den unter Rz. 770 ff dargestellten Grundsätzen.

> *Bähr*, ZIP 1998, 1553, 1562.

Als Ausnahme der unter a) ausgeführten Grundsätze haftet der Verwalter den Massegläubigern auf Ersatz des Schadens, der durch die Nichterfüllung von Masseverbindlichkeiten entstanden ist, dann, wenn er bei Begründung der Verbindlichkeit erkennen konnte, dass die Masse voraussichtlich zur Erfüllung nicht ausreichen würde (vgl. § 61 Satz 2 InsO). Den Insolvenzverwalter trifft insoweit die Darlegungs- und Beweislast.

767 Das Tatbestandsmerkmal „voraussichtlich" ist dahingehend auszulegen, dass der Eintritt des Ereignisses der Masseinsuffizienz wahrscheinlicher sein muss als der Nichteintritt.

Vgl. schon RefE-InsO, 3. Teil (B), S. 64.

767a Demzufolge hat er zu Beginn seiner Tätigkeit eine Vergleichsrechnung zur Fortführung bzw. Liquidation des Betriebes aufzustellen. Auf die Liquiditätspläne des Schuldners darf er sich nicht verlassen. Im Rahmen der Unternehmensfortführung muss er ständig die Finanzierbarkeit der Massekosten und -verbindlichkeiten prüfen;

OLG Karlsruhe, Urt. v. 21. 11. 2002
– 12 U 112/02, ZIP 2003, 267, 269;
OLG Celle, Urt. v. 25. 2. 2003
– 16 U 204/02, ZIP 2003, 587 (n. rkr.);
dazu EWiR 2003, 333 (*Pape*).

Reicht die Masse voraussichtlich nicht zur Erfüllung der sich daraus ergebenden Verpflichtungen aus, besteht eine Warnpflicht des Insolvenzverwalters gegenüber dem Vertragspartner im Rahmen der Vertragsanbahnung.

768 Da Masseverbindlichkeiten auch aus der Ausübung des Wahlrechts des Insolvenzverwalters nach § 103 InsO entstehen, können geschädigte Gläubiger auch in diesen Fällen unter der vorgenannten Voraussetzung ihren Schaden nach § 61 InsO ersetzt erhalten.

769 Der § 61 InsO entspricht der bisherigen Rechtsprechung.

BGH, Urt. v. 4. 12. 1986 – IX ZR 47/86,
BGHZ 99, 151 = ZIP 1987, 115;
dazu EWiR 1986, 1229 (*Merz*);
BGH, Urt. v. 5. 12. 1991 – IX ZR 275/90,
BGHZ 116, 233 = ZIP 1992, 120, 121;
dazu EWiR 1992, 173 (*Uhlenbruck*).

1. Insolvenzverwalter

– Entsprechend den Rechtsgrundsätzen zur Eigenhaftung des Vertreters haftet der Insolvenzverwalter Dritten gegenüber persönlich dann, wenn er eigene Pflichten ausdrücklich übernommen oder insoweit einen Vertrauenstatbestand geschaffen oder eine unerlaubte Handlung begangen hat. **770**

BGH, Urt. v. 14. 4. 1987 – IX ZR 260/86,
BGHZ 100, 346 = ZIP 1987, 650;
dazu EWiR 1987, 609 (*Baur*).

Führt der Konkursverwalter das Unternehmen des Gemeinschuldners fort, haftet der den Massegläubigern, zu deren Befriedigung die Masse nicht ausreicht, nur dann persönlich, „wenn er im Laufe der Fortführung des Betriebes erkannt hat oder bei Anwendung der Sorgfalt eines ordentlichen und gewissenhaften Geschäftsleiters hätte erkennen können und müssen, dass er die aus der Masse zu erfüllenden Verbindlichkeiten nicht mehr wird tilgen können". **771**

BGH, Urt. v. 4. 12. 1986 – IX ZR 47/86,
BGHZ 99, 151 = ZIP 1987, 115;
dazu EWiR 1986, 1229 (*Merz*);
vgl. auch § 68 EInsO.

In Fortführungsfällen greift also die persönliche Haftung, sobald feststeht, dass der Verwalter die bei einer Fortführung erwachsenden Masseverbindlichkeiten nicht wird tilgen können. Eine strengere Haftung gegenüber den Massegläubigern ist nach dem Bundesgerichtshof nicht gerechtfertigt, weil auch für diese die mit der Fortführung eines insolventen Unternehmens notwendigerweise verbundenen Risiken zu erkennen sind. **772**

Diese Fälle werden unter dem Stichwort „Liquidationsverschleppung" behandelt. **773**

Vgl. BGH, Urt. v. 12. 10. 1989 – IX ZR 245/88,
ZIP 1989, 1584, 1588 = WM 1989, 1904, 1909;
dazu EWiR 1990, 275 (*Gerhardt*).

Ansatzpunkt waren die §§ 117 ff KO, wonach der Konkursverwalter verpflichtet ist, „das Unternehmen des Gemeinschuldners nicht mehr fortzuführen, vielmehr sofort zu liquidieren, sobald feststeht, dass er bei einer Fortführung erwachsende Masseverbindlichkeiten nicht wird tilgen können, der Betrieb also nicht wenigstens seinen **774**

Aufwand erwirtschaften wird". Hierbei kommt es entscheidend darauf an, ab welchem Zeitpunkt mehr Masseschulden begründet als abgebaut werden. Ab diesem Zeitpunkt müssen die Rang- und Quotenverhältnisse des § 60 KO – nun des § 209 InsO – beachtet werden. Diese wiederum beinhalten insolvenzspezifische Pflichten.

BGH, Urt. v. 17. 9. 1987 – IX ZR 156/86,
ZIP 1987, 1398, 1399 = WM 1987, 1404, 1405;
dazu EWiR 1987, 1127 (*H.-G. Eckert*);
BGH, Urt. v. 12. 11. 1987 – IX ZR 259/86,
ZIP 1987, 1586, 1587 = WM 1987, 1567, 1568;
dazu EWiR 1988, 91 (*G. Pape*);
BGH, Urt. v. 12. 10. 1989 – IX ZR 245/88,
ZIP 1989, 1584, 1586 = WM 1989, 1904, 1908.

775 Als Anspruchsgrundlage kommt insbesondere die culpa in contrahendo in Betracht, wenn der Konkursverwalter einzelnen Vertragspartnern gegenüber schuldhaft irreführende Angaben (z. B. über den Gemeinschuldner oder die Masse) gemacht hat.

Vgl. zur Abgrenzung zu allgemeinen Pflichten
Karsten Schmidt, ZIP 1988, 7, 9, 10.

776 In

BGH, Urt. v. 12. 10. 1989 – IX ZR 245/88,
ZIP 1989, 1584, 1587 = WM 1989, 1904, 1908

stellt das Gericht klar, dass eine persönliche Haftung des Konkursverwalters aufgrund eines Vertrauenstatbestandes nicht immer schon dann gegeben ist, wenn der Konkursverwalter mit Sicherungsnehmern Vereinbarungen über die Verwertung des Sicherungsgutes trifft und dabei einen Massekredit erhält. Wörtlich führt das Gericht aus: „Eine persönliche Haftung aufgrund eines Vertrauenstatbestandes ... setzt zumindest voraus, dass (der Konkursverwalter) bei den Vertragsverhandlungen in besonderem Maß persönliches Vertrauen in Anspruch genommen hat ... (Die Bank) hat die Vermögensverhältnisse der Gemeinschuldnerin gekannt, als sie die Sicherungsverträge mit dem Konkursverwalter abschloss. Das Wissen, dass die Gemeinschuldnerin nicht mehr kreditwürdig war, gab keinen Anhalt dafür, dass der Konkursverwalter als persönlicher Garant für die Verpflichtungen der Masse auftrete. Das Vertrauen (der Bank), dass der Konkursverwalter ihr Sicherungsgut in ihrem Interesse verwerten werde, begründet keine persönliche Haftung des für die Masse handelnden (Konkursverwalters)".

- Anspruchsgrundlage für die persönliche Haftung des Insolvenzverwalters in den Fällen, in denen er schuldhaft diejenigen Pflichten verletzt, die ihm nach der Insolvenzordnung obliegen, ist § 60 Abs. 1 Satz 1 InsO. Im Grundsatz führt die Neuregelung die Bestimmung des früheren § 82 KO fort und übernimmt die hierzu ergangene Rechtsprechung in den Gesetzestext. Danach kam und kommt die persönliche Haftung des Verwalters nur in Betracht, wenn er konkursspezifische Pflichten einem „Beteiligten" gegenüber verletzt hat. 777

Beteiligter i. S. d. § 60 Abs. 1 Satz 1 InsO, § 82 KO ist derjenige, dem gegenüber der Insolvenzverwalter ihm obliegende Pflichten zu erfüllen hat. Insolvenzspezifische Pflichten sind solche, die sich aus der Konkursordnung bzw. aus der Insolvenzordnung ergeben. Dazu gehören solche Pflichten nicht, die dem Verwalter der Insolvenzmasse wie jedem Vertreter fremder Interessen gegenüber seinem Geschäftspartner bei oder nach Vertragsabschluss obliegen. 778

BGH, Urt. v. 4. 12. 1986 – IX ZR 47/86,
BGHZ 99, 151 = ZIP 1987, 115;
dazu EWiR 1986, 1229 (*Merz*);
BGH, Urt. v. 26 6. 2001– IX ZR 209/98,
ZIP 2001, 1376, 1377.

Solche insolvenzspezifischen Pflichten sind in der Insolvenzordnung enthalten und bestehen gegenüber dem Gemeinschuldner und insbesondere den Insolvenzgläubigern, den Massegläubigern, den Aus- und Absonderungsberechtigten; vgl. 779

BGH, Urt. v. 14. 4. 1987 – IX ZR 260/86,
BGHZ 100, 346 = ZIP 1987, 650;
dazu EWiR 1987, 609 (*Baur*).

So ist der Käufer einer (vermeintlich) massezugehörigen Sache infolge des Vertragsschlusses nicht schon Beteiligter i. S. d. § 82 KO bzw. § 60 InsO. 780

BGH, Urt. v. 18. 1. 1990 – IX ZR 71/89,
ZIP 1990, 242, 245;
dazu EWiR 1990, 395 (*Lüke*).

XIX. Haftungsfragen

Beispiele für zum Schadensersatz nach § 82 KO verpflichtende Sachverhalte finden sich bei

Haug, ZIP 1984, 773 ff, und
Vallender, ZIP 1997, 345, 347 ff;
aus der Rechtsprechung:
OLG Hamm, Urt. v. 3. 10. 1989
– 27 U 79/89, ZIP 1990, 189
bei Vorwegbefriedigung von Neumasseschulden;
hierzu *Pape*, ZIP 1990, 141.

BGH, Urt. v. 2. 12. 1993 – IX ZR 241/92,
ZIP 1994, 140, 141:
Schadensersatzanspruch des Sicherungsnehmers nach pflichtwidriger Nichtabführung von Erlösen aus der Veräußerung des Sicherungsgutes durch den Verwalter. Dem Schadensersatzanspruch steht grundsätzlich nicht entgegen, dass ein Bürge die gesicherte Forderung beglichen hat.
Dazu auch EWiR 1994, 229 (*Stadtler*).

BGH, Urt. v. 28. 10. 1993 – IX ZR 21/93,
BGHZ 124, 27 = ZIP 1993, 1886, 1887:
Die Durchsetzung von Ansprüchen der Masse gegen Dritte dient dem Gesamtinteresse der Gläubiger und gehört zu den insolvenzspezifischen Aufgaben des Verwalters. Die Einstandspflicht nach der Verletzung insolvenzspezifischer Pflichten besteht auch dann, wenn der Schaden auf einer Vereinbarung zwischen dem Gläubiger und der Masse beruht.
Dazu auch EWiR 1994, 173 (*Braun*).

BGH, Urt. v. 24. 9. 1992 – IX ZR 217/91,
ZIP 1992, 1646:
Schadensersatzanspruch eines Aussonderungsberechtigten nach Verwertung einer Sache, die einem Aussonderungsrecht unterlag und Mitverschulden des Aussonderungsberechtigten.
Dazu auch EWiR 1993, 191 (*Lüke*).

BGH, Urt. v. 5. 3. 1998 – IX ZR 265/97,
WM 1998, 838, 841:
Haftung bei schuldhafter Verletzung eines Aussonderungsrechts; ein Verwalter, der fremdes Eigentum unberechtigt zur Masse zieht, handelt schuldhaft, wenn er die Sachlage unzureichend aufklärt oder eine klare Rechtslage falsch beurteilt. Eine schuldhafte Pflichtverletzung gegenüber einem Treugeber als Aussonderungsberechtigtem ist auch gegeben, wenn der Verwalter einen Guthabenbetrag von einem Treuhandkonto nicht dem vorgesehenen Zweck zuführt, sondern den Betrag ohne hinreichende Prüfung auf ein allgemeines Anderkonto überweisen lässt.

1. Insolvenzverwalter

Ein weiteres Beispiel beinhaltet **781**

OLG Düsseldorf, Urt. v. 11. 7. 1989
– 24 U 9/89, ZIP 1990, 1014:

Bei einer Pfandverwertung wird der Pfandgläubiger Alleineigentümer des Erlöses, wenn der Erlös die Forderung nicht übersteigt und keine vorrangigen Rechte bestehen. Miteigentum erlangt der Pfandgläubiger, dessen Forderung geringer ist als der Erlös. Der Konkursverwalter, der dieses (Mit-)Eigentum nicht beachtet, indem er den Erlös nicht gesondert bereithält, sondern ihn zur Erfüllung anderer Verbindlichkeiten verwendet, macht sich schadensersatzpflichtig. Den Anspruch auf Zinsen leitete das Gericht aus § 82 KO i. V. m. § 849 BGB ab.

Vgl. auch EWiR 1990, 775 (*Brehm/Bruggner-Walter*).

Zum Umfang der insolvenzspezifischen Pflichten des Verwalters **782** gegenüber Aussonderungsberechtigten brachte das Urteil des Bundesgerichtshofs,

BGH, Urt. v. 9. 5. 1996 – IX ZR 244/95,
ZIP 1996, 1181, 1183;
dazu EWiR 1996, 753 (*Uhlenbruck*),

eine entscheidende Klärung. Es stellt fest, dass es zunächst einmal die Sache dessen ist, der einen im unmittelbaren Besitz des Schuldners befindlichen Gegenstand aussondern will, diesen näher zu bezeichnen und die Umstände konkret darzustellen, auf die er sein Aussonderungsrecht stützt. Ohne solche Angaben kann vom Verwalter nicht erwartet werden, dass er selbst insoweit nachforscht. Diese Angaben muss der Aussonderungsberechtigte binnen angemessener Frist dem Verwalter unterbreiten. Denn letztlich spricht die gesetzliche Vermutung des § 1006 Abs. 1 BGB dafür, dass eine Sache im Eigenbesitz einer Person dieser auch gehört.

Weiter führt das Gericht aus, dass der Verwalter, der unberechtigt **783** fremdes Eigentum zur Masse zieht, dann fahrlässig handelt, wenn er die Rechtslage unzureichend aufklärt oder eine klare Rechtslage falsch beurteilt. Hierzu muss aber – wie ausgeführt – der Aussonderungsberechtigte mitwirken.

Die insolvenzspezifischen Pflichten, die sich nach dem Wortlaut des **784** § 60 Abs. 1 Satz 1 InsO aus der Insolvenzordnung (und nicht aus anderen allgemeinen Vorschriften) ergeben müssen, enden, sobald ein Gegenstand nicht mehr zur Masse gehört, z. B. mit wirksamer Freigabe.

>Vgl. hierzu OLG Koblenz, Urt. v. 13. 6. 1991
>– 5 U 1206/90, ZIP 1992, 420, 423;
>dazu EWiR 1992, 289 (*Lüke*).

785 Als Sorgfaltsmaßstab für eine persönliche Haftung des Insolvenzverwalters nach § 60 Abs. 1 InsO wird in § 60 Abs. 1 Satz 2 InsO die Sorgfalt eines ordentlichen und gewissenhaften Insolvenzverwalters festgelegt. Die Formulierung lehnt sich an die des Handels- und Gesellschaftsrechts an (z. B. § 347 Abs. 1 HGB, § 43 Abs. 1 GmbH, § 93 Abs. 1 Satz 1 AktG), weist jedoch gleichzeitig darauf hin, dass ein Insolvenzverwalter – z. B. gerade bei Unternehmensfortführungen – unter wesentlich ungünstigeren Umständen als ein ordentlicher Kaufmann oder Geschäftsmann arbeiten muss.

786 Bereits im früher geltenden Recht war anerkannt, dass der Insolvenzverwalter, der sich Dritter bedient, im Rahmen der persönlichen Haftung nach Verletzung insolvenzspezifischer Pflichten für diese einzustehen hat. § 60 Abs. 2 InsO stellt hierzu klar, dass er nur für deren Überwachung und für Entscheidungen von besonderer Bedeutung verantwortlich ist, soweit er Angestellte des Schuldners im Rahmen ihrer bisherigen Tätigkeit einsetzt und diese nicht offensichtlich ungeeignet sind.

787 Zur Haftung des Verwalters wegen vorsätzlicher sittenwidriger Schädigung aus § 826 BGB

>vgl. BGH, Urt. v. 25. 3. 2003 – VI ZR 175/02,
>ZIP 2003, 962 ff;
>
>OLG Düsseldorf, Urt. v. 20. 3. 2002
>– 15 U 100/97, ZIP 2002, 902;
>dazu EWiR 2002, 995 (*Voss*);

die Haftung wurde auch im Ergebnis verneint.

2. Gläubigerausschuss-Mitglied

788 Nach § 71 InsO sind die Mitglieder des Gläubigerausschusses, die den Verwalter bei seiner Geschäftsführung zu unterstützen und zu überwachen haben, für die Erfüllung der ihnen obliegenden insolvenzspezifischen

Pflichten allen Beteiligten verantwortlich, den absonderungsberechtigten Gläubigern und den Insolvenzgläubigern.

Die Verantwortlichkeit der Mitglieder des Gläubigerausschusses entspricht der des Insolvenzverwalters. **789**

Konsequenterweise hat das **790**

> OLG Frankfurt/M., Urt. v. 12. 12. 1989
> – 22 U 19/88, ZIP 1990, 722 (n. rkr.);
> dazu EWiR 1990, 497 (*Hegmanns*)

ausgesprochen, dass die zur Konkursverwalterhaftung geltenden Grundsätze auch bei der Haftung nach § 89 KO (nun § 71 InsO) anzuwenden seien. „Denn die Mitglieder des Gläubigerausschusses können logischerweise nicht für mehr in Anspruch genommen werden als der Konkursverwalter, den sie zu überwachen haben. Daher haften sie bei der Fortführung des Unternehmens des Gemeinschuldners nur dann persönlich, wenn sie am Beginn oder im Laufe der Fortführung erkannt haben oder bei Anwendung der Sorgfalt eines ordentlichen und gewissenhaften Geschäftsleiters hätten erkennen können und müssen, dass die aus der Masse zu erfüllenden Verbindlichkeiten nicht getilgt werden können".

3. Sonstige Haftungsfälle

– Unternehmensberater **791**
   Ein Unternehmensberater, der die Geschäftsführung eines sanierungsbedürftigen Unternehmens übernimmt und bei Kreditverhandlungen, die er als Vertreter des Unternehmens mit Dritten führt, auf seine früheren Sanierungserfolge hinweist, kann damit besonderes persönliches Vertrauen in Anspruch nehmen und deswegen bei Pflichtverletzungen selbst aus Verschulden bei Vertragsverhandlungen haften.

> BGH, Urt. v. 3. 4. 1990 – XI ZR 206/88,
> ZIP 1990, 659 = WM 1990, 966;
> dazu EWiR 1990, 553 (*Medicus*).

– Gutachter **792**
   Ein Gutachten, das Fehler aufweist, die der Gutachter zu vertreten hat, verpflichtet nach § 635 BGB oder wegen positiver Vertragsverletzung zu Schadensersatz wegen Nichterfüllung. Anspruchsberechtigt ist nicht nur ein geschädigter Besteller des Gutachtens, sondern

jeder in dem Schutzbereich des Gutachtervertrages einbezogene geschädigte Dritte;

BGH, Urt. v. 14. 11. 2000 – X ZR 203/98,
ZfIR 2001, 737, 738;
BGH, Urt. v. 26. 6. 2001 – X ZR 231/99,
ZIP 2002, 356;
dazu EWIR 2001, 1129 (*Littbarski*) m. w. N.

793 – Wirtschaftsprüfer, Steuerberater etc.

Vgl. BGH, Urt. v. 2. 4. 1998 – III ZR 245/96,
ZIP 1998, 826;
dazu EWiR 1998, 985 (*Veil*);
BGH, Urt. v. 19. 12. 1996 – IX ZR 327/95,
ZIP 1997, 419, 420;
dazu EWiR 1997, 293 (*Gladys*);
BGH, Urt. v. 18. 10. 1988 – XI ZR 12/88,
WM 1989, 375, 377;
Lang, WM 1988, 1001 ff.

794 – Die Haftung einer Bank wegen falscher vorkonkurslicher Bestätigung über GmbH-Einlagen war Gegenstand von

BGH, Urt. v. 18. 2. 1991 – II ZR 104/90,
BGHZ 113, 335 = ZIP 1991, 511;
dazu EWiR 1991, 1213 (*Frey*);
OLG München, Urt. v. 29. 1. 1990
– 26 U 3650/89, ZH' 1990, 785 (n. rkr.).

Anspruchsgrundlage für die vom Konkursverwalter geltend gemachten Ansprüche war zum einen die Analogie der §§ 37 Abs. 1 Satz 4, 188 Abs. 2 AktG, zum anderen eine Garantie, die das Gericht in der Bestätigung der Bank über die geleisteten Bareinlagen und über die freie Verfügbarkeit hierüber sah.

795 Vgl. zum Meinungsstreit darüber, was unter „endgültig freier Verfügung" (i. S. v. § 8, 57 GmbHG, § 54 Abs. 3 AktG) zu verstehen ist,

Bay0bLG, Beschl. v. 25. 2. 1988
– BReg 3 Z 165/87, WM 1988, 622, 623 m. w. N.;
Priester, DB 1987, 1473 ff.

3. Sonstige Haftungsfälle

Der Bundesgerichtshof hat bislang entschieden, **796**

BGH, Urt. v. 11. 11. 1985 – II ZR 109/84,
BGHZ 96, 231 = ZIP 1986, 14, 15
= BB 1986, 417, 419;
dazu EWiR 1986, 59 (*Köndgen*),

dass die abgegebene Erklärung über die freie Verfügbarkeit bezüglich einer Bareinlage falsch sei, wenn die Bank den Einlagebetrag auf einem Konto der Gesellschaft in ihrem Hause gutschreibt, die Gesellschaft aber zuvor verpflichtet worden war, den Betrag zur Tilgung eines bestimmten Kredites zu verwenden.

Nach **797**

BGH, Urt. v. 18. 2. 1991 – II ZR 104/90,
BGHZ 113, 335 = ZIP 1991, 511

fehlte es an der Voraussetzung der endgültig freien Verfügung nicht nur bei Scheinzahlungen, sondern auch dann, wenn der Einleger der GmbH das einzulegende Geld absprachegemäß nur vorübergehend zur Verfügung stellt, um es umgehend zur Befriedigung seiner gegen die Gesellschaft gerichteten Forderung zurückzuerhalten.

Vgl. weiter

BGH, Urt. v. 13. 7. 1992 – II ZR 263/91,
BGHZ 119, 177 = ZIP 1992, 1387, 1388,
in welchem der BGH hervorhebt, dass es sich um eine Gewährleistungshaftung der Bank für die Richtigkeit der eigenen Erklärung handelt, bei der eine Anwendung des § 254 Abs. 1 BGB ausgeschlossen ist.
BGH, Urt. v. 16. 12. 1996 – II ZR 200/95,
ZIP 1997, 281, 282:
hier bestätigte die Bank lediglich die Gutschrift auf dem Konto; damit wird nicht gleichzeitig bestätigt, dass sich der Betrag endgültig in der freien Verfügung der Gesellschaft befindet.
Dazu auch EWiR 1997, 243 (*Rawert*);
BGH, Urt. v. 17. 9. 2001 – II ZR 275/99,
ZIP 2001, 1997, 1998;
dazu EWiR 2001, 1149 (*T. Keil*);
OLG Düsseldorf, Urt. v. 28. 3. 1991
– 6 U 222/90, WM 1991, 998, 1000, 1001 (n. rkr.);
OLG Stuttgart, Urt. v. 28. 6. 1995
– 1 U 182/94, ZIP 1995, 1595, 1596 (n. rkr.);
dazu EWiR 1995, 789 (*v. Gerkan*).

798 Die Rechtsprechung zur freien Verfügbarkeit der Einlage hat der Bundesgerichtshof modifiziert. In

BGH, Urt. v. 18. 3. 2002 – II ZR 363/00,
ZIP 2002, 799, 801

hat er ausgeführt, dass die Bareinlage bei einer Kapitalerhöhung schon dann zur (endgültig) freien Verfügung der Geschäftsführung geleistet worden ist, wenn sie nach dem Kapitalerhöhungsbeschluss in ihren uneingeschränkten Verfügungsbereich gelangt ist und nicht an den Einleger zurückfließt. Schuldrechtliche Verwendungsabsprachen, durch welche die Geschäftsführung der Gesellschaft verpflichtet wird, mit den einzuzahlenden Einlagemitteln in bestimmter Weise zu verfahren, sind aus Sicht der Kapitalaufbringung unschädlich, wenn sie allein der Umsetzung von Investitionsentscheidungen der Gesellschafter oder sonstiger ihrer Weisung unterliegender geschäftspolitischer Zwecke dienen. Anders ist es aber, wenn die Abrede (auch) dahin geht, die Einlagemittel unter objektiver Umgehung der Kapitalaufbringungsregeln mittelbar oder unmittelbar wieder an den Einleger zurückfließen zu lassen;

BGH, Urt. v. 2. 12. 2002 – II ZR 101/02,
ZIP 2003, 211, 212;
dazu EWiR 2003, 223 (*Blöse*).

799 – Nach dem Urteil

BGH, Urt. v. 20. 2. 1989 –II ZR 167/88,
BGHZ 107, 7 = ZIP 1989, 440;
dazu EWiR 1989, 431 (*Fleck*)

ergibt sich für eine Bank ein Haftungsrisiko aus der entsprechenden Anwendung des § 302 AktG, wenn sie die Geschäfte einer nachgeschalteten GmbH – auch in Teilbereichen, so z. B. in den Finanzen – dauernd und umfassend führt und nicht darlegen und beweisen kann, dass die entstandenen Verluste nicht auf der Geschäftsführung beruhen. Dies gilt z. B. auch, wenn ein Vorstandsmitglied der Bank am Schuldnerunternehmen selbst beteiligt ist, diese Beteiligung aber der Bank als Treugeberin zuzurechnen ist.

Vgl. weiter

BGH, Urt. v. 16. 9. 1985 – II ZR 275/84,
BGHZ 95, 330 = ZIP 1985, 1263;
dazu EWiR 1985, 885 (*Hommelhoff*);

3. Sonstige Haftungsfälle

vgl. dazu auch
Lutter, ZIP 1985, 1425;
BGH, Urt. v. 23. 9. 1991 – II ZR 135/90,
BGHZ 115, 187 = ZIP 1991, 1354;
dazu EWiR 1991, 945 (*Altmeppen*);
vgl. dazu auch
Karsten Schmidt, ZIP 1991, 1325;
Kleindiek, ZIP 1991, 1330;
Ebenroth/Wilken, BB 1991, 2229;
BGH, Urt. v. 29. 3. 1993 – II ZR 265/91,
BGHZ 122, 123 = ZIP 1993, 589, 592;
dazu EWiR 1993, 327 (*Altmeppen*);
BAG, Urt. v. 8. 9. 1998 – 3 AZR 187/97,
ZIP 1999, 723, 724
zur konzernmäßigen Verknüpfung im Falle einer
Unternehmensaufspaltung;
dazu EWiR 1999, 537 (*Bork*);
vgl. dazu auch
Karsten Schmidt, ZIP 1993, 549;
H.P. Westermann, ZIP 1993, 554;
Ebenroth/Wilken, ZIP 1993, 558.

– Zur Konkursverschleppungshaftung von Geschäftsführern und Gesellschaftern vgl. **800**

BGH, Urt. v. 6. 6. 1994 – II ZR 292/91,
BGHZ 126, 181 = ZIP 1994, 1103;
dazu EWiR 1994, 791 (*Wilhelm*);
BGH, Urt. v. 18. 12. 1995 – II ZR 277/94,
BGHZ 131, 325 = ZIP 1996, 420, 421;
dazu EWiR 1996, 459 (*Schulze-Osterloh*);
Altmeppen, ZIP 1997, 1173 ff;
Meyke, ZIP 1998, 1178 ff.

Insoweit ist von Bedeutung, dass bei der persönlichen Haftung des GmbH-Geschäftsführers zwischen Alt-Gläubigern und Neu-Gläubigern, die ihre Forderungen gegen die GmbH erst nach dem Zeitpunkt erworben haben, zu dem der Insolvenzantrag nach § 64 Abs. 1 GmbHG hätte gestellt werden müssen, differenziert wird. Während bei der ersten Variante die Haftung auf den Quotenschaden begrenzt ist, haftet er in der zweiten Alternative nach schuldhaft pflichtwidrigem Unterlassen des Antrages auf den vollen Schaden, der einem **801**

Neu-Gläubiger dadurch entstanden ist, dass er in Rechtsbeziehungen zu einer insolventen GmbH getreten ist.

> Vgl. ferner OLG Celle, Urt. v. 23. 4. 1997
> – 9 U 189/96, GmHR 1997, 901 (rkr.)
> zur Ausschöpfung einer Kreditlinie der Gesellschaft, für die eine Globalsicherheit bestellt war. Auch hier wurde eine Zahlung i. S. d. § 64 Abs. 2 GmHG bejaht.
> Dazu auch EWiR 1997, 1139 (*Kowalski*);
> Vgl. auch *Reiff/Arnold*, ZIP 1998, 1893 ff.

Nach

> BGH, Urt. v. 31. 3. 2003 – II ZR 150/02,
> ZIP 2003, 1005, 1006

verletzt der Geschäftsführer einer GmbH seine Pflicht, das Gesellschaftsvermögen zur ranggerechten und gleichmäßigen Befriedigung aller künftigen Insolvenzgläubiger zusammenzuhalten, auch dann, wenn er bei Insolvenzreife der Gesellschaft Mittel von einem Dritten zu dem Zweck erhält, eine bestimmte Schuld zu tilgen, und kurze Zeit später die Zahlung an den Gesellschaftsgläubiger bewirkt.

XX. Grundsätze zur Sicherheitenverwertung

Schon nach dem Inhalt der AGB – vgl. z. B. Nr. 22 Abs. 1 AGB-Sparkassen/Landesbanken, Nr. 20 AGB-Banken – ist das Kreditinstitut verpflichtet, bei der Verwertung der Sicherheiten nach Eintritt der Verwertungsreife die Interessen des Kunden „tunlichst" zu berücksichtigen. **802**

Auch nach der Rechtsprechung sind bei der Verwertung die Kundeninteressen zu wahren und erhöhte Sorgfaltspflichten anzuwenden. Insgesamt ist die Verwertung so vorzunehmen, dass sie den Anforderungen von Treu und Glauben entspricht. **803**

> BGH, Urt. v. 1. 3. 1962 – II ZR 70/60,
> WM 1962, 673.

Hierzu führt der Bundesgerichtshof in **804**

> BGH, Urt. v. 9. 1. 1997 – IX ZR 1/96,
> ZIP 1997, 367, 368;
> dazu EWiR 1997, 899 (*Henckel*),

aus, dass der Sicherungsnehmer bei der Verwertung die berechtigten Belange des Sicherungsgebers in angemessener und zumutbarer Weise mitzuberücksichtigen hat. Deshalb muss der Sicherungsnehmer grundsätzlich prüfen, welche Verwertungsmöglichkeiten in Betracht kommen und er muss seine Verkaufsabsicht dem Kreis der in Frage kommenden Interessenten hinreichend bekannt machen. Welche Maßnahmen im Einzelnen geboten sind, hängt wesentlich von der Art des Sicherungsgutes sowie den besonderen Einzelfallumständen ab. Regelmäßig lässt sich eine Pflichtverletzung nicht schon daraus ableiten, dass die sicherungsübereigneten Gegenstände nicht einzeln, sondern als Paket verkauft werden und der erzielte Erlös unter der Summe der Verkehrswerte aller Einzelstücke liegt.

Eine Haftung des Sicherungsnehmers für mangelhafte Verwertung scheidet regelmäßig aus, wenn der Sicherungsgeber über Art und Weise der Verwertung sowie über den vorgesehenen Preis zuvor informiert wurde und er dem beabsichtigten Verfahren zugestimmt hat. Der Sicherungsnehmer ist nicht verpflichtet, den Sicherungsgeber an den Verwertungsgeschäften rechtlich zu beteiligen; er kann grundsätzlich alle dazu erforderlichen Rechtshandlungen ohne Mitwirkung seines Vertragspartners in dem durch Treu und Glauben und die Verkehrssitte gebotenen Rahmen selbständig wahrnehmen. **805**

XX. Grundsätze zur Sicherheitenverwertung

Dies bedeutet im Einzelnen:

806 – Der Kreditnehmer darf nicht überrumpelt werden; ihm ist „nach Möglichkeit Gelegenheit zu geben, durch Zahlung die Verwertung des Sicherungsgutes abzuwenden".

> BGH, Urt. v. 1. 3. 1962 – II ZR 70/62,
> WM 1962, 673, 674.

Dem entspricht Nr. 22 Abs. 2 AGB-Sparkassen/Landesbanken, Nr. 20 Abs. 2 AGB-Banken, wonach die Bank nach Möglichkeit Ort, Zeit und Art der Verwertung mitteilt.

807 – Der Sicherungsnehmer ist bei der Verwertung verpflichtet, das Sicherungsgut zum bestmöglichen Erlös zu veräußern.

> *Kümpel*, WM 1978, 970, 977;
> *v. Westphalen*, WM 1984, 2, 14;
> OLG Düsseldorf, Urt. v. 8. 2. 1990
> – 6 U 151/89, BB 1990, 1016;
> LG Frankfurt/M., Urt. v. 11. 4. 1988
> – 2/24 S 102/86, ZIP 1988, 767;
> dazu EWiR 1988, 673 (*Vortmann*).

Diese Verpflichtung betrifft die freihändige Verwertung.

808 War bei der Anwendung der erforderlichen Sorgfalt ein höherer Preis zu erzielen, hat der Sicherungsnehmer dem Sicherungsgeber den aus dieser Pflichtverletzung entstehenden Schaden zu ersetzen.

> BGH, Urt. v. 1. 3. 1962 – II ZR 70/62,
> WM 1962, 673.

809 Dabei ist jedoch die Eigenart des Sicherungsgutes zu berücksichtigen. Bei schwer zu bewertenden Sicherungsgütern/Sicherungsrechten „ist der Bank regelmäßig kein Vorwurf zu machen, wenn sie beim Eintritt ihrer Befriedigungsbefugnis von einer sich bietenden Gelegenheit zur Veräußerung Gebrauch macht, nachdem sie beim Versuch des Verkaufs an andere Interessenten keine besseren Angebote erhalten konnte und auch der Schuldner keine günstigere Verwertung nachweisen konnte".

> BGH, Urt. v. 1. 3. 1962 – II ZR 70/60,
> WM 1962, 673, 674.

Dieses Risiko trifft den Besteller der Sicherheit.

XX. Grundsätze zur Sicherheitenverwertung

Nach **810**

LG Frankfurt/M., Urt. v. 11. 4. 1988
– 2/24 S 102/86, ZIP 1988, 767, 768
= WM 1988, 700, 701, 704,

ist dem Sicherungsgeber Gelegenheit zu geben, an der Feststellung des Verkehrswertes des Sicherungsgutes und an der Suche nach geeigneten Kaufinteressenten mitzuwirken.

Der Sicherungsnehmer ist jedoch aufgrund seiner Pflicht zur bestmöglichen Verwerung des Sicherungsgutes nicht gehalten, mit jedem vom Sicherungsgeber benannten Interessenten von sich aus Kontakt aufzunehmen; vielmehr ist es grundsätzlich Sache des Sicherungsgebers, einen Kaufvertrag abschlussreif vorzubereiten. **811**

BGH, Urt. v. 5. 10. 1999 – XI ZR 280/98,
ZIP 2000, 845;
dazu EWiR 2000, 845 (*Vortmann*).

Weitergehende Pflichten treffen den Sicherungsnehmer nur ausnahmsweise, wenn er den Sicherungsgeber über den Eintritt eines Interessenten in die Sicherungsabrede und das Sicherungsverhältnis, aus dem die gesicherte Forderung resultiert, verhandeln lässt, und er das Verhandlungsergebnis billigt oder seine Billigung in Aussicht stellt; er ist dann aufgrund des Vorvertrages gebunden. **812**

– Nach dem Inhalt der AGB – Nr. 22 Abs. 1 AGB-Sparkassen/Landesbanken – hat das Kreditinstitut grundsätzlich die Entschließungsfreiheit über den Zeitpunkt der Verwertung und über die Reihenfolge, wenn es unter mehreren Sicherheiten die Auswahl hat. Auch diese Rechte sind nach Treu und Glauben eingeschränkt durch die Pflicht zur Rücksichtnahme auf die Interessen des Vertragspartners. **813**

BGH, Urt. v. 3. 7. 2002 – IV ZR 227/01,
ZIP 2002, 1390, 1391;
OLG Karlsruhe, Urt. v. 13. 2. 1979
– 8 U 190/76, WM 1979, 981, 986.

Bereits aus der Sicherungszweckvereinbarung folgt, dass die Sicherungsgegenstände nur zur Deckung der dort genannten Forderungen verwertet werden dürfen. Darüber hinaus ist auf die Rechtsprechung zur Unterdeckungnahme fremder Forderungen zu verweisen. **814**

Siehe oben Kapitel VI 2 Rz. 285.

815 Nach Nr. 24 AGB-Sparkassen/Landesbanken gehen Kosten und Auslagen, die bei der Verwertung von Sicherheiten erwachsen, ebenso zu Lasten des Kunden, wie infolge der Verwertung entstehende steuerrechtliche Verpflichtungen. Zu den Kosten und Auslagen zählen beispielsweise Lagergelder, Provisionen, Kosten für Beaufsichtigung und Instandhaltung etc.

816 Grundsätzlich sind die eingehenden Verwertungserlöse baldmöglichst zur Rückführung der Verbindlichkeiten des Schuldners zu verwenden.

817 Anstelle sofortiger Verrechnung ist es verbreitete Praxis, eingehende Verwertungserlöse zunächst auf ein Sicherheitenerlöskonto zu buchen, bis etwaige Ansprüche Dritter geklärt sind oder zumindest die Annahme gerechtfertigt ist, dass keine Ansprüche erhoben werden. Ein Sicherheitenerlöskonto ist ein buchungstechnisches Hilfsmittel.

W. Obermüller, in: BuB, Anm. 15/59.

818 Damit ist jedoch kein Aufschub der Tilgungswirkung verbunden. Nach

OLG Karlsruhe, Urt. v. 13. 2. 1979
– 8 U 190/76, WM 1979, 981, 987

ist es dem Kreditinstitut verwehrt, in Höhe des noch nicht verrechneten Sicherheitenerlöses Zinsen aus der Kreditinanspruchnahme zu verlangen. Die Konten müssen also grundsätzlich kompensiert werden. Vorsichtshalber sollte die Kompensation unter Vorbehalt vorgenommen werden.

819 War indessen mit dem Schuldner/Sicherungsgeber vereinbart, dass Erlöse bis zur vollständigen Sicherheitenverwertung oder Teilzahlungen (z. B. eines Bürgen) bis zur vollständigen Leistung lediglich als Sicherheit vereinnahmt werden sollen,

vgl. hierzu
BGH, Urt. v. 30. 10. 1984 – IX ZR 92/83,
BGHZ 92, 374 = ZIP 1985, 18, 19
= WM 1984, 1630, 1632 = BB 1985, 1876, 1877 f,

besteht für eine Kompensation keine Veranlassung.

So auch *W. Obermüller*, in: BuB, Anm. 15/60.

XX. Grundsätze zur Sicherheitenverwertung

Zur Verwertung einer sicherungshalber zedierten Forderung durch **820**
Verkauf an einen Dritten hat der

> BGH, Urt. v. 16. 6. 1971 – VII ZR 56/70,
> WM 1971, 1120, 1121

ausgesprochen, dass die aus dem Forderungsverkauf eingehenden Beträge „alsbald dem Sicherungsgeber zur Abdeckung seiner Verbindlichkeiten gutgebracht werden müssen". In dieser Entscheidung wurde im Übrigen auch eine Regelung beim Forderungsverkauf als wirksam angesehen, nach der das Kreditinstitut jegliche Haftung für Bonität, Einbringlichkeit und Bestand der Forderung ausgeschlossen hatte.

Auch nach einer Kreditkündigung besteht die Pflicht des Kreditin- **821**
stitutes fort, eine Schädigung des Schuldners zu vermeiden. Der Bundesgerichtshof hat in

> BGH, Urt. v. 14. 6. 1994 – XI ZR 210/93,
> ZIP 1994, 1350, 1351;
> dazu EWiR 1995, 25 (*Häuser*)

ein Kreditinstitut zum Schadensersatz verurteilt, das eine unwirksame Sicherungsabtretung von Lohn- und Gehaltsansprüchen gegenüber dem Drittschuldner offen gelegt hat. Die Wahrung der Interessen des Schuldners – so das Gericht – erfordert es, dass der Gläubiger eine beabsichtigte Verwertung so rechtzeitig vorher ankündigen muss, dass der Schuldner noch Einwendungen gegen die Verwertung vorbringen und sich zumindest bemühen kann, die ihm drohenden weitreichenden Folgen einer Offenlegung abzuwenden.

Mit einer positiven Verletzung des Sicherungsvertrages und daraus **822**
resultierender Schadensersatzverpflichtung befasst sich auch

> BGH, Urt. v. 24. 6. 1997 – XI ZR 178/96,
> ZIP 1997, 1448, 1449 = ZfIR 1997, 455;
> dazu EWiR 1997, 775 (*Schwerdtner*).

Findet die Bank selbst einen Käufer, der bereit ist, ein in der **823**
Zwangsversteigerung befindliches Grundstück freihändig zu einem höheren Preis als dem erwarteten Versteigerungserlös zu erwerben, darf sie diese Gelegenheit nicht nutzen, einen Teil des vom Erwerber zu zahlenden Preises ohne Anrechnung auf die gesicherte

Schuld als Entgelt für die eigenen Verwertungsbemühungen zu vereinnahmen. Davon abgesehen, dass die so genannte unechte Verflechtung einem Provisionsanspruch nach Maklerrecht entgegensteht, berücksichtigt die Bank hierbei nicht die berechtigten Belange des Sicherungsgebers, da sie nicht bestrebt ist, das bestmögliche Ergebnis im Interesse des Schuldners zu erzielen.

Vgl. zu diesem Themenkomplex
Bethge, ZfIR 1998, 325, 326 ff.

824 Wurden Sicherheiten von **Dritten** gestellt, gilt zunächst der Grundsatz, dass der Sicherungsnehmer auch diesen gegenüber zur schonenden und bestmöglichen Verwertung des bestellten Sicherungsgutes verpflichtet ist. Besteht insoweit ein Konkurrenzverhältniss, als mehrere Sicherungsgeber vorhanden sind, und bestehen keine besonderen Vereinbarungen bezüglich der Verwertung, gilt insoweit nur der allgemeine aus Treu und Glauben abgeleitete Grundsatz, dass der Sicherungsnehmer bei der Verwertung nicht willkürlich zum Schaden der weiteren Sicherungsgeber handeln darf.

BGH, Urt. v. 20. 6. 2000 – IX ZR 81/98,
ZIP 2000, 1433 = WM 2000, 1574, 1576;
dazu EWiR 2000, 1001 (*Joswig*).

825 Es besteht also, abgesehen von § 776 BGB, im Verhältnis zu weiteren gleichstufigen Sicherungsgebern keine rechtlich feste Bindung bezüglich deren Innenverhältnis mit Ausgleichsverpflichtungen entsprechend den Regelungen über die Gesamtschuld. Begrenzt durch das Willkürverbot ist die Bank bei der Auswahl und Verwertung der Sicherheit mit Blick auf dieses Innenverhältnis frei.

XXI. Rechtsstellung der Bank nach Verfahrensbeendigung

Das Verfahren endet durch seine Aufhebung, nachdem die Schlussverteilung vollzogen ist (§ 200 InsO) oder sobald sich herausstellt, dass die Insolvenzmasse nicht ausreicht, um die Kosten des Verfahrens zu decken (§ 207 Abs. 1 InsO). Sind die Kosten des Verfahrens gedeckt, reicht aber die Insolvenzmasse nicht aus, um darüber hinausgehende fällige sonstige Masseverbindlichkeiten zu erfüllen, muss der Insolvenzverwalter dem Insolvenzgericht nach § 208 Abs. 1 Satz 1 InsO die Masseinsuffizienz anzeigen. Nach öffentlicher Bekanntmachung (§ 208 Abs. 2 InsO) und nach Befriedigung der Massegläubiger in der Rangordnung des § 209 InsO stellt das Gericht das Insolvenzverfahren nach § 211 Abs. 1 InsO ein. **826**

> Vgl. zur Feststellung der Masseunzulänglichkeit
> *Dinstühler*, ZIP 1998, 1697, 1700.

Bei den Rangklassen des § 209 InsO ist der Vorrang der Neumasseverbindlichkeiten, die nach der Anzeige der Masseinsuffizienz begründet worden sind (§ 209 Abs. 1 Nr. 2 InsO), vor den Altmasseverbindlichkeiten (§ 209 Abs. 1 Nr. 3, Abs. 2 InsO) zu beachten. **827**

> Vgl. BGH, Urt. v. 15. 2. 1984 – VIII ZR 213/82,
> BGHZ 90, 145 = ZIP 1984, 612, 613
> = MDR 1984, 662, 663,
> der – entgegen der aktuellen gesetzlichen Regelung – eine Vorrangbefriedigung der Neumasseschulden verneint hatte.
> Vgl. auch *Dinstühler*, ZIP 1998, 1697, 1703 zu Erfüllungswahlrechten des Insolvenzverwalters und Dauerschuldverhältnissen und deren Zuordnung zu Masseverbindlichkeiten.
> Vgl. ferner
> BGH, Urt. v. 3. 4. 2003 – IX ZR 101/02,
> ZIP 2003, 914, 916 zur Abgrenzung bei Dauerschuldverhältnissen und zur Verfolgung der Ansprüche nach Anzeige der Masseunzulänglichkeit.

Ein weiterer Einstellungsgrund ist in § 212 InsO enthalten; danach ist das Verfahren auf Antrag des Schuldners einzustellen, wenn gewährleistet ist, dass der Eröffnungsgrund weggefallen ist. Ferner wird das Verfahren aufgehoben, wenn der Insolvenzplan rechtskräftig bestätigt ist (§ 258 InsO).

Der Schuldner erhält das Recht zurück, über die Insolvenzmasse frei zu verfügen (§§ 215 Abs. 2 Satz 1, 259 Abs. 1 Satz 2 InsO). **828**

XXI. Rechtsstellung der Bank nach Verfahrensbeendigung

Hinsichtlich der Rechtsfolgen für den Gläubiger ist zu differenzieren:

829 – Nach der Aufhebung des Insolvenzverfahrens können die Insolvenzgläubiger ihre restlichen Forderungen gegen den Schuldner uneingeschränkt geltend machen (§ 201 InsO), wobei die Regelungen über die Restschuldbefreiung unberührt bleiben (§ 201 Abs. 3 InsO). Dabei können sie bezüglich der festgestellten und in die Tabelle eingetragenen Forderungen dem Betrag und dem Rang nach aus der Tabelle vorgehen, die wie ein rechtskräftiges Urteil wirkt (§ 178 Abs. 3 InsO).

830 Wurden die geltend gemachten Forderungen bestritten, muss der Gläubiger die Feststellung gegen den Bestreitenden betreiben (§ 179 Abs. 1 InsO). Liegt für eine solche Forderung ein vollstreckbarer Schuldtitel oder ein Endurteil vor, obliegt es dem Bestreitenden, den Widerspruch zu verfolgen (§ 179 Abs. 2 InsO). Wird die Forderung rechtskräftig festgestellt oder ein Widerspruch für begründet erklärt, wirkt die Entscheidung gegenüber dem Insolvenzverwalter und allen Insolvenzgläubigern (§ 183 Abs. 1 InsO). Die obsiegende Partei hat die Berichtigung der Tabelle zu beantragen (§ 183 Abs. 2 InsO).

831 Hat der Gläubiger vor Verfahrenseröffnung einen noch nicht rechtskräftigen Titel für eine Forderung erlangt, deren Eintragung in die Tabelle der Schuldner während des Verfahrens widersprochen hat, bleibt der zuvor erlangte Titel – solange der Widerspruch nicht beseitigt ist – für die nach Verfahrensbeendigung mögliche Vollstreckung in das Vermögen des Schuldners bestehen.

BGH, Urt. v. 14. 5. 1998 – IX ZR 256/96,
ZIP 1998, 1113, 1114;
dazu EWiR 1998, 757 (*Runkel*).

832 Will der Schuldner in dieser Situation vermeiden, dass der zuvor erlangte Titel rechtskräftig wird, kann und muss er innerhalb der nach Aufnahme des Rechtsstreites durch den Gläubiger oder spätestens nach Aufhebung des Verfahrens neu beginnenden Frist das zulässige Rechtsmittel gegen die Entscheidung einlegen.

833 Ein vor der Verfahrenseröffnung erlassener Titel wird – soweit er sich mit der Eintragung in die Tabelle deckt – durch diese „aufgezehrt".

BGH, Urt. v. 14. 5. 1998 – IX ZR 256/96,
ZIP 1998, 1113, 1114.

Für Massegläubiger gilt § 206 InsO.

Wird das Verfahren hingegen eingestellt, sind aus vorhandenen Barmitteln zuerst die Kosten des Verfahrens zu berichtigen; zur Verwertung von Massegegenständen ist der Verwalter nicht mehr verpflichtet (§ 207 Abs. 3 InsO). Bei Feststellung der Masseunzulänglichkeit sind Massegläubiger in der Rangfolge des § 209 Abs. 1 InsO zu befriedigen. Wurden Masseverbindlichkeiten erst nach Anzeige der Masseinsuffizienz begründet – z. B. durch neu aufgenommene Finanzierungsmittel –, kommt diesen die Rangklasse 2 zu. Für die übrigen Masseverbindlichkeiten, die in Rangklasse 3 stehen, gilt das Vollstreckungsverbot nach § 210 InsO. Vor der Anzeige der Masseinsuffizienz abgeschlossene Befriedigungen der Gläubiger bleiben grundsätzlich unberührt. 834

Da der Schuldner wieder das Recht erhält, über die Masse frei zu verfügen, können die Gläubiger nach der Einstellung des Verfahrens ihre restlichen Forderungen uneingeschränkt geltend machen (§ 215 Abs. 2 i. V. m. §§ 201, 202 InsO). 835

– Insgesamt ist zu beachten, dass im Rahmen der Restschuldbefreiung die §§ 286 ff InsO anwendbar sind mit der Folge, dass dann Zwangsvollstreckungen einzelner Gläubiger in das Vermögen des Schuldners nicht zulässig sind. 836

Wird das Verfahren nicht eröffnet, aufgehoben oder mangels Masse eingestellt, können Gläubiger des Schuldners entsprechend § 299 Abs. 2 ZPO Einsichtnahme in die Insolvenzakten verlangen. Für das rechtliche Interesse an der Akteneinsicht ist ausreichend, dass ein Gläubiger glaubhaft macht, im Falle der Verfahrenseröffnung Insolvenzgläubiger gewesen zu sein. Siehe oben Rz. 213. 837

Pape, ZIP 1997, 1368.

Anhang

Insolvenzgründe

Insolvenzgrund	Zahlungsunfähigkeit	Überschuldung
Definition (InsO)	Der Schuldner ist nicht in der Lage, die fälligen Zahlungspflichten zu erfüllen, was in der Regel anzunehmen ist, wenn er seine Zahlungen eingestellt hat.	Das Vermögen des Schuldners deckt die bestehenden Verbindlichkeiten nicht mehr. Bei der Vermögensbewertung ist die Unternehmensfortführung zugrunde zu legen, wenn diese nach den Umständen überwiegend wahrscheinlich ist.
ausschließlicher Insolvenzgrund bei	natürlichen Personen; OHG, KG; Partnergesellschaften; gemeinschaftlich verwaltetem Gesamtgut der Gütergemeinschaft	Nachlasskonkurs; Gesamtgut bei fortgesetzter Gütergemeinschaft
beide Insolvenzgründe bei	juristischen Personen: – Aktiengesellschaft – KG a.A. – GmbH – GmbH & Co. KG – nichtrechtsfähigem Verein	

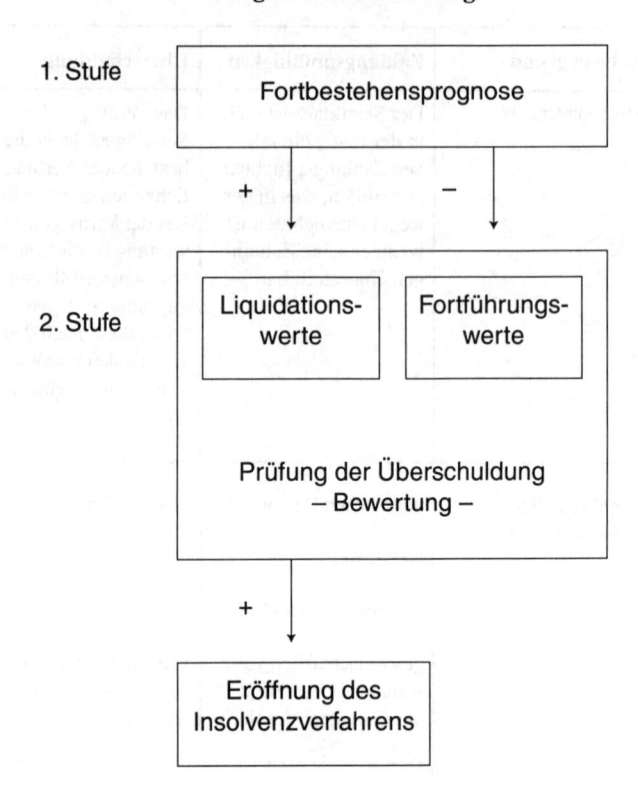

Prüfung der Überschuldung

1. Stufe — Fortbestehensprognose

    + / −

2. Stufe — Liquidationswerte / Fortführungswerte

Prüfung der Überschuldung
– Bewertung –

+

Eröffnung des Insolvenzverfahrens

Insolvenzantragspflichten

	Zahlungsunfähigkeit/Überschuldung	drohende Zahlungsunfähigkeit
Regelung	§ 130a HGB; §§ 64 Abs. 1, 71, 84 GmbHG; §§ 92 Abs. 2, 268 Abs. 2, 278 Abs. 3, 283 Abs. 4 AktG; § 99 GenG	§ 18 InsO
Inhalt	Antragspflicht („muss")	keine Antragspflicht
Frist	drei Wochen	keine
Entscheidung	in eigener Verantwortung der Geschäftsleitung unabhängig von Gesellschaftern, Beratern etc.; § 15 InsO: jedes Mitglied der Geschäftsleitung kann die Antragspflicht erfüllen	grundsätzlich alle Mitglieder des Vertretungsorganes und alle persönlich haftenden Gesellschafter (zumindest in vertretungsberechtigter Zahl) nach vorheriger Information des Aufsichtsrates (§ 90 AktG, § 43 GmbHG)
Haftung	zivil- und strafrechtlich bei zu spätem Handeln	gegenüber den Gesellschaftern bei fehlender Abstimmung und aus Pflichtverletzung gegenüber der Gesellschaft (§ 93 AktG, § 43 GmbHG)

Insolvenzursachen

Finanzierungsbereich	Beschaffung/Produktion	Absatz	Management
Ungenügende Eigenkapitalausstattung	nicht umsatzgerechte Aufstockung der Lagerbestände	falsche Preispolitik	Missverhältnis von vorhandenem und benötigtem Personal
Kapitalentzug	verlängerte Lagerdauer	Abhängigkeiten	falsche Standortwahl
Finanzierungsfehler	falscher Materialfluss	Expansion nicht marktkonform	Investitionsstau
zu hohe Fixkostenabhängigkeit	nicht zeitgerechte Beschaffung	Diversifikation	fehlende Flexibilität
	Abhängigkeit von Zulieferern	falsche Markteinschätzung	Fluktuation
	verschlechterte Kapazitätsauslastung	Serviceprobleme	Umsatz vor Ertrag
	veraltete Produktion		mangelnde Qualifikation
	unrationelle Produktion		charakterliche Mängel
	Produktpalette nicht marktgerecht		Probleme in der Unternehmernachfolge
	Qualitätsverluste		
	zu hohe/zu niedrige Aktivitäten in Forschung/Entwicklung		
Mängel im Rechnungswesen – Buchhaltung – Kostenrechnung			
Bewertungsfehler, insbes. bei Beständen			

Verfahrensablauf

Insolvenzantrag durch Gläubiger oder Schuldner

Prüfung des Antrages

Insolvenzeröffnungsverfahren (Prüfung der Insolvenzgründe, ausreichende Masse)

Eröffnungsbeschluss (§ 27 InsO)

Anmeldung der Forderungen, Mitteilung der Sicherungsrechte (§ 28 InsO)

Gläubigerversammlung (Berichtstermin § 29 Abs. 1 Nr. 1 InsO)

Prüfung der Forderungen und deren Feststellung, auch im Insolvenzplan (§ 257 InsO)

Verteilung (§§ 187 ff InsO) bzw. Bestätigung des Insolvenzplanes (§ 258 InsO)

Schlußtermin (§ 197 InsO) bzw. Aufhebung des Insolvenzverfahrens (§ 258 InsO)

→ Überwachung der Planerfüllung (§ 260 InsO)

→ Aufhebung der Überwachung (§ 268 InsO)

Maßnahmen zur Anreicherung der Masse

- Wegfall der allgemeinen Vorrechte bestimmter ungesicherter Gläubiger-Gruppen
- Verwertung von beweglichen und unbeweglichen Gegenständen, an denen Sicherungsrechte bestehen, die zur Absonderung berechtigten, grundsätzlich durch den Insolvenzverwalter (§§ 165, 166, 173 InsO)
- Kürzung des Verwertungserlöses um die Kosten der Feststellung und der Verwertung inkl. anfallender Umsatzsteuer (§§ 170 ff InsO, 10 Abs. 1 Nr. 1a ZVG)
- Rechte des vorläufigen Insolvenzverwalters, Einzelvollstreckungsmaßnahmen absonderungsberechtigter Gläubiger einzustellen, um das Unternehmen in der Gesamtheit zu erhalten und einer aussichtsreicheren Verwertung zuzuführen (§ 213 Abs. 2 Nr. 3 InsO)
- Rechte zur Nutzung von Gegenständen mit Absonderungsrechten bzw. Kündigungssperren, um Kontinuität zu erhalten (§§ 112, 172 InsO)
- erweiterte Anfechtungsmöglichkeiten (§§ 129 ff InsO)
- eingeschränkte Aufrechnungsmöglichkeiten (§§ 95, 96 InsO)
- Erweiterung der Masse um neuerworbene Gegenstände (§ 35 InsO)
- Geltendmachen der persönlichen (gesetzlichen) Gesellschafterhaftung durch den Insolvenzverwalter

Finanzierung

	im Eröffnungsverfahren	im eröffneten Verfahren	im Verfahren mit Insolvenzplan
Voraussetzungen	– Kreditvertrag – mit Verwalter, auf den die Verfügungsbefugnis übergegangen ist (§ 55 Abs. 2 InsO)	– Kreditvertrag – mit Insolvenzverwalter (§ 80 InsO) (§ 55 Abs. 1 InsO)	– Regelung im gestaltenden Teil des Insolvenzplanes – Kreditaufnahme während Überwachungspase bzw. Stehenlassen – innerhalb eines Rahmens (§ 264 InsO)
Folge	nach Verfahrenseröffnung: Masseschuld wenn nicht erfüllbar: Haftung des Verwalters nach § 61 InsO wird Verfahren nicht eröffnet: entscheidend ist die Sicherheitenverwertung	Masseverbindlichkeiten – wenn nicht erfüllbar: § 61 InsO zu beachten: Zustimmung der Gläubigerversammlung oder des Gläubigerausschusses (§ 160 InsO) bei erheblicher Belastung der Masse (bei Verstoß: keine Unwirksamkeit § 164 InsO)	Vorrang vor anderen Insolvenzgläubigern
Sicherheiten	– Verfügungsbefugnis des vorläufigen Insolvenzverwalters – keine Anfechtung bei Bargeschäft (§ 142 InsO)	– Verfügungsbefugnis des Insolvenzverwalters – § 91 InsO steht nicht entgegen – keine Anfechtung bei Bargeschäft (§ 142 InsO)	– Bestellung möglich – Teil der Wirkungen des Insolvenzplanes (§ 254 Abs. 1 Satz 2 InsO)

Leasing

Insolvenz des

	Leasingnehmers	Leasinggebers	
	nach Übergabe des Leasingguts		
		Mobilien-Leasing	Immobilien-Leasing
	- Eintritt des Insolvenzverwalters in den Leasingvertrag ohne Wahlrecht nach § 103 InsO - Kündigungssperre (§ 112 InsO) - bei Immobilien-Leasing Kündigung durch Verwalter mit gesetzlicher Frist (§ 109 Abs. 1 InsO) - Entgelt für die Nutzung nach Verfahrenseröffnung: Masseansprüche, auch aus der Zeit des Eröffnungverfahrens unter den Voraussetzungen des § 55 Abs. 2 InsO	- Eintritt des Insolvenzverwalters in den fortbestehenden Vertrag nach § 108 Abs. 1 Satz 2 InsO - bei Zession an refinanzierende Bank: wirksam für Grundmietzeit und für Zeitraum nach Verlängerungsoption - Wahlrecht des Insolvenzverwalters bezüglich Restwert und Abschlußzahlung nach § 103 InsO	- Eintritt des Insolvenzverwalters in den fortbestehenden Vertrag nach § 108 Abs. 1 Satz 1 InsO - Zession an refinanzierende Bank: nur wirksam in den Grenzen des § 110 Abs. 1 InsO, aber Zugriff über Zwangsverwaltung
	vor Übergabe des Leasingguts		
	- Wahlrecht des Insolvenzverwalters nach § 103 InsO - bei unbeweglichem Gegenstand: Rücktrittsrecht nach § 109 Abs. 2 InsO - Kündigungssperre nach § 112 InsO	Wahlrecht des Insolvenzverwalters nach § 103 Abs. 1 InsO	

Aufrechnung

Voraussetzungen im Zeitpunkt der Abgabe der Aufrechnungserklärung nach § 387 BGB und ihre Modifizierungen nach der InsO

Gegenseitigkeit	Gleichartigkeit	Wirksamkeit und Fälligkeit der Gegenforderung	Erfüllbarkeit der Hauptforderung
Bei Vorliegen sämtlicher Voraussetzungen bleibt Aufrechnungslage nach § 94 InsO erhalten Ausnahme: Erlangen der Aufrechnungslage durch anfechtbare Rechtshandlung (§ 96 Nr. 3 InsO)			
§ 96 Nr. 1 InsO: keine Aufrechnung, wenn Verbindlichkeit des Gläubigers nach Verfahrenseröffnung entsteht oder - Nr. 2 - wenn er seine Forderung erst danach von einem Dritten erwirbt § 96 Nr. 4 InsO: Klarstellung fehlender Gegenseitigkeit bei gegen die Masse gerichteter Insolvenzforderung und einer gegen den Schuldner persönlich gerichteten Forderung	§ 95 Abs. 2 InsO: unterschiedliche Währungen und Rechnungseinheiten (Aufrechnung erweitert)	§ 95 Abs. 1 Satz 1 InsO (= Wegfall der Erleichterung des früheren § 54 KO)	§ 95 Abs. 1 Satz 3 InsO (= Bestätigung der vier Voraussetzungen)

Verwertung

durch	Grundlage	Gegenstand	Umsatzsteuer	Steuerschuld/ Sicherstellung
Insolvenzverwalter	eigenes Verwertungsrecht nach § 166 InsO	bewegliche Gegenstände in seinem Besitz	einfacher Umsatz	Masseverbindlichkeit § 55 Abs. 1 Nr. 1 InsO; § 170 Abs. 1 InsO
	gemäß Vereinbarung im Auftrag und für Rechnung des Sicherungsnehmers	bewegliche Gegenstände	Doppelumsatz	Masseverbindlichkeit § 55 Abs. 1 Nr. 1 Alt. 1 InsO und Vorwegabzug nach § 171 Abs. 2 Satz 3 InsO
	Antragsrecht nach § 165 InsO	unbewegliche Gegenstände	Option	Masseverbindlichkeit § 55 Abs. 1 Nr. 1 Alt. 1 InsO
Sicherungsnehmer	Verwertungsrecht nach § 173 InsO	Pfandgegenstände in seinem Besitz (inkl. AGB-Pfandrechte)	Doppelumsatz	Masseverbindlichkeit § 55 Abs. 1 Nr. 1 Alt. 2 InsO; § 171 Abs. 2 Satz 3 InsO
	gemäß Vereinbarung mit Insolvenzverwalter	bewegliche Gegenstände	Doppelumsatz	Vorwegabzug nach § 170 Abs. 2 InsO Masseverbindlichkeit § 55 Abs. 1 Nr. 1 Alt. 1 InsO

Einzelzwangsvollstreckung und Insolvenz
Einzelzwangsvollstreckungsmaßnahmen

vor Beginn des Insolvenzverfahrens	im Insolvenzeröffnungsverfahren	nach Verfahrenseröffnung	bei besonderen Verfahrensarten	nach Abschluß des Verfahrens
Rückschlagsperre (§ 88 InsO)	Untersagung/einstweilige Einstellung (§ 21 Abs. 2 Nr. 3 InsO) einstweilige Einstellung der Zwangsversteigerung (§ 30d Abs. 4 ZVG)	Vollstreckungsverbot generell (§ 89 InsO) Vollstreckungsverbot bei Masseverbindlichkeiten (§ 90 InsO) Vollstreckungsverbot bei Sozialplanforderungen (§ 123 Abs. 3 Satz 2 InsO) Vollstreckungsverbot nach Anzeige der Masseinsuffizienz (§ 210 InsO) einstweilige Einstellung der Zwangsversteigerung oder der Zwangsverwaltung (§§ 49 InsO, §§ 30d, 153b ff ZVG)	Untersagung/einstweilige Einstellung im Verbraucherinsolvenzverfahren (§ 306 Abs. 1 Satz 2, §21 Abs. 2 Nr. 3 InsO) Vollstreckungsverbot in Wohlverhaltensperiode (§ 294 InsO)	Zwangsvollstreckung möglich (§ 201 Abs. 1 InsO) Ausnahme: Restschuldbefreiung (§ 294 Abs. 1 InsO)
Anfechtung (nach Verfahrenseröffnung) (§131 Abs. 1 Nr. 1 InsO)	Anfechtung (nach Verfahrenseröffnung)	Anfechtung		

Literaturverzeichnis

Altmeppen, Holger
Der „atypische Pfandgläubiger" – ein neuer Fall des kapitalersetzenden Darlehens?, ZIP 1993, 1677

ders.
Probleme der Konkursverschleppungshaftung, ZIP 1997, 1173

Bähr, Binder
Zahlungszusagen bei Betriebsfortführungen im Insolvenzeröffnungsverfahren, ZIP 1998, 1553

Bernuth, Wolf H.
Harte Patronatserklärungen in der Klauselkontrolle, ZIP 1999, 1501

Berscheid, Ernst-Dieter
Kündigungsbefugnis in der Sequestration, ZIP 1997, 1569

ders.
Stellung und Befugnis des vorläufigen Insolvenzverwalters aus arbeitsrechtlicher Sicht, ZInsO 1998, 9

ders.
Rang übergeleiteter Arbeitnehmeransprüche nach der InsO, ZInsO 1998, 259

Bethge, Uwe
Provisions- und Beratungsprobleme bei der Immobilienvermittlung durch Banken, ZfIR 1998, 325

Bien, Michael
Die Insolvenzfestigkeit von Leasingverträgen nach § 108 Abs. 1 Satz 2 InsO, ZIP 1998, 1017

Bork, Reinhard
Wie erstellt man eine Fortbestehensprognose?, ZIP 2000, 1709

ders.
§ 55 Abs. 2 InsO, § 108 Abs. 2 InsO und der allgemeine Zustimmungsvorbehalt, ZIP 1999, 781

Braun, Hans-Dieter/Wierzioch, Erwin
Das Insolvenzgeld im Gesamtgefüge des neuen Insolvenzrechts, ZInsO 1999, 496

Breutigam, Axel/Tanz, Matthias
Einzelprobleme des neuen Insolvenzanfechtungsrechtes, ZIP 1998, 717

Brink, Ulrich
Rechtsprobleme des Factors in der Insolvenz seines Kunden, ZIP 1987, 817

Bundesministerium der Justiz (Hrsg.)
Referentenentwurf. Gesetz zur Reform des Insolvenzrechts, 1989 (zit.: RefE-InsO)

Burger, Anton/Schellberg, Bernhard
Der Insolvenzplan im neuen Insolvenzrecht, DB 1994, 1833

Dinstühler, Klaus-Jürgen
Die Abwicklung massearmer Insolvenzverfahren nach der Insolvenzordnung, ZIP 1998, 1697

Ebenroth, Carsten Thomas/Wilken, Oliver
Verlustübernahme als Substitut konzernspezifischer Kapitalerhaltung, BB 1991, 2229

dies.
Beweislast und Gesellschafterhaftung im qualifiziert faktischen GmbH-Konzern, ZIP 1993, 558

Eckert, Wolfgang
Miete, Pacht und Leasing im neuen Insolvenzrecht, ZIP 1996, 879

Ehricke, Ulrich
Sicherungsmaßnahmen bei Antrag auf Anordnung einer Eigenverwaltung, insbesondere zur Person eines vorläufigen Sachverwalters, ZIP 2002, 782

ders.
Finanztermingeschäfte im Insolvenzverfahren, ZIP 2003, 273

Foltis, Richard
Verwertungsbefugnisse des vorläufigen Insolvenzverwalters nach § 21 Abs. 2 Nr. 2 Alt. 2 InsO („Sicherungsverwalter"). Anmerkungen zu LG Berlin, vom 21. 4. 1999 – 81 T 264/99, ZInsO 1999, 386

Früh, Hans-Joachim/Wagner, Wolfgang
Überschuldungsprüfung bei Unternehmen, WPg 1998, 907

Fuchs, Karlhans
Die persönliche Haftung des Gesellschafters gemäß § 93 InsO, ZIP 2000, 1089

Gerhardt, Walter
Die Wirkung der Anrechnungsvereinbarung bei Sicherungsschulden im Konkurs, ZIP 1980, 165

ders.
Inhalt und Umfang der Sequestrationsanordnung, ZIP 1982, 1

ders.
Grundpfandrechte im Insolvenzverfahren, 8. Aufl., 1999

ders.
Zur Haftung des ausgeschiedenen Gesellschafters im Rahmen des § 93 InsO, ZIP 2000, 2181

Graf, Ulrich/Wunsch, Irene
Akteneinsicht im Insolvenzverfahren, ZIP 2001, 1800

dies.
Gegenseitige Verträge im Insolvenzverfahren, ZIP 2002, 2117

Graeber, Thorsten
Die Wahl des Insolvenzverwalters durch die Gläubigerversammlung nach § 57 InsO, ZIP 2000, 1465

Graffe, Udo
Die Sicherungsübereignung, NWB Fach 19, 1307

Hanisch, Hans
Das Recht grenzüberschreitender Insolvenzen: Auswirkungen im Immobiliensektor, ZIP 1992, 1125

Harrmann, Alfred
Aspekte der Insolvenzprüfung, BBK Fach 28, 757, 761

Hauser, Wolfgang/Hawelka, Michael
Neue Masseverbindlichkeiten und Gefährdung der „Kaug"-Vorfinanzierung durch die InsO, ZIP 1998, 1261

Henckel, Wolfram
Fehler bei der Eröffnung des Insolvenzverfahrens – Abhilfe und Rechtsmittel, ZIP 2000, 2045

Hennrichs, Joachim
Raumsicherungsübereignung und Vermieterpfandrecht, DB 1993, 1707

Höffner, Dietmar
Fortführungswerte in der Vermögensübersicht nach § 153 InsO, ZIP 1999, 2088

Holzer, Johannes
Die Akteneinsicht im Insolvenzverfahren, ZIP 1998, 1333

Huber, Michael
Das neue Recht der Gläubigeranfechtung außerhalb des Insolvenzverfahrens, ZIP 1998, 897

Jaffé, Michael/Hellert, Joos
Keine Haftung des vorläufigen Insolvenzverwalters bei Anordnung eines allgemeinen Zustimmungsvorbehalts, ZIP 1999, 1204

Keller, Ulrich
Die Umsetzung der Rückschlagsperre des § 88 InsO im Grundbuchverfahren, ZIP 2000, 1324

ders.
Grundstücksverwertung im Insolvenzverfahren, ZfIR 2002, 861

Kemper, Jutta
Die Verordnung (EG) Nr. 1346/2000 über Insolvenzverfahren, ZIP 2001, 1609

Kessler, Christian
Die Durchsetzung persönlicher Gesellschafterhaftung nach § 93 InsO, ZIP 2002, 1974

Kilger, Joachim
Probleme der Sequestration im Konkursverfahren, in: Einhundert Jahre Konkursordnung, 1977, S. 189

Kilger, Joachim/Schmidt, Karsten
Die neuen Insolvenzgesetze, KO/VglO/GesO, Kommentar, 17. Aufl., 1997

Kirchhof, Hans-Peter
Rechtsprobleme bei der vorläufigen Insolvenzverwaltung, ZInsO 1999, 365

Kleindiek, Detlef
Fehlerhafte Unternehmensverträge im GmbH-Recht, ZIP 1988, 613

ders.
Strukturkonzepte für den qualifizierten faktischen GmbH-Konzern, ZIP 1991, 1330

Kling, Stephan
Die Sperrwirkung des § 93 InsO bei insolvenzsteuerlicher Betrachtung, ZIP 2002, 881

Kollhosser, Helmut
Kredite als Eigenkapitalersatz bei stillen Kapitalbeteiligungen?, WM 1985, 929

Kort, Michael
Die konzerngebundene GmbH in der Insolvenz, ZIP 1988, 681

Kümpel, Siegfried
Die AGB und ihre Bedeutung für die Kreditsicherheiten des AGB-Gesetzes, WM 1978, 970

Lang, Arno
Die Rechtsprechung des Bundesgerichtshofes zur Dritthaftung der Wirtschaftsprüfer und anderer Sachverständiger, WM 1988, 1001

Lauer, Jörg
   Die Pfändung der dinglichen Miet- und Pachtzinsansprüche,
   MDR 1984, 977

ders.
   Notleidender Kredit, 3. Aufl., 1998

ders.
   Das Kreditengagement zwischen Sanierung und Liquidation, 3. Aufl., 1998

Livonius, Barbara
   Passivierung von Forderungen mit Rangrücktritt im Überschuldungsstatus nach der Insolvenzordnung, ZInsO1998, 309

Lutter, Marcus
   Die Haftung des herrschenden Unternehmens im GmbH-Konzern,
   ZIP 1985, 1425

ders.
   Zahlungseinstellung und Überschuldung unter der neuen Insolvenzordnung, ZIP 1999, 641

Masloff, Malte/Langer, Holger
   Richtungswechsel bei der Vertragserfüllungsbürgschaft in der Insolvenz des Bauunternehmers, ZfIR 2003, 269

Maus, Karl Heinz
   Umsatzsteuerrechtliche Folgen der Sicherheitenverwertung in der Insolvenz, ZIP 2000, 339

Mertens, Bernd
   Typische Probleme bei der Vorpfändung von GmbH-Anteilen,
   ZIP 1998, 1787

Meyer-Cording, Ulrich
   Die Bedeutung der Eröffnungstatbestände für die Funktion des Konkurses, ZIP 1989, 485

Meyke, Rolf
   Zivilprozessuale Aspekte der Haftung wegen Konkursverschleppung,
   ZIP 1998, 1179

Mitlehner, Stephan
    Verwertung sicherungszedierter Forderungen durch den Insolvenzverwalter, ZIP 2001, 677

Muth, Johannes M.
    Die Zwangsversteigerung auf Antrag des Insolvenzverwalters, ZIP 1999, 945

Obermüller, Manfred
    Nachträgliche Besicherung von Krediten, ZIP 1981, 352

ders.
    Ersatzsicherheiten im Kreditgeschäft, 1987

ders.
    Änderungen des Rechts der kapitalersetzenden Darlehen durch KonTraG und KapAEG, ZInsO 1998, 51

Obermüller, Manfred/Livonius, Barbara
    Auswirkungen der Insolvenzrechtsreform auf das Leasinggeschäft, DB 1995, 27

v. Olshausen, Eberhard
    Konkursrechtliche Probleme um den neuen § 354a HGB, ZIP 1995, 1950

Onusseit, Dietmar
    Neuere Tendenzen im Umsatzsteuer-Konkursrecht, ZIP 1990, 345

ders.
    Steuererklärungspflichten in der Insolvenz, ZIP 1995, 1798

ders.
    Die insolvenzrechtlichen Kostenbeiträge unter Berücksichtigung ihrer steuerlichen Konsequenzen sowie Massebelastungen durch Grundstückseigentum, ZIP 2000, 777

Palandt, Otto
    Bürgerliches Gesetzbuch (BGB), Kommentar, 62. Aufl., 2003 (zit.: *Palandt/Bearbeiter*)

Pape, Gerhard
: Die Entwicklung der Rechtsprechung der Zivilgerichte zu der bevorzugten Befriedigung von Masseverbindlichkeiten im massearmen Konkursverfahren, ZIP 1990, 141

ders.
: Zu den Schwierigkeiten des Sequesters ohne Verwaltungsmacht, ZIP 1994, 89

ders.
: Recht auf Einsicht in Konkursakten – ein Versteckspiel für die Gläubiger?, ZIP 1997, 1367

ders.
: Aktuelle Entwicklungen im Insolvenzeröffnungsverfahren, ZIP 2002, 2277

Paulus, Christoph G.
: Konzernrecht und Konkursanfechtung, ZIP 1996, 2141

ders.
: Zum Verhältnis von Aufrechnung und Insolvenzanfechtung, ZIP 1997, 569

ders.
: Änderungen des deutschen Insolvenzrechts durch die Europäische Insolvenzordnung, ZIP 2002, 729

Peters, Bernd
: Refinanzierung beim Mobilienleasing und Insolvenz des Leasinggebers, ZIP 2000, 1759

Peters, Klaus
: Der vertragliche Rücktritt von Forderungen, WM 1988, 641

ders.
: Pool-Verträge in der Unternehmenskrise, ZIP 2000, 2238

Priester, Hans-Joachim
: Stammeinlagezahlung auf debitorisches Bankkonto der GmbH, DB 1987, 1473

Prütting, Hanns
Aktuelle Entwicklungen des internationalen Insolvenzrechts,
ZIP 1996, 1277

Prütting, Hanns/Stickelbrock, Barbara
Befugnisse des vorläufigen Insolvenzverwalters – aktuelle Entwicklungen in der Rechtsprechung, ZIP 2002, 1608

Reiff, Peter/Arnold, Arnd
Unbeschränkte Konkursverschleppungshaftung des Geschäftsführers einer GmbH auch gegenüber gesetzlichen Neugläubigern?,
ZIP 1998, 1893

Reinhart, Stefan
Zur Anerkennung ausländischer Insolvenzverfahren, ZIP 1997, 1734

Reinicke, Dietrich/Tiedtke, Klaus
Die Bedeutung von Pool-Vereinbarungen in Konkursverfahren,
WM 1979, 186

Schedlbauer, Hans
Auslösung und Durchführung von Insolvenzprüfungen,
DB 1984, 2205

Schmid-Burgk, Klaus
Leasingraten – Masseschulden oder Konkursforderungen,
ZIP 1998, 1022

Schmid-Burgk, Klaus/Ditz, Jan-Christian
Die Refinanzierung beim Leasing nach der Insolvenzrechtsreform,
ZIP 1996, 1123

Schmidt, Karsten
Zur Haftung des Konkursverwalters gegenüber Vertragspartnern,
ZIP 1988, 7

ders.
§ 32a GmbHG: ein Allheilmittel gegen unerwünschten Eigenkapitalersatz?, ZIP 1990, 69

ders.
Zum Stand des Konzernhaftungsrechts bei der GmbH,
ZIP 1991, 1325

ders.
"Konzernhaftung" nach dem TBB-Urteil – Versuch einer Orientierung, ZIP 1993, 549

ders.
Finanzplanfinanzierung, Rangrücktritt und Eigenkapitalersatz. Zum System des Kapitalschutzes bei „funktionellem Eigenkapital", ZIP 1999, 1241

ders.
Die Rechtsfolgen der „eigenkapitalersetzenden Sicherheiten", ZIP 1999, 1821

Schmitz, Claus
Das Bauunternehmen im Konkurs, ZIP 1998, 1421

Schneider, Uwe H.
Patronatserklärungen gegenüber der Allgemeinheit, ZIP 1989, 619

Serick, Rolf
Verarbeitungsklauseln im Wirkungskreis des Konkursverfahrens, ZIP 1982, 507

Steder, Brigitte
Auswirkungen des Vollstreckungsverbots gemäß § 21 Abs. 2 Nr. 3 InsO, ZIP 2002, 65

Steinhoff, Judith
Die insolvenzrechtlichen Probleme im Überweisungsverkehr, ZIP 2000, 1141

Sundermeier, Bernd/Wilhelm, Andreas
Strategien zur Sicherung von Bankkrediten im Lichte des neuen Insolvenzrechts, DStR 1997, 1127

Theißen, Thomas
Gesellschafterbürgschaften in der Insolvenz der OHG nach neuem Recht, ZIP 1998, 1625

Timm, Wolfram
Nutzungsüberlassung als Eigenkapitalersatz – insbesondere bei der Betriebsaufspaltung, NWB Fach 18, 3065

Uhlenbruck, Wilhelm
   Konkursantrag aus Gründen der Kostenersparnis, NJW 1968, 685

ders.
   Der ordnungsgemäße Konkursantrag gegen einen Schuldner,
   ZAP Fach 14, 95

ders.
   Weniger Kredite, Konkurse und Insolvenzverfahren, Betriebswirtschaftliche Blätter 1993, 35 und 129

ders.
   Ausgewählte Pflichten und Befugnisse des Gläubigerausschusses in der Insolvenz, ZIP 2002, 1373

Vallender, Heinz
   Die Rechtsprechung des Bundesgerichtshofs zur Konkursverwalterhaftung, ZIP 1997, 345

ders.
   Einzelzwangsvollstreckung im neuen Insolvenzrecht, ZIP 1997, 1993

Vortmann, Jürgen
   Raumsicherungsübereignung und Vermieterpfandrecht,
   ZIP 1988, 626

Weber, Helmut/Rauscher, Mario
   Die Kollision von Vermieterpfandrecht und Sicherungseigentum im Konkurs des Mieters, NJW 1988, 1571

Weiß, Eberhard
   Insolvenz und Steuern, 1989

Welzel, Peter
   Masseverwertung nach der InsO aus umsatzsteuerrechtlicher Sicht, ZIP 1998, 1823

Wengel, Torsten
   Die Insolvenztatbestände Überschuldung, Zahlungsunfähigkeit und drohende Zahlungsunfähigkeit, DStR 2001, 1769

Wessel, W.
Aufgaben des Sequesters im Konkursantragsverfahren, NWB Fach 19, 1297

Westermann, Harm Peter
Das TBB-Urteil – ein Neuansatz bei der Haftung wegen qualifizierter faktischer Konzernierung?, ZIP 1993, 554

v. Westphalen, Friedrich
Die Banken-AGB in Rechtsprechung und Literatur – eine Übersicht, WM 1984, 2

Zwanziger, Bertram
Neue Masseverbindlichkeiten durch Vorfinanzierung von Insolvenzgeld?, ZIP 1998, 2135

Entscheidungsregister*)

Bundesgerichtshof

Datum	Aktenzeichen	ZIP	BB	DB	NJW	WM	EWiR
09.02.55	IV ZR 173/54		55, 269		55, 709	55, 404	
09.11.55	IV ZR 96/54	BGHZ 19, 12					
07.04.59	VIII ZR 219/5				59, 1223	59, 686	
30.06.59	VIII ZR 11/59				60, 720	59, 944	
14.12.59	II ZR 187/57		60, 18	60, 26	60, 285	60, 42	
22.01.62	III ZR 198/60					62, 527	
01.03.62	II ZR 70/60					62, 673	
19.10.66	VIII ZR 152/6	BGHZ 46, 117					
10.03.67	V ZR 72/64				67, 1370		
22.01.69	VIII ZR 24/67				69, 796		
16.06.71	VII ZR 56/70					71, 1120	
25.09.72	VIII ZR 216/71				72, 2084	72, 1187	
21.03.73	VIII ZR 52/72				73, 997		
30.10.74	VIII ZR 81/73					74, 1218	
27.09.76	II ZR 162/75		76, 1528	77, 104	77, 104	76, 1223	
26.01.77	VIII ZR 122/7				77, 718		
09.11.78	VII ZR 17/76				79, 372		
09.11.78	VII ZR 54/77		79, 70			79, 11	
04.05.79	I ZR 127/77				79, 1658	79, 720	
14.11.79	VIII ZR 241/7	80, 186		80, 683		80, 67	
26.11.79	II ZR 104/77	80, 115	80, 222	80, 297	80, 592	80, 78	
24.03.80	II ZR 213/77	80, 361	80, 797	80, 1159	80, 1524	80, 589	
21.05.80	VIII ZR 40/79	80, 518	80, 1072	80, 1793	80, 1961	80, 779	
09.02.81	II ZR 38/80	81, 734	81, 1237	81, 1717	81, 2251	81, 761	

---

*) Nur für Entscheidungen ab 1980 werden weitere - als bereits im Text zitierte - Fundstellennachweise aufgeführt.

Datum	Aktenzeichen	ZIP	BB	DB	NJW	WM	EWiR
27.02.81	V ZR 48/80	81, 486	81, 1603	81, 1662	81, 1600	81, 518	
13.07.81	II ZR 256/79	81, 974	81, 1664	81, 2066	81, 2570	81, 870	
21.09.81	II ZR 104/80	81, 1200	81, 2026	81, 2373	82, 383	81, 1200	
14.10.81	VIII ZR 149/80	81, 1313	81, 2024	82, 38	82, 164	81, 1350	
02.11.82	VI ZR 131/81	83, 148		83, 1921	83, 746	83, 306	
26.01.83	VIII ZR 254/81	83, 337		83, 820	83, 1120	83, 215	
26.01.83	VIII ZR 257/81	83, 334	83, 1810	83, 932	83, 1123	83, 213	
31.01.83	II ZR 24/82	83, 667		83, 1485	83, 1735	83, 537	
15.02.84	VIII ZR 213/82	84, 612		84, 1464	84, 1527	84, 568	
01.03.84	IX ZR 34/83	84, 809		85, 649	84, 1953	84, 1309	
26.03.84	II ZR 171/83	84, 572		84, 1488	84, 1893	84, 625	
30.10.84	IX ZR 92/83	85, 18	85, 1876	85, 274	85, 614	84, 1630	85, 85
19.11.84	II ZR 84/84	85, 158	85, 424	85, 483	85, 858	85, 115	85, 105
17.12.84	II ZR 36/84	85, 347	85, 372	85, 480	85, 1079	85, 284	85, 401
10.01.85	IX ZR 4/84	85, 363	85, 1295	85, 1468	85, 1785	85, 396	85, 195
06.05.85	II ZR 132/84	85, 1075	85, 1813	85, 2036	85, 2719	85, 1028	85, 685
08.07.85	II ZR 16/95					85, 1059	
16.09.85	II ZR 275/84	85, 1263	85, 2065	85, 2341	86, 188	85, 1263	85, 885
11.11.85	II ZR 109/84	86, 14	86, 417	86, 160	86, 837	86, 2	86, 59
25.11.85	II ZR 93/85					86, 447	
30.01.86	IX ZR 79/85	86, 448	86, 627	86, 962	86, 1496	86, 433	86, 387
25.03.86	IX ZR 104/85	86, 900			86, 2108	86, 763	86, 573
08.10.86	VIII ZR 342/85	87, 85	87, 222	87, 373	87, 457	86, 1545	87, 5
28.11.86	V ZR 257/85	87, 245	87, 2122	87, 883	87, 946	87, 584	87, 343
04.12.86	IX ZR 47/86	87, 115	87, 574	87, 826	87, 844	87, 144	86, 1229
09.02.87	II ZR 104/86	87, 574	87, 728	87, 979	87, 1697	87, 468	87, 495
19.03.87	IX ZR 148/86	87, 725		87, 1482	87, 1691	87, 570	87, 1011
14.04.87	IX ZR 260/86	87, 650	87, 1484	87, 1580	87, 3133	87, 695	87, 609
24.08.87	VI ZR 1 u. 43/96	97, 946				87, 834	87, 755
26.06.87	V ZR 11/86					87, 1213	87, 1199
17.09.87	IX ZR 156/86	87, 1398		88, 331		87, 1404	87, 1127
13.10.87	VI ZR 270/86	87, 1436		88, 391		87, 913	88, 59

Entscheidungsregister

Datum	Aktenzeichen	ZIP	BB	DB	NJW	WM	EWiR
12.11.87	IX ZR 259/86	87, 1586				87, 1567	88, 91
14.12.87	II ZR 170/87	88, 229	88, 361	88, 596	88, 1326	88, 258	88, 1149
03.11.88	IX ZR 213/87	88, 1534	88, , 22340	89, 102		88, 1784	89, 153
11.04.88	II ZR 313/87	88, 727		88, 1437	88, 1912	88, 901	88, 811
19.09.88	II ZR 255/87	88, 1248	88, 2054	88, 2141	88, 3143	88, 1525	88, 1095
29.09.88	IX ZR 39/88	88, 1411	88, 2134	89, 624	89, 1034	88, 1610	88, 1113
06.11.89	XI ZR 12/88					89, 375	
07.11.88	II ZR 46/88	89, 95	89, 100	89, 218	89, 982	89, 14	89, 587
11.11.88	II ZR 115/88	89, 93	89, 242	89, 271	89, 1219	89, 60	89, 369
02.12.88	IX ZR 50/88	89, 171	89, 374	89, 521	89, 1282	89, 229	89, 283
20.02.89	II ZR 167/88	89, 440		89, 816	89, 1800	89, 528	89, 431
11.05.89	VII ZR 150/88	89, 1131		89, 2010		89, 1227	89, 1153
11.05.89	IX ZR 222/88	89, 785	89, 1298	89, 2532		89, 965	89, 795
29.06.89	VII ZR 211/89	89, 1137	89, 1584	89, 2018		89, 1470	89, 861
12.10.89	IX ZR 184/88	89, 1466	89, 2213	90, 423	90, 45	89, 1779	89, 1235
12.10.89	IX ZR 245/88	89, 1584				89, 1904	90, 275
16.10.89	II ZR 307/88	89, 1542	89, 2350	89, 2470	90, 516	89, 1844	90, 371
06.11.89	III ZR 62/89	90, 53	90, 89	90, 368	90, 1301	90, 34	90, 175
14.11.89	XI ZR 97/88	90, 368	90, 97	90, 216		90, 6	90, 143
13.12.89	VIII ZR 168/88			90, 418	90, 1902	90, 268	90, 345
14.12.89	IX ZR 283/88	90, 180	90, 307	90, 372	90, 1113	90, 197	90, 173
18.01.90	IX ZR 71/89	90, 242	90, 449			90, 329	90, 395
15.02.90	IX ZR 149/88	90, 459	90, 731	90, 1080	90, 2587	90, 649	90, 591
28.03.90	VIII ZR 17/89	90, 646	90, 1017	90, 1228	90, 1785	90, 935	90, 559
02.04.90	II ZR 149/89	90, 642	90, 946	90, 1029	90, 2260	90, 757	90, 907
03.04.90	XI ZR 206/88	90, 659	90, 1220	90, 1128	90, 1907	90, 966	90, 553
26.04.90	VII ZR 39/89	90, 852				90, 1326	90, 863
04.10.90	IX ZR 270/89	90, 1417	90, 2364	90, 2316	91, 427	90, 1883	91, 79
30.10.90	IX ZR 239/89					91, 554	
15.11.90	IX ZR 92/90					91, 150	
21.11.90	IX ZR 103/90	91, 39		91, 492	91, 980	91, 152	91, 277
06.12.90	IX ZR 44/90	91, 110				91, 251	91, 181

Datum	Aktenzeichen	ZIP	BB	DB	NJW	WM	EWiR
18.02.91	II ZR 104/90	91, 511	91, 998	91, 1060	91, 1754	91, 671	91, 1213
20.03.91	IV ZR 50/90	91, 573		91, 2232	91, 1946	91, 846	91, 539
18.04.91	IX ZR 149/90	91, 807		91, 2659	91, 2144	91, 1273	91, 597
11.07.91	IX ZR 230/90	91, 1014		91, 2659	92, 624	91, 1570	91, 1107
23.09.91	II ZR 135/90	91, 1354		91, 2176	91, 3142	91, 1837	91, 945
18.11.91	II ZR 258/90	92, 177	92, 593	92, 366	92, 1169	92, 187	92, 363
05.12.91	IX ZR 275/90	92, 120	92, 232	92, 2085	92, 692	92, 282	92, 173
09.12.91	II ZR 43/91	92, 108	92, 592	92, 365	92, 1166	92, 223	92, 277
30.01.92	IX ZR 112/91	92, 338	92, 600	92, 2238	92, 2093	92, 501	92, 335
19.03.92	IX ZR 166/91	92, 629	92, 881		92, 1626	92, 813	92, 687
30.04.92	IX ZR 233/90	92, 781		92, 1471	92, 2026	92, 1040	92, 589
30.04.92	IX ZR 176/91	92, 778	92, 1164	92, 1776	92, 1960	92, 1083	92, 683
11.06.92	IX ZR 147/91	92, 1008	92, 1457	92, 2291	92, 2485	92, 1334	92, 907
11.06.92	IX ZR 255/91	92, 1005	92, 1590	92, 2291	92, 2483	92, 1331	92, 807
13.07.92	II ZR 251/91	92, 1300	92, 1946	92, 2026	92, 3035	92, 1655	92, 999
13.07.92	II ZR 263/91	92, 1387		92, 2126	92, 3300	92, 1775	
13.07.92	II ZR 269/91	92, 1382	92, 1898	92, 2022	92, 2891	92, 1650	92, 1093
24.09.92	IX ZR 217/91	92, 1646		93, 426		92, 2110	93, 191
12.11.92	IX ZR 236/91	93, 276		93, 729		93, 270	93, 161
12.11.92	IX ZR 68/92	93, 48	93, 97		93, 1206	93, 348	
19.11.92	IX ZR 45/92	93, 213	93, 96	93, 728		93, 83	93, 163
02.12.92	VIII ZR 241/91	93, 105	93, 166	93, 579	93, 533	93, 139	93, 625
02.12.92	XII ZR 7/91	92, 390		92, 1233	92, 1156	92, 600	92, 443
14.12.92	II ZR 298/91	93, 189	93, 240	93, 318		93, 392	93, 144
25.03.93	IX ZR 164/92	93, 687	93, 1107		93, 2072	93, 1055	93, 479
29.03.93	II ZR 265/91	93, 589	93, 814	93, 825	93, 1200	93, 687	93, 327
14.06.93	II ZR 252/92	93, 1072	93, 1546	93, 1662	93, 2179	93, 1414	93, 1207
27.05.93	IX ZR 254/92	93, 1094		93, 2122	93, 2312	93, 1389	93, 803
30.09.93	IX ZR 227/92	93, 1635		93, 2427	93, 9367	93, 2099	94, 373
28.10.93	IX ZR 21/93	93, 1886		94, 926	94, 323	94, 33	94, 173
24.11.93	VIII ZR 240/9	93, 1874	94, 239	94, 137	94, 516	94, 242	94, 77
02.12.93	IX ZR 241/92	94, 140	94, 173	94, 978	94, 511	94, 219	94, 229

Datum	Aktenzeichen	ZIP	BB	DB	NJW	WM	EWiR
13.01.94	IX ZR 79/93	94, 305	94, 459	94, 1282	94, 864	94, 414	94, 209
21.02.94	II ZR 60/93	94, 701	94, 882	94, 1025	94, 1477	94, 791	94, 467
06.06.94	II ZR 292/91	94, 1103	94, 1657	94, 1608	94, 2220	94, 1428	94, 791
14.06.94	XI ZR 210/93	94, 1350	94, 1812	94, 1819	94, 2754	94, 1613	95, 25
07.11.94	II ZR 270/93	94, 1934	95, 58	95, 89	95, 326	94, 2280	95, 157
15.12.94	IX ZR 24/94	95, 293	95, 640	95, 624	95, 1090	95, 446	95, 279
26.01.95	IX ZR 99/94	95, 480	95, 592	95, 1329	95, 1159	95, 596	195, 467
27.04.95	IX ZR 147/94	95, 929	95, 1314	95, 2210	95, 2103	95, 113	95, 689
04.05.95	IX ZR 256/93	95, 926	95, 1312	95, 1457	95, 1966	95, 1116	95, 691
07.11.95	XI ZR 235/94	95, 1976	96, 12	96, 32	96, 249	95, 2180	96, 3
11.11.95	II ZR 109/87					96, 2	
21.11.95	XI ZR 255/94	96, 17	96, 130	96, 204	96, 388	96, 56	96, 193
30.11.95	IX ZR 181/94	96, 223	96, 397	96, 1566	96, 835	96, 293	96, 259
04.12.95	II ZR 281/94	96, 275	96, 1185	96, 465	96, 720	96, 256	96, 217
11.12.95	II ZR 128/94	96, 273	96, 340	96, 420	96, 722	96, 259	96, 171
18.12.95	II ZR 277/94	96, 420	96, 499	96, 671	96, 850	96, 397	96, 459
18.01.96	IX ZR 69/95	96, 456	96, 553	96, 1032	96, 924	96, 436	96, 735
15.02.96	IX ZR 245/94	96, 538	96, 708	96, 1031	96, 1341	96, 588	96, 501
29.02.96	IX ZR 147/95	96, 552					96, 413
07.03.96	IX ZR 43/95	96, 702	96, 868	96, 1081	96, 1470	96, 766	96, 451
18.04.96	IX ZR 268/95	96, 1015				96, 1747	96, 709
09.05.96	IX ZR 244/95	96, 1181		96, 2277	96, 2233	96, 1242	96, 753
24.10.96	IX ZR 284/95	96, 2080	97, 436	97, 223		96, 2250	97, 33
16.12.96	II ZR 200/95	97, 281	97, 538	97, 468	97, 945	97, 318	97, 243
19.12.96	IX ZR 327/95	97, 419	97, 518	97, 359	97, 1235	97, 359	97, 293
19.12.96	IX ZR 18/96	97, 372		97, 1560	97, 1014	97, 341	97, 269
09.01.97	IX ZR 1/96	97, 367	97, 539	97, 720	97, 1063	97, 432	97, 899
20.03.97	IX ZR 71/96	97, 737	97, 1066	97, 1970	97, 1857	97, 831	97, 943
02.06.97	II ZR 211/95	97, 1648	97, 2183	97, 2069	97, 1371	97, 1770	97, 893
16.06.97	II ZR 154/96	97, 1375	97, 1601		97, 3026	97, 1481	97, 753
17.06.97	XI ZR 119/96	97, 1585		97, 2530	97, 2751	97, 1745	97, 887
24.06.97	XII ZR 178/96	97, 1448	97, 1758	97, 2171	97, 2674	97, 1474	97, 775

Datum	Aktenzeichen	ZIP	BB	DB	NJW	WM	EWiR
24.06.97	XI ZR 288/96	97, 1538	97, 1810		97, 2677	97, 1615	97, 1105
14.07.97	II ZR 122/96	97, 1589		97, 1815	97, 3370	97, 1709	97, 1033
15.07.97	XI ZR 154/96	97, 1496	97, 1861	97, 1813	97, 2754	97, 1666	97, 1125
25.09.97	IX ZR 231/96	97, 1926		98, 416	98, 607	97, 2134	98, 121
29.09.97	II ZR 245/96	97, 2008	97, 2475	97, 2372	98, 233	97, 2218	98, 33
20.11.97	IX ZR 152/96	98, 294			98, 746	98, 40	98, 143
26.11.97	IX ZR 309/96	98, 659		98, 923	98, 928	98, 43	98, 477
27.11.97	GSZ 1 u. 2/97 04.12.97	98, 235	98, 438	98, 358	98, 671	98, 227	98, 155
04.12.97	IX ZR 47/97	98, 248	98, 1023	98, 817	98, 1516	98, 248	98, 225
08.01.98	IX ZR 131/97	98, 298	98, 388		98, 992	98, 358	98, 321
05.03.98	IX ZR 265/97	98, 665			98, 2213	98, 838	98, 695
12.03.98	IX ZR 74/95	98, 684	98, 1498	98, 1027	98, 2047	98, 856	98, 627
19.03.98	IX ZR 22/97	98, 793		98, 1123		98, 968	98, 699
02.04.98	III ZR 245/96	98, 826	98, 1152	98, 1073	98, 1948	98, 1032	98, 985
05.05.98	XI ZR 234/95		98, 1439	98, 1404	98, 2206	98, 1280	98, 629
14.05.98	IX ZR 256/96	98, 1113			98, 2364	98, 1366	98, 757
18.05.98	II ZR 380/96	98, 1291				98, 1533	98, 719
04.06.98	IX ZR 165/97	98, 1319		98, 1860			98, 755
02.07.98	IX ZR 255/97	98, 1349	98, 1655	98, 1859	98, 2815	98, 1675	98, 935
06.07.98	II ZR 284/94	98, 1437	98, 1705	98, 1807	98, 3273	98, 1778	98, 747
17.09.98	IX ZR 300/97	98, 1805				98, 2160	99, 27
24.09.98	IX ZR 425/97	98, 1868		98, 2415	98, 3708	98, 2186	98, 1075
05.11.98	IX ZR 246/97	99, 79				98, 2463	00, 337
03.12.98	IX ZR 313/97	99, 76		99, 688	99, 645	99, 12	99, 169
07.12.98	II ZR 382/96	99, 65	99, 173	99, 206	99, 577		00, 31
08.12.98	XI ZR 302/97	99, 101	99, 387	99, 329	99, 940	99, 126	99, 299
10.12.98	IX ZR 86/98	99, 75					99, 103
21.01.99	IX ZR 329/97	99, 406		99, 631		99, 456	99, 465
25.02.99	IX ZR 353/98	99, 665			99, 3264		99, 789
11.03.99	IX ZR 164/98	99, 626	99, 1458	99, 1547	99, 1709		99, 707
21.04.99	VIII ZR 128/98	99, 997	99, 1349		99, 2588	99, 1216	99, 677
28.06.99	II ZR 272/98	99, 1263	99, 1672	99, 1647	99, 2809	99, 1568	99, 843

Entscheidungsregister

Datum	Aktenzeichen	ZIP	BB	DB	NJW	WM	EWiR
15.07.99	IX ZR 243/98	99, 1480		99, 1895	99, 3195	99, 1761	99, 1001
05.10.99	XI ZR 280/98	00, 69	00, 118	00, 473	00, 352	00, 68	00, 845
06.12.99	IX ZR 270/98	00, 265			00, 1270		00, 603
31.01.00	II ZR 309/98	00, 455		00, 564		00, 525	
06.04.00	IX ZR 422/98	00, 835	00, 2222	00, 1509		00, 1052	00, 643
11.05.00	IX ZR 262/98	00, 1061	00, 1318		00, 3777	00, 1209	01, 177
23.05.00	XI ZR 214/99	00, 1202			00, 2675	00, 1328	00, 797
20.06.00	IX ZR 81/98	00, 1433			00, 8273	00, 1574	00, 1001
26.06.00	II ZR 21/99	00, 1489	00, 1750	00, 1756	00, 3278	00, 1697	01, 19
03.07.00	II ZR 314/98	00, 1895			00, 2898	00, 1704	00, 1047
14.11.00	X ZR 203/98	01, 574		01, 431	01, 514	01, 529	01, 571
27.11.00	II ZR 179/99	01, 115	01, 166		01, 1490	01, 202	01, 379
08.01.01	II ZR 88/99	01, 235	01, 430	01, 373	01, 1280	01, 317	01, 329
25.01.01	IX ZR 6/00	01, 524			01, 1650	01, 689	01, 321
30.01.01	XI ZR 118/00	01, 507	01, 645		01, 1417	01, 623	01, 553
02.04.01	II ZR 261/99	01, 839	01, 1005	01, 1027		01, 959	
17.05.01	IX ZR 188/98	01, 1155		01, 2140		01, 1225	01, 821
29.05.01	VI ZR 114/00	01, 1412	01, 1650		01, 2632	01, 1458	01, 909
26.06.01	IX ZR 209/98	01, 1376		01, 2241	01, 3187	01, 1478	01, 823
26.06.01	X ZR 231/99	02, 356		01, 2090	01, 3115	02, 1428	01, 1129
14.09.01	V ZR 231/00	01, 2008			02, 110	01, 2173	
17.09.01	II ZR 275/99	01, 1997	01, 2282	01, 2437	01, 3781	01, 2120	01, 1149
25.10.01	IX ZR 17/01	01, 2235	02, 590	02, 265	02, 512	01, 2398	02, 207
20.11.01	IX ZR 48/01	02, 87	02, 116	02, 267	02, 515	02, 137	02, 219
20.11.01	IX ZR 159/00	02, 228					02, 297
07.03.02	IX ZR 223/01	02, 812	02, 960	02, 1211	02, 1722	02, 951	02, 685
18.03.02	II ZR 363/00	02, 799	02, 957		02, 1716	02, 963	
11.04.02	IX ZR 211/01	02, 1159	02, 1338	02, 1993	02, 2568		
25.04.02	IX ZR 313/99	02, 1093		02, 1499	02, 2783	02, 1199	02, 125
28.05.02	IX ZR 199/01	02, 1395	02, 1562	02, 2593	02, 2634	02, 1647	03, 19
19.06.02	IV ZR 168/01	02, 1439	02, 1719	02, 2713	02, 2633	02, 1642	02, 845
03.07.02	IV ZR 227/01	02, 1390		02, 2714		02, 1643	02, 849

Datum	Aktenzeichen	ZIP	BB	DB	NJW	WM	EWiR
04.07.02	IX ZR 97/99	02, 1633	02, 1829	03, 204	02, 3170	02, 1794	03, 17
04.07.02	IX ZR 265/01	02, 1492	02, 1665	02, 2098	02, 2718	02, 1770	03, 335
11.07.02	IX ZR 262/01	02, 1630			02, 3475	02, 1797	02, 921
18.07.02	IX ZR 195/01	02, 1625	02, 1927	02, 2100	02, 3326	02, 1888	02, 919
05.08.02	IX ZR 51/02	02, 1695				02, 1894	
17.09.02	XI ZR 306/01	02, 2249					03, 209
24.09.02	XI ZR 345/01	02, 2082	02, 2573	02, 2591	02, 3695	02, 2281	02, 151
01.10.02	IX ZR 360/99	02, 2182			02, 360	02, 2369	03, 29
01.10.02	IX ZR 443/00	02, 2125		03, 768	03, 59	02, 2278	03, 111
01.10.02	IX ZR 125/02	02, 2184	02, 2632	03, 500	03, 143	02, 2408	02, 1097
02.12.02	II ZR 101/02	03, 211	03, 270	03, 387	03, 825	03, 199	03, 223
10.12.02	XI ZR 82/02	03, 288	03, 326	03, 444	03, 967	03, 275	
12.12.02	IX ZB 426/02	03, 358	03, 493		03, 1187	03, 396	
18.12.02	IX ZB 121/02			03, 718		03, 309	03, 287
19.12.02	IX ZR 377/99	03, 488	03, 752	03, 877		03, 524	03, 427
09.01.03	IX ZR 175/02	03, 410	03, 546	03, 609		03, 400	03, 379
06.02.03	IX ZR 449/99	03, 675				03, 580	
11.02.03	XI ZR 214/01	02, 796					
20.02.03	IX ZR 81/02	03, 632	03, 866			03, 694	03, 425
13.03.03	IX ZR 56/02	03, 855					
20.03.03	IX ZR 166/02	03, 808	03, 1031			03, 896	03, 533
25.03.03	VI ZR 175/02	03, 962				03, 967	
31.03.03	II ZR 150/02	03, 1005		03, 1213		03, 1017	
03.04.03	IX ZR 101/02	03, 914				03, 1027	

BayObLG

Datum	Aktenzeichen	ZIP	BB	DB	NJW	WM	EWiR
14.04.87	RReg 4 St 34/8		88, 1840				
25.02.88	BReg 3 Z 165/7			88, 850		88, 622	
15.06.00	2Z BR 46/00	00, 1263					00, 887
11.12.00	4Z BR 21/00	01, 204					01, 681

Kammergericht

Datum	Aktenzeichen	ZIP	BB	DB	NJW	WM	EWiR
13.08.01	12 U 5843/00						02, 27

OLG Brandenburg

Datum	Aktenzeichen	ZIP	BB	DB	NJW	WM	EWiR
10.08.01	11 VA 10/01	01, 1922					02, 173
05.09.02	11 VA 11/02	02, 2320					

OLG Celle

Datum	Aktenzeichen	ZIP	BB	DB	NJW	WM	EWiR
04.11.81	3 U 18/81	82, 84				82, 306	
30.06.82	3 U 258/81	82, 942					
28.10.87	3 U 11/87	88, 384				87, 1569	88, 177
23.04.97	9 U 189/96						97, 1139
22.04.98	3 U 168/97	98, 1232					
28.02.00	2 W 9/00	00, 802					00, 739
04.04.01	2 W 38/01	01, 847				02, 1607	01, 1013
05.04.01	2 W 8/01					02, 1610	01, 735
21.12.01	2 W 102/01	02, 446					
12.12.02	13 U 56/02	03, 412					03, 235
25.02.03	16 U 204/02						03, 333

OLG Dresden

Datum	Aktenzeichen	ZIP	BB	DB	NJW	WM	EWiR
25.02.02	13 W 2009/01						02, 489
10.12.02	6 VA 0004/02	03, 39					

OLG Düsseldorf

Datum	Aktenzeichen	ZIP	BB	DB	NJW	WM	EWiR
05.05.83	6 U 192/82	83, 668	83, 1121	83, 1538		83, 919	
21.05.87	6 U 197/86			87, 1932		87, 1008	88, 29
23.06.88	10 U 23/88	88, 1173				88, 1688	88, 845
02.03.89	12 U 74/88	89, 586				89, 1168	89, 493

Datum	Aktenzeichen	ZIP	BB	DB	NJW	WM	EWiR
11.07.89	24 U 9/89	90, 1014					90, 775
08.02.90	6 U 151/89			90, 1016		90, 1062	
28.03.91	6 U 222/90				91, 1318	91, 998	
13.12.91	22 U 202/91	92, 344				92, 1337	92, 493
28.10.93	10 U 17/93	94, 479	94, 172				
30.03.95	12 U 280/93					97, 913	
12.07.95	11 U 47/94	96, 337					96, 179
22.11.95	9 U 86/95	95, 2003				96, 319	96, 33
13.02.97	6 U 263/95			97, 804			97, 759
18.07.97	22 U 271/96						98, 47
30.01.98	16 U 12/97	98, 701					
16.12.98	11 U 33/98						99, 593
20.03.02	15 U 100/97	02, 902					02, 995

OLG Frankfurt/Main

Datum	Aktenzeichen	ZIP	BB	DB	NJW	WM	EWiR
01.04.81	17 U 128/80	81, 492				81, 972	
31.03.87	5 U 233/86	87, 1107		87, 1832		87, 868	87, 935
12.12.89	22 U 19/88			90, 944		90, 583	90, 497
17.10.02	15 U 7/02	02, 2140					03, 27

OLG Hamburg

Datum	Aktenzeichen	ZIP	BB	DB	NJW	WM	EWiR
26.10.84	11 U 168/83	84, 1373		84, 2684		84, 1616	
27.01.87	12 U 50/85	88, 927				88, 571	88, 913
17.02.89	11 U 241/88	89, 373		89, 671		89, 717	89, 371
11.12.98	1 U 169/96					99, 1223	99, 511
14.08.01	2 VA 6/00	02, 266					02, 267

OLG Hamm

Datum	Aktenzeichen	ZIP	BB	DB	NJW	WM	EWiR
24.04.72	3 U 237/71		72, 1028				
13.03.80	15 W 308/79	80, 258					

Datum	Aktenzeichen	ZIP	BB	DB	NJW	WM	EWiR
28.09.89	27 U 81/88	89, 1398					89, 1207
03.10.89	27 U 79/89	90, 189					
04.06.92	27 U 132/91	92, 1404					
02.02.99	27 U 246/88	99, 807					99, 959
17.01.02	27 U 150/01	01, 676					02, 487

OLG Karlsruhe

Datum	Aktenzeichen	ZIP	BB	DB	NJW	WM	EWiR
19.04.78	13 U 43/77					79, 343	
13.02.79	8 U 190/76					79, 981	
28.01.86	8 U 45/85					86, 1029	86, 1081
15.04.88	15 U 230/86						
15.12.89	15 U 116/89	90, 187					90, 135
21.11.02	12 U 112/02	03, 267					

OLG Koblenz

Datum	Aktenzeichen	ZIP	BB	DB	NJW	WM	EWiR
10.11.87	3 U 1386/86					88, 45	
26.07.88	3 U 1352/87					88, 1355	
13.06.91	5 U 1206/90	92, 420					92, 289
10.10.02	5 U 364/02	02, 2091					03, 25

OLG Köln

Datum	Aktenzeichen	ZIP	BB	DB	NJW	WM	EWiR
25.10.85	19 U 75/82	85, 1472				86, 452	86, 23
25.07.86	22 U 311/85	86, 1585					86, 1213
18.02.87	13 U 170/86	87, 907	87, 1141				87, 971
29.02.88	2 W 9/88	88, 664					88, 603
19.09.95	9 U 398/94	95, 1608					95, 1015
07.05.96	3 U 146/97	98, 1049				96, 2129	96, 613
23.10.98	19 U 26/98	99, 495					99, 217
10.09.99	19 U 93/97	00, 742					00, 767
29.12.99	2 W 188/99	00, 504					00, 401

Datum	Aktenzeichen	ZIP	BB	DB	NJW	WM	EWiR
03.01.00	2 W 268/99	00, 151					00, 349
24.05.00	2 W 76/00	00, 1628					00, 737
28.08.00	2 W 37/00	00, 2263					01, 173
12.01.01	19 U 36/00						01, 775
09.02.01	2 W 19/01	01, 754					
19.04.01	12 U 151/00	01, 1821					02, 379
29.06.01	19 U 199/00	01, 1422					01, 1011
18.04.02	12 U 95/01	02, 947					02, 633
02.12.02	15 W 93/02	03, 543					

OLG München

Datum	Aktenzeichen	ZIP	BB	DB	NJW	WM	EWiR
16.12.87	15 U 3748/87	89, 322				88, 1896	89, 287
07.07.88	1 U 6428/87					88, 422	
29.01.90	26 U 3650/89	90, 785	90, 1151			91, 699	
18.06.97	7 U 1943/97	97, 1878					98, 81
21.10.98	7 U 3960/98					99, 686	
25.04.01	27 U 856/00						01, 963

OLG Nürnberg

Datum	Aktenzeichen	ZIP	BB	DB	NJW	WM	EWiR
19.07.76	5 W 21/76	MDR 1977, 144					
15.05.98	8 U 4293/97						98, 769
09.12.98	12 U 2626/98						99, 305

OLG Stuttgart

Datum	Aktenzeichen	ZIP	BB	DB	NJW	WM	EWiR
21.01.85	7 U 202/84					85, 455	85, 669
29.12.89	9 U 244/89	90, 1091				90, 1260	90, 925
28.06.95	1 U 182/94	95, 1595				96, 395	95, 789
24.10.01	9 U 28/01	01, 2183					
24.07.02	3 U 14/02	02, 1900					
13.11.02	3 U 19/02	02, 2264					03, 171

LG Baden-Baden

Datum	Aktenzeichen	ZIP	BB	DB	NJW	WM	EWiR
20.06.89	4 O 111/88	89, 1003					90, 75

LG Berlin

Datum	Aktenzeichen	ZIP	BB	DB	NJW	WM	EWiR
30.03.83	99 O 2/83	83, 1324				84, 224	

LG Bonn

Datum	Aktenzeichen	ZIP	BB	DB	NJW	WM	EWiR
08.01.01	2 T 58/00	01, 342					

LG Braunschweig

Datum	Aktenzeichen	ZIP	BB	DB	NJW	WM	EWiR
10.11.95	1 O 198/95	96, 35					96, 77

LG Dresden

Datum	Aktenzeichen	ZIP	BB	DB	NJW	WM	EWiR
25.06.98	4 O 3665/97						99, 319

LG Frankfurt/Main

Datum	Aktenzeichen	ZIP	BB	DB	NJW	WM	EWiR
11.04.88	2/24 S 102/86	88, 767				88, 700	88, 673

LG Göttingen

Datum	Aktenzeichen	ZIP	BB	DB	NJW	WM	EWiR
08.03.93	6 T 37/93	93, 446					

LG Hamburg

Datum	Aktenzeichen	ZIP	BB	DB	NJW	WM	EWiR
21.03.88	76 T 8, 18/88					88, 1009	

LG Hannover

Datum	Aktenzeichen	ZIP	BB	DB	NJW	WM	EWiR
08.12.00	20 T 2104/00						01, 773
12.02.02	20 T 2225/01						02, 491

LG Karlsruhe

Datum	Aktenzeichen	ZIP	BB	DB	NJW	WM	EWiR
06.02.02	1 S 141/01	02, 362					02, 351

LG Köln

Datum	Aktenzeichen	ZIP	BB	DB	NJW	WM	EWiR
16.09.87	20 O 60/86					88, 802	88, 87
31.10.97	16 O 197/97	97, 2161					98, 507

LG München I

Datum	Aktenzeichen	ZIP	BB	DB	NJW	WM	EWiR
02.03.98	11 HKO 20623/97	98, 1956		98, 1457		98, 1285	98, 1107

AG Aachen

Datum	Aktenzeichen	ZIP	BB	DB	NJW	WM	EWiR
29.03.99	19 IN 53/99	99, 1494					99, 899

AG Göttingen

Datum	Aktenzeichen	ZIP	BB	DB	NJW	WM	EWiR
26.07.99	71/74 IN 145/99	99, 1566					99, 897
19.12.01	74 IN 112/00	02, 953					02, 877

AG Hamburg

Datum	Aktenzeichen	ZIP	BB	DB	NJW	WM	EWiR
11.12.87	65b N 97/97					88, 1008	
11.12.00	67c IN 257/00	01, 257					01, 679

AG Holzminden

Datum	Aktenzeichen	ZIP	BB	DB	NJW	WM	EWiR
09.07.87	8 N 8/87	87, 1272					87, 807

AG Königswinter

Datum	Aktenzeichen	ZIP	BB	DB	NJW	WM	EWiR
06.12.95	3 C 440/95	96, 243					96, 131

AG München

Datum	Aktenzeichen	ZIP	BB	DB	NJW	WM	EWiR
20.11.02	1502 IN 1944/00	03, 177					

AG Neumünster

Datum	Aktenzeichen	ZIP	BB	DB	NJW	WM	EWiR
15.03.02	31 C 1750/01	02, 720					02, 725

AG Stuttgart

Datum	Aktenzeichen	ZIP	BB	DB	NJW	WM	EWiR
10.09.85	3 N 689/85						

AG Wuppertal

Datum	Aktenzeichen	ZIP	BB	DB	NJW	WM	EWiR
13.06.01	96 C 96/01	01, 1335					02, 113

Bundesarbeitsgericht

Datum	Aktenzeichen	ZIP	BB	DB	NJW	WM	EWiR
08.09.98	3 AZR 185/97	99, 723		99, 1068	99, 2612		99, 537
03.04.01	9 AZR 301/00	01, 1964	01, 2530	01, 2729			01, 1063
03.07.02	10 AZR 275/01	02, 2051		02, 2655			03, 283

LAG Baden-Württemberg

Datum	Aktenzeichen	ZIP	BB	DB	NJW	WM	EWiR
18.06.96	10 Sa 98/94	96, 1387					96, 855

LAG Hamm

Datum	Aktenzeichen	ZIP	BB	DB	NJW	WM	EWiR
15.06.98	10 Sa 2282/96						98, 1097

Bundesfinanzhof

Datum	Aktenzeichen	ZIP	BB	DB	NJW	WM	EWiR
04.07.57	V 199/56 U	BStBl III 1957, 282					
28.07.83	V S 8/81	83, 1120				83, 1113	
19.12.85	V R 139/76	BStBl II 1986, 500					
04.06.87	V R 57/79	87, 1134					87, 915
24.09.87	V R 196/83	88, 42					88, 291
21.12.88	V R 29/86	89, 384	89, 826				89, 385
12.05.93	XI R 49/90	93, 1247					93, 795
16.03.95	V R 72/93	96, 510				96, 1418	96, 621
01.08.95	VII R 80/94					96, 338	96, 149
06.02.96	VII R 116/94	96, 641	96, 889				96, 505
18.04.96	V R 55/95	96, 1876	96, 2609				97, 5
06.03.97	XI R 2/96	97, 1199	97, 1291				97, 789
13.03.97	V R 96/96	97, 1656	97, 1724				97, 857
28.11.97	V B 90/97	98, 2065					
02.11.01	VII B 155/01	02, 179				02, 1361	02, 217
13.11.02	I B 147/02	03, 173					
28.11.02	VII ZR 41/01	02, 1039	02, 1118		02, 2322	02, 1551	03, 303

FG Köln

Datum	Aktenzeichen	ZIP	BB	DB	NJW	WM	EWiR
28.09.89	8 K 1995/88	90, 391					90, 391

FG Niedersachsen

Datum	Aktenzeichen	ZIP	BB	DB	NJW	WM	EWiR
31.01.89	V 49/87	90, 399					
06.06.89	V 500/88	90, 396					90, 409

Bundessozialgericht

Datum	Aktenzeichen	ZIP	BB	DB	NJW	WM	EWiR
08.04.92	10 RAr 12/91	99, 441					

OG Luzern

Datum	Aktenzeichen	ZIP	BB	DB	NJW	WM	EWiR
14.05.97	SK 154/54	98, 116					98, 71

BezG Zürich

Datum	Aktenzeichen	ZIP	BB	DB	NJW	WM	EWiR
08.12.00	U/EK 002090	01, 165					01, 289

Stichwortverzeichnis

(Die Zahlenangaben verweisen auf Randzahlen)

Abgrenzungsvertrag 334
Abkaufverpflichtung 577
Absichtsanfechtung 627
Absonderungsrecht 216 ff
– allgemein 199, 262
s.a. einzelne Rechte
Abtretung 15, 454
– Arbeitslohn 686
– Ausschluss 15, 459
– Globalzession 7, 457
– Insolvenzgeld 145 ff
– Mietzinsanspruch 375
– Steueranspruch 466
– Wahlrecht des Verwalters 16, 121, 220, 243, 409, 467
AGB-Gesetz 6, 10, 12, 288, 563
AGB-Pfandrecht 501, 511, 541, 618
Akteneinsicht 209
Anderkonto 227
Anfechtung 137, 550 f, 585 ff, 715, 747
Anfechtungstatbestand 597 f
Anhörung 27, 29, 674, 688, 691, 709
Anmeldung von Forderungen 194 ff, 201
Antragstellung 23, 672, 696 ff
– Voraussetzung 25 ff
Anwartschaftsrecht 412, 471
Aufhebung 668, 826, 837
Aufrechnung 131, 169, 534 ff
Ausfall 199
Auskunft 110, 215, 298
Auslandsinsolvenz 80

Aussonderungsrecht 218 f, 239, 227, 247, 409, 503, 780, 782

Bargeschäft 143, 588, 629
Baugeld 504, 506
Bauträger 22, 360, 465
Bedingung 173, 268, 410, 609
Berichtstermin 72, 200, 650
Beendigung des Verfahrens 826 f
Bestreiten der Forderung 29
Betriebsaufspaltung 186, 424
Betriebsfortführung 105, 144, 207, 639, 648, 771
Bewertung 8, 17, 45
Bürgschaft 19, 184, 287, 517, 545, 663, 692, 752

Deckungsgrenze 11
Drittsicherheit 292

Eigentumsvorbehalt 15, 219, 409, 473
– verlängerter 225
Eigenverwaltung 122 ff, 205, 453
Eröffnungsbeschluss 200
Eröffnungsverfahren
s. Insolvenzeröffnungsverfahren
Einsichtsrecht 209, 289, 315, 645, 837
Einstellung des Verfahrens 76, 834, 837
Einzelzwangsvollstreckung 86, 101, 138, 176, 383, 686, 703, 712, 829
Eröffnungsgrund 32
Ersatzabsonderung 233, 237, 339
Ersatzaussonderung 247, 339, 421

Ersatzsicherheiten 559 ff

Factoring 170, 235, 479, 558, 754
Fälligkeit 28, 36, 172, 537
Feststellung der Forderung 203, 517, 829
Finanzierung
– im Eröffnungsverfahren 141
– in der Insolvenz 635
– im Insolvenzplan 640, 669
– Kapitalersatz 719 ff, 733
– im Verfahren 207, 602
Finanzplan 41
Forderung
– Anmeldung 194 f, 201
– bedingte 172, 267
– Bestreitung 29
– betagte 251
– fällige 28
– Feststellung 203, 517, 829
– Fremdwährung 133, 449
– Glaubhaftmachung 60 ff
Forfaitierung 239
Freigabe 435, 447, 784
– modifizierte 442
Freigabeklausel 10, 13
Freistellungsanspruch 753

Garantie 19, 517
Gesamtschuld 517
Geschäftsbesorgungvertrag 169
Girovertrag 130, 169
Gesellschafterhaftung 185, 758
Gewinnabführungsvertrag 566
Glaubhaftmachung 60, 675
Gläubigerausschuss 634, 638, 661, 788
Gläubigergefährdung 275

Gläubigerversammlung 200, 202, 207, 638, 647, 654
Globalsicherheiten 7, 457
Globalzession 15, 169
– dingliche Wirkung 336
Grundpfandrechte 18, 267, 288, 355 ff
– Entstehungszeitpunkt 357

Haftung
– Bank 67, 794, 821
– Insolvenzverwalter 635, 760, 766, 775
– Masse 763
– Masseinsuffizienz 766, 772
– sonstige 791
– vorläufiger Verwalter 140, 762
Haftungsfragen 760 ff
Haftungsverband 361, 423

Immobilienleasing 248
inkongruente Deckung 617, 627
Insolvenz, internationale 80 ff
Insolvenzantrag 32
Insolvenzeröffnungsverfahren 100 ff
– Finanzierung 141
Insolvenzgeld 145 ff, 639
Insolvenzmasse 167
Insolvenzplan 640, 648 ff
Insolvenzrecht, internationales 99a
Insolvenzverwalter 66
– endgültiger 107, 120, 650
– schwacher 117 ff, 146
– starker 119, 146, 394
– vorläufiger 49, 65, 74, 101 f, 102 ff, 141 ff
– Wahlrecht 464

Kapitalersetzende Leistungen 631, 640, 719
 – Anfechtung 631
 – Einzelfälle 733, 749
 – Gesellschafter-Sicherheiten 757
 – Nutzungsüberlassung 378, 755 f
 – Pfandrecht 738
Konkursverschleppungshaftung 800 f
Kontokorrent 132, 169, 383
Konzern 556, 559, 799
 – Sittenwidrigkeit von Krediten 278 ff
Kosten des Verfahrens 74 f
 – Vorschuss 78
Kosten der Verwertung
 – Bank 297
 – Vorwegabzug 313, 319, 372 f
Kredit
 s. Finanzierung
Kreditrahmen 355, 640, 669
Kreditunwürdigkeit 725
Kündigung
 – Arbeitgeber 113
 – Kredite 30
 – Mietverträge/Leasingverträge 246, 248

Leasing 238, 472, 580
Liquidationsverschleppung 773
Löschung 185

Mantelzession 456
Masse 167, 763
Masseverbindlichkeit 75, 111, 139, 141, 161, 221, 257, 303, 421, 438, 651, 763

Masseunzulänglichkeit 766, 772, 780, 826 f
mehraktige Rechtshandlungen
 – Anfechtung 605, 608
 – Entstehung des Rechts 266, 357, 466, 493
Miet-/Pachtzinsanspruch 375
Mietzins 375, 482
Mietvorausverfügung 249, 375, 482
modifizierte Freigabe 442

Nachrangforderung 570, 669, 724, 741
Negativerklärung 581
Nutzung 303
Nutzungsüberlassung, kapitalersetzende 378, 755
Nutzungsvergütung 303

Oder-Konto 554
Organschaftserklärung 566

Pachtzins 375, 482
Patronatserklärung 19, 517, 560
Personensicherheiten 517 ff
Pfandrecht 492 ff
 – AGB 501, 511, 541
 – Forderungen 267
 – generelles 376, 492, 612
 – Verwertung 511
Poolvertrag 327
Positiverklärung 581
Prüfungstermin 202

Rangrücktritt 570
Rechtshandlungen, mehraktige
 – Anfechtung 605, 608

323

– Entstehung des Rechts 266, 357, 466, 493
Rechtsmissbrauch
– Antrag 55
– Aufrechnung 546
– Unterdeckungnahme 285
Rechtsschutzbedürfnis 55 ff
Restschuldbefreiung 671 ff, 709, 717, 836
Rückgewähranspruch 399, 664
Rückschlagsperre 178, 500, 686, 700

Sanierung 623, 640, 645, 650, 731
Schenkungsanfechtung 597
Schuldenbereinigung 701
Schuldnerknebelung 271
Sicherheitenbewertung 9, 17, 58
Sicherheitenpoolung 327
Sicherheitenprüfung 3
Sicherheitenverwertung 802 ff
Sicherungsabtretung 15, 454
Sicherungseigentum 17
Sicherungsmaßnahmen 82, 310, 651, 703
Sicherungsübereignung 17, 407 ff
Sicherungszweckerklärung 18, 287 f, 592, 814
Sittenwidrigkeit 6, 269, 278, 474, 563
Steuererstattungsanspruch 466
Stilllegung 108, 207, 364, 781

Tabelle 206, 555, 829
Treuhand 227, 505, 684, 714, 733
Treuhandkonto 505
Treuhandvermögen 227 ff

Übererlös 399, 405

Überschuldung 43, 723
Umsatzsteuer 160, 319 f, 370, 388, 434
Übersicherung Rangrücktritt 570
– ursprüngliche 7
– nachträgliche 8, 10
Unterdeckungnahme 285
Unternehmensberater 791

Verarbeitungsklausel 305, 413
Veräußerungsverbot 101, 129
– allgemeines 101, 167
Verbraucherinsolvenz 671, 696 ff
Verfahrenseröffnung
– materiellrechtliche Konsequenzen 167 ff
– verfahrensrechtliche Konsequenzen 194 ff
Verfügungsbefugnis 103, 167
verlängerter Eigentumsvorbehalt 225
Vermieterpfandrecht 426, 511
Verrechnung
– Bauvertrag 394, 506
– Kontokorrent 135, 553
Verwalter
– vorläufiger 65, 103, 595, 651
s. a. Insolvenzverwalter, vorläufiger
Verwaltung 103, 167, 309
Verwertung 121, 297, 312, 374, 382, 430, 449, 485 f, 511, 802
Vollmacht 171
Vorausverfügung 374, 482, 672
Vormerkung 289

Wahlrecht 16, 121, 220, 241, 253, 409, 464, 507, 654
Wechsel 175, 504, 626

Wirkung, dingliche 15, 336
Wirtschaftsprüfer 793

Zahlstellenklausel 477
Zahlungseinstellung 36, 38, 600
Zahlungsstockung 34
Zahlungsunfähigkeit 33 ff, 598 f
– drohende 40, 713
Zeugenvernehmung 215

Zession
  s. Abtretung und Sicherungsabtretung
Zins 296
Zubehör 361, 423
Zulassungsverfahren 24
Zwangsversteigerung 383
Zwangsverwaltung 386
Zwangsvollstreckung 59, 101, 176, 383, 619, 686, 703, 829

8. Neuauflage!

RWS-Skript 82.8

Prof. Dr. Walter Gerhardt, Bonn
Vors. Richter am BGH Dr. Gerhart Kreft, Karlsruhe
RWS-Skript 82
8., neubearb. Aufl. 2003
Brosch. 238 Seiten
€ 39,– / sFr 69,–
ISBN 3-8145-7082-0

Gerhardt/Kreft

Aktuelle Probleme der Insolvenzanfechtung
– InsO, KO, GesO, AnfG –

- Fälle aus der aktuellen höchstrichterlichen Rechtsprechung
- Anfechtungsrecht nach InsO, KO, GesO, AnfG
- Fallbeispiele und Lösungen
- Umfassendes Stichwortverzeichnis

Rezension

WM 7/1997 zur 7. neubearb. Auflage 1996:
"Dass der *Gerhardt/Kreft* zur Pflichtlektüre jedes Insolvenzpraktikers gehört, braucht eigentlich nicht mehr ausdrücklich geschrieben werden. ... Das Werk ist rundum zu empfehlen."
Prof. Dr. Stefan Smid, Halle (Saale)

RWS Verlag Kommunikationsforum GmbH

RWS
Postfach 27 01 25 • 50508 Köln
Telefon (0221) 400 88 - 18 • Telefax (0221) 400 88 - 77 (- 79)
e-mail: vertrieb@rws-verlag.de • Internet: http://www.rws-verlag.de